Über den Autor:

Satyam S. Kathrein ist Therapeut, Reiki-Meister, Seminarleiter und Gründer des Neo Holistic Instituts in München. Aus seiner jahrzehntelangen Erfahrung in den Bereichen Therapie, Energiearbeit und Meditation hat er das GYMNATION®-Programm entwickelt und die innovative Therapie-Methode *Lebensthemententherapie*. Seine persönliche Entwicklung inspirierte ihn zu diesem Buch und den Quantensprung-Seminaren bis hin zur Buddha-Natur. Weitere Informationen über Seminare und Sitzungen finden Sie am Ende dieses Buches.

Vom Autor sind in unserem Hause erschienen:

Gymnation
Leben wie ein Buddha
Reiki-Therapie
Erlösung der Lebensthemen

Satyam S. Kathrein

Leben wie ein Buddha

Vom alltäglichen Umgang mit dem Erleuchtungsweg

Ullstein

Besuchen Sie uns im Internet:
www.ullstein-taschenbuch.de

Ullstein Esoterik
Herausgegeben von Michael Görden

Umwelthinweis:
Dieses Buch wurde auf chlor- und säurefreiem Papier gedruckt.

Ungekürzte Ausgabe im Ullstein Taschenbuch
1. Auflage Juni 2007

Umschlaggestaltung: FranklDesign, München
Titelabbildung: Shivananda Ackermann
Gesetzt aus der Sabon
Satz: LVD GmbH, Berlin
Druck und Bindearbeiten: GGP Media GmbH, Pößneck
Printed in Germany
ISBN 978-3548-74380-6

Inhalt

Einleitung

Vertrauen Sie Ihrer Intuition. Sie halten gerade genau das richtige Buch in den Händen. Im Augenblick ist nichts wichtiger, als mehr über das Geheimnis der außergewöhnlichsten Erfahrung auf Erden zu erfahren – das Crescendo der Seelenreise, den Erleuchtungsmoment.

Es ist ein Mysterium, das sich kaum in Worte fassen lässt. Alle Meister dieser Welt versuchten auf ihre Weise, den Funken überspringen zu lassen. Die direkte Übermittlung gelingt über das Einkreisen des Erlebten mit Worten, dem Verweilen in Wahrheit, Meditation und dem Erlösen der Lebensthemen.

Aus dem Ursprung entwickelt sich eine jede Seele in der hohen Schule der Erleuchtungsreise. Dieser Wachstumsweg verläuft vertikal auf der Evolutionsspirale Ebene für Ebene in die Meisterschaft. So erschaffen wir im Laufe der vielen Erdenleben das, was wir von jeher sind: ein bewusster, schöpferischer Teil des Göttlichen. Jede Seele kommt aus der Ganzheit des Seins und findet ihre spirituelle Vollkommenheit in der Einswerdung mit Gott.

Auf allen Ebenen gilt es, die jeweiligen Themen zu erlösen. Lebenseinheit für Lebenseinheit steigt die Seele nun voran. Dabei lernt und erfährt sie ihre absolute Verantwortung für die Wahl der jeweiligen Lebensthemen in der anderen Dimension und deren Spiegelungen auf Erden. Im Spannungsbogen der gewählten Themen erlebt sie sich in den Geschehnissen und findet in ihre Transformation. Das Erlösen der Lebensthemen ermöglicht den Quantensprung in die Buddha-Natur.

Der Quantensprung auf die Buddha-Ebene kann sich von jeder Biegung der Bewusstseinsspirale aus ereignen oder vollzogen werden. Es geschieht wie in einem dunklen Zimmer, in dem Sie Licht machen. Um die Dunkelheit zu vertreiben, genügt eine kleine Kerze. Sobald die Kerze brennt, müssen Sie nicht mehr überlegen, Sie erkennen die Bewusstseinstür.

Ist das innere Licht erst einmal entzündet, drängt es die Seele automatisch, Licht ins Dunkel weiterzureichen. Die höchste Form der Verantwortlichkeit einer meisterlichen Seele zeigt dann die zum Ausdruck gebrachte Liebe für die gesamte Existenz, die Hilfe zur Unterstützung der Evolution der Menschheit.

Erlösung der Lebensthemen führt ins Sein und das Sein zum Buddha-Bewusstsein. Handeln aus der höchsten Seinsform, ein völlig anderer Geschmack, eine andere Dimension!

Meditatives Agieren aus der authentischen Mitte zeichnet den Geist aus. Es ist, als würden die Perlen aus der Tiefe geholt werden, die Perlen der Buddha-Natur. Finden wir das Wahre Sein, wird uns die Kraft, die Liebe, das Wissen und die Stimmigkeit zuteil, die wir brauchen, um eine gesunde Gesellschaft aufzubauen. Eine Gemeinschaft, die im Einklang mit sich selbst und dem Göttlichen steht.

Es ist nun angebracht, eine neue Zeit des Umbruchs einzuläuten. Die alten Wege zur Menschheitsentwicklung dauern viel zu lange. Das können wir uns heutzutage nicht mehr leisten. Es gilt bereit zu sein für die Möglichkeit eines Quantensprungs in der Entwicklungsfähigkeit der menschlichen Seele. Auch das alte Konzept einer Meister-/Schülerverbindung oder der Mysterienschulen überall auf der Welt mündet jetzt mit Hilfe neuer Offenbarungen in eine effektivere Energieerhöhung und Transformationsarbeit. Dies gilt für die reifen Menschen, die bereits auf der Suche sind, wie auch für die gesamte Menschheit als Kollektiv.

Die Antwort auf einseitiges Nutzen von Ressourcen, Umweltzerstörung, Terrorismus, Krieg, Armut, Überbevölkerung und den Verlust von menschenwürdigen Werten kann nur eine wirkliche Infragestellung und Neuordnung dieser Machenschaften bedeuten und sollte heißen, voller Freude selbstverantwortlich den eigenen Beitrag zur Veränderung beizusteuern. Die Entscheidungs- und Handlungsbereitschaft für einen Paradigmenwechsel liegt in unser aller Händen.

Jeder Einzelne ist aufgerufen, die Transformation seiner Lebensthemen zu überprüfen. Die Erlösung der persönlichen Themen mündet in ein Helfen und Unterstützen im eigenen Umfeld. Es ist keine Frage mehr des Wollens, es gebiert sich aus unserem Bewusstsein heraus. Auch im Zusammenschluss mit Gleichgesinnten, sogar weltumspannend, fließt die evolutionär synergetische Kraft für das goldene Zeitalter nunmehr zusammen.

Es entsteht ein anderes Miteinander und immer mehr Menschen entscheiden sich mutig für den aktiven Weg der Erlösung ihrer Themen. Sie öffnen damit den Raum für ihre Transformation in die Buddha-Natur. Dort angelangt, leben und zeigen sie mit ihrem bewussten Sein und all ihren Handlungen, dass wir das Paradies auf Erden erschaffen können.

Auch wenn wir heutzutage über die Medien hauptsächlich von den schlimmen Dingen in der Welt erfahren, so wächst dennoch unaufhaltsam die wunderbar verändernde Energie des bewussten Einklangs in der Seelengemeinschaft.

Mit diesem Buch erhalten Sie die Anleitung, verantwortungsvoll Ihren Platz in der Menschheitsfamilie einzunehmen und Ihre Schöpferkraft für das Wunder Ihrer persönlichen Verwandlung zu nutzen!

Wundern Sie sich nicht über die zyklischen Worte. Bestimmte Punkte sollen häufig angesprochen werden, da die Abwehrmechanismen die bewusste Sicht für jegliches Neue gern in ständigen Nebel hüllen. Der Kreis des zyklischen Annäherns durchbricht die Abwehrmauern. Immer wieder erfahren wir dabei neue Aspekte, dringen in das Verstehen vor. Bewusstsein wird zum Lebenselixier.

Um einen Wandel herbeizuführen, müssen wir ihn im Herzen zulassen. Doch fällt es relativ schwer, auf bestimmte Schwachpunkte genau hinzusehen, sie aufzudecken. Es funktioniert nur, wenn man sie sich immer wieder ins Bewusstsein rückt. Fühlen Sie sich direkt angesprochen. Auf die Frage, wem und wann die Buddha-Natur zuteil werden soll, lautet die Antwort: Mir! Und jetzt! Oder dir! Und zwar sofort!

Die Evolutionsspirale – Transformation der Lebensthemen

Der Mensch findet sich auf seiner Lebensreise konfrontiert mit Schicksalsschlägen, Glücksmomenten, Problemen, also gewissen Hochs und Tiefs. Er fragt sich seit Anbeginn seiner bewussten Auseinandersetzung mit diesem Geschehen, welcher Hintergrund oder welche vordergründigen Zufallsereignisse für den danach veränderten Seinszustand eine Rolle spielen.

Heutzutage können wir auf die Ergebnisse vieler Forscher zurückblicken, die sich mit dieser Thematik auseinander setzten. Der neueste Entwicklungsstand zeigt an, dass jede Seele für die nächste Reinkarnation auf Erden noch in der anderen Dimension ihre Lebensthemen aussucht, also Inhalte, die in ihrem Leben als Mensch eine Rolle spielen. Diese erlebt, erlöst und transformiert sie dann in ihrer erneuten Zeitspanne hier auf der Welt. Dazu passend sucht sie sich das geeignetste Elternpaar auf dem Planeten Erde, den Geburtsort, das Umfeld der Eltern und die optimale Zeitschiene. Die Entwicklung der Seele im Menschenkörper bedarf, um ihre Lebensthemen zu bearbeiten, bestmöglicher Bedingungen für ihre Grundprägung, damit der anschließende Start ins Erwachsenenleben dementsprechend ausfällt. Das heißt, egal wie traumatisch die Kindheit erlebt wird, alle noch so schrecklichen Details gehören als – uns vielleicht sinnlos erscheinende – sinnvolle Komponenten zum Ganzen, der Transformation der Lebensthemen, der Evolution der Seele.

Je nach Bewusstseinsgrad und gewählter Lebensthematik reinkarniert die Seele in Krisengebieten oder in friedlich ausgeglichenen Zeitzonen. In den meisten Ecken der Erde wehen von Generation zu Generation verschiedene Winde, und genau dies stellt manchmal in nur wenigen Jahren Differenz eine völlig andere Plattform für das Landen der Seelen dar.

Eben folgte man in Deutschland noch dem »Tausendjährigen Reich«, dann kamen der Zusammenbruch und die fast totale

Zerstörung vieler Städte im Krieg. Einige Jahre später feierte man in krassem Gegensatz dazu die Wiederauferstehung im Wirtschaftswunder der Demokratie. Diese Wendungen, oder aber über Jahrhunderte eher gleich bleibendes Zeitgeschehen, bilden die so genannte Zeitschiene, in der an einem bestimmten Punkt jedes Menschenleben beginnt und an einem anderen Punkt es wieder aufhört. Die mit dieser Spanne verbundene Weiterentwicklung aller beteiligten Seelen findet jeweils über die persönlichen, aber auch kollektiven Lebensthemen der darin Eingebundenen statt. Es treffen sich also nicht von ungefähr zu bestimmten Zeiten gewisse Seelen für ihre Weiterentwicklung.

Lebensthemen bieten Wachstumsmöglichkeiten für die Seele. Doch die zu erlösenden Aufgaben brauchen den Lebensthemen-Spannungsbogen der ersten zwanzig Jahre, in dem in der Jugend, meist unter Druck, ein optimales Energiefeld für die Entfaltung der Seele geschaffen wird. Das Energiefeld, angefüllt mit alldem, was der Seele widerfährt, fühlt sich für den Jugendlichen meist nicht angenehm an, aber die Seele kann ohne die leidvollen Erfahrungen nicht weiterwachsen.

Die ersten zwanzig Jahre verschaffen eine individuelle Prägung, die, ob man es glaubt oder nicht, ganz fein und exakt auf die gewählte Lebensthematik abgestimmt ist. Die Lebensräder aller auf Erden lebenden Seelen passen haargenau als Räderwerk der Transformation ineinander, so ebenfalls im engsten Umkreis der Familie.

Im Sinne der Evolution verbinden sich Seelengemeinschaften für gewisse Seelenerfahrungen, die sie miteinander austragen, dafür haben sie sich gewählt. Ob positive oder negative, das spielt dabei erst einmal überhaupt keine Rolle. Doch die Evolution weist natürlich letztendlich in eine für alle glücklichere Welt.

Unendlich langsam und manchmal auch unbegreiflich schnell können Seelen, Quantensprüngen gleich, auf der Evolutionsspirale vorankommen und dann, dank dem gewachsenen Bewusstsein, für höhere Werte der Menschlichkeit eintreten. So lernt die Seele im Laufe der Leben, Schritt für Schritt oder mit einem gewaltigen Satz, über die gewählten Transformationshürden in ihre Glückseligkeit aufzubrechen.

Der Lebensthemen-Spannungsbogen erfüllt die Voraussetzung für jede Seele, damit sie die gewählten Lebensthemen in »Angriff« nehmen kann. Alles Negative und gleichermaßen natürlich das Positive, was der Seele in diesen jungen Jahren widerfährt, ist ein Teil der lebenslangen Reifeprozedur des Seelenbewusstseins.

Der Sinn eines jeden Lebens besteht eben darin, unseren inneren Kristall zu schleifen – das Seelenbewusstsein zu erhöhen. Letztendlich geht es darum, den Heiligen Gral zu finden, das, was die Alchemisten die Verwandlung des Menschseins in Gold nannten. Dann geht unser größter Wunsch in Erfüllung! Die Evolution der Seele gedeiht nach dem Ursprung aus dem universellen Ganzen über Äonen hinweg in ihre höchste Bestimmung – die Buddha-Natur!

Jede Seele bewegt sich dabei während des evolutionären Reinkarnationsreigens, zwischen den Leben auf der Erde und der Verabschiedung, dem Sterben des Körpers, in die andere Dimension, vom Anbeginn der Zeit bis zum Erleuchtungsmoment, mit Hilfe der Erlösung der Lebensthemen vorwärts. Dies nennt man die Bewusstseinsreise auf der Spirale der Evolution. Sie verläuft in stetigen Kreisen, über viele Etagen aufwärts bis zum höchsten Punkt, dem Buddha-Bewusstsein. Damit findet sie ins Einssein, in das göttliche Ganze zurück, der Kreis schließt sich. Der abgespaltete Tropfen findet auf seiner Bewusstseinsreise zurück in den Ozean der Unendlichkeit.

Leben für Leben erfährt sich die Seele und gedeiht über alle Nuancen des Menschseins anhand der an jeder Biegung der Evolutionsspirale wartenden Lebensthemen in ihre höchste Bewusstseinsqualität. Ja, sie ist mal Politiker, mal Habenichts, mal reich und mal ganz arm, mal vor Gesundheit strotzend und dann wieder krank und dem Elend nah. Sie erlebt sich als

Machthaber und Unterdrückter und als derjenige, der dadurch in die Mitte gelangt, ab diesem Moment für mehr Menschlichkeit einsteht. Evolutionäres Geschehen ist uns Menschen selten voll bewusst, doch das Mysterium des Lebens, das Rad der Evolution, funktioniert nach diesem universalen Gesetz!

Zu den vor der Geburt in der anderen Dimension entschiedenen Lebensthemen gehören die passend gewählten Eltern, Umstände in der Zeitschiene und das Umfeld. Dies erschafft gemeinsam die optimale Ausgangsposition für die gegenwärtige Bewusstseinsreise. Der Lebensthemen-Spannungsbogen, die erlebnisreiche Zeit im Elternhaus, konfrontiert nun die Seele nach der Geburt mit den Lebensthemen konformen Umständen, und damit beginnt die Auseinandersetzung mit dem eigenen heiligen Kreuzweg, dem Pfad in die Transformation.

Dem heiligen Kreuzweg begegnen wir alle auf ähnliche Weise. Jeder sieht ihn gespiegelt in seinen traumatischen Kindheits- und Jugenderlebnissen. Von klein auf wird das Kind davon in die Zwickmühle der Lebensthemen genommen. Die Auswahl der Eltern, der Startschuss im Umfeld und die nachfolgenden erlebnisreichen Jahre geißeln die meisten jugendlichen Erdenbürger in mannigfaltiger Weise. Viele zerbrechen im Laufe der Jahre an der Last der gemachten Erfahrungen, wollen nicht den Sinn darin erkennen, stellen sich quer! Können ihn nicht erkennen, da ihnen aufgrund fehlender Informationen die Zusammenhänge nicht klar ersichtlich sind.

Trotzdem werden wir von ihm »heimgesucht« und in Veränderung gedrängt. Keiner kann dem entfliehen, denn dieser heilige Kreuzweg dauert beim Verdrängen der Transformationsaufgaben bis ans Ende des Lebens, und wenn wir nicht anfangen, uns damit auseinander zu setzen, auch weitere Leben!

Es gilt, den Kreuzweg, benannt nach den letzten Tagen des Jesus von Nazareth, als heiligen Steig über den Lebensthemen-Spannungsbogen hinaus bis hin zur Transformation der jeweiligen Themen als ehrwürdig anzuerkennen und anzusehen. Ohne den »Segen« der Traumatisierung während der Jahre des

Lebensthemen-Spannungsbogens würde unsere Seele nicht diese ihr so wichtige Erfahrungsessenz erzeugen können. Die Aufschlüsselung der Seelenreise auf der Evolutionsspirale ermöglicht ein nie gekanntes aktives In-die-Hand-Nehmen der Bewusstseinserweiterung in Richtung Buddha-Natur.

Wir haben hiermit nun endlich den Schlüssel in der Hand, dass nicht nur Einzelne ihre Erleuchtungserfahrungen machen, sondern ein Großteil der Bewusstseinsarbeiter weltweit, die mehr als einhundert Prozent geben, um an das Ziel ihrer Reise zu gelangen. Ja sogar die übertrieben auf Sicherheit Bedachten und alle diejenigen, die lieber im Gewohnten tümpeln, im Trüben fischen, lassen sich darauf ein, angestachelt von der erhöhten Energiefrequenz des morphogenetischen Felds, schließlich wollen ja alle ins Licht, um ein Mehr an Liebe, an Synergie und die Folgen, die sich aus der Transformation ihrer Lebensthemen ergeben, zu erfahren!

Wichtig ist, dass wir, wenn wir diese Informationen lesen, aufhören, uns als machtlose Opfer zu betrachten, sondern die Herausforderung unserer Themen annehmen und jetzt erst recht richtig loslegen!

Als Teil des Lebensthemen-Spannungsbogens erleben viele Neugeborenen die Begegnung mit ihren Eltern in den ersten Wochen als dermaßen ungemütlich, dass sie als Antwort darauf den Überlebensmechanismus entwickeln. Das, was sie dazu bringt, ist das nunmehrige Fehlen des göttlich-liebevollen Aufgehobenseins in der anderen Dimension, das sogar teilweise noch in der Gebärmutter erfahren wird.

Wir Menschen lernen also von klein auf, dass wir uns, um genügend Liebe zu bekommen, verbiegen müssen. Aus der Authentizität unseres ursprünglichen Seelendaseins versuchen wir nun, uns so zu den Eltern zu stellen, dass wir ihnen noch relativ viel »Liebesenergie« abringen können. Und wenn uns ihre Zuwendung auch nur durch zornige Worte oder ein paar deftige Ohrfeigen zuteil wird, ist es doch zumindest Energie, die uns zufließt, die uns überleben lässt und nach der wir dann süchtig werden. Der Überlebensmechanismus entsteht. Gleichzeitig keimt die Überzeugung auf, es selbst zu verbocken, schuld zu sein an der geringen Dosis elterlicher Liebe. Und mit dem unbewussten Schuldeingeständnis und der Platzierung dieser Energie in unserer Aura entwickelt dieser Automatismus dann den inneren Makel, den fehlenden Selbstwert, der uns über Jahrzehnte zu schaffen machen wird.

Wir müssen uns also aus unserer inneren Mitte heraus den Eltern gegenüber verbiegen, um einen gewissen Energiefluss aufrechtzuerhalten. Das Kind ist nicht mehr, was es wirklich ist, ein authentisches Wesen, sondern trägt nun erstmals eine Maske, die Persona ist geboren. Das Verbiegen der Blume in der Hoffnung auf Sonnenlicht erzeugt den so genannten Überlebensmechanismus. Diesem Mechanismus verdanken wir überhaupt, mit einigermaßen heiler Haut in ein vom Elternhaus unabhängiges Dasein aufzubrechen. Ermöglicht wird dies mit dem Schein der Maskerade, geringeren Reibungsflächen, einem kleinen Zustrom an Energie, und wir fühlen uns wie in einem geschützten Ballon. Auch während der Ausbildung bis hin zur Eigenständigkeit hilft dieser Mechanismus erst einmal, den Lebensweg zu beschreiten.

Wenn wir hingegen mit den Jahren in das eigenständige Erwachsenenalter münden und über den druckvollen Lebensthemen-Spannungsbogen hinauswachsen, weist der Überlebensmechanismus uns eben nicht den Weg über die Transformation zurück zum authentischen Sein!

Jetzt steht nämlich der Überlebensmechanismus dem Leben, das wir eigentlich führen wollen, im Weg. Die Aufrechterhaltung dieses Abwehrmechanismus treibt uns von nun an mit Sicherheit in eine Krise, weil wir mit der Welt nicht richtig in Kontakt treten. Wir fühlen uns nicht verbunden, irgendwie abgeschottet, isoliert. Jetzt gilt es, die »Eierschale« von innen her aufzupicken, sonst wird sie automatisch von außen zerstört oder hält einen ein Leben lang in der Isolation. Auf ins Freie, dem Leben vollends ansichtig werden heißt nun die Devise.

Dies allein ist bereits ein wichtiger Teil der aufzulösenden Lebensthematik.

Der Überlebensmechanismus entwickelt die Persona, einen Schutzschild, eine Maskerade, ein unechtes, künstliches Gebilde. Ein meist dauerhaftes Schauspiel beginnt, das den Lebensthemen entsprechend innerhalb des Lebensthemen-Spannungsbogens weiter konditioniert wird. Dies Schauspiel dauert dann so lange, bis die Persona mit ihren Kollegen, der inneren Dreifaltigkeit, dem zum kleinen Tyrannen mutierten inneren Kind, das sich sinnbildlich hinter den Vorhang des Boykotts in eine Nische zurückgezogen hat, und dem Wahren Sein, das angstvoll in einer anderen Ecke kauert, in die Transformation treibt.

Ein Mensch, der seiner Persona verhaftet ist, wirkt wie ein Roboter. Er kann nicht wirklich spielerisch frei, tanzend und singend durchs Leben ziehen. Die Werte der liebevollen Menschlichkeit sind ihm völlig fremd. Er stellt lediglich eine Marionette der negativen Auswirkung seiner Lebensthemen dar und denkt egobedingt hauptsächlich an sich selbst. Das Ego eines »über alle Maßen« Geschädigten beweist oft eine Hochpotenz an Selbstsucht. Alle Energien haben ihm wie selbstverständlich zur Verfügung zu stehen. Er missbraucht gern alle diejenigen, die als Opfer herhalten.

Eine bedeutungsvolle Ebene dieser Dreifaltigkeit ist ebenfalls, wie gerade erwähnt, das innere Kind. Es ist der abgespaltene Teil des ganzheitlichen Menschen, der bildlich gesprochen verschreckt und frustriert in eine Kammer verschwindet und den Vorhang der Unsichtbarkeit hinter sich zuzieht. Dieser Teil möchte ungesehen bleiben. Wenn die weiteren Umstände, wie die Liebe der Eltern, ihn nicht mehr hervorlocken, entwickelt sich daraus der mehr und mehr verstockte kleine Tyrann und als äußerster Zwistbruder dann der Monstertyrann.

Die dritte Ebene ist unser eigentliches Seelensein, das sich traumatisiert und geschockt im System Mensch auf Erbsengröße reduziert und erst wieder im Laufe der Erlösung der

Lebensthemen wie Phönix aus der Asche steigt und seinen eigentlichen Stammplatz einnimmt.

Es zieht sich zurück in einen Kokon aus »Plexiglas«, durchsichtig, aber unzerbrechlich, und überlässt das Spielfeld komplett den Dreifaltigkeitskollegen. Nur selten schaut das Wahre Sein aus seinem Gehäuse heraus und wird erst wieder richtig gefordert, wenn die Lebensthemen in der Schatzkiste dermaßen drängen oder dem Menschen schwerwiegende Dinge zustoßen. Dann nimmt das Sein der Seele endlich das ihm gebührende Zepter in die Hand und räumt ordentlich auf. Das ist die Wiederauferstehung der Seele als geläutertes, gewachsenes Sein, von der schon in der Bibel gesprochen wurde.

Mit Persona sind künstlich aufgepfropfte Verhaltensweisen und die Identifikation mit der aufgepressten Konditionierung von außen, inklusive dem Überlebensmechanismus, gemeint. Jedoch möchte ich noch einmal betonen, es sind alles zugehörige Komponenten des lebensthemenbedingten Drucks zur Entwicklung und Kristallisierung des Seelenbewusstseins eines jeden Menschen, also gleichsam wichtige Bestandteile des Lebensthemen-Spannungsbogens, der damit sinnvoll und individuell perfekt in die Transformation weist. Genau diese Verwandlung der Seele ist der Sinn unseres Daseins auf Erden.

Ein Leben lang legen wir mit jedem Transformationsschritt automatisch einen Teil von dem, was wir meinen, das wir dank dem Themenspannungsbogen sind, ab und schälen uns ein Stück weiter als gewachsenes Seelensein heraus. Der Mensch muss im Laufe seines Erdenlebens den »Sicherheitsbereich« der Persona unbedingt ablegen, um so seinen Seelensinn zu erfüllen. Sonst enden wir eingekerkert in einem Scheinleben, zwar überlebend, aber im Grunde schon tot, ohne jegliche Authentizität.

Die Persona hat trotzdem einen außerordentlich bedeutenden Stellenwert im Evolutionsprozess: Sie schützt das Kleinkind vor Übergriffen seitens der Eltern und des Umfelds, und außerdem prägt sie den Menschen lebensthemengerecht. Der achtsame und verantwortungsvolle Umgang mit diesem Teilbereich der Erdenzeit wird in Zukunft, mit erhöhtem Bewusstseinsstandard der Menschheit und der Integration des Wissens über die Funktionsweise der Persona, des inneren Tyrannen und des Wahren Seins in unsere Schulungssysteme, zu einem veränderten Umgang mit diesen wichtigen Entwicklungsjahren führen. So machen wir uns die Realität des Mysteriums Leben angemessen und vor allem schneller zunutze.

Es bleibt diesem Mechanismus natürlich eine klare Einordnung als Evolutionswerkzeug der Existenz erhalten, doch wird in einer höher entwickelten Gesellschaft die Notwendigkeit dafür immer mehr verschwinden. Jeder Mensch kommt mit der achtsamen Anwendung der Transformationswerkzeuge schon in jungen Jahren wesentlich rasanter seiner Erlösung und Bestimmung näher. Dies hat selbstverständlich Auswirkungen in seinem Umfeld. Eine weltweite Kette von Quantensprüngen des Bewusstseins wird leichter möglich, das morphogenetische Bewusstseinsfeld breitet sich weiter und weiter aus. Was für ein Crescendo für die Menschheit und die Evolution der Seelen!

Doch Vorsicht! Je nach erlebter Traumatisierung in der Kindheit vergiftet der Heimzahlungsnimbus sogar später noch im Erwachsenendasein die Lebensfreude. Es geht hier um einen weiteren Mechanismus, der zum großen Teil unbewusst im traumatisierten System des Menschen sein Unwesen treibt. Entstanden als ohnmächtiger Wutberg im Inneren des Kindes, lauert er wie eine Spinne oder ein Skorpion auf potenzielle Opfer. In vielen bedeutenden Augenblicken zischt er plötzlich einem Blitz gleich aus dem Betroffenen Richtung Partner oder Kollege und wie von einem elektrischen Schlag getroffen zuckt dieser dann verwundert, pikiert und beleidigt zurück.

Die unerlöste alte, ewig gleiche Geschichte verhockt seit vielen Jahren im Austeiler und unterbricht oder boykottiert an diesen Stellen immer wieder nicht nur den eigenen Lebensfluss, sondern auch den der anderen. Man muss wie ferngesteuert diese Handlungen nach außen schleudern. Die angesammelte

Wut findet meist diesen Ausweg, da sie sich nicht einfach in Luft auflösen kann.

In einer Partnerschaft versucht man über den Heimzahlungsnimbus zusätzlich, Macht über den »Geliebten« zu bekommen, ihm Energie zu entziehen, ihm einen Stoß zu versetzen. Danach verliert man dann bald jeglichen Respekt, verabschiedet sich innerlich. Despotisches Herrschen oder ein Kuhhandel des Rührmichnichtan ist die Folge. Man versucht mit aller Kraft, Macht zu gewinnen, nie mehr dieses Ohnmächtige einer traumatisierten Kinderseele ertragen zu müssen, nach dem Motto, Vorbeugen ist besser als eine eventuelle Niederlage oder gar eine Unterjochung von dem Partner.

Es fällt extrem schwer, hier wirkliche Gefühle über einen längeren Zeitraum zuzulassen, vorher muss man den anderen erst einmal oder sogar fortgesetzt attackieren. Dieser Kreisel mündet dann früher oder später in einer »Katastrophe«, dem Nichtmehr-Einlassen oder dem mitunter kriminellen Ende des Beziehens. Das sind alles unausgereifte Rangeleien nach Energie, ist aber keine Liebe.

In einer anderen Nuance des Beziehens wollen wir uns unbedingt eine Art Nabelschnur des Aufgehobenseins im anderen schaffen – ohne die wir zu »sterben« glauben! Der innere Tyrann, das ehemals kleine, frustrierte innere Kind, wendet sich aggressiv nach außen und fordert von dort die Zeit der Gebärmutter zurück. Er will energetisch und materiell ernährt werden, endlich das bekommen, was er bereits in der Kindheit so schmerzlich vermissen musste. Die Nabelschnur der Versorgung soll möglichst vierundzwanzig Stunden am Tag strömen. Wir alle verfallen gern dieser Illusion von Liebe, die uns ein Partner, Familienangehörige, Arbeitskollegen oder Freunde zu geben haben, doch das hier verborgene Lebensthema heißt: Lerne das absolute Alleinstehen ohne Abhängigkeiten!

Viele Menschen nagen an diesem Thema und wollen es nicht wahr haben, rennen lieber überall herum und schnappen oder betteln um Energie. Doch dies nützt niemandem, denn aus unserem inneren Schatzkästchen, dem Aufbewahrungsort der Lebensthemen, kreieren wir uns auf der Lebensbühne die leidvollen Umstände der Einsamkeit, um eben in die Lernerfahrung des absoluten und *glücklichen* Alleinstehens zu gelangen!

Doch wir halten uns gern an gesellschaftlichen Konditionierungen fest, die da heißen, folge den guten Normen. Das Mysterium des Lebens lässt aber nicht mit sich handeln. Wer meint, der Transformation der Lebensthemen zu entkommen, kann dies in diesem Leben nur mit dem Tod erreichen. Allerdings darf er sich dann in einem der nächsten Leben auf ähnliche Situationen freuen! Verweigerung bringt einfach nicht den gewünschten Erfolg. Lediglich der Druck erhöht sich im so Handelnden bis zum »Platzen«. Die Bewusstseinsreise geht also über die Bedeutung von Karriere, Partnerfindung und Kindererziehung hinaus!

Der erste Antrieb jedes Lebewesens auf diesem Planeten gilt zwar dem Überleben und der zweite der Fortpflanzung der Gattung, doch ab einer bestimmten Entwicklungsstufe auf der Evolutionsspirale kommt ein noch wichtigerer Sinn des Lebens zum Vorschein – die bewusste und aktive Evolution der Seele in ihre letztendliche Bestimmung, das Aufsteigen in die Buddha-Natur.

Damit entspricht die höchste Funktion unseres Daseins nicht mehr dem unbedingten Finden eines Seelenpartners und der Aufzucht des Fortbestands der Menschheit, sondern fortan hat in jedem weiteren Leben die absichtsvolle Entwicklung der eigenen Seelenkapazität die Präferenz. Das ist gemeint mit dem von den vielen erleuchteten Meistern angekündigten *Neuen Menschen*. Es kann natürlich auch das Miteinanderwachsen in einer wunderbaren Familie bedeuten.

Was also der Seele in jeglichen Lebenszeiten auf der Lebensbühne widerfährt ist eine Spiegelung ihrer gewählten Lebensthematik. Sie kreiert sich bewusst oder unbewusst ein Spannungsfeld, in dem sie andere Menschen, Dinge und Erlebnisse anzieht, die ihr über »negatives« oder »positives« Geschehen ins Wachstum helfen. Gleichzeitig drängt jede Seele andere Seelen über ihr Verhalten in die Transformation.

In jedem Leben entscheidet die Seele, welche Aufgaben, bis hin zum Crescendo der Meisterschaft, der Buddha-Natur, sie diesmal erlösen möchte. Den Reigen der Wiederkehr der Seele nennt man die Entwicklungsreise auf der Evolutionsspirale (ausführlich beschrieben in meinem Buch *Erlösung der Lebensthemen – Der Schlüssel zu Liebe, Gesundheit, Berufung und Glück,* Ullstein Verlag).

Auch als Kollektiv Mensch macht sich der evolutionäre Fortschritt von Generation zu Generation bemerkbar. Der anstehende globale Quantensprung wird eine unbedingt notwendige politische, erzieherische, soziale, ökonomische, sexuelle und religiöse Neuordnung einleiten.

Die Entscheidung der Menschen für eine bessere Welt setzt sich mit Hilfe der universellen Kraft gegenüber den alten Paradigmen durch. Denn die kritische Masse des morphogenetischen Felds ist schon erreicht, wenn auch nur bis zu fünf Prozent der Gesamtbevölkerung alle ihre evolutionären Lebensthemen erlösen und so ihr Bewusstsein erhöhen. Überall auf der Welt schließen sich erst Einzelne, dann ganze Teams von Bewusstseinsarbeitern zusammen, bilden ein transparentes Netzwerk und gestalten so in Verbindung mit allen Kräften der Gesellschaft diesen segensreichen Wandel!

So wie jede Einzelperson ihre Themen erlöst und die Werte Liebe, Freundschaft, Gleichberechtigung, Freiheit wirklich wählt und ohne Kompromisse nach außen trägt, kann es endlich weltweit zu sprunghaften Wachstumsschüben kommen. Mit der Transformation der Lebensthemen fällt dann endlich ebenfalls das letzte Egogebaren der vielen spirituellen Geburtshelfer weg.

Wer sich aus dem Kokon der Lebensthemen befreit hat, ist eben auch erlöst von Machtgelüsten und Kraftmissbrauch, Feigheit und Verkennung von Realitäten, die die Evolution in etlichen Etappen der Geschichte immer wieder die Quantensprünge gekostet haben.

Wir können nun ein solch hohes Bewusstsein erringen, dafür sorgen, dass das als unmöglich Betrachtete Wirklichkeit wird! Doch wir müssen bei uns selbst anfangen, die Lebensthemen erfüllen und nach und nach oder auch mit einem großen Sprung die Werte eines Buddhas leben.

In Anbetracht dessen, dass Sie dieses Buch in der Hand halten, sind Sie als Seele so weit gereift, dass Sie für sich die Verabredung treffen wollen, den Evolutionspfad, mit allem Infragestellen des Ihnen gelehrten Wissens und der gesellschaftlichen Überzeugungen, voranzuschreiten. Sie wollen hinter die Kulissen Ihrer Lebensthemen schauen, Sie sind dabei, mit neuen Informationen Handlungsweisen zu integrieren, die Sie als Botschafter des aufbrechenden Zeitalters ausweisen. Mit der Transformation der Lebensthemen, unserem eigenen Beispiel, tragen wir nun verantwortungsvoll das Banner als Bringer des Lichts!

In Einheit mit Gott – der freie Fluss der Lebensenergie

Der köstlichste Zustand, den die Seele auf Erden kennt, ist die Einheit in Gott. Diese Ebene ist vollkommen und nicht nur partiell erreicht, wenn die Lebensthemen auf der Evolutionsspirale erlöst und der Mensch frei und liebevoll in seiner Berufung und Vision steht. Er wird getragen vom Lebensfluss, der frei fließenden göttlichen Energie, und alles, was er anfasst, wird zu Gold.

Der Mensch agiert nicht mehr aus dem Verstand, er ist in Meditation, gedanklicher Stille, und handelt aus der Intuition, der inneren Stimme. Die Lebensenergie, Wohlwollen, reine Freude, Liebe, Mitgefühl, Glückseligkeit, aber auch Klarheit und Ausdrucksstärke strahlt er in all seinem Tun aus. Seine Aura, das persönliche Energiefeld, inspiriert die Mitmenschen gleichermaßen dazu, mutig ihren Weg zu beschreiten. Wenn dieses Energiefeld andere Energiefelder berührt, fühlen sich diese kraftvoll aufgeladen und vermögen ebenfalls Freude, Liebe und Glückseligkeit in ihrem Sein auszubreiten.

Die dauerhafte Manifestation dieses Zustands nennen die Mystiker die Essenz des Lebens. Der Mensch erfährt sich völlig neu mit seiner Umwelt. Ob Dinge, Handlungen, Personen oder Pflanzen und Tiere – er fühlt sich mit allem eins. Begegnung und Kommunikation nehmen eine völlig neue Dimension an. Die Berührung nach außen findet auf allen Ebenen authentisch, freudvoll und in Liebe statt.

Die Seele steht jetzt in der absoluten Realität und Wahrheit. Sie ist ganz davon eingehüllt, von innen nach außen, vom Kopf bis zu den Zehenspitzen. Es gibt kein Handeln mehr aus Furcht, Sicherheitsdenken, Hortenmüssen, Machtansprüchen oder ähnlichem Egogebaren.

Ist diese Freiheit erst einmal erreicht, wird die Seele nie mehr der Einschränkung von außen erlauben, das innere System zu beeinflussen. Auch wenn Bedingungen oder Umstände in der Welt dem eigenen Lebensfluss Einhalt gebieten können, wird die transformierte Seele zwar eine gewisse Traurigkeit verspüren, aber es ist die gleiche Energie der Freude, nur zurückgeschraubt auf einen sehr geringen Level. Der Erwachte weiß, dass er niemals stirbt, daher kann er allem mutig entgegenschreiten.

Wir alle stehen an bestimmten Punkten der Entwicklungsskala und transformieren Leben für Leben unsere Aufgaben. Stück für Stück nähern wir uns so der oben beschriebenen Meisterschaft der Seele, der Einheit mit Gott.

In der Existenz, in unserem Universum, gelten bestimmte Naturgesetze, wie etwa die Aussage, dass nichts von etwas anderem getrennt ist. Alles hängt voneinander ab, ist ein Teil des Ganzen. Daher die extreme Wichtigkeit, unsere Lebensthemen zu transformieren und mit der Buddha-Natur zu experimentieren, um dann aus dem scheinbaren Abgespaltensein zurückzukehren in die Einheit der göttlichen Energie und somit das Kollektiv positiv zu beeinflussen.

Die Völkergemeinschaft ist eine Einheit! Alles, was auf der einen Seite der Erdhalbkugel passiert, hat automatisch auch Auswirkungen auf die andere Hälfte. Der Ausstoß der Umweltgifte macht dem gesamten Ökosystem Raumschiff Erde zu schaffen. Einseitiges, rücksichtsloses Verhalten verändert für Generationen. Umweltkatastrophen unbekannten Ausmaßes zeugen von verantwortungslosem Handeln.

Seit geraumer Zeit schließt eine stetig wachsende Zahl von bewussten Menschen freudig ihre Energie zusammen. In dieser neuen Art der Verbundenheit ist keiner mehr zweite oder dritte Klasse. Sogar ein Ausbeuten auf Kosten der Entwicklungsländer wird in dieser Ebene undenkbar. Transparenz hält endlich Einzug in die Gesellschaftssysteme. Ein Horten, Verstecken oder Benutzen findet nicht mehr statt. Der Umgang miteinander ist geprägt von dem Leitsatz »Ich gehe mit jedem Menschen so um, wie auch ich will, dass er mit mir umgeht«. Behandeln wir unsere Mitmenschen, als wären sie ein Teil von uns selbst. Letztendlich schreiten wir dann durch unsere Zeitschiene, als ob alles Materielle und Lebendige eine Erweiterung des eigenen Energiebereichs darstellen würde. Im entspannten und erlösten Zustand verbinden wir uns fast zärtlich mit der Umwelt. Dabei entsteht in uns endlich der lang ersehnte Paradigmenwechsel. Mit Verständnis und Mitgefühl, aber auch eindeutiger Entschlossenheit vertreten wir ab sofort den Standpunkt für ein ganzheitlich gesundes Miteinander. Diese neue Bewusstseinsebene teilt sich bei jedem hier Angekommenen automatisch ins Außen mit.

Wir alle kennen den heilsamen Moment, wenn wir trotz einer Missstimmung oder negativen Schwingung den Bewusstseinsschalter umlegen, um zu verhindern, dass unser System abstürzt. Wir erzeugen in uns meditative, liebevolle Freude, die sofort in Körper, Psyche und der Aura spürbar wird. Diese segensreich heilende Energie strahlt von nun an in die Umgebung und wir bemerken dabei, wie diese Kraft Wunderbares bewirkt.

Die meisten Menschen haben in ihrem System, einem Computer ähnlich, eine Inputstelle, durch die wir es schaffen, Schranken und Panzerung des in den Lebensthemen verstrickten Egos, die Schutzhülle der Persona und das Abgeschottetsein des inneren Tyrannen zu durchbrechen. Der heilsamen Kraft gelingt mit Hilfe dieser Schleuse ein Therapieanstoß. Manchmal gerade mit ganz einfachen Mitteln, wie mit einem Kompliment oder einem ehrlich gemeinten Lächeln, einer liebevollen Geste oder Berührung, einem aufmunternden Blick, indem wir zu einem Essen einladen, uns in ein bereicherndes Gespräch mit viel Zuspruch vertiefen oder der Liebe zärtlich begegnen.

Ob wir therapeutische Beratung und Seminare besuchen oder kreativ miteinander werden in Schauspiel, Gesang, Malerei oder Tanz, es findet Kommunikation, Berührung – Transformation – zwischen den Seelen und Auren statt. Alle Beteiligten unterstützen gegenseitig den Erlösungsprozess der jeweiligen Lebensthemen. So geschah es in allen Zeitaltern, selbst bei noch so unmenschlichen Verhaltensweisen.

Auf einer hohen Energieebene angelangt, setzen wir in der Begegnung – unterstützt von unserer schöpferischen Kraft – im anderen Liebe und Freude frei. Dies gelingt natürlich nicht nur mit Friede, Freude, Eierkuchen. Manches Mal muss man ordentlich auf den Tisch klopfen, damit die eingeschlafenen Seelen aufwachen.

In ihrem Evolutionsprozess etwas weiter entwickelte Seelen begegnen einander auf einem hohen Level der Achtsamkeit in Respekt und Liebe. Noch freiere Geschöpfe unterweisen Suchende oder Interessierte, so dass sie Stufe für Stufe weiter emporsteigen und sich ihrer Buddha-Natur gewahr werden und sich ihr annähern.

Wir kommen aus der Einheit und gehen in die Einheit mit Gott. Durch den Transformationsprozess geläutert, findet die Seele zurück zur Einheit der göttlichen Schöpfung, dem freien Fluss der Lebensenergie. Hier angekommen, erfährt sie vollkommenes Entspannen, Loslassen, unglaubliche Freude. Es ist ein Ausdruck des freien Energieflusses, dass sie sich jetzt mit allem, was ist, in uneingeschränkter Liebe fühlt. So erfährt die Seele das Einssein in allem und die Einheit mit allen Wesen, die auf der Erde weilen.

Probieren Sie es einmal! Spüren Sie jetzt sofort das Verbundensein! Falls es bei Ihnen nicht funktioniert, tun Sie einfach so, als ob, und Sie werden anfangen, den Einklang mit allen Sinnen wahrzunehmen! Laden Sie nun Ihren Körper, Ihre Psyche, die Aura, Ihre Batterien mit dieser ungeheuren Kraft energetisch auf.

Völlig bewusste Wachheit, Vitalität, Liebe und Lebensfreude zeigen den freien Fluss der Lebensenergie an. Wir fühlen uns in uns selbst aufgehoben und voller Vertrauen. Jeder Tag wird aufs Neue begrüßt. Mit großer Freude widmen wir uns entspannt und meditativ den alltäglichen Dingen und stellen uns neuen Herausforderungen. Wir geben uns der Einheit und dem Lebensfluss hin.

Alle Erfahrungen, die wir während der Entwicklungsreise auf der Evolutionsspirale durchlaufen, sind letztlich nicht vom Ganzen getrennt, sondern ein wichtiger dazugehöriger Teil. Allerdings wird er teilweise, da das Sein auf niedrigerem Energielevel schwingt, nicht als Einheit, sondern als Abgetrenntsein vom Ganzen erfahren. Alles Erfahrbare, ob Krieg und Frieden, Liebe oder Schmerz, Leben und Tod, steht im Kontext der Entwicklung der Seele, der Transformation der Lebensthemen auf dem Weg in die Buddha-Natur.

Viele Menschen fühlen sich in ihrem Themenprozess oft plötzlich überfordert, allein und abgeschnitten von der Einheit. Dieser Teil der Lebenserfahrung ist real gesehen eine Illusion, der wir aber während der zur Transformation anstehenden Aufgabe nur allzu leicht aufsitzen, ja, die wir sogar benötigen. Sonst könnten wir unser Bewusstsein nicht schärfen. Es gilt als oberstes Lebensprinzip nun mal die Erlösung der gewählten Lebensthematik und da kann selbst Gott während der Zeit des

Wachstums nicht dazwischenfunken. Denn jede Seele traf ja noch in der anderen Dimension ihre freie Wahl der Thematik, und die ist dem Göttlichen heilig, man muss also nun loslegen, das Tor hinaus ist die Transformation.

Wir sollten uns nun im Zeichen der Transformation mit aller Kraft der Wirklichkeit, dem göttlichen Einssein, wieder gewahr werden. Spätestens nach dem Transformationssprung nimmt uns der »liebe Gott« voller Freude und Liebe in die Arme, überschüttet uns mit dem Füllhorn des Gelingens. Alle jemals bei noch so kleinen Bewusstseinserweiterungen vorwärts geschrittenen Seelen können dies bestätigen.

Wenn wir uns aber auf dem Abstellgleis der völligen Einsamkeit wiederfinden, streifen wir wichtige Lebensthemen: die Suche danach, was wir wirklich sind, führt über das, was wir nicht sind. Wir schlüpfen aufgabengemäß durch das Tor der Befreiung und legen einen Teil des vermeintlichen Seins ab und gewinnen, kristallisieren jetzt einen Teil, der wir unabdingbar wirklich sind. Auf dem Weg zurück in die Wahrheit vollzieht sich eine wichtige Transformation in die Realität. Wir finden unser wahres Seelensein!

Natürlich gehört das Allein-stehen-Können genau in dieses Ausbildungsrepertoire. Und das Ganze ist gar nicht so schlimm, denn das Thema All-eins-Sein führt zur köstlichsten Erfahrung von Unabhängigkeit, die es überhaupt gibt, kein Brauchen, Gebrauchen und Missbrauchen mehr. Dazu kommt nun endlich die wunderbare Erfahrung vom Aufgehobensein in der Existenz Gottes.

Es ist die Natur der Seele, in allem eins zu sein, die Einheit zu erfahren. Schauen Sie der Wirklichkeit ins Auge, nehmen Sie die Herausforderung an, lassen Sie sich nicht gehen. Gerade in schwierigen Zeiten verbinden Sie sich am besten mit dem All-eins-Sein in Form von Meditation. Dadurch springen Sie zurück in den Lebensfluss, die Lebensfreude und die Kraft der Liebe. Falls Ihnen das schwer fällt, sollten Sie Beratung aufsuchen oder an Therapieseminaren teilnehmen.

Die Quelle der Kraft des Universums, die Existenz, der liebe Gott oder wie immer wir diese Energie in unserem Glaubenssystem benennen, steht uns Tag und Nacht zur Verfügung. Wir brauchen nur den Kontakt zu suchen, schon werden wir an das Energiereservoir angedockt, das sich augenblicklich in unser System ergießt. Ja sogar noch bevor wir es ausgesprochen haben, fühlen wir die Kraft in uns hineinfließen. Diese bewusste Kontaktaufnahme können wir jederzeit bewerkstelligen. Gerade in unseren dunkelsten Momenten sollten wir von diesem Wissen zehren, von dieser Realität Gebrauch machen.

Üben Sie deswegen in den lichteren Zeiten die verbindende Kraft der Meditation. Dann fällt es leichter, gerade wenn wieder eine graue Pfütze der Einsamkeit vor Ihnen auftaucht, sich am eigenen Schopf herauszuziehen oder gar nicht erst hineinzutapsen. *Meditation ist das Nichtidentifizieren mit den Gedanken. Es ist das Abstandnehmen vom Gedankenapparat und den damit verknüpften Emotionen, dem Ruhen in der geistigen Stille.*

Dadurch erhöht sich automatisch die Aufmerksamkeit für Ihre Intuition. Die innere Stimme steht Ihnen plötzlich deutlicher mit Rat für jede Tat zur Seite. Diese Weisungsebene ist direkt mit der optimalsten Realität für die Erlösung Ihrer Lebensthemen verbunden.

Experimentieren Sie mit Ihrer Intuition. Sie werden feststellen, wie einfach Sie nun Entscheidungen treffen und ausführen. Vertrauen in diese Handlungsebene führt in ein völlig neues Wahrnehmen des möglichen Seins auf Erden. Sie richten einfach eine Frage nach innen und bitten gleichzeitig dieses Verbindungsorgan mit der göttlichen Instanz um eine Eingebung. Von einem Moment auf den anderen, plötzlich, die Antwort!

Die schöpferische Liebesenergie der Existenz trifft sich in uns mit unserer inneren Kraftquelle, die ja ein Teil der göttlichen Gesamtenergie ist. Wir können uns dafür öffnen und die höchstmögliche Lebensenergie in uns Platz nehmen spüren. Jegliche Trauer, Angst oder ähnliche Emotionen fallen einfach ab. Was für ein wunderbarer Moment, probieren Sie es doch gleich aus! Ja, genau jetzt!

Wenn Sie nun fragen, wieso man denn dann so schnell vom Weg abkommen kann oder wie Sie leichter Ihren Weg erkennen können, möchte ich Ihnen raten: Folgen Sie Ihrer Intuition und bemerken Sie, wann Sie den Eingebungen den Rücken kehren. Sie schneiden sich gegebenenfalls selbst vom göttlichen Einssein ab und der nun übernehmende Verstand führt direkt ins Seitenaus!

Achten Sie auf unterstützende Begegnungen im Außen, bei denen Sie Informationen und Hilfe bekommen, und nehmen Sie diese an! Ich vergleiche die aufkommenden alten Muster, die uns so gern wieder in ihre Gewalt nehmen, mit Pfützen, in die man, wenn man nicht aufpasst, leicht einmal hineintritt. Aber was passiert schon groß? Ein nasses Hosenbein oder feuchte Schuhe sind kein Beinbruch, auf geht's! Ein weiterer Schritt und Sie stehen schon wieder im Trockenen.

Eine andere Möglichkeit des Nichtgelingens bieten die Abwehrmechanismen rund um das innere Schatzkästchen, der Platz, von dem die Lebensthemen nach außen wirken und strahlen, das Heraufbeschwören dessen, was uns auf der Lebensbühne begegnet oder gefangen hält. Die Boykotteure jedweder Weiterentwicklung versuchen, als Chef im Ring den Wahrheitssucher auszuknocken. Grund ist die tief in den Genen sitzende Angst vor Veränderung. Das Ungewisse, aber Goldene der Transformation kann man nur erleben, wenn man sich der Unsicherheit stellt. Genau da sitzt oft der Schlüssel zu den Lebensthemen. Was vor Angst blind macht, dem gilt es ins Auge zu schauen. Was immer wir im Leben erfahren, kreieren wir uns selbst, ausnahmslos, um daran zu wachsen!

Unsere Seele hat sich entschieden, über diesen Weg oder Kreuzweg zu lernen. Wir sind also nicht die Opfer des Geschehens, sondern tragen von Anfang an die volle Verantwortung für unseren Seinszustand. Das klingt hart, denn die meisten Menschen hatten keine einfache, wohlbehütete Kindheit. Im

Gegenteil. Der Spannungsbogen, der die Seele in die Erlösung der Lebensthemen treibt, läuft meist über »negative« Erfahrungen. Das hängt mit der Lernfreudigkeit jeder Seele zusammen. Wenn wir die jeweilige Transformationsarbeit über verschiedene Inkarnationen ziehen, verdichtet sich das angestaute Potenzial und kreiert ein immer gewalttätigeres Umfeld, um endlich auf der Evolutionsspirale Fortschritte zu erzielen.

Vielen Seelen gelingt es nicht, bestimmte Dinge über die Dauer einer Lebensspanne zu erlösen. Diverse Male nimmt das Bewusstsein dann für dieselbe Sache Anlauf. Und was für ein Crescendo, wenn die Thematik erlöst wird!

Etwas, das uns über Jahrzehnte unbewusst und bewusst eine Vermeidungsstrategie fahren lässt, kann nun mit einem wichtigen Schritt überwunden werden. Dass Sie dieses Buch in der Hand halten, zeigt, dass Sie bereit sind. Falls Sie in einer solchen Situation stehen, schauen Sie hin, trauen Sie sich! Springen Sie in das Neue, ins Unbekannte. Nehmen Sie die Informationen tief in Ihr Inneres, in die Meditation, und lassen Sie sie über die Intuition wirken. Die Antworten werden Ihnen gleichsam entgegenspringen!

Das Wissen um die Auswirkung der Seelenreise ist heute vielen Menschen zugänglich. Leider machen immer noch zu wenige Gebrauch davon. Vermeidung nützt den Unwissenden allerdings nichts, die universalen Gesetze gelten für alle.

Während meiner Arbeit in Krankenhäusern bekümmerte es mich zutiefst, mit anzusehen, wie viele Patienten und Klienten lieber auf den Abgrund zusteuern als ihrer Meisterschaft entgegen. Die liebevolle, schöpferische Energie des Universums empfängt dennoch jede Seele nach dem Übergang mit ausgestreckten Armen und unterstützt die folgenden Evolutionsreisen. Es tröstet weiterhin, dass ein jedes nächstes Leben eine neue Chance bietet.

Achten Sie ebenfalls auf die Egofalle, eine Ebene in uns, die gern so tut, als ob! Sie steht auf der Seite der Abwehrmechanismen. Sie bringt den Menschen dazu, an der Peripherie wie

Gold zu scheinen, ein Verdrängungsvorgang, im Grunde aber ein Fall von jeglicher spiritueller Höhe. Man meint sich fortgeschritten, merkt aber nicht, dass in der Realität das Innere stinkt und das Äußere kracht. Aus Feigheit vor dem Bearbeiten der Lebensthematik legt man sich lieber eine glänzende Maske zu. Leider gibt es nur all zu viele Menschen, die an diesem Punkt verharren!

Baden Sie auch nicht in Konfliktsituationen, wenn Sie in die Pfütze alter Gewohnheiten treten! Erkennen Sie Strohhalme, die ans rettende Ufer führen, und achten Sie darauf, wie und wann Sie ein Lebensthema erlösen können. Mit den hier angebotenen therapeutischen Werkzeugen werden Sie erfolgreich an Ihrer Thematik arbeiten.

Wenn Sie sich von der Außenwelt abgeschnitten fühlen, beobachten Sie bitte sehr genau, wie Sie sich in Ihrem Leben bewegen. Nur allzu gern werden Sie die Abwehrmechanismen mit Gefühlen von Wertlosigkeit, Einsamkeit oder unkontrollierbaren Ängsten bestücken. Während sich dieses Drama in Ihrem Körper-Psyche-System festsetzt, verschwinden die letzten Reste von Realität. Energielosigkeit macht sich breit. Lassen Sie das nicht zu. Oft genug sind Sie schon auf diesen Mechanismus hereingefallen. Halten Sie stand, entscheiden Sie sich sofort für neue Handlungsweisen.

Blicken Sie Ihren Mitmenschen ins Gesicht, freuen Sie sich über ein kleines Lächeln am Rande und legen Sie Wert auf die kleinen wunderbaren Dinge des Lebens, die Schönheiten am Wegesrand, den glitzernden Sternenhimmel in einer Vollmondnacht oder einfach nur Gedankenstille. Das hilft Ihnen, in das Einheitsgefühl zurückzukehren.

Nach dem Aufräumen der Lebensthemen sollte es nicht mehr vorkommen, dass Sie dem plötzlichen Empfinden und Weitergeben von Liebe, dem Aussprechen von Wahrheit oder dem Folgen Ihrer Berufung misstrauen oder nicht entsprechen. Im Gegenteil, Sie spüren klar und eindeutig, dass Sie richtig liegen. Stimmige Momente haben ein ganz eigenes energetisches Flair.

Das ist der freie Fluss der Lebensenergie, die Einheit mit Gott, und diese fühlen Sie sofort.

Reihen Sie sich nicht unter die Menschen ein, die kontinuierlich die universalen Gesetze missachten. Haben Sie ein Auge auf wahre Freundschaften und trennen Sie sich von unliebsamen Bekannten. Auch Familienangehörigen muss man im Notfall Grenzen setzen. Und aufgepasst, in der Esoterikszene gibt es genügend Scharlatane. Lassen Sie diese links liegen. Verlassen Sie sich auf Ihre Intuition!

Wenn Sie allerdings Fügungen nicht wahrnehmen und blind für wichtige, lehrreiche Zeilen in einem Buch oder Begegnungen, auch mit fremden Menschen, sind, schneidet Sie dies vom Lebensfluss, dem Einssein mit der Existenz, ab. Damit erzeugen Sie in sich einen Energieabfall. Bleiben Sie in Ihrer Lebensenergie erfüllt von Liebe und Freude. Lassen Sie sich von kleineren Feuerproben oder vermeintlichen Misserfolgen nicht aus der Bahn werfen. Es sind nur weitere Übungen, die Ihnen anzeigen, wie weit Sie auf der Entwicklungsskala bereits das, um was es geht, verstehen und neue Handlungsweisen umsetzen können. An dieser Stelle sind nicht die Sackgassen gemeint, wenn wir uns im Spannungsbogen der Lebensthemen verrennen, wir werden eher geprüft ob unserer Ausdauer oder sollen lernen, die Bewusstseinswerkzeuge kontinuierlich anzuwenden.

Also, lassen Sie Ihre Lebensenergie auf keinen Fall absinken, sondern die göttliche Kraft voll und ganz mit Ihnen sein. Frei nach dem Ausspruch der Jedi-Ritter aus den bekannten Filmen: Lass die Macht mit dir sein! Die Schöpferkraft des Individuums, vereint mit ihrer frei fließenden Lebensenergie, vollbringt nun unglaubliche Taten, und Visionen werden wahr!

In der Erfahrung mit Menschen, den therapeutischen Beratungen, diversen Seminaren in verschiedenen Städten und Ländern, beim Coaching von Führungskräften, in der Familientherapie, innerhalb aller Abteilungen des Neo Holistic Instituts, bei der Aufbauarbeit eines Begegnungs- und Therapiezentrums inklusive einer Lebensgemeinschaft, in der wir mit den neuen Werten experimentieren, erlebe ich meine Mitmenschen, aus den verschiedensten Bevölkerungsschichten und von den unterschiedlichsten Kreiseln der Evolutionsspirale, wie sie ihre Prozesse durchwandern.

Wir bilden sinnbildlich einen Kreis und versuchen auf einer hohen Ebene Richtung Buddha-Natur miteinander zu kommunizieren. Dies klappt tatsächlich, und wo immer diese Menschen in ihrem weiteren Leben stehen, werden andere davon berührt, und diese Botschaft und Möglichkeit der Lebensgestaltung, der Quantensprung in die Buddha-Natur, verbreitet sich wie ein Lauffeuer.

Bewusstsein, Ehrlichkeit und Verantwortung

Bewusstsein ist ein Wort, das wir alle kennen, doch nur wenige begreifen die tiefgreifende Bedeutung eines Zustands, der in vollkommener Weise die Erleuchtung, die Buddhaschaft, bedeutet. Keine Handlung findet mehr unbewusst statt. Jeder Impuls des Agierens ist in jedem Moment dem Betrachter klar ersichtlich. Geistige oder körperliche Bewegung findet wissentlich und bewusst statt. Achtsamkeit, unendliche Liebe, totale Einsicht in Situationen, Menschen mit ihrer Aura und ihren Handlungen werden als das, was sie wirklich sind, wahrgenommen. Es ist die Meisterschaft des Wahren Seins. Auf allen Ebenen steht man bewusst im Sein.

Bewusste Menschen können keinem Wesen mehr auf niedrige Art und Weise Schaden zufügen. Im Gegenteil, die Zeit ist gekommen, wo die erwachte Seele als befreites, egoloses, hohles Werkzeug der göttlichen Instanz als Segensbringer dient. In Verbindung mit der schöpferischen Urkraft steht die Seele nun stets am richtigen und stimmigen Platz, um zu tun, was zu tun ist.

Stellen Sie sich vor, Tausende von reifen Seelen transformieren plötzlich in ihre Buddha-Natur und kreieren miteinander im Energiefeld der göttlichen Schöpferkraft neue Formen des Miteinanderseins, die unsere kühnsten Träume überflügeln. Dinge werden wahr, die das erfüllen, was wir so lange – leider erfolglos – mit den alten Paradigmen erschaffen wollten. Die Menschheit atmet auf und versteht, spürt mit Freuden die Richtigkeit der neuen Paradigmen, und alle nehmen gern an der Umsetzung und der Errichtung des Neuen regen Anteil. Das ist das Paradies auf Erden!

Bewusstsein, Ehrlichkeit und Verantwortung ist der Seinszustand, aus dem wir dauerhaft handeln, sobald die Buddha-Natur erwacht. Es geht dann nicht mehr darum, irgendetwas zu tun oder nachzuahmen, um auf diese Ebene zu gelangen, sondern aus dem Gewahrsein heraus zu agieren, das man die absolute Realität nennt. Dies bedeutet die höchste Form der Spiritualität. Wir treten in das immerwährende bewusste Sein. Jetzt sind wir keine Lehrer der Weisheit mehr, sondern zur Weisheit und Wahrheit selbst geworden, eins mit der Botschaft, und tragen sie in die Welt hinaus. Die Deckungsgleichheit des Lebens mit den »heiligen« Worten ist hergestellt. Es besteht keinerlei Trennung, wir handeln aus dem Einssein.

Das effektivste Werkzeug auf dem Weg dorthin ist die Meditation, die der Mensch durch einen Quantensprung oder jahrelanges Üben als Status in sein System integriert. Also ein Zustand in gedanklicher Stille und im Einklang mit dem Selbst. Dieser Zustand ist jetzt permanent.

Sehr schön beschreibt es eine alte Zen-Geschichte, die von der meditativen Stille erzählt. Die Meister des Zen versuchten ihren Schülern das Unaussprechliche in Haikus – kurzen Gedichten und Geschichten – verständlich zu machen, das heißt, die Schüler mussten diese Kurzgedichte eher als hinführende Aufgabe entschlüsseln: In einer sternklaren Nacht reflektiert ein nebelverhangener Teich spiegelähnlich den Vollmond – plopp.

Dieser kurze Haiku wurde von vielen Novizen verstanden, da sie in ihren Ausbildungsjahren immer wieder in der kostbaren Zeit des Vollmondes Meditationserfahrungen sammelten. Der Anblick des sich im Wasser spiegelnden Vollmondes und gleichzeitig die stille direkte Betrachtung des Mondes erzeugen im Inneren eine unglaubliche Ruhe, tiefe Stille. Hier begegnet sie der Stille des Universums. Das Spiegelbild des Vollmondes symbolisiert das Platznehmen dieses Phänomens im Inneren des Betrachters. Keinerlei Wellen auf dem Wasser, die Emotionen und der Verstand stehen still. Der Vollmond und sein Spiegelbild im Wasser gewähren dem Betrachter ein zartes Mehr an Energie. Ein wunderbares Zusammenspiel, ohne dass sich beide etwas nehmen oder gewaltsam berühren. Es ist eine kaum wahrnehmbare Nuance der Einheit, des Einklangs, die dem Meditierenden die Augen öffnen kann. Und dann der Plopp, jetzt ist etwas geschehen!

Versuchen Sie es selbst einmal! Das gleichzeitige Schauen der zwei Monde erzeugt im Inneren ein Energiefeld der Gedankenfreiheit, Kraft und größeren Wahrnehmung. Sie spüren in diesem Moment, dass es nichts zu tun gibt, kein Hinwenden an Äußerlichkeiten. Diese meditative Erfahrung nimmt den kompletten Raum der Aura ein. Auch wenn es sich ungewohnt anfühlt und Sie nervös ins Außen tendieren, bleiben Sie dabei, lassen Sie sich nicht aus der Ruhe bringen. Günstig ist es, zusätzlich nach Gefährten Ausschau zu halten, die ebenfalls gern in der Stille schwingen und mit dem All-eins-Sein experimentieren. Eine Gruppe erlaubt vor allem Meditationsneulingen ein schnelleres Hineinfallen in diese entspannende Ruhe. Mit der Zeit genießen sie es, bei sich selbst zu Hause anzukommen.

Der Plopp in der Geschichte rührt von einem Frosch her, der im wichtigsten Augenblick ins Wasser springt. Er symbolisiert den Moment, wenn der Groschen beim Meditierenden fällt, den Geschmack der Buddha-Natur!

Die Meister dieser Welt erklärten immer wieder, dass der Weg dorthin ein wissenschaftlicher sei. Die Erlösungsthemen schieben sich von innen heraus, dann wird das Ziel erkennbar und am Ende findet die Seele über das Erinnern und Erschaffen zur Erleuchtung.

So lernen wir Stück für Stück, mit dem universellen Ganzen wieder Kontakt aufzunehmen, und erfühlen dabei, wie es in uns Platz nimmt. Gleichzeitig sind wir auch im Außen optimal verankert. Auf der höchsten Ebene gilt eindeutig, wie innen, so außen.

Wenn Sie damit experimentieren, verstehen Sie augenblicklich die Bedeutung der Stille. Es ist dieselbe Stille eines Buddha, Jesus, Bodhidharma, Chuang Tzu oder Osho. Egal in welchem Jahrhundert, zu welcher Zeit – die Stille hat immer den gleichen Geschmack. In diese Erfahrung einzutauchen wird Sie mit großer Freude erfüllen, vertrauen Sie darauf! Die so erfahrene Einheit mit der göttlichen Gesamtheit ist unser wahres Wesen, das niemals stirbt.

So schließt sich der Kreis. Wurden die Lebensthemen erlöst und Meditation erfahren, ist das geklärte System in der Lage, auf höchster Energieebene zu schwingen. Auf diesem Level wird der Mensch zu einem hohlen Bambus und kann aus dem Intuitiven schöpfen, ist angeschlossen an das göttliche All-eins-Energiefeld, spricht genau in jedem Moment die richtigen Dinge an und handelt in derselben Weise.

Jegliche Antworten werden dann genau aus diesem inneren Zustand heraus an Fragende weitergegeben. Die Konfrontation mit der Wahrheit ist individuell auf die Thematik ausgerichtet, die für das Gegenüber gerade von Bedeutung ist. In dieser Art von Einheit mit dem Ganzen geht es nicht mehr darum, strebsam nach den richtigen Worten zu suchen, es erfordert keinerlei Anstrengung, weil alles Handeln und jedes Wort aus der Leichtigkeit der Buddha-Natur entspringen.

Ich werde nicht müde, immer wieder auf den sehr wichtigen Punkt hinzuweisen, dass wir nämlich auf dem Weg dorthin die Egofallen der noch nicht erlösten Lebensthemen bewusst wahrnehmen müssen. Egal wo man auf der Entwicklungsspirale steht, ist es durchaus möglich, durch Unachtsamkeit zu stolpern und zu stürzen. Wo immer wir dann landen, haben wir die manchmal schwere Aufgabe, uns wieder dem bewussten Sein zu stellen.

Außerdem sollte man nicht vergessen, dass es auch nach dem Ankommen und Gipfelerlebnis keinen Stillstand gibt. Es gilt noch mehr zu erfassen und zu begreifen. Der Wachstumsprozess kennt kein Aufhören. Eins ergibt sich aus dem anderen, dieser Weg ist grenzenlos. Auch einem Buddha erschließen sich immer neue Phänomene.

Sobald er die Meisterschaft errungen hat, bemerkt der Angekommene, dass er all sein Handeln jetzt bewusst lenkt. Es ist ein absichtsvolles Leben, das ihn nun regiert. In welchen Situationen auch immer er den Menschen begegnet, so ist all sein Tun darauf ausgerichtet, Räume zu schaffen, in denen Transformation geschehen kann.

Im Einklang mit der göttlichen Schöpferkraft, dem göttlichen Einssein, dem hohlen Bambus gleich, steht er jede Sekunde im bewussten Handeln und bringt damit, egal auf welcher Bewusstseinsebene, beim Gegenüber die Saiten der Transformation auf die förderlichste Weise zum Klingen. Er nützt dabei jeden Moment des Hier und Jetzt so optimal wie möglich – auch wenn das dem Gegenüber manchmal gar nicht gefällt.

Damit ist nicht gemeint, dass ein Meister allwissend und ein werdender Meister nichtwissend erscheint! In Wahrheit vermittelt der Meister kein Wissen, sondern schält aus dem Lernenden das Wissen heraus, das in jeder Seele gleichermaßen steckt. Im Prozess der Erlösung der Lebensthemen erfahren die Seelen bestimmte Teile der Evolutionsspirale, und dieses Erfahren ist ein Wiedererkennen dessen, was sie im Ureinssein als Teil des göttlichen Ganzen bereits wussten. Über die Evolutionsspirale erfährt jede Seele zusätzlich neue Aspekte des Seins. Das, was durch das individuelle Erschaffen erstmals auf der Erde Platz nimmt, bringt einzigartig Neues zur Blüte. Dieses Wissen und die Erfahrungen der verschiedenen Lebenseinheiten münden in die Einswerdung mit der Buddha-Natur. So bereichert, erfährt sich die göttliche Existenz. Alles mündet in das Individuelle, um wieder in alles zu fließen und zu dem Einen zurückzukehren.

Im Unterschied zu der Eintrichterung von Wissen in den Schulen westlicher Prägung versuchen die Meister dieser Welt, dem Menschen das göttliche Wissen wieder in die Erinnerung zurückzurufen. Auch wir selbst können hier Wichtiges für uns tun. Ein Werkzeug dafür ist die Einhaltung der ganzheitlichen Grundprinzipien des Lebens, der universalen Gesetze.

Bewusstsein, Ehrlichkeit und Verantwortung sind die Zauberworte einer im Alltagsleben anwendbaren transformatorischen Kraft. Diese Wahrheit bewährt sich in jedem Augenblick des Lebens. Bewusstsein bedeutet jedes Moments gewahr zu sein. In totaler Wachheit zeigt sich das Leben, für das Sie sich entschieden haben. Auf diesem Weg gilt es den täglichen Entscheidungsprozess genauestens zu beobachten und gleichzeitig zu hinterfragen. Weshalb, warum wähle ich und was ergibt sich daraus, welche Konsequenzen bringt das mit sich?

Dies führt uns zu der Erkenntnis, dass wir unsere Entscheidungen mit der Wahl unserer Lebensthemen verknüpfen. Sind diese erst einmal aufgeräumt, stoßen wir uns nicht mehr an den geistigen Gesetzen, sondern wenden sie automatisch im Alltagsleben an. Wir wissen nun, dass wir wissen, und sind uns dessen auf allen Ebenen jederzeit gewahr.

Denken Sie nicht, dass bewusstes Handeln äußerst schwierig zu realisieren ist. Geben Sie dem bewussten Handeln einfach Raum. Damit können Sie die Realität der Konsequenz beobachten. Sie erfahren die permanente Möglichkeit, alles bewusst wahrzunehmen. Es ist ein Innehalten, bei dem wir nach innen horchen, der inneren Stimme folgen. Wir schauen mit offenen Augen, erfühlen das Geschehen und aus unserer so erreichten Mitte erleben wir mit allen Fasern unseres Seins das Leben völlig neu.

Alle Dinge, ob profane wie Einkaufen, Geschirrspülen, Holzhacken oder Gartenarbeit, aber auch zärtliche Momente, humorvoller Austausch oder das Arbeitsleben, werden zur Meditation. Alles, was aus der inneren Mitte in absolutem Gewahrsein passiert, ist dann zur Meditation geworden.

Innerhalb des Experiments der Meditationserfahrung werden Sie bemerken, dass Ihr Wahres Sein sich als Beobachter im Hintergrund installiert. Es ist Ihre in der Meditation frei schwebende Seele, die letztendliche Instanz des beobachtenden Beobachters.

Dieser Teil des Systems ist das, was niemals stirbt, die Seele des Menschen. Die Seele ist der Wanderer zwischen den Reinkarnationen. Sie wechselt vom Erdenleben in die andere Dimension, um dann erneut auf der Erde Platz zu nehmen und sich schließlich wiederum in die andere Dimension zu verabschieden.

Auf der Stufe der Meisterschaft ist der Einklang so optimal, dass die freie, transformierte Seele im Hintergrund des Systems Mensch alles, was hier an Melodien auf der hohlen Bambusflöte tönt, einfach zulässt.

In Einheit mit der göttlichen Schöpfungskraft geschieht jetzt immer das Richtige am richtigen Ort. Egal ob wir das Ergebnis in unseren Augen als Erfolg oder Misserfolg werten, im göttlichen Reigen spielt die Seele dann ihre wahrheitsgetreue Rolle. Auch wenn wir Menschen das nicht immer begreifen oder sogar ablehnen und dagegen kämpfen – die Buddha-Natur kennt kein Falsch.

Selbst der Meister weiß manchmal nicht, warum es für ihn gilt, so zu handeln, erst im Nachhinein wird es klar ersichtlich. Er ist ein Diener der göttlichen Ebene, und da er den Gedankenapparat fast nicht frequentiert, wandelt er einfach vertrauensvoll und wundert sich nicht selten sogar, wohin ihn die Reise führt.

Das Zusammenspiel aller Geschehnisse auf Erden ist und bleibt ein Mysterium, das den Menschen vielerorts Rätsel aufgibt, und ein Meister geht oft unorthodoxe Wege, um der Menschheit weiterzuhelfen.

Um den Quantensprung in die Buddha-Natur in Angriff zu nehmen, sollten Sie sich als Erstes fragen, wer Sie sind, woher Sie kommen, warum Sie die Dinge so erleben, wie Sie sie erleben. Fragen Sie sich also: Wer bin ich? Was bin ich? Warum bin ich dies? Und wer bin ich, während das, was ich erwähle, geschieht? In welchem Kontext stehe ich zu anderen Menschen? Öffnen Sie sich für die Antworten!

Es ist wichtig, immer mal wieder einen Strich unter sein Leben zu ziehen. Halten Sie einfach inne und erfühlen Sie, wer, was und warum Sie das sind! Hören Sie den intuitiven Antworten mit allen Sinnen, aber ohne Verstand, aufmerksam zu. Na gut, auch den Verstand können Sie kurz einschalten, aber aufgepasst, sonst legt er Sie wieder herein!

Nun sind Sie beim wichtigsten Teil des Erdenlebens angekommen, bei der Ergründung Ihres Selbst. Alles, was wir als wichtig ansehen oder uns als wichtig eingeimpft wurde, gehört zum Erkennen des eigenen Seins auf dieser Erdenwelt. Erinnern wir uns, dass jede Seele wesentlich mehr Weisheit in sich trägt, als ihr bewusst ist. Durch die Auseinandersetzung, mit dem, was ich bin, schält sie das für sie wirklich Wichtige heraus. Damit erschließt sich auch die Berufung, die diesmalige Lebensvision.

Mit der Ehrlichkeit und Klarheit der erlösten Lebensthemen und dem aufrechten Stehen in der eigenen Kraft hält engagiertes, eindeutiges Auftreten Einzug in unser Leben. Das Erkennen und Begreifen der Wahrheit und Realität lässt krummes, verborgenes und manipulatives Handeln nicht mehr zu. Viele Beispiele in der Geschichte, Martin Luther King, Sokrates, Osho etc., zeigen uns, dass Menschen sich auf dieser Einsichts- und Bewusstseinsebene mutig für kompromisslose, innovative Handlungsweisen eingesetzt haben und dabei sogar nicht einmal vor der Zerstörung ihres Erdenkörpers zurückgeschreckt sind.

Es gibt ab jetzt keine offenen Hintertüren oder zwei Gesichter mehr, wie bei Politikern, die an der Vordertür das eine Gesicht zeigen und an der privaten Hintertür ein anderes Verhalten aufweisen. Das »true face«, das wahre Gesicht, ist ein bedeutendes

Merkmal dieser Kategorie des transformierten Menschen. In der Transparenz, der absoluten Sichtbarkeit und dem völlig offenen Verhalten ohne jegliche versteckte Hintergedanken, werden die Motive für alle deutlich sichtbar.

Wenn wir dies erfahren und uns selbst ebenfalls in solchem Handeln wiederfinden, bemerken wir, wie unser Umfeld anders reagiert. Wir werden wahrgenommen, unsere Aura ist erfüllt mit der Klarheit unserer Wahrheit. Vor unseren Freunden, in der Arbeitswelt, bei Behörden, in der Gesellschaft schlechthin dürfen und sollen wir uns von nun an authentisch zeigen. Jeder, der einem solch transformierten Wesen gegenübertritt, kann den Schimmer der Wahrheit, der Liebe und des Lichts erblicken.

Ich möchte dabei betonen, dass die Evolutionsstufe, von der ich hier spreche, nichts mit Gewalt und Machtspielen zu tun hat; innovative spirituelle Seelen wurden oft genug gesellschaftlich gebannt, in ein schlechtes Licht gerückt. Es geht eher um ein Ausdrücken von Schwingungen, die leicht verständlich zur Einsicht und damit zur Veränderung im Umfeld führen. Dazu kommt, dass noch nie so viele Seelen auf dem Erdboden dermaßen nah vor dem Quantensprung in die Buddha-Natur standen wie jetzt. Es ist also höchste Zeit, den Anwärtern Mut zuzusprechen.

Diese Entwicklung bedeutet den Meisterweg. Irgendwann ist der Augenblick da, an dem wir den Buddha in uns Platz nehmen lassen müssen.

Gleichzeitig hat dieser Augenblick auch etwas Gefährliches, da niemand mehr die Führung übernehmen kann. Die letzten Meter der Evolutionsreise geht jede Seele allein. Der Meister verabschiedet sich. Diesen inneren Prozess kann niemand den Seelen abnehmen.

Genau hier wird der springende Punkt klar: Wenn das Ego diese Ebene dominiert, ist der Sturz ins Bodenlose vorprogrammiert. Wie so oft im Leben erfahren wir diesen schmalen Grat als Tanz auf des Messers Schneide. Trotzdem müssen wir die

Zügel loslassen und uns vertrauensvoll von der Energie des Lebensflusses tragen lassen. Verzagen Sie nicht, sondern schreiten Sie mutig voran! Im Einklang mit dem Ganzen wird das Licht Ihnen den Weg weisen.

Die Erlösungsarbeit an unseren Lebensthemen konfrontiert so mit der Realität, dass wir im Wachstum nicht anders können, als diese zu betrachten und alle Schritte in Richtung Transformation anzugehen. Damit stehen wir aufrecht und frei im Leben. Wir erfahren durch diesen Prozess Stärkung und wissen nun, was es heißt, mit Ängsten, Sicherheitsdenken, alten Mustern und Ähnlichem zurechtzukommen.

Wenn dieser Punkt erreicht ist, übernehmen die Menschen automatisch die volle Verantwortung und es entsteht eine völlig neue Qualität des Miteinander. Man zeigt sich und wird durchschaubar im positivsten Sinne.

Bewusstsein, Ehrlichkeit und Verantwortung sind die Werte, die uns in eine absichtsvoll unterstützende Lebensführung tragen. Es ist eine Tatsache, dass nun jegliches Egogebaren von allein abfällt. Wir sind im Leben in einem ganzheitlichen Seinszustand angekommen. Wir stehen im Einklang und tragen dieses Bewusstsein hinaus in die Welt.

Aber auch die Gesellschaft entwickelt sich Richtung Transparenz. Immer größere Teile der Bevölkerung wählen die höchsten Werte und setzen sie um. Neidvolles Vergleichen findet nicht mehr statt. Die Kommunikation auf hohem Energielevel trägt dazu bei, dass Glück, Freude und Liebe selbstverständlich werden. Wie im morphogenetischen Feld bewirkt diese Energie eine sprunghafte Erweiterung des kollektiven Bewusstseinsfelds. Die reifen Menschen jenseits aller Grenzen lassen sich gern davon anstecken und animieren damit oftmals unreifere Zeitgenossen.

Angstvolles Abkapseln, Verteidigungsmechanismen, krankhaftes Horten oder Zurückhalten, Machtmissbrauch und Unehrlichkeit werden nicht mehr als Schutzschilde angewandt. Viel besser nutzen wir zur Auflösung des Schutzwalls die vertrauensvolle Offenheit und Ehrlichkeit als Werkzeug, und zwar in jeder Beziehung. Das Wahre Sein hat jetzt das Zepter in der Hand, die Persona ist erledigt und der innere Tyrann vor den wahrheitsgetreuen Augen des bewussten Beobachters beseitigt. In allen Betätigungsfeldern, auch in der Arbeitswelt, inklusive erdteilübergreifender Aktionen, wird der Hebel des Bewusstseins in Zukunft angesetzt.

Das ganzheitliche gesunde Wahre Sein darf sich als Grundprinzip sich in einem permanenten Zustand des Gewahrseins befinden. Im ehrlichen Umgang ergeben sich daraus ganz andere Konsequenzen mit großartigen Resultaten. Allen Beteiligten macht es richtig Spaß, dafür in der Verantwortung zu stehen. Damit schließt sich der Kreis der Verantwortlichkeit einer jeden Seele, angefangen von der Wahl der Lebensthemen, der Eltern, des Geburtsorts, der Zeitschiene bis hin zu ihren Taten.

Diese Einsichten in bewusstes, ehrliches und verantwortungsvolles Handeln werden uns Schritt für Schritt rund um den Globus in eine goldene Zukunft führen. Für manche klingen diese Zeilen wie eine Zukunftsvision, die sie nirgends am Firmament erblicken können. Auch die globale Lage lässt keinen großen Hoffnungsschimmer zu, sondern ist eher trostlos. Doch alle werden sich wundern, dass der Wandel tatsächlich vonstatten geht, und die vielen Menschen, die sich heute schon die Hände in Einigkeit reichen, wissen, dass das hier Geschriebene sich als Realität manifestiert!

Die Evolution geht weiter. Viele Seelen sind nun bereit für einen Quantensprung. Wir hängen alle voneinander ab, ergänzen uns gegenseitig im Prozess der Energieerhöhung durch Auflösung der Lebensthemen. Alle Geschehnisse auf der Welt stehen in diesem Kontext. Ein völlig anderes Weltbild macht sich breit. Wenn ein immer größer werdender Teil der Menschheit erwacht, wird sehr schnell ersichtlich, dass sich die neuen Paradigmen durchsetzen, wunderbare Neuerungen ereignen und unglaubliche Erfolge auf allen Ebenen einstellen.

Wenn Sie Bewusstsein, Ehrlichkeit und Verantwortung in Ihre Erlebniswelt integrieren, fällt Ihnen bald auf, dass Sie nicht mehr als abgekapselte Blase zwischen anderen Blasen auf der Erde wandeln. Irgendwann platzt plötzlich Ihre Seifenblase und als Folge davon auch die Seifenblasen der anderen um Sie herum. Sie spüren nun eine ganz eigenartige neue Verbundenheit unter den Seelen. Diese unterstützt den Seelenweg aller durch ein wärmendes und freudigeres Miteinander.

Das Schöne an der neuen Begegnungsform ist der göttliche Funke, der Funke der Freude und Liebe. Sofort spüren alle in diesem Energiefeld Verbundenen, dass sich ihre Energie erhöht. Der göttliche Funke umfasst auch die der Menschheit entgegenschwingende Kraft von »oben«, die die Menschen mit glücklichen Fügungen und ihren eigenen inneren Kraftquellen verbindet, jedes Mal oder andauernd je nach Wetterlage der Transformation.

Aus der Quelle schöpfen

Aus der Quelle schöpfen meint hier, in der Verbundenheit mit dem Universum die uns innewohnende göttliche Schöpferkraft kreativ zu entfalten. Damit erklärt sich, dass wir alle ein Teil des göttlichen All-Eins sind und das, was man die Buddha-Natur nennt, eine Energieform darstellt, die als grundsätzliches Gottesbewusstsein im Kosmos existiert. Die Gesamtseele des Universums entspricht dem Buddha-Bewusstsein.

Um als Gesamtseele mehr Sein zu erfahren, entschied sich das Gottesbewusstsein zur Aufspaltung in die Welt der Materie. Die Mythen der Menschheit erzählen von einem Urknall, der diese Aufspaltung in viele Einzelteile zur Folge hatte. Alle Teile symbolisieren nach wie vor das Ganze. Aber in ihrer Eigendynamik entsteht eine Erfahrungswelt, die ständig neue Informationen erzeugt. Über die Freiheit der Entscheidung wird dem Einzelteil im Evolutionszyklus der Weg zurück zur Quelle gewiesen.

Für die Erlösung der Lebensthemen des jetzigen Zyklus bedient sich die Seele all dessen, was als Möglichkeit im Raum steht, auch wenn es nicht unbedingt ihrer eigentlichen Natur entspricht, um endlich über diesen Weg in die Buddha-Natur aufzusteigen.

Das, was wir aus der Quelle schöpfen, wofür wir uns entscheiden, welche Visionen wir auf die Erde bringen, entspricht dem jeweiligen Stand unserer Seele auf der Evolutionsspirale.

Für die Weiterentwicklung des menschlichen Daseins haben wir mit dem momentanen Zustand auf der Erde genau den Anzeiger dafür, wo das Kollektiv Mensch zurzeit steht. Die bewusste und unbewusste Schöpferkraft, die wir alle in Form von Ideen, Worten und Handlungen ausüben, lässt unsere gesamte Existenz in jedem Moment so sein, wie wir sie zusammen erschaffen. Die Zukunft bringt genau die Konsequenzen, die sich daraus ergeben. Das zeigt, dass uns lediglich ein Aufwachen und Verändern aus dem Sog der Katastrophe herauszieht!

Da ja das einzig Sichere im Leben die Veränderung ist, besteht die Chance, im nächsten Augenblick des Hier und Jetzt andere Entscheidungen zu treffen und damit ein neues Bild zu erzeugen. Hier zählen nicht nur die Handlungen, sondern auch die Kraft der Gedanken und des gesprochenen Wortes.

So bilden alle Einzelteile des Kollektivs eine sich ständig verändernde Masse und einen im permanenten Wandel stehenden Moment. Deshalb ist es dermaßen wichtig, dass die Menschheit mehr über die wahren Zusammenhänge des Lebens erfährt, um ihre Realität in die Richtung zu gestalten, in die wir alle wollen: in die Liebe, in die Freude, in das glückliche Miteinander und vor allem in die Meisterschaft der Seele.

Es spricht nichts dagegen, dass Seelen, die die Geburt in Krisengebieten zur Bewältigung ihrer Transformationsthemen gewählt haben, nicht trotzdem, mit eventueller Hilfe von außen, den Quantensprung in ihre Erlösung einfacher erleben dürfen. Es ist nicht nur das »Bier« dieser zu bedauernden »Kreaturen«, es geht uns alle an. In der Erdengemeinschaft ist jeder für sich und sind auch alle füreinander verantwortlich. Wir merken, dass wir wirklich in einer großen Verantwortung stehen, nicht nur, was die Fortschritte unserer eigenen Buddha-Natur betrifft, sondern auch für die Gemeinschaft.

Alle und alles hängt voneinander ab. Materiell, energetisch und sogar rein geistig wirkt tatsächlich alles, was in Gedanken, in Wort und Handlung gesetzt wird, auf das gesamte System ein. Letztendlich können wir daraus feststellen und festhalten: Wir sind alle eins!

Das Energiefeld der Gedanken bis hin zu den Taten hat tatsächlich Auswirkungen auf das Erdenleben. Wir müssen die Vorstellung einer letztlich kraftlosen Einzelperson an den Nagel hängen und von den Werkzeugen, die uns auf allen Ebenen zur Verfügung stehen, Gebrauch machen.

Überwinden Sie die Angst vor dem Neuen und Unbekannten. Schieben Sie alle Selbstzweifel beiseite. Versuchen Sie, sich das größtmögliche Wissen über die Zusammenhänge des Lebens anzueignen. Dann hält Sie nichts mehr davon ab, Ihre Lebensthemen zu transformieren und das zu wählen, was Sie in der Klarheit Ihrer Vision vor Augen haben. Sie vermögen dann in der Verbundenheit mit der universellen Kraft aus Ihrer eigenen Quelle zu schöpfen und somit zentriert in der inneren Mitte, authentisch, klar und wahr für die eigene Schöpfung einzustehen. Der Sitz der eigenen Kraftquelle ist uns aus der Chakren-Lehre bekannt, und zwar befindet sie sich im zweiten Chakra, zwei Fingerbreit unter dem Bauchnabel.

Den Schöpfungsreigen mit Hilfe der inneren Quelle erfahren wir alle, denn daraus manifestieren und materialisieren wir die Dinge, die uns im Transformationsbogen widerfahren.

Nach dem Klären der Lebensthemen kann die Quelle in absolutem Gewahrsein genutzt werden, denn alles, was um uns herum und in uns entsteht und wächst, hat jetzt seinen Ursprung in der bewussten Nutzung dieser Kraftquelle, eingebunden in das universelle Energiefeld.

Wenn Sie jetzt glauben, dass Ihre Quelle versiegen kann, da

Sie sie gerade nicht spüren, so seien Sie unbesorgt: Diese Quelle, der heilige Ort der Vitalität und Kreativität, steht jederzeit abrufbereit in unserem System. Lediglich die kleine Mühe, sich diesem Energiepool hinzuwenden, versorgt uns sofort, die Quelle sprudelt wieder.

An dieser Stelle möchte ich Ihnen einen kleinen Meditationstipp mit auf den Weg geben: Bevor wir mit einem schöpferischen Projekt beginnen oder wenn wir uns kraftlos fühlen, wenden wir uns nach innen, hinunter bis zum Sitz des zweiten Chakras, und stimmen uns auf die Quelle ein. Die Schwingung, die nun in uns aufsteigt, zeigt sich als unerschöpfliche Energie. Lassen Sie alle Pläne und Gedanken beiseite und fühlen Sie nur, wie Harmonie und Stille einkehrt. Stellen Sie sich dann vor, Sie sitzen an der Quelle, regungslos, wie die alten Zen-Meister. Schauen Sie in die Energie aus Licht und Liebe ...

Seien Sie offen für das, was jetzt in Ihnen Platz nehmen möchte. Es kommt Ihnen vor wie der Blick in einen Vulkan. Es wabert und lodert Ihnen entgegen. Das ist Ihre persönliche Sonne der Kraft, Inspiration und Lebenslust. Nach circa zwanzig Minuten können Sie sich gestärkt und voller Tatendrang Ihren aus der Intuition entspringenden Ideen widmen.

Das Auftanken aus diesem Reservoir sollte Teil Ihres täglichen Meditationsprogramms sein. Gleichzeitig ist die Meditation ein wunderbarer Weg für den geistigen Ratgeber, da die Verbindung zum Universum und der inneren Stimme ebenfalls über diesen Kanal läuft. Es steigen sozusagen Antworten oder Inspirationen von innen her auf.

In den alten indischen Schriften wird dieser Kanal Kundalini genannt, bekannt auch aus der Tantra-Lehre. Das im ersten und zweiten Chakra entfachte Feuer lodert bis zum siebten Chakra empor und reinigt so diese Energie-Autobahn in unserem System. Interessant zeigen sich hier auch die Chakra-Farben: das Rot des ersten Chakras und das Orange des zweiten Chakras geben die Power bis in das siebte Chakra, kristallklar und lichtweiß. Das emporzüngelnde Feuer reinigt, vitalisiert und transformiert auf dem Weg nach oben alle Chakren und deren Themen. Dabei kann es zu sprunghaften Einsichten kommen, die sich kraftvoll mitteilen und in Handlungen umgesetzt werden wollen.

Die innere Quelle ist wie ein Jungbrunnen! Experimentieren Sie mit dieser Meditationsmöglichkeit, und Alltagsstress, Sorgen und Burn-out-Gefühle fallen einfach von Ihnen ab. Gleichzeitig entsteht ein Kraftfeld, das Sie zurückbringt in die kindliche Leichtigkeit, und über Ihre innere Stimme werden Sie auch noch mit Lösungen für Ihr Tagewerk beschenkt.

Sie fühlen sich anschließend gestärkt, sprudeln über vor Ideen und sind bereit für neue Taten. Dabei macht sich Entspannung und Aufgehobensein wie in der Hand »Gottes« breit. Ganz nebenbei lernen Sie auch noch das »Alleinstehen« in Ihrer eigenen Kraft, ohne Abhängigkeiten jeglicher Art. Es ist die Energie gemeint, die in Ihnen das Gefühl von Einheit und Aufgehobensein im Ganzen entfacht, das All-eins-Sein.

Über den Umweg, der wir nicht sind

In dieses Zeitalter hineingeboren, erinnern wir uns nicht mehr daran, woher wir kommen und wohin wir gehen wollen. Die göttliche Existenz entsprach sich selbst, indem sie sich mit dem so genannten Urknall in viele Einzelteile sprengte. Nun haben wir Seelen die Aufgabe, als Teil des göttlichen Ganzen über viele Inkarnationen hinweg wieder zu dem zu werden, was wir eigentlich sind, nämlich die universelle Einheit.

Der Raum, in dem wir uns als Seelen erfahren, ist erst einmal Leere. Und in dieser Leere fangen die Seelen an zu experimentieren, zu spielen; sie gehen über verschiedene Ausdrucksformen auf Entdeckungsreise. So erfährt sich das Universum selbst. Jetzt kann es in der Aufsplitterung in der Materie über die vielen Einzelteile das erleben, was auf der anderen Ebene nicht möglich war.

Diese göttliche Spielwiese ermöglicht in der freien Entscheidung letztendlich das Goldene, Glückselige, doch auch die Kehrseite der Medaille, nämlich Unglück, Gewalt und Krankheit. Es entspricht einem universalen Gesetz, dass wir uns auch über die so genannten Schattenseiten entwickeln und somit über den Umweg, der wir nicht sind, zu dem finden, was wir wirklich sind.

Die Geschichte der Menschheit strotzt nur so von Zerstörung und Blutvergießen. Wie es in den Mythen und Geschichtsbüchern überliefert wird, stellte sich auch für die größten Welteneroberer am Ende ihrer Tage ganz klar die Frage, ob ihre Handlungen wirklich zu dem führten, wohin sie einstmals aufgebrochen waren.

Es fehlte an der rechtzeitigen Einsicht in die Tragweite ihrer Taten. Aus ihrem Kontext heraus allerdings entsprach ihr Handeln genau den Themen ihres Lebens. Doch nur wenige Herrscher hätten den Weg noch einmal auf dieselbe Weise beschritten. Kurz vor ihrem Tod mussten viele mit ansehen, wie ihnen ihre Visionen wie Sand durch die Finger rieselten.

Auf der Evolutionsspirale wandern wir Stück für Stück und so hat jedes Thema seine eigene Zeiteinheit der Transformation. Oft wird sogar über mehrere Leben daran gearbeitet.

In der Relativität der Zeit spielt es keine Rolle, wann eine Seele welche Thematik transformiert. Trotzdem ist der Sinn des Lebens, es in dieser Reinkarnation zu vollbringen. In der anderen Dimension, nach dem Tod, erfährt die Seele in liebevollem Aufgehobensein noch einmal die Bilderschau der Er-denzeit und jetzt wird ihr vieles sofort bewusst. Die himmlischen Helfer beraten und weisen auf wichtige Schlüsselmomente.

Geläuterte und ausgeruhte Seelen bewegen sich, sobald sie wieder auf der Erde gelandet sind, zu neuen Ufern. Indem sie die jetzt gewählte Thematik nach ihrem Lebensthemen-Spannungsbogen von passendem Elternhaus, Ort und Zeitschiene transformieren, beginnen sie das Gelernte an andere Menschen weiterzugeben. An Personen, die genau diese Erfahrungen oder Tipps benötigen, um den gewählten Pfad zu bewältigen.

Um aufzuwachen, brauchen manche kleinere Anstöße oder auch mal einen kräftigen Schubs. Anderen hilft es am besten, wenn man sie in Ruhe lässt. Jeder hat das Recht auf seinen eigenen Pfad, auch wenn er in einer Sackgasse endet. Gerade diese Erfahrung kann dann zu einem anhaltenden Aufwachen führen.

In meiner Praxis betrachte ich den Klienten in ganzheitlicher Weise, da, wo er im Moment steht, wo seine Zielvorstellung liegt und wohin ihn seine Lebensthemen führen wollen. Dabei spielt das äußere Erscheinungsbild nur eine untergeordnete Rolle. Was ich in seiner Aura und seinem Sein lese, was sein »Krankheitsbild« zeigt und in welche Richtung er sich mit Hilfe der Lebensthemen entwickeln möchte, das ist das wirklich Wichtige.

Die Tatsache, dass in diesem Moment der Klient seine letztendliche Realität nicht sehen kann, beeindruckt mich überhaupt nicht. Ich lade ihn dazu ein, auf der für ihn zurzeit höchstmöglichen Bewusstseinsebene für einen Augenblick Platz zu nehmen. Gleichzeitig gilt es für mich, mit seinem gewählten Zustand sehr respektvoll umzugehen und zu akzeptieren, dass er gerade dort sein Zuhause sieht.

Viele Wesen wünschen sich zwar gesunde und dringend andere Verhältnisse, aber dennoch will ein Teil ihres Seins genau in der von ihnen gewählten Realität bleiben, obwohl diese nicht der gleicht, zu der hin sie sich eigentlich über ihre Lebensthemen entwickeln möchten. Teilweise wählen sie also nach wie vor Handlungsweisen, die nicht dem entsprechen, was sie wirklich sind.

Die Meister aller Zeiten waren sich dessen bewusst, dass die menschliche Seele oft über den Umweg, was sie eigentlich nicht ist, zu dem kommt, wohin sie sich entwickeln möchte. Der Meister lebt ihr vor, wohin die Reise geht. Er entfacht in jedem, der sich der Bewusstseinsarbeit zuwendet, einen Sog und den tiefen Wunsch, sich der Entwicklung zu stellen.

Die ist wunderbar zu beobachten im Spannungsbogen der Lebensthemen, wo wir alle mit Situationen konfrontiert werden, in denen wir unseren Themen gemäß aus dem, was wir nicht sind, in das hineinwachsen, was wir wirklich sind. So können wir zum Beispiel feststellen, dass bei häufiger Trennung oder häufigem Partnerwechsel nicht nur der Partner, sondern auch wir selbst uns weiterentwickeln müssen, damit wir endlich jemanden anziehen, der ebenfalls eine höhere Stufe erreicht hat. Somit verläuft hier die Transformation über die Lebensbühne in unser Inneres. Wir erleben uns nach dem Prozess völlig anders als vorher. Wir entsprechen etwas mehr dem, wohin wir streben.

Die Welt ist voll von dramatischem Umgang miteinander. Kriegswirren, Missbrauchsverhalten etc. stehen zwar im Spannungsfeld der Lebensthemen, aber auch hier gilt: Alle Menschen möchten eigentlich in ein anderes Sein aufbrechen.

Viele dieser wahnsinnigen Taten haben ihren Ursprung in der Unwissenheit der Menschheit. Die jeweiligen Seelen wachsen in einem gewissen Kontext, einem aufgesetzten Weltbild auf und daraus entstehen Dinge unglaublichen Ausmaßes. Die Informationen von Elternhaus, Schule, Religion und Umfeld reichen bis heute nicht aus, um Entscheidungen auf einer gesunden Grundlage zu treffen. Sie werden zum Teil zurückgehalten, manipuliert, den Interessen von Machtgruppierungen untergeordnet.

Grundlage der Handlungen eines jeden Menschen sind seine Informationen. Die Erdenbürger sind sich ihres Tuns aufgrund einer mangelnden Versorgung mit Informationen vielfach nicht bewusst. Aus falschem Traditionsbewusstsein, Angst vor Anarchie, Machtmissbrauch zu eigenen Gunsten oder Misstrauen gegen ein Wissen, das erst seit den letzten Jahren in unser Bewusstsein getragen wird, halten Politiker und Religionsführer rund um den Erdball die Menschheit lieber in Scheinwissen oder Unwissenheit, weil alles andere ein Untergraben und Infragestellen der herrschenden Machtverhältnisse bedeuten würde. Auch Wirtschaftsinteressen und das krankhafte Horten von materiellen Gütern einzelner Erdenbürger lassen die nötigen Veränderungen nur langsam vorangehen.

Einzig die vollkommene Offenheit und Transparenz der Zusammenhänge zwischen allen Nuancen der Evolutionsreise und die Auswirkungen dieser Realität auf unseren Planeten ermöglicht es, alle Seiten zu verstehen. Die Konsequenz daraus wäre eine ganz andere Wahl der Dinge und damit eine völlig veränderte Gesellschaft.

Wir sehen also: wie im Kleinen, so im Großen, es gilt weltumspannend für alle Nationen dasselbe wie für die individuelle Seele. Wir haben uns aus dem, was wir nicht sind, zu dem zu entwickeln, was wir wirklich sind. Die Zeit ist reif, fassen wir uns bei den Händen und gehen wir gemeinsam durchs Ziel.

Der transformierte Mensch schließt sich mit Gleichgesinnten zusammen. Im Teamgeist findet eine Erhöhung der Energie statt, die grenzüberschreitend von den Menschen aufgenommen wird. Das Verständnis von neuartigem Kooperieren weltweit rückt näher. Die elementarsten Grundbedürfnisse aller Erdenbürger werden so erfüllt, dass ein neues Bewusstsein entstehen kann. Endlich wachsen wir aus der altertümlichen Mentalität heraus, in der jeder nur für sich selbst eintritt, und wenden uns einer spirituellen Lösung hin. Wenn die Menschen ihre Lebensthemen erlösen und ihre Lebensenergie frei fließt, dann entscheiden sie aus dem Herzen heraus, für welche Handlungsweisen sie sich einsetzen wollen.

Notwendige Veränderungen werden von Menschen weitergetragen, die begreifen, dass alles mit allem in wechselseitiger Abhängigkeit verwoben ist. Die Angst vor dem »Zuwenig« fällt langsam ab und macht einem »Geben aus vollem Herzen« Platz, eine Haltung, die sich auf allen Ebenen unterstützend auswirkt.

Es werden sich immer mehr Enklaven dieses Bewusstseins bilden. Der Anfang ist gemacht und alle Seelen, die, von diesen Worten inspiriert, dazustoßen, werden selbst zur Quelle des neuen Bewusstseins. Die neuen Werte verwirklichen wir ohne

Unterschied, ob in Beruf oder Privatleben, in unserem täglichen Sein.

Jeder Mensch, der sich dafür entscheidet, bildet ein leuchtendes Beispiel und trägt sein Licht in die Welt. Wahrhaftigkeit, Handeln aus Liebe und das Einsetzen für das Höchstmögliche, für das wir uns entscheiden können, bringen Frieden in unseren Umkreis. Die Stufe der Buddha-Natur beginnt an dem Punkt, an dem wir die göttliche Verbindung in uns und mit allem spüren. Die Menschen, denen wir begegnen, fühlen sich berührt, ja sogar ermuntert zu einem eigenen Quantensprung.

Jede Sekunde im Leben entscheide ich mich für meinen Weg. Egal ob alte Schattenmuster noch nach mir greifen, ich kann die Entscheidung für meine neue Handlungsweise treffen und damit das Energiefeld, die Aura meines Seins, meine schöpferische Kraft dorthin führen, damit sich das manifestiert, wohin mich mein bewusstes Handeln lenkt. Ich bin nicht mehr Spielball des Zufalls und eines Lebens, das sich auf unbewusste Reaktionen gründet. Reaktion bedeutet Handeln aus der Erinnerung ähnlicher Erfahrungen. Diese Handlungsebene entspricht dem Verstand und nicht der Intuition.

Der Schaffensmoment der Seele ist jetzt direkt gekoppelt mit der Intuition, mit der direkten Weisheit, so dass wir genau die richtige Entscheidung in einem jeden Augenblick treffen. Unsere Früchte entstehen aus der optimalen Stimmigkeit der in der Intuition entschiedenen Handlungsweisen. Die Seele weiß um die Einheit mit dem göttlichen Mysterium. Deshalb entscheiden wir am besten unsere Handlungsweisen direkt auf der höchstmöglichen Wahrheitsebene.

Der Verstand versucht immer, über das Abwägen der einen oder anderen Möglichkeit den besten Entschluss zu fassen. Dies ist ein langwieriges Unterfangen und meistens wird das gesunde Tun eher blockiert, mogelt sich ein Gedanke der Abwehrmechanismen mit hinein. Es dauert ewig, bis der Mensch zu seinen besten Entschlüssen findet. Regen sich dann, wie so oft, immer noch leichte Zweifel im Hinterkopf, hat eine derart getroffene Entscheidung nicht den kraftvollen Ausdruck wie das über die Intuition klar und eindeutig Gewählte.

So, wie die Abwehrmechanismen rund um das innere Schatzkästchen, in dem die Lebensthemen wirken und auf Erlösung warten, alles als unliebsame Schwierigkeit deklarieren und damit die Transformation vermeiden, verhindert das Sicherheitsdenken ebenfalls wichtige Fortschritte.

Die Freude allerdings über die aus der Intuition geborene Weiterentwicklung lässt uns in entspannter und meditativer Haltung, ohne weitere Gedanken, völlig unbekümmert, Kindern gleich, den Lebensweg in evolutionärer und revolutionärer Haltung beschreiten.

Das, was wir als Wahrheit erfahren, gilt es nun auch auszudrücken. Von dieser Ebene der Evolutionsspirale aus sind wir uns der Verantwortung bewusst und stellen uns selbstverständlich der Verpflichtung, den Werten zu entsprechen, die uns wichtig sind.

Wer derart Farbe bekennt, setzt sich natürlich gleichermaßen der Kritik aus. Doch vom jetzigen Standpunkt gibt es kein Zurück. Einzig wichtig hierbei ist, dem, was wir zu sagen haben, liebevollen Ausdruck zu verleihen, damit es unsere Mitmenschen verstehen. Aber auch wenn sie es nicht verstehen, halten wir mit unserer Wahrheit nicht zurück, bleiben nicht auf halbem Wege stehen. Wir äußern unsere ganze Wahrheit.

Die Erlösungsarbeit an den Lebensthemen hat uns in diese Ebene gebracht, wir können unserem authentischen Sein immer mehr vertrauen. Aber auch hier gilt es den inneren beobachtenden Beobachter weiterhin installiert zu lassen, damit wir rechtzeitig bemerken, wenn wir es mit einem Aspekt der Schattenthematik oder den Abwehrmechanismen zu tun haben. Wann immer wir uns selbst auf die Schliche kommen, werden wir uns selbstverantwortlich dem Transformationsreigen erneut anschließen. Aber aufgepasst, die geschulte Seele weiß aus vielen Erlebnissen, wie leicht sich diverse Gedanken als Intuition verkleiden!

Jedes Mal, wenn wir uns selbst auf den Leim gehen, sollten wir die Chance nutzen und mit den gelernten Bewusstseinswerkzeugen sofort gegensteuern. Wir entscheiden damit Moment für Moment absichtsvoll über unser Dasein und nutzen so unsere Schöpfungsqualität. Damit verwandeln wir erfolgreich unsere Tiefs und negativen Stimmungen. Ebenso brauchen wir uns bei der Begegnung mit den Schattenmustern von keiner Vermeidungstaktik mehr forcieren zu lassen; indem wir bewusst bleiben, verweilen wir in der Realität.

Wir lernen die Wahrheit zu sehen und in unserer Kraft zu stehen, mit der Erkenntnis und Gewissheit um die Realität und den nahenden Erleuchtungsprozess, der in die Stille und den inneren Frieden führt. Mit dieser hohen Energieform zu experimentieren bereitet uns auf das letztendliche Ereignis vor. Dabei erscheinen gelegentlich in uns unangenehme Gefühle, die aber eher als Energie wahrgenommen werden denn als herunterziehende Boykotteure. Das sind die Überbleibsel der erlösten Themen, die an den goldenen Pfad erinnern. Im Lauf der Zeit können sie uns nichts mehr anhaben. Die innere Leere und das gewachsene Energiefeld absorbieren jegliche »Störung«. Keinerlei Anhaftung oder Abhängigkeiten trüben mehr das Bewusstsein.

Die Seele dient sich selbst und dem göttlichen Erfahren. Dadurch bereichert sie fortlaufend das göttliche Kollektiv. Wir erleben auch in diesem Bewusstseinsgrad das »Gute« und das »Schlechte«, doch für das existenzielle Selbsterfahren spielen beide Seiten der Medaille hier keine wichtige Rolle mehr.

An der Schwelle zur Buddha-Natur wird das Präparieren des Weges zum einzigen Ziel. Bis es tief in unserem existenziellen Sein Platz nimmt, entscheiden wir uns täglich aufs Neue für diesen Seinszustand. Alle sonstigen Hausaufgaben sind erledigt, keinerlei weitere Übungen sind notwendig – einzig das Entspannen in den Augenblick und »das Gras wächst von allein«.

Die Abwehrmechanismen

Wir alle kennen das quälende Gefühl, wenn gar nichts weitergeht, wir trübe in der Sackgasse hocken und uns nichts sehnlicher wünschen, als endlich diese Leidenserfahrung zu verlassen. Damit erreichen wir die günstigste Ausgangsposition, um tatsächlich den Sprung in die Transformation zu wagen. Wenn die Seele sich nichts dringender wünscht, als aus dieser Sackgasse herauszukommen, lässt sie die Abwehrmechanismen leichter außer Acht.

Dieses System umlagert die Seele und das innere Schatzkästchen, in dem die Lebensthemen nach außen strahlen. Diese ringförmige Ebene gleicht eher einem Schlachtfeld als einer wohlgeordneten Wohnstube. Tausende von ungenutzten Gelegenheiten haben hier Schiffbruch erlitten. Die Trümmerfelder erzählen ihre traurigen Geschichten. Wenn die Horchposten auch nur den leisesten Schimmer von einer ins gesunde Sein führenden Aktion erspüren, schlagen die »Raketen, Maschinengewehrnester und Minenfelder« sofort erbarmungslos zu. Die Transformationsmöglichkeit wird torpediert. Nur bei mit aller Kraft durchgeführten Erlösungsmanövern gelingt ein Quantensprung.

Es ist unglaublich, wie schwer sich die Erdenbürger hier tun. Der Mensch verteidigt etwas, von dem er meint, dass es seine Seele verkörpert. Einen Raum, »künstlich« geschaffen für die Transformationsarbeit. Die Seele steht völlig uneingeschränkt abseits davon. Die Identifizierung mit dem Ego, der Persona-Maske und dem inneren Tyrannen, die hauptsächlich über den Verstand läuft, erzeugt diese immense Angst vor dem Sterben, dem Loslassen, der Abkehr von der Transformationshürde. Die Abwehrebene gaukelt dem Individuum ein Auslöschen seiner Existenz vor.

Und tatsächlich ist das, was in der Transformation geschieht, eine Art Sterben, aber lediglich das Ego, die Persona und der Tyrann verlöschen! Danach bleibt das reine Sein, die meditative Leere. Daher dieser gnadenlose Kampf. Die Abwehrmechanismen können sogar über die authentisch wirkende Intuition das Bewusstsein vernebeln. Die jetzt »wahrgenommene« innere Stimme rät, Schlangenzungen gleich, beim Alten zu bleiben. Geben Sie jedoch in solch einem Augenblick mit aller Kraft unbedingt ihrem Wahren Sein die Entscheidungsgewalt! Diese Momente der Verwandlungsfähigkeit sind im Leben so rar gestreut, dass man sie wirklich nutzen sollte, und dort, wo es hinführt, liegt ja nicht ein Abfallhaufen, sondern das Glück vergraben.

Der Wachstumsprozess fordert manchmal, dass wir uns aus einer Partnerschaft schälen, da alle Versuche des gemeinsamen Wachsens gescheitert sind, und dessen ungeachtet säuselt die »innere« Stimme permanentes Festhalten und die innere »Liebesfähigkeit« zerbirst beim Wandel ins Gesunde vor Schmerz. Das ist der Transformationsschmerz, den jede Seele spürt, außer sie kann den Quantensprung ohne Kummer erledigen. Jeder, der durch diesen Prozess gegangen ist, kann dies mit seiner Geschichte bestätigen. Wir drehen uns so lange im Kreis, bis wir den Durchbruch wagen. Egal welches Lebensthema uns beschäftigt, es ist der ewig gleiche Mechanismus, der gemeistert werden will.

Auf welcher Stufe auch immer: Vermeidung nutzt nichts und kann sich in der Praxis verheerend auswirken. Beim spirituellen Ego passiert es, dass gerade Menschen mit weitreichender esoterischer und spirituell-religiöser Vorbildung katastrophale Folgeschlüsse ziehen können. Die New-Age-Religion von heute, die Esoterik, bietet so viel Ausweichmöglichkeiten, erzeugt zum Teil ewiges Vermeiden von Transformation. Nur Scheintransformation geschieht!

Es gehört zur Vermeidungstaktik des Egos, blind und voller Misstrauen zu sein und unter Vorgaukelung falscher Tatsachen sein Eigenleben aufzublasen. Der Betroffene vermag meist nicht mehr aus eigener Initiative für Klarheit und transformatorisches Handeln zu sorgen. Erst durch Schicksalsschläge werden Standpunkte dann erschüttert, leider oftmals ohne Erfolg.

Der Wiederholungsreigen setzt sich nicht selten bis in diverse andere Leben fort. Auch das reine Ansammeln esoterischer Geheimlehren ist nicht unbedingt förderlich. Geistiges Wissen ohne integriertes Umsetzen führt zu gravierenden Fehleinschätzungen und Überzeichnung der eigenen Stärke. Der Lebensbaum treibt zwar jede Menge Geäst und Blüten, aber wenn die Wurzeln nicht gleichermaßen wachsen, wird der Baum »vom Winde verweht«.

Die Basisarbeit, die Erlösung der Lebensthemen, ermöglicht der Pflanze erst den gesunden Wuchs und die entscheidende Reifung. Im unreifen Zustand läuft der Mensch Gefahr, die Macht zu missbrauchen. Denn der Umgang mit ihr muss gelernt werden. Manipulation und das Schaffen von Abhängigkeitsverhältnissen bedeuten einen tiefen Sturz und ein Zurückfallen auf niedrige Ebenen der Evolutionsspirale. Daher gilt für jeden Suchenden, tunlichst achtsam seine Fortbildung zu wählen.

Die Erleuchteten dieser Welt legten immer großen Wert darauf, zu versichern, dass auch ein »Fehlgehen« einen individuellen Pfad darstellt. Seelen, die sich in die Irre leiten lassen, kommen dann eben irgendwann über ihren Umweg ans Ziel. Die Menschen sind absolut frei: Der eine kann sich etwas früher entscheiden und der andere etwas später. Trotzdem, bitte lieber den direktesten Pfad wählen, der Kreuzweg eines Lebens ist genug!

In meiner Praxis habe ich mit Fällen zu tun, die nicht nur Therapieseminare und Einzelbehandlungen genossen haben, sondern sogar in fernen Ländern im Angesicht eines Meisters, in seinem Energiefeld, wichtige Informationen und Meditationserfahrungen gesammelt hatten. Und doch ist ihnen allen eines gemeinsam: In ihrer Schwingung hängt etwas Trauriges, Depressives. Sie spüren, dass sie nicht ans Ziel kommen.

Die Ahnung, den Weg verfehlt zu haben, steht ihnen ins Gesicht geschrieben. Und warum? Sie verharren nach wie vor direkt vor ihren letzten Hürden, den unerlösten Lebensthemen! Auf der Lebensbühne werden sie zwar stets mit diesen Themen konfrontiert, aber sie reagieren eher mit blindwütigem Projizieren nach außen, als den letzten Kampf im Sinne der inneren Wandlung zu gewinnen.

An diesem Punkt kann man als Therapeut nur auf die Einsicht hinarbeiten, dass der Mut zur Aufarbeitung erstarken möge, und darauf spekulieren, dass dies noch vor einer Krankheit, einem Zusammenbruch der äußeren Ebene, einem Unfall, dem körperlichen Tod oder dem frustrierten Selbstmord eintritt.

Wenn Sie jetzt denken, dass ich übertreibe, kann ich nur sagen: Nein, die Lage ist wirklich so ernst. Dieses abgekapselte Schein-Ich, das Ego mit seinen Vasallen, kämpft mit allen Mitteln ums Überleben. Sogar der körperliche Tod wird als Schutzfunktion für dieser Ebene hingenommen.

Damit möchte ich lediglich sagen, welch eine riesige Anstrengung der für seine Verwandlung verantwortlich handelnde Mensch aufbringen muss, um das Wachstum zu schaffen, für das er sich mit seinem Leben auf Erden entschieden hat.

In einem Fall kam eine Dame zu mir, die aus ihrer Sackgasse herauskommen wollte. Mittlerweile über fünfzig Jahre alt, konnte sie einfach nicht den Ausgang aus ihrem Lebensthemen-Spannungsbogen finden. Männer benutzte sie nur zur Energiegewinnung und körperlichen Befriedigung. Sie war im therapeutischen Bereich tätig. Als ihr jedoch klar wurde, dass sie, um den Menschen besser helfen zu können, sich selbst weiterentwickeln müsste, kehrte sie ihrem Beruf den Rücken und wendete sich anderen Dingen zu. Währenddessen zog sie ihre Tochter groß und erst mit diesem aufwachsenden Wesen gelang es ihr, in die »wirkliche« Liebe zu finden. Doch nach wie vor vermied sie es, mit einem Mann eine ähnlich nahe Beziehung aufzubauen.

Über zwanzig Jahre hatte die Tochter aber nicht nur eine »liebende« Mutter, sie wurde ebenfalls lange Jahre auf einen Platz gestellt, der ihr nicht gebührt: den Platz eines erwachsenen Partners. Das hat zur Folge, dass auch die Tochter irgendwann ihre Therapiebedürftigkeit feststellen wird. Die Tochter wurde von ihrer Mutter quasi benutzt und als nicht sexueller Partnerersatz missbraucht. Das trieb die Tochter automatisch in ein tyrannisches Verhalten, was die Mutter bei all der gegebenen Liebe über die ganzen Jahre hinweg gar nicht fassen konnte. Jetzt, wo es für die Tochter an der Zeit wäre, das Haus zu verlassen, findet sich die Mutter oftmals mit angstvoll geröteten Augen wieder, die Tochter in ihren Gedanken fest umklammernd. Und diese steht ebenfalls nicht sehr glücklich in ihrem Leben.

Für diese Frau galt es endlich die größte Herausforderung ihres Leben anzunehmen: die Erlösung ihres Hauptlebensthemas. Mutiges Erleben und Einlassen auf Nähe und Liebe führt in die Selbstliebe und zieht einen Partner an, der bereit ist, auf dieser Ebene am Durchbruch mitzuarbeiten. Dabei muss sie jedem Fehlverhalten sich selbst, ihrer Tochter und Außenstehenden gegenüber direkt ins Auge sehen. Wann schwingt sie von der Ehrlichkeit in Schauspielerei, wann verrät sie sich selbst und alle Beteiligten? Welche Worte entstammen unmittelbar der Abwehrebene und welchen Wahrheitsgehalt haben sie? Der einzige Weg aus der Falle heraus ist, Schluss zu machen mit dem ängstlichen Ego, um so in die Realität zurückzufinden und das Transformationstor zu beschreiten. Mit dem Warten auf diesen Schritt sind tragischerweise eben mal zwanzig Jahre vergangen und es wurde an keinem Tag das gelebt, was man eigentlich beabsichtigt hatte.

Ein anderer Fall zeugt gleichermaßen von der Stärke der Abwehrmechanismen. Ein Herr mit großer spiritueller Erfahrung schilderte mir seine Leidensgeschichte. Als Spross eines deutschen Großindustriellen hatte er das Imperium nicht übernommen. Er schlug lieber den Pfad eines Boykotteurs und spirituellen Wanderers ein. Doch bei allem Suchen und Finden hatte er in seiner geistigen Blindheit einen Schwachpunkt völlig übersehen. Mit dem Selbstwertgefühl, jetzt ein nutzloses

Alphatier, Leitwolf, zu sein, musste er sich seinen Platz in der Welt trotz seines finanziellen Familienerbes hart erkämpfen. Nun, an der Schwelle zur Buddha-Natur, machte ihm dieser blinde Fleck große Sorgen. Er konnte einfach kein anderes Alphatier neben sich dulden. Da aber der Aufstieg in die Buddha-Natur eben bedeutet, mit anderen Gleichgesinnten in den Kreis zu treten, Arthurs Tafelrunde ähnlich, lag er stattdessen nun mit den ernst zu nehmenden »Gegnern« jedes Mal im Clinch. Erst als er dieses Thema erlöst hatte, konnte er sich mit einer tiefen Freude im Herzen der weiteren Entwicklung widmen.

Ein anderer Fall verdeutlicht, welch Schaden die Menschen einander und sich selbst zufügen, wenn sie ihre Aufgaben nicht erfüllen. In meiner Praxis erschien ein Paar, das sich in gegenseitiger Abhängigkeit in ihrer Seelenerlösung behinderte. Das heißt, als Spiegelfunktion passten die beiden perfekt zusammen. Bereits im vorgerückten Alter und mit weitreichender spiritueller Kenntnis, hatte die Dame schwere Knie- und der Herr Karriereprobleme. Sie unterstützten einander nicht ihr Wachstum, sondern hielten sich selbstbeweihräuchernd die Ego-Stange. Soll heißen, sie konnte ihm nicht davonlaufen und er wurde daheim von seiner Ersatzmama lieber klein gehalten, er durfte säugendes Kleinkind spielen, sodass er sich auch keine andere suchte. Es gelingt ein bequemes, schöngefärbtes Scheinleben, aber von verantwortungsvollem Stehen in Kraft und Berufung keine Spur.

Aber auch das »normale« Ego kann in uns seine Wandlung vermeiden und sich zur faschistisch-verrohten Bestie entwickeln. Anstatt den Spiegel der Lebensthemen als Chance zu nutzen, produzieren gewisse Seelen auf der Lebensbühne dann ein einziges riesiges Schlamassel. Die Geschichte quillt über von derartigen Tätern.

Desgleichen in unserer unmittelbaren Umgebung: Wir handeln gern dementsprechend aus einem bewussten angstvollen Verstecken heraus, aus Nichtwissen, Faulheit, Feigheit oder der Gewissheit, den einfachsten Weg gewählt zu haben, und weil die auf Kosten anderer gewonnene Energie wunderbar, aber leider nur kurzfristig befriedigt. Es dauert nicht lang, und der Missbrauch wird ins Unermessliche wachsen oder die Seele im grauen Gleichmaß zurücklassen.

Gerade weil der Betroffene den Transformationsmodus nicht erkennt, richtet er in seinem Umfeld gehörigen Schaden an oder versinkt in ein beamtenähnliches, auf Sicherheit bedachtes Leben, nach dem Motto »Bitte immer denselben Alltag und keine Veränderungen«. Und vor allem: Bitte nicht stören!

Außerdem übt er Verrat an seinem Sein. Wer sich nicht in die Wahrheit stellt, egal ob bewusst oder unbewusst, betreibt eine auf alle Ebenen übergreifende grandiose Selbstzerfleischung. Er wird mit körperlichen und psychischen Martern rechnen müssen und der Lohn des Übergriffs wird nicht befriedigen.

In der andauernden Spannung zwischen Lebensthemen und Abwehrmechanismen entwickelt sich der Betroffene lieber zum ferngesteuerten Roboter seiner Persona und seines inneren Boykotteurs. Er ist nicht mehr Herr seiner selbst, seines Wahren Seins. Solange er keine Einsicht gewinnt und nicht mit sich die Veränderung hundert Prozent vereinbart, wird das Lebensgeschehen immer wieder denselben oder einen ähnlichen Knopf drücken und er wird als Antwort auf den Erlösungsdrang sofort dem alles vermeidenden Egobereich wie ferngesteuert dienlich sein. Die Abwehrmechanismen treiben ihn in die Verteidigungsstellung zugunsten der alten Themen. Er wirkt verkrampft und gar fast schon verrückt festhaltend, am Stuhl der Sicherheit klebend, auf alle Außenstehenden.

Verrückt ist der richtige Ausdruck. Wer hier meint, er habe mit diesen Sachen nichts zu tun, dem möchte ich nahe legen: Wir alle, bis auf die wenigen meisterlichen Ausnahmen, sitzen im gleichen Boot und sollten diese versteckten Ecken endlich ausmisten.

Es bedarf oft zahlreicher Wiederholungen von Situationen, bis nur ein einziger, winzig kleiner Schritt in die Transformation vollbracht wird. Manchmal werden ganze Leben verschlissen, bevor eine Veränderung eintritt. Die Seelen nehmen immer wieder einen neuen Anlauf, um der Evolution zu folgen. Erst wenn die Seele den Reigen beendet hat, wird sie für den mühevollen Weg reichlich belohnt.

Die Abwehrmechanismen entstehen schon bei der Niederkunft auf dem Planeten. Das Hindurchzwängen durch den Geburtskanal erzeugt eine Abwehrhaltung gegen das Unbekannte, das Kind purzelt förmlich aus dem »Paradies«, noch in der Gebärmutter war für alles so gut gesorgt.

Das Feindliche, Unwirtliche konfrontiert die Seele mit einer panischen Angst vor dem ohnmächtigen Ausgeliefertsein. Das, was eben noch als eher gleichmütiger, rein energetischer Raum der Seele im Baby existent war, krümmt sich nun zusammen und bildet einen Kern, den der Mensch ein Leben lang als sein falsches Ich mit sich trägt. Der Spannungsbogen der Lebensthemen setzt den Kern, die Dreifaltigkeit des Seins, Persona, innerer Tyrann und das Wahre Sein, so unter Druck, dass er permanent unter Spannung steht. In diesem Kern entstehen Angst, Schuldgefühle und das Gefühl von Wertlosigkeit, aber auch Ohnmacht, Wut und Heimzahlung. Hinzu kommt, dass mit dem Überlebenswillen des Kindes das Sein aus der Authentizität gerissen wird. Der Überlebensmechanismus bringt das Kind dazu, sich so zu stellen, dass es in irgendeiner Form mit etwas Liebe versorgt wird. Ohne das kleinste Quäntchen Liebe, leider in solchen Fällen meist aus der übergriffigen Missbrauchsecke heraus, würde das menschliche Wesen sterben. All dies geschieht, zur Erinnerung, aber in Übereinstimmung mit den Lebensthemen.

Ein weiterer wichtiger Gesichtspunkt kommt hinzu. Alle Eltern kennen bei Kindern die Situation, wie sie Grenzen ausloten. Auch hier zeigt sich bereits, dass der tyrannische Aspekt im jungen Körper, konfrontiert mit Grenzen, die das Kind nur ungern akzeptiert, Abwehrmechanismen formt, die später eine Unverrückbarkeit erzeugen. Es ist ein Teil des Egos, von dem man annimmt, dass es das eigene Ich sei.

Das, was man als innersten Kern wahrnimmt, entpuppt sich erst in der Transformation als von den Lebensthemen inszenierte und vom Umfeld implantierte Seifenblase. Sie muss allerdings platzen, sonst gibt es kein Weiterkommen.

Es existieren auch noch die in jedem Körper gespeicherten Erfahrungen der vielen Jahrhunderte, die aber im Einklang mit den Lebensthemen und der Wahl der Eltern schon mit berücksichtigt sind. Die von vielen Familienaufstellern gepriesene Ahnenforschung kann an diesem Punkt ersatzlos gestrichen werden. Sie behindert eher, als dass sie die Erlösung der Lebensthemen unterstützt.

Der Tod des Egos ist also eine unvermeidliche Erfahrung. Doch bis zum Schluss klammert der Mensch, wie ein Ertrinkender, am vermeintlich letzten Strohhalm vor dem »Absturz« in die höhere Realität. Die Angst davor, ins Nichts zu fallen, der großen Leere zu begegnen oder einfach als Ich zu sterben, verhindert zusätzlich das einfache Hineinwachsen in die nächste Bewusstseinsebene. Natürlich macht es Angst, ins Unbekannte aufzubrechen. Deswegen gelingt ja auch nur relativ wenigen mutigen Seelen der Quantensprung in die Buddha-Natur. Ein meisterlicher Anwender der Bewusstseinswerkzeuge lässt sich allerdings von nichts ins Bockshorn jagen.

Als größtes Hindernis, als letzte Hürde, erweist sich das Hauptlebensthema. Wenn alle anderen Lebensthemen schon abgeschlossen sind, kämpft der Abwehrapparat erbittert seinen letzten und wichtigsten Kampf, den ums endgültige Überleben. Es erwachen nie dagewesene Titanen, die mit aller Macht und Gewalt versuchen, die Seele in der Dunkelheit zu halten. Viele religiöse Systeme beherbergen diese Dämonen in ihren Mythen. Nach dem entscheidenden Quantensprung allerdings spielen die Abwehrmechanismen nur noch eine untergeordnete bis gar keine Rolle.

Doch bis dahin kann der Betroffene aus lauter Unbewusstheit den Grund seines Handelns kaum ausmachen. An diesem Punkt aufweckend berührt, geht er meist hoch wie eine Rakete.

Ein Ausbruch von Wut und Aggression kann dann selten verhindert werden. Über den Verstand signalisieren die Abwehrmechanismen in höchster Not rechthaberisches Verhalten. Wer sich jetzt diesen inneren Dämonen von außen entgegenstellt, muss mit dem Schlimmsten rechnen.

Alles, was mit der Realität im Einklang steht, wird seitens des Abwehrbollwerks geleugnet. Beschimpfungen und Beendigung von Freundschaften und Beziehungen stehen sogar plötzlich auf der Tagesordnung. Bis zu Handgreiflichkeiten kann es kommen. Was eben noch von nettem, liebevollem Gebaren bestimmt war, explodiert jetzt und der Wandel in ewige Trennung wird ohne weiteres vollzogen. Und das alles wegen eines kindischen Ausbüchsens vor der Transformation. Das Wahre Sein ist hier gefordert, die Zügel des Selbst in die Hand zu nehmen.

Die Zeitungen sind voll von derartigen Geschichten, in denen das Tyrannische die Oberhand gewinnt und sich hinreißen lässt. Andererseits macht die Unwissenheit über diese Zusammenhänge Angst und die Antwort darauf ist dann oftmals der Rückzug. So entfernen sich die Menschen immer weiter voneinander. Es naht ein Leben in völliger Isolation. Nach Umfragen sind heute schon siebzig Prozent der Menschen in den Industrieländern vom Singlephänomen betroffen. Auch der Familienverbund früherer Tage trägt heute nicht mehr. Die Menschen begegnen sich zwar in den öffentlichen Verkehrsmitteln, in der Fußgängerzone oder in Einkaufszentren, aber es findet kaum mehr ein persönlicher Kontakt statt. Von der Generation Auto gar nicht zu sprechen. Dem entspringt die Überzeugung »Kümmere dich nur um dich selbst, dann hilft dir Gott«. Liebe dient hauptsächlich der eigenen Bedürfnisbefriedigung. Neudeutsch heißt das dann Ich-AG.

Die Vision der Singlemanie, die ein indianischer Schamane schon vor Jahrzehnten geweissagt hat, erscheint als neue Superlebensform, scheint ja auch ideal zu sein ...!? Um hier gegenzusteuern, hilft im Grunde nur ein gesellschaftliches Umschwenken.

Seelen, die gestresst in diesem Kreisel festsitzen, haben keine Pufferzone mehr. Die Nerven und das Ego liegen blank. Die Geschehnisse der Lebensbühne rütteln am Scheinsein. Alles Gelernte und Transformierte wird außer Acht gelassen. Und zu fünfundneunzig Prozent werden sämtliche weiteren Wachstumschancen erst einmal vertan.

Im Grunde bräuchten wir Schulungseinrichtungen, die in die Transformation begleiten, in ganz fester Verbindung mit einem versierten Therapeuten. Ich meine hier Zentren, in denen man wichtige Schritte wie in der Schule oder im Seminarbereich lernen kann. Am besten, man lehrt diese Dinge schon in den Kindergärten und dann in den Schulen.

Aber aufgepasst: Spirituelle Zirkel, an die man sich eventuell Hilfe suchend wendet, die mit esoterischem Wissen experimentieren, scheitern häufig an der hier leicht auftretenden Egofalle.

Wer kennt die Egofalle nicht ebenfalls aus dem persönlichen Umfeld? Dazu kommt, dass viele Menschen mit der Meinung durch die Gegend ziehen, dass es schon in Ordnung sei, das Bewusstsein nur in gewissem Maße zu erweitern, so viel halt jeder »kann« oder »bereit« ist zuzulassen. Genau diese Einstellung wird uns wiederum von den Abwehrmechanismen eingeimpft. Aus diesen Gründen, die uns im Kleinen wie im Großen verfolgen, steht die Menschheit am Rande des Abgrundes.

Quer durch alle Schichten verweigern Erdenbürger, auch oder gerade diejenigen, die über höchstes Wissen verfügen, zu über neunzig Prozent den letzten Quantensprung. Sie verbeißen sich lieber in eine Grenzhütung um die Hülle des Egogebäudes. Ein Kartenhaus, errichtet, um zusammenzufallen. Die alten Zen-Meister nutzten in solchen Momenten die Gelegenheit, mit einem gezielten Streich des Zen-Schwertes der Wahrheit die Ehre zu geben.

Denn erst unter Druck, im letzten Augenblick, beim Überschreiten der Ziellinie, werden wir der Realität gewahr. Es gehört großes Vertrauen und wilde Entschlossenheit dazu, sich nicht in die Unachtsamkeit vonseiten der im Wachstum begriffenen Seele gehen zu lassen, um mit dieser Herausforderung des letzten Quantensprungs allein fertig zu werden. Ein weiteres Zauberwort dafür ist Demut. Demut bringt uns dazu, die Konsequenzen des Wagnisses Transformation im richtigen Maße anzunehmen. Was so ist, ist so, weil es so ist, alles Weitere wird man sehen!

Bücher können an dieser Stelle nur sehr bedingt für Fortschritte sorgen, da lediglich integriertes Wissen etwas nützt, aber sie sind auf jeden Fall inspirierend. Viele meiden diese Hürde auch aus Angst vor der Lichtquelle.

Auf dem Weg bis zur Schwelle kann meist Führung gegeben werden. Den letzten Schritt jedoch müssen dann alle allein wagen. Man muss sich mit ganzer Kraft dafür entscheiden. Auch nach dem Sprung gilt es nach wie vor den verbliebenen mahnenden Schatten eine Abfuhr zu erteilen.

Also, machen Sie es nicht wie die Dame im Märchen, die, wenn der Prinz endlich nach so vielen Jahren vor ihr steht, sich umdreht und die Flucht ergreift. Und auch nicht wie viele Suchende, die, wenn sie nach all der Mühe vor der Tür Gottes stehen, schnell die Schuhe ausziehen und sich auf leisen Sohlen aus dem Staub machen.

Wer das Glück hat, auf dem Lernpfad eine meisterliche Seele zu finden, dem wird auffallen, dass der Meister Situationen kreiert, in denen der Sprung leichter fällt. Verschwenden Sie dann nicht die Zeit, indem Sie einfach nur die leuchtende Energie genießen. Auch nicht, indem Sie Ihren Abwehrmechanismen das Spielfeld überlassen und die Wahrheit verbiegen. Ein dankbares Sichöffnen und das vertrauensvolle Annehmen der dargebotenen Hand, das ist angesagt. Indem man sich zur Erlösung des Themas optimal hinwendet, kann der Quantensprung sogar zum leichten Hüpfer werden.

Wenn Sie folgende Regeln konsequent beachten, sich keine Blöße geben und sich jeden Augenblick mit Ihrer ganzen Energie für die bewusstere Handlungsweise entscheiden, ist Ihre Chance groß, es zu schaffen!

– Beantworten Sie folgende Fragen: Wer bin ich? Was bin ich, während ich das bin? Wohin wollen mich meine Lebensthemen tragen?

– Achten Sie stets auf die Dreifaltigkeit Ihres Seins: Persona – inneres Kind/innerer Boykotteur/Tyrann – Wahres Sein!

– Aus wie viel Prozent besteht jeder Teil Ihrer Dreifaltigkeit im täglichen Sein?

– Bestimmen Sie diese Werte jeden Moment neu!

– Akzeptieren Sie immer wieder aufs Neue den persönlichen Kreuzweg Ihres Lebensthemen-Spannungsbogens als notwendige Grundlage für die Transformation Ihrer selbst gewählten Lebensthematik.

– Das Kraft-Mantra dafür heißt: Alles diente und dient der Kristallisation meines Bewusstseins.

– Erinnern wir uns täglich an die innere Schöpferkraft, mit der wir uns jederzeit für jegliches Handeln entscheiden!

– Wenn wir dieser Energie bewusst und aktiv Raum schenken, ereignet sich Transformation. Die Kreation aus dem inneren Schatzkästchen hat ein Ende. Automatisch kommt uns die »göttliche« Schöpferkraft unterstützend entgegen, das heißt, wir vereinigen in uns die Kräfte und im Außen erzeugen wir nun Wellen, die uns die Dinge entgegenbringen, für die wir uns entscheiden.

– Überprüfen Sie stetig Ihre Gedanken, Gefühle und das, was Sie mit Worten und Taten in die Welt setzen. Seien Sie sich der schöpferischen Dreieinigkeit bewusst – Idee, Wort, Handlung.

– Verabschieden Sie sich von der Opferrolle, werden Sie aktiv! Treten Sie aus den Schatten der Lebensthemen. Reagieren Sie nicht nur auf das Leben, gestalten Sie es.

– Versuchen Sie bei jeglichen Stürmen auf der Lebensbühne, in die Mitte, in Ihre Mitte zu gelangen, dort befinden sich im Auge des Zyklons die Stille, Ruhe und Gelassenheit, die Sie für ein erfolgreiches Entscheiden und Gelingen brauchen.

– Experimentieren Sie mehr mit Ihrer Intuition. Gestatten Sie sich auch Fehler, aber erkennen Sie vor allem, wann Sie aus der Intuition agieren oder aus dem Verstand reagieren.

– Entscheiden Sie sich für ein permanentes Handeln aus dem Wahren Sein.

– Benützen Sie jeden Tag Ihre Wachstumswerkzeuge. Auch wenn es Ihnen gut geht, wenden Sie sich mindestens einmal täglich nach innen in die Gedankenstille der Meditation. Schöpfen Sie Kraft aus dieser Stille und dem dabei automatischen Auftreten von Authentizität und Intuition. Lassen Sie zu, dass der meditative Zustand über immer weitere Teile des Tages Ihr Seinszustand wird …

– Ziehen Sie immer wieder einmal die Bilanz Ihres bisherigen Lebens und schauen Sie, ob das, was Sie tun, noch genau dem entspricht, wohin Sie auf Ihrem Weg schreiten möchten, und folgen Sie nur intuitiv dem, wer Sie wirklich sind.

– Misstrauen Sie Ihren über die Gedanken implizierten Gefühlen und Emotionen. Oftmals fallen Sie dabei auf die Schatten der Lebensthemen herein oder lassen sich von den Abwehrmechanismen an der Nase herumführen.

– Prüfen Sie Ihre Wahrheit und folgen Sie ihr dann!

– Nur weil Sie schlechte Erfahrungen gemacht haben, sollten Sie die Schlüsse daraus nicht als immer geltend betrachten. Die Realität entsteht jeden Moment neu, es gibt keine Wiederholungen. Wir brauchen die Dinge auf der Lebensbühne nicht wieder in derselben Weise in Szene zu setzen. Es existiert nur der Augenblick, das Hier und Jetzt, und wir können ihn jederzeit frei gestalten. Alte Reaktionsmuster werden mit einer Bewusstseinsmarke versehen und bleiben unbeachtet.

– Begegnen Sie jedem Moment des Lebens völlig unvoreingenommen und neu!

– Alten »Gefühlen« aus dem Schattenreich der Lebensthemen werden nicht automatisch die Ausbreitung ins gesamte System gestattet, auch wenn sie noch so lieblich oder stimmig traurig wirken.

– Erlauben Sie sich, den Umgang mit Reaktionen jederzeit neu zu wählen.

– Handeln Sie mit aller Kraft nach den von Ihnen neu entschiedenen Verhaltensweisen.

– Wenn Sie etwas nicht wollen, verschwenden Sie keinen weiteren Gedanken daran. Falls Ihnen das nicht gelingt, betrachten Sie die Situation von allen Seiten, wägen Sie sie sorgfältig ab und entscheiden Sie sich dann neu.

– Lassen Sie Ihr Bewusstsein weder in die Vergangenheit noch in die Zukunft abgleiten, bleiben Sie in der Gegenwart.

– Fühlen Sie in Ihrer täglichen Meditation, wie Sie mit der göttlichen Existenz wohltuend in Einklang treten.

– Die Gottesebene strahlt immerfort auf uns hernieder. Wir brauchen nichts dafür zu tun. Wir dürfen in der Gottesenergie permanent baden!

– Wenn Sie schon im Vorfeld erspüren, wohin Sie bestimmte Entscheidungen führen, und damit nicht einverstanden sind, ändern Sie Ihr Verhaftetsein mit einer Vorstellung und damit einfach Ihr Verhalten. Das Resultat, das sich dann zeigt, wird ein völlig anderes sein!

– Sobald wir uns auf der Meisterebene befinden, erleben wir zwar alles ebenso wie die anderen Menschen, aber es existieren keine Sinnesschwankungen mehr. Die in der Buddha-Natur angekommene Seele entscheidet sich fortwährend für das Gleiche. Das Auf und Ab der Emotionen als Lebensantwort fällt jetzt weg. Das Sein schwingt bis in den Kern in der Stille. Achten Sie auf den inneren Gleichklang.

– Nutzen wir also unser Dasein auf Erden und erschaffen wir die Erfüllung der Buddha-Natur!

– Halten Sie dabei stets in Erinnerung, dass Sie sich für die Bewusstseinsarbeit entscheiden und also nicht im wichtigsten Moment, Ihrem Quantensprung der Transformation, mit Hilfe der Abwehrmechanismen, dem inneren Tyrann oder der alten Persona-Maske die Flucht ergreifen!

Im Ursprung sind wir alle gleich

Die aus der Einheit entsprungenen Seelen erfahren sich und ihren göttlichen Aspekt im Zusammenspiel auf der Evolutionsspirale. Es hat den Anschein, dass alles, was wir auf der physischen Ebene sehen können, individuell verschieden ist, doch im Kern sind alle Manifestationen gleich.

Die Seelen, die göttliche Existenz, erweitern ihr Seinswissen mit dem Reigen der Wiederkehr auf diesem Planeten. Die vielen Ebenen der Evolutionsspirale eröffnen den Seelen ein Spielfeld, auf dem alle Facetten des Wandels ihren Platz haben.

Mit der Entwicklung in die authentische, erlöste und transformierte Mitte springt jede Seele am Ende der Evolution wieder in die Einheit mit der Gottesebene, in die Buddha-Natur.

Die Freiheit der Wahl der Lebensthemen und der passende Zeitfaktor lässt die Seelen auf ihre jeweils individuelle Reise gehen. Die Menschen probierten zu allen Zeiten einfach aus, und was funktionierte, wurde übernommen. Die Keule zum Beispiel ist eine bessere Waffe als die bloße Faust, also wurde jetzt die Keule benutzt, und weil sie so gut funktionierte, nahm man sich alles, was man haben wollte, auch aus dem Nachbardorf. Man dachte sich, wer die Macht und die besseren Waffen hat, dem gehört automatisch alles, was er damit bekommen kann. Und schließlich haben einen ja die Götter so ausgestattet. Daraus haben sich über die letzten Jahrtausende und Jahrhunderte unsere Kulturgeschichten entwickelt. Kulturgeschichten, die, da aus Evolutionsgründen geboren, voller Illusionen und niederer Bewusstseinswerte stecken. Wie bei den persönlichen Lebensthemen bemerken wir erst ab einer bewussteren Entwicklungsstufe den Unterschied zwischen dem, was uns ins Wachstum hilft, und der Illusion. Dies bringt im Kollektiv die Menschheitsmythen zum Vorschein, die wiederum in Traditionen und Gesetze gefasst werden, die teilweise noch heute gelten.

Von Generation zu Generation werden aus der Illusion erwachsene Missverständnisse als Realität weitergereicht. Wir nehmen die Scheinrealität vielmals gar nicht wahr, da sie geschickt in »Selbstverständlichkeiten« versteckt uns tagtäglich umgibt.

Meist nur unter dem Einfluss schwerer Schicksalsschläge verändert sich unser Wahrnehmungsvermögen und nach noch leidvolleren Tagen auch die Handlungsweise. Heutzutage können wir uns einen Krieg zwischen Deutschland, Österreich, Frankreich oder Italien gar nicht mehr vorstellen. Aber vor nicht allzu langer Zeit starben völlig selbstverständlich Generationen von Jugendlichen auf den Schlachtfeldern dieser Nationen.

Viele solcher »Meinungen« sitzen der Menschheit bis heute im Nacken, deswegen bleiben wir auch in weltweit so katastrophalen gesellschaftlichen Verhältnissen. Zusätzlich wird oft Weltliches mit Religiösem vermischt, und schon immer wurde ein Großteil der menschlichen Rasse von dessen Machthabern versklavt oder per Gesetz unter moralische Richtlinien gedrückt. Nur wenigen »Auserwählten« gelang so ein Leben in »Freiheit«, Luxus und Völlerei.

Selbst in der heutigen Zeit scheinen immens viele Dinge so unverrückbar in der Gesellschaft verankert, dass niemand auf die Idee kommt oder sich getraut, diese heißen Eisen einmal anzufassen, geschweige denn aufzuräumen.

Unpopulär erscheinende Maßnahmen können von den Politikern am Ende auch aus wahltaktischen Gründen nicht angepackt werden. Damit stehen wir an der Grenze der Wirksamkeit von Demokratie, die unbewusste Masse entscheidet über wichtige Veränderungen oder eben halt auch nicht.

In einem früher so fortschrittlichen Land wie Amerika schüchtert ein Präsident manipulierend einen Großteil der Bewohner so ein, dass sie die Wahrheit nicht sehen, lieber, sich in Sicherheit wiegend, ihre Verantwortung abgeben und nach einem starken Führer rufen. Die bewussteren Menschen versuchen alles, um aufzurütteln, doch sie werden überstimmt!

Die Werte, die wie selbstverständlich aus den Illusionen abgeleitet in unseren Köpfen herumspuken, erfahren über Generationen nur wenig Infragestellung. Konkurrenz, Überleben des Stärkeren, Verdrängungswettbewerb und ein Gott, der aus dem Paradies vertreibt, lassen das Angstvolle über die Liebe triumphieren. Der Missbrauch der Wahrheit für den Eigennutz führte über Jahrhunderte zu ansehnlichem Gewinn der Machtbesessenen. Der große Teil der Menschheit wird aus dieser Tradition von einem sehr kleinen Teil geschröpft und nachher, wenn nötig, großmütig mit Brosamen abgespeist.

Die Abwehrmechanismen begegnen uns hier wieder. Genauso wie beim Individuum hat die kollektive Seele Schwierigkeiten, die Evolution aufs Gesündeste voranzutreiben. Um einen Quantensprung möglich zu machen, bedarf es daher der kraftvollen Entscheidung aller innovativen Seelen.

Die meisten Menschen bedauern zwar ihre Unwissenheit, haben aber weiter kein Problem damit. Sie halten aus Sicherheitsgründen an überliefertem Wissen fest und glauben gern daran. Dies mündet in die persönlichen Überzeugungen. Daraus ergibt sich, dass die Realität, die wir erschaffen, diesen Glaubensvorstellungen entspricht.

Die Akzeptanz der Scheinrealität, die sich auf dem Urteil anderer aufbaut, zieht sich durch alle Bevölkerungsschichten. Elternhaus, Schulen und weiterführende Ausbildungsstätten tragen mit die Verantwortung für dieses Debakel. Es wird nicht gelehrt, mit der innersten Weisheit Kontakt aufzunehmen.

Seit dem Kleinkindalter von außen aufgesetztes Wissen brennt permanent Informationen in das System der Jugendlichen. Kinder erleben ihre Umwelt dann dementsprechend als absolute Realität. Je nach Prägung entwickeln sie daraus ihren Blickwinkel. Nachdem sie im Hamsterrad der Ausbildung Platz genommen haben, erlauben sich nur sehr wenige intelligente Seelen, diese Bürde in Frage zu stellen. Seitens der Gesellschaft existiert wenig Verständnis. Man setzt eher auf Leistungsdruck.

Im Gesellschaftssystem setzt sich Erneuerung hauptsächlich über schwere Krisen durch. Reformern tritt das System eher mit Abwehr gegenüber. Wenn dann doch einige den Pfad der Instanzen überwinden, bleibt nur wenig wirklich Greifendes übrig.

Viel Mut und Überzeugungskraft wird nötig sein, um die Vorbehalte zu überwinden und dabei alle gesellschaftlichen Kräfte in ein Boot zu bugsieren. Die Frage steht im Raum, ob wir es mit relativ wenig Chaos schaffen, die Abwehrmechanismen mit Hilfe der Erlösung der Evolutionsthemen auszuschalten.

Da wir im Kern alle gleich sind, letztendlich sogar ein und dasselbe, besteht diese Chance des kollektiven Quantensprungs. Wir müssen die in unserer Kulturgeschichte entstandenen Illusionen erkennen und uns für ein neues Handeln entscheiden. Verweigerung kann die Evolution nicht aufhalten, mutiges Voranschreiten bringt Segen.

Eine erhebliche Kraft, die die Menschheit ebenfalls in ihren Bann schlägt, sind die Religionen. Sie verstehen sich als Verknüpfer der Dimensionen. Damit nehmen sie Platz zwischen dem Göttlichen und den Erdenbürgern, haben sozusagen das Machtmonopol als Bindeglied nach »oben«. Wir sollen den Worten der Religionen glauben, doch deren Mittlerrolle ist nicht unbedingt wahrhaftig.

Der neue Name für Religiosität heißt Spiritualität, freies und direktes Kontaktaufnehmen mit der göttlichen Instanz.

Ab jetzt gilt: Strebe immer nach den eigenen Erfahrungen, verlass dich nicht auf die Kenntnis anderer. Schau hinter die Kulissen, erkenne den Sinn. Was ist des Rätsels Lösung?

Der menschliche Geist verlangt nach Aufklärung. Die Zeit der Verblendung, Bevormundung, des »Ich habe keine Ahnung, ist mir auch egal, Hauptsache rund und gesund« ist endgültig vorbei. Auch die letzten Despoten auf Erden können sich auf Grund der Macht der fortschrittlichen Gedanken nicht mehr lange halten. Jeder Einzelne und die gesamte Menschheit übernehmen mehr und mehr Verantwortung, damit kein Handeln mehr aus menschenunwürdigen Leitgedanken zugelassen wird.

Solange der Einzelne im Erlösungsreigen aus Egolastigkeit seinem Handeln noch nicht trauen kann, hat er sich mit der Sinn- und Seinsfrage auseinander zu setzen. Erst wenn er in seiner Wahrheit ankommt und die erreichte Weisheit in Liebe weiterträgt, wird in ihm ein wunderbares Gefühl von wirklicher Stimmigkeit Platz nehmen.

Das im Wachsen begriffene Bewusstsein übernimmt die Führung. Dadurch wird der selbstzerstörerische Hang der Abwehrmechanismen vermieden. Mit dem Blick des inneren Beobachters auf die aktive Entscheidungskraft werden Werte gewählt, die in Übereinstimmung damit stehen, was die Seele gewillt ist zu sein oder wohin sie sich entwickeln möchte, und genau dies entspricht dem Handlungsbedarf des neuen Zeitalters. Akzeptieren wir die Bewusstseinsreise und besehen wir prüfend alle Ebenen der Gesellschaft aus dieser Realität.

Am leichtesten kann jeder Mensch seinen eigenen Entwicklungsstand daran ablesen, was ihm Freude bereitet und wobei er sich wohl fühlt. Wenn es ihm Spaß macht, anderen das erfahrene Leid heimzuzahlen, er materielle oder energetische Raubzüge als seinen Lebensweg betrachtet, keinerlei verantwortungsvolles Handeln schätzt, bedeutet das auf der Bewusstseinsskala etwas völlig anderes, als rundherum transformiert nun respektvoll den Mitmenschen in Freude und Liebe gegenüberzutreten.

Dieses Bewusstsein, diese Werte weiterzutragen ist der eigentliche Lehrauftrag von Eltern, Schulen und Ausbildungsstätten. Alle anderen Entwicklungen ereignen sich dann wesentlich leichter. Geben wir das weltweit in die Lehrbücher und wir haben die Chance, in nur einer Generation den kollektiven Quantensprung auszuführen. Bewusstseinsschulung ist das Instrument, mit dem wir hinter die Kulissen der Illusionen schauen. Und nichts anderes hilft, um in eine globale lebenswerte Zukunft aufzubrechen.

Illusionen begegnen uns im Alltäglichen. Aber die größte Illusion ist, dass wir als Erwachsene etwas von außen brauchen, etwas bedürfen, um zu überleben, nicht allein stehen können. Legen wir Persona und Co. einfach beiseite und erlauben wir uns einen Augenblick der Ruhe und des Auftankens an unserer inneren Quelle. Hier nähren und stärken wir uns in einer Weise, dass wir in uns genügend Schöpferkraft aufbringen, um als Wahres Sein »Wunder« zu vollbringen.

Jeder erfährt im Wandel der Daseinsformen seine Lebensthemen-Spannungsbogen und mit Erlösung der evolutionären Thematiken verschwinden dann auch immer mehr Illusionen. Das Mysterium des Lebens bedient sich nur des Mittels der Illusion. Sie ist keine letztendliche Realität, sondern bloß ein Alibigebäude, das wir nach Gebrauch, erfolgreicher Transformation, aufgeben.

Einen Schritt vor, zwei Schritte zurück!

Wenn der Bewusstseinsblitz uns mit Eingebungen versorgt, sind wir erst einmal Feuer und Flamme, wundern uns aber oft nach relativ kurzer Zeit, dass wir uns im Sumpf des Alteingesessenen wiederfinden. Wer kennt ihn nicht, den uralten Mechanismus, der jegliche Neuerung zum Stillstand beziehungsweise in den Rückschritt führt? Es ist der dominante Verstand, gekoppelt mit den Abwehrmechanismen, und unser Hang, ins Unbewusste zurückzufallen. Zumeist nehmen wir es in gegenwärtigen Situationen nicht einmal wahr, dass hier der Fortschritt im Keim erstickt wird. Glauben uns der Weiterentwicklung verpflichtet und merken erst sehr viel später, dass ein tatsächlicher Rückschritt erfolgt ist.

Den Aha-Erlebnissen folgen nur allzu oft wieder eine Verbrüderung mit den alten Mustern im inneren Computer, die Abwehrmechanismen leisten hier ganze Arbeit. Das neu Erkannte wird in die alte Weise so integriert, dass der Mensch in seinem Gefühl von Bewusstsein den Eindruck gewinnt, ein wirkliches Stück Weg zurückgelegt zu haben. Aber mitnichten kann er sich der tatsächlichen Transformation rühmen. Ein weiteres Mal fällt er auf die Abwehrmechanismen und die Egovasallen herein.

Indem wir nicht genau hinsehen, verankern wir die alten Muster noch einmal etwas tiefer. Das ist die Gefahr bei der Transformationsarbeit. Dadurch verringert sich die Chance auf einen Quantensprung erheblich. Aus diesem Grund benötigen viele Sucher lange Jahre bis Jahrzehnte für die kleinsten Transformationssprünge. Auf dem Evolutionskonto können erst Erfolge verbucht werden, wenn im Angesicht der Lebensbühne der Blick nicht mehr zur Seite gewendet wird, der bewusste Beobachter lässt seinem achtsamen Sehen keinerlei Ausweichmöglichkeit. Mit aller Bewusstheit wird die Situation ausgelotet.

Jede Turbulenz auf der Lebensbühne kann nun neuartig angegangen werden, in der Mitte der Situation befindet sich das Auge des Zyklons, der Raum der Stille, der im Vertrauen auf die Tragfähigkeit des Entwicklungswegs jetzt genutzt wird. Gemeint ist der innere Raum, der uns erlaubt, völlig frei und losgelöst von allen Konditionierungen und allem Erlebten der Dinge ansichtig zu werden und gleichzeitig auch die Vernetzung mit den Lebensthemen zu verstehen.

Hier angekommen, befinden wir uns im Zustand des meditativen Handelns. Der Verstand ruht und trotzdem sind wir völlig wach. Langsam lässt sich das ungewohnte Umfeld ertasten. Wir bewegen uns fast schwebend, wie in Zeitlupe. Keinerlei Gedankententakel haben eine Chance zu greifen. Plötzlich werden wir des Einsseins mit dem Göttlichen gewahr. Klar und eindeutig erkennen wir die Realität. Wir können verweilen und ausruhen. Einfach entspannen und spüren, wie die Vitalkräfte aufsteigen. Wenn es so weit ist, widmen wir uns erfrischt den anstehenden Aufgaben und dem weiteren Tagesablauf.

Es gilt mit diesem Wissen die tägliche Achtsamkeitsschulung voranzutreiben. Wenn es Ihnen gelingt, damit zu experimentieren, werden Sie Stück für Stück die Abwehrmechanismen, die Egoverhaftung oder andere Hinderungsgründe einfach ablegen. Die Erledigung der Restlebensthemen kann jetzt in kürzester Zeit in die Erlösung führen. Wenn alle Themen der Evolutionsspirale transformiert sind, ist der Weg frei für das Christusbewusstsein.

In meinen Quantensprung-Seminaren lernen die Teilnehmer, mit diesem inneren Bereich umzugehen. Es geht darum, endlich mit neuen Methoden die Reise der Seele zu verkürzen, damit wir schneller vorankommen. Je früher wir damit Erfolg haben, umso eher kann das, was wir uns als Transformation dieses Lebens vorgenommen haben, Platz nehmen. Sogar der Aufstieg auf den Gipfel des menschlichen Bewusstseins wird für viele Menschen tatsächlich realisierbar.

In Einzelsitzungen wird die Basis gelegt, die Lebensthematik aufgedeckt. In den Seminaren erlernt der Klient den Umgang mit den Transformationswerkzeugen. Mit dieser Schulung kann er sich später im täglichen Gebrauch des Gelernten dem Rhythmus und Fluss des Lebens vertrauensvoll hingeben. In den Seminaren experimentieren wir auch in der Natur mit Meditationen und der Suche nach Kraftplätzen zur Unterstützung dieser Entwicklung. Es gilt für jeden seinen persönlichen energiereichen Platz zu finden. An dieser wunderbaren Stelle zieht jeder Teilnehmer eine Art Kreidekreis. Die Last der Lebensthemen wird jetzt abgelegt. Beim Überschreiten der Grenzlinie in den Kreis erfährt der Wagemutige, wie er tatsächlich in einen besonderen Raum eintritt. Darin kann man den sorgenfreien Energieraum, die Energiesäule, äußerlich und innerlich leibhaftig spüren.

Das befreite Stehen in Meditation erlaubt für Momente sinnbildliches Nacktsein von jeglicher Thematik in unserer absoluten Realität. Ohne Verbindung zur Last seiner Lebensthemen kann der Mensch jetzt sein Wahres Sein raumgreifend erfahren und der erhabensten Vision im höchsten Sinne ansichtig werden. Er wird von dem so erfahrenen Unterschied und der Möglichkeit einer neuen Realität in seine Vision mit neuen Entscheidungen getragen.

In diesen Momenten spürt er deutlich, wie er durch die Schulung der Seminare seinen weiteren Weg selbst bestimmt! Über die Ebene der eigenen Schöpferkraft werden Ideen zu Worten und Handlungen geformt. Er kann im Kreidekreis sogar im Geiste seine Quantensprünge schon vorerleben, die er dann, nachdem er aus dem Kreis getreten ist, umzusetzen versucht. Viele meiner Seminarteilnehmer sagen hinterher: »Was für ein herrliches Seinsgefühl, einmal völlig unbekümmert im göttlichen Einklang eine Innenschau abzuhalten und mit der neuen Gewissheit im Gepäck selbstbestimmt voranzuschreiten.« Von diesen Exkursionen kommen die Menschen völlig verändert, beglückt und friedvoll genährt zurück. Ein äußerst wirksames Werkzeug der Bewusstwerdung.

In der nächsten Lektion geht es darum, die Energie zu halten und die im Kreidekreis getätigten Entschlüsse umzusetzen. Es klingt einfach und wir fühlen uns jetzt stark, doch in den Augenblicken der Feuerprobe erleben wir, wie leicht Vorhaben ins Wanken geraten können.

Schon während der Seminare erweist sich das Unterfangen der Bewusstseins- und Transformationssprünge häufig als Rohrkrepierer, wenn die Abwehrmechanismen zur Hochform auflaufen. Jeden Augenblick sind wir herausgefordert, mit äußerster mentaler, psychischer und physischer Anstrengung den Verstand und seine Verbündeten im Zaum zu halten. Ständig müssen die Gedanken und die daraus entstehenden Worte und letztendlich vor allem die Handlungen überwacht werden.

Manches Mal kommen wir nicht umhin, unseren ganzen Mut zusammenzunehmen, aus ganzem Herzen, im Bewusstsein klar und eindeutig, unverrückbar, trotz inneren Zitterns, uns dem Monster der Angst und des vermeintlich drohenden Untergangs von Angesicht zu Angesicht zu stellen, um aus diesem Kampf als Sieger hervorzugehen. Wir dürfen in diesem endlich erreichten Moment keinen Millimeter mehr zurückweichen, im Gegenteil, aktiv und mit aller Kraft müssen wir den Schritt in die Veränderung, Gesundung, in die Erlösung wagen. Jetzt – der Quantensprung!

Alle Menschen, die dieses Tor der Transformation durchschritten haben, können im Nachhinein davon erzählen, wie sie fast zurückweichend, aber diesem Impuls trotzend, in einem ersten Schritt in ein völlig verwandeltes Sein aufbrachen. Beschämt stellen viele der mutigen Seelen anschließend fest, dass man das halbe Leben doch in relativ unbewusstem Zustand verbringt und angstvoll diesen Schritten ausweicht. Gleichzeitig erwächst ein nicht gekanntes Glücksgefühl, das bedeutet, ja, ich habe es geschafft!

In den Seminaren wird gezielt darauf hingearbeitet, in Situationen, die uns herausfordern, den Moment wahrzunehmen, in dem Verstand und Abwehrmechanismen zu übernehmen versuchen. Die einstudierten Wachstumswerkzeuge wirken hilfreich beim Ringen um den Sieg der transformatorischen Entscheidung.

Trotzdem sind wir nicht davor gefeit, beim wichtigsten Teil des Erlösungsschritts, dem eigentlichen Quantensprung, zu versagen. Zwar erscheint es manchmal vor dem inneren Auge, als hätten wir es noch geschafft, doch in Wirklichkeit haben uns die Abwehrmechanismen längst überrumpelt. Und wieder drehen wir uns im Kreis, bis sich eine neue Gelegenheit zum Transformationssprung ergibt. Und in jedem Fall muss das im Seminar Gelernte im Alltagsleben eingesetzt werden und erweist sich gegebenenfalls erst in diesen Momenten als wirklich tragfähig.

In einzelnen Fällen erzählen Teilnehmer bei Nachfolgetreffen von ihren Niederlagen, die manche dann auch noch als Erfolge verkaufen wollen. Wenn das der Fall ist, gelingt es kaum noch, in den Computer des Klienten vorzudringen. Alle Eingangspforten sind verriegelt, die Abwehr hat zugeschlagen. An den territorialen Grenzen patrouillieren die Wachhabenden, wobei jedem »Angreifer« mit einem aufgeplusterten Warn- und Drohgebaren und riesigem Aggressionspotenzial aufgelauert wird. Wehe dem, der einen weiteren Befreiungsschritt wagt! Wer hier den Abwehrmechanismen anheim fällt, benötigt erheblich viel

Zeit, um an diese Schwelle der Transformation zurückzukehren. Die Folgen sind Rückschritte und lange Umwege!

Derartige Fälle wurden früher von den Zen-Meistern in die Zen-Klöster geschickt. Jeder Klient ist natürlich frei, nur so weit zu gehen, wie er will. Andererseits kann ein Therapeut lediglich bis zu einem bestimmten Punkt führen, den Sprung muss der Transformationswillige dann selbst ausführen. Jegliche Resultate hat der Klient selbst zu verantworten. Wenn die Wachstumsschritte verweigert werden und es zu Schuldzuweisungen kommt, zeigt dies lediglich den Rückfall auf eine Ebene, auf der man keinerlei Verantwortung für die Lebensthemen, deren Gedanken und Taten tragen will.

Hier nun einige Beispiele aus der Seminarpraxis:

Kurz vor dem Start eines 7 Tibeter-Chakra-Themen-Seminars bekam ich einen Notanruf einer Klientin, die noch gern bei diesem Seminar mitmachen wollte. Es stellte sich heraus, dass diese Wahl gerade das Beste wäre, was sie im Augenblick für sich tun könnte, und somit ging es dann zwei Tage später los.

Im Seminar gelang es ihr, mit Hilfe des Kraftplatzes in der Natur einmal ihre Thematik loszulassen und frei von Druck das aufkeimen zu lassen, wohin ihr innerster Wunsch sie führen wollte. Nach dem Aufsuchen des Energieplatzes projizierte sie diese Vorstellung vor ihr geistiges Auge. Trotzdem machten sich, obwohl sie außerhalb des Kraftkreises versucht hatte, die Bürde des Alten abzulegen, in ihrem Inneren die Ängste und Abwehrmechanismen bemerkbar. Das System wurde davon überrollt, ihre Wunschvorstellung drehte sich auf einmal um hundertachtzig Grad und das, wovon sie sich kurz vorher noch verabschiedet hatte, erschien ihr wieder als Licht am Horizont.

Es gelang ihr bei diesem ersten Versuch nicht, dem Neuen entschieden den Platz einzuräumen, es war ihr nicht einmal bewusst, was sich plötzlich ereignet hatte, und trotzdem hatte sie in dem anschließenden Sharing das Gefühl, dass alles in Ordnung sei, und lächelte mich mit strahlenden Augen an.

Nachdem sie ihre Geschichte im Kreis der Seminarteilnehmer

vorgetragen hatte, spürte ich, dass die Sachlage nicht ganz dem entsprach, was in ihr wirklich, wenn vielleicht auch unbewusst, vor sich ging. Es gelang mir, Punkt für Punkt herauszuarbeiten, dass sie ihren Abwehrmechanismen aufgesessen war und damit diesen Kraftplatz durch die starke Abwehr des Neuen, dessen, was anstand, verunreinigt hatte. Und da sie es hatte geschehen lassen, konnte sie diesen Platz nicht mehr zu reinigenden und unterstützenden Zwecken nutzen.

Bei der Aufarbeitung entging ihr nicht, wie wichtig ein nochmaliger Aufbruch in die Natur nun sein würde. Es galt einen neuen Platz der Wahrheit und Entscheidung aufzuspüren. Dies gelang trotz der Abwehrmechanismen, auch wenn alle Energiereserven aufgeboten werden mussten. Nach einer weiteren Stunde kam sie erschöpft, aber glücklich, aus ihrer inneren Mitte strahlend, mit der Gewissheit zurück, es geschafft zu haben!

In der Folgezeit, bei einer anderen Übung, einer Darstellungsübung des Jetztgefühls als Gemälde, Selbstbildnis, zeichnete sie ein Bild von sich, in dem sie sich selbst in der transformierten Art präsentierte. Dies war im Zusammenhang mit ihren getätigten Transformationsschritten aber nicht stimmig und deshalb als Rückschritt zu werten. Zum Selbstbildnis fehlte noch die Authentizität in der Realität. Die Situation ließ mich als Seminarleiter und auch die Gruppe von dem vermeintlichen Erlösungsbild betroffen zurückweichen.

Was war passiert? Ähnlich wie bei dem Experiment mit dem Kraftplatz hatten sich die Abwehrmechanismen wieder in den Vordergrund geschlichen. Sie konnten unerkannt ihr Eigenleben aufbauen. Das Gefährlichste daran war, dass nicht bemerkt wurde, was hier unter der Oberfläche des Glücklichseins wirklich ablief. Wiederum war die Teilnehmerin auf sich selbst hereingefallen, sie versuchte zu blenden. Die Persona-Maske strahlte ein verwegenes Lächeln und der innere Tyrann blitzte dabei wissentlich aus den Augenwinkeln.

In der Herausforderung der Gruppensituation blieb ihr nichts anderes übrig, als dies zu erkennen. Ohne den Ausweg der innerlichen Verdrehung entlud sich die Spannung noch im selben Augenblick in einem plötzlichen energetischen Zusammenbruch. Schluchzend erzählte sie nun, was ihr in diesem Moment schmerzlich bewusst wurde und was wirklich in ihr vorging.

Das jahrelang hinter der Persona versteckte Wahre Sein erklärte seine Ängste und berichtete von der Unterdrückung, die seit der traumatischen Kindheit bestand, durch die innere Instanz des zum Tyrannen mutierten inneren Kindes. Es hat sie immer wieder in Entscheidungen getrieben, die einem Kuhhandel eher entsprachen als einem transformierten Sein. Das erste Mal stand sie nun vor diesem Berg und schaute bewusst auf ihren Schlamassel.

Damit wurden ihr die nächsten Wachstumsschritte klar. Nach einer Weile stand ihr die Entschlossenheit ins Gesicht geschrieben. Die Seminarkollegen beglückwünschten sie anschließend begeistert zu dem Mut für die neu gefassten Entschlüsse. Ein weiteres Mal hatte sie die Kurve der Transformation innerhalb des Seminars gerade so gekratzt.

Doch wer nun meint, der Vorhang wäre damit gefallen, irrt gewaltig! Beim Nachfolgeabend, zwei Wochen nach Ende des Kurses, kündigte sie eine Überraschung an. Allein bei der Ankündigung schwante mir schon nichts Gutes. Und tatsächlich, bei den ersten Worten wurde die ganze Miesere offenbar. Bereits nach drei Tagen hatte sie den Erfolg der Therapiegruppe auf den Kopf gestellt, als wenn keinerlei Klärung stattgefunden hätte.

Die Erlösung schlitterte im Nachhinein ins genaue Gegenteil. Sie entschied sich durch dieses Handeln dafür, das Ungesunde noch tiefer und fester zu installieren, als es vor ihrem Notruf in ihrem System verankert war. Sie hatte sich aus der wieder aufkeimenden Angst heraus in genau die Familiensituation »verliebt«, die sie vorher vermeintlich nur unter der Vorstellung der Zuhilfenahme des eigenen Verlöschens hätte verlassen können. Diese extreme Handlungsweise, die Mechanik des angstvollen

Zurückweichens, zieht sich bis in ihre Kindheit, in der dieses Verdrehen ihres Seins und das Zeigen der Persona-Maske die einzigen Strategien waren, um die Liebe ihres Vaters zu gewinnen. Eigentlich war ihr wichtigstes Lebensthema, nun in Freiheit, Unabhängigkeit und im Alleinsein das Glück zu finden. Doch daraus wurde infolge des Umkehrschwungs nichts.

Der Hilferuf vor dem Seminar zeigte an sich bereits die Art ihrer Lebensthematik. Sie hatte die Trümpfe für eine Veränderung wirklich in der Hand gehabt. Als Ergebnis wird es nun wohl ewig so weitergehen, sie wird immer energieloser oder auf der Lebensbühne zeigt sich Unangenehmes, sodass sie durch massiven Druck in die Gesundung geschoben wird. Der auslösende Faktor dafür, der unter allen Entscheidungen tragende Wunsch nach Erlösung der Lebensthematik, zieht, wie wir wissen, Erlebnisse, Krankheitsbilder oder Schicksalsschläge so ins Leben, dass spätestens mit Hilfe des Zusammenbruchs auf einer der Ebenen die Tür der Transformation wieder sichtbar wird. Dann gilt es, vor einem gewissen Scherbenhaufen stehend, genau hinzusehen und aufzuwachen. Natürlich besteht auch hier noch die freie Wahl. Sie darf sich nach wie vor auch in die Reihe derer einordnen, die mit geschlossenen Luken in den Abgrund fahren. Eines der nächsten Leben wird mit Sicherheit erfolgreicher enden!

Das grundlegende Thema dieser Geschichte und des nächsten Falls ist die Angst der Menschen vor dem Alleinsein. Seit der Vertreibung aus dem Paradies, dem Start aus der anderen Dimension in die Gebärmutter und dann durch die Geburt in die Welt hinaus, spüren Seelen die Schmerzen des Lebensthemen-Startschusses. Viele kleine Kinder fühlen sich abgekapselt und allein gelassen. Sie erleben ihr Selbst am langen Arm der Lieblosigkeit verhungernd, nicht genährt, nicht richtig gehalten. Zusätzlich entstehen in ihnen Schuldgefühle und die Gewissheit, für »eigenes falsches Handeln« Sühne leisten zu müssen, geschürt und unterstützt selbstverständlich von der Handlungsweise der Eltern.

Von diesem Moment an wird das Kind mit allen Mitteln versuchen, mit Masken der Freundlichkeit, Liebenswürdigkeit oder über Bockigkeit und Verweigerung Energie von den Eltern zu erzwingen. Die Eltern erzeugen automatisch ein Energiefeld der Abhängigkeit und Überlebensangst und installieren unbemerkt bestimmte Lebensprinzipien. Überleben heißt für diese Kleinkinder also, aus dem authentischen Sein in das enge Korsett bestimmter mit den Lebensthemenbogen verbundener Verhaltensregeln katapultiert zu werden.

Menschen bringen sich im Laufe ihres Lebens immer wieder in Wachstumssituationen, die denen in der Kindheit ähneln und in denen sie aber oft erneut das Alte, Unterdrückende wählen anstatt die Transformation. Sie fallen auf ihre damals entstandenen Angstmechanismen herein. Warum? Weil die Hoffnung auf die Liebe der Eltern einer Art Nabelschnur gleicht, die zwar in der Jugend schon nicht erfolgreich funktionierte, aber heute weiterhin in vermeintlichen Situationen auf Personen projiziert wird, die als Energiegeber in Frage kommen. Doch diese Weise der Andockung gelingt nur in Form eines Kuhhandels. Millionen von Menschen nennen diese Verbindungen dann Liebe, werden aber darin nicht wirklich glücklich. Es bleibt trotzdem bis zur Transformation jedes Mal bei dem Versuch, auch im Freundes- und Kollegenkreis diese Ersatzform der Liebe zu finden.

Das Ziel ist aber die Erlösung der Lebensthemen und das Aufgehobensein in der Einheit mit dem Göttlichen. Die alten Überlebensentscheidungen werden allerdings, wie hier zu sehen, vor einer endgültigen Erlösung noch einmal mit Hilfe energetischer Nabelschnüre verfestigt. Entweder realisieren die Menschen also ihre Transformation oder bleiben im Grauen des Alltags, im Zusammenbruch oder in der Hoffnung auf ein nächstes Leben unbefriedigt und unerlöst zurück.

Eine andere Teilnehmerin wurde sich ihres Kindheitsproblems mit Hilfe des Anschauungsunterrichts und der Experimente im Seminar bewusst. Der Missbrauch durch die Mutter setzte sich bis in das Erwachsenenalter der Tochter fort, und sogar jetzt noch, im Alter von Ende vierzig, fiel es der Klientin sichtlich schwer, diese gegenseitige Abhängigkeit abzuschütteln. Das Problem vergällte ihr ein Sein, in dem sie glücklich, geliebt, unabhängig und frei steht. Der Hintergrund des Themas drängte die Frau nun in ein starkes Bedürfnis, hineinzublicken und aufzuräumen, um ein ihr genehmes Leben führen zu können.

In der Transformationsgruppe konnte sie sich nach all der faden Zeit befreien, musste aber erkennen, wie ein Teil von ihr das Gefühl bekam, sterben zu müssen, um dem Neuen Platz zu machen. Die alten Verstrickungen gaben ihr eine gewisse verführerische Sicherheit. Im Seminar übte sie die Standfestigkeit für ihren Transformationsweg und schaute mich jedes Mal freudestrahlend an, wenn ihr ein kleiner Quantensprung gelungen war.

Kaum war aber eine Woche verstrichen, versuchte sie mir und der Gruppe beim Nachfolgetreffen weiszumachen, dass das, was sie uns erzählte, nicht als Rückfall zu werten sei. Doch genau das war eingetreten. Und ihr innerer Computer ließ sich keine weitere therapeutische Begradigung mehr gefallen.

Ohne die Unterstützung des Therapeuten und die Sicherheit im Kreis der Gruppe verließen sie, wieder in der Normalwelt angekommen, die Kräfte ihres Entschlusses. Genau auf diese Gefahr, die uns allen an diesem Punkt begegnen kann, war sie zwar vorbereitet, aber trotzdem war sie hereingefallen. Ihr Abwehrsystem unterband sofort jede weitere Möglichkeit des Eingreifens vonseiten des Therapeuten oder der Seminarkollegen. Wutentbrannt verließ sie das Treffen …

In einem weiteren Fall glänzte eine therapiegeschulte und als Kollegin arbeitende Teilnehmerin immer wieder mit der Unaufmerksamkeit eines Anfängers. Sobald eine Sache geklärt werden konnte, unterlief ihr im nächsten Moment ein weiterer unbewusster Fehltritt. Sie erlaubte sich selbst ein Prinzessinnengebaren, gestand aber dem Gegenüber keineswegs einen ähnlichen Freiraum zu. Sie verlangte als Dame eine selbstverständliche Unterstützungs- und Bedienungsbehandlung, doch missbrauchte unentwegt Freunde, Bekannte und Klienten, um ihnen aus eigenen ungeklärten Lebensthemen heraus Lebensenergie abzusaugen oder diese zu zerstören.

Gerade Kollegen, die mit Problemen oder zur Weiterbildung kommen, fällt es in Wachstumsmomenten meist schwer, die nächsten Hürden meisterlich zu überwinden. Da der ausgebuffte, geschulte Verstand, mit den vielen Informationen der geistigen Ebene gefüttert, dementsprechend sein Eigenleben führt, gaukelt er mit Leichtigkeit dem erfahrenen Sucher vor, den geheiligten Platz des Einsseins mit der universellen Göttlichkeit zu verkörpern.

Ein kleines Verstandes-Satori macht dabei aber noch lange keinen Sommer. Die Krux in solchen Situationen wird deutlich, wenn die Illusion in sich zusammenfällt und die Seele vor lauter Depressionen oder angesichts anderer bedrückender Seelenzustände nicht mehr aus der Sackgasse herausfindet.

Dieses Verhalten macht leider, wie man nur allzu häufig sieht, auch nicht Halt vor der Welt der Therapeuten. Natürlich ist es heute kein Geheimnis mehr, dass die Seelenklempner meist selbst die am wenigsten aufgeräumten Gefährten im Namen der Hilfe sind. Was vor allem deshalb katastrophale Folgen hat, weil die eigenen Schatten verhindern, andere an diesem Punkt dem Licht näher zu bringen.

In meinem Seminar für Therapeuten erlebe ich häufig, dass genau dort die wichtigsten Lebensthemen noch zur Transformation anstehen. Dies kann auch bei Fachleuten ganz leicht zu einer gespaltenen Lebenshaltung führen. Im Beruflichen den großen Zampano spielen und im Privatleben durch ein relativ geringes Maß an Integration tyrannisches Verhalten an den Tag legen und den Mitmenschen Unterwürfigkeit abverlangen, was als selbstverständlich »gesunde« Verhaltensweisen begründet wird, ist ein weit verbreitetes Übel.

Allen ist jedenfalls eines gemeinsam: Im Augenblick des

Schritts nach vorn kommt unmittelbar aus der durch die Illusion vernebelten Intuition der Impuls, ganz schnell zwei Schritte zurückzuweichen, den alten, nun als transformiert definierten »gesunden Platz« aufzusuchen. Damit schließen wir uns automatisch mit einer weiteren Schicht von Mauersteinen ein. Hier gilt es wirklich aufzupassen, denn ab jetzt wird die Abkapselung immer perfekter!

Als Konsequenz verdichten bestimmte Ereignisse auf der Lebensbühne den Druck auf den Menschen, um doch noch den Hürdensprung zu initiieren. Bei weiterer Nichtbeachtung kommt es zu Schwierigkeiten auf der psychischen und/oder Körperebene oder anderen Schicksalsschlägen. Manchen ist es aber auch »vergönnt«, auf ewig im gewählten goldenen Käfig, vermeintlich auf der Gewinnerstraße, ihr Dasein zu fristen. Doch abgerechnet wird spätestens zum Schluss, im Alter ist dies doppelt bitter.

Nach dem Übertritt in die andere Dimension zeigt eine höhere Instanz bei der Aufarbeitung des Erdenlebens die Knackpunkte der Entscheidungsfreiheit auf. Die Bilderschau der gerade beendeten Inkarnation führt zu augenblicklichem Verstehen. Erkenntnisse und darauf gründende Entscheidungen trifft jede Seele an dieser Station. In der nächsten Inkarnation versucht der Mensch dann der Einsicht Taten folgen zu lassen.

Die einzige Möglichkeit, den Kreislauf schon in diesem Leben zu durchbrechen, liegt im Hier und Jetzt, in der täglichen Auseinandersetzung, jede Sekunde die Entscheidung für ein waches, bewusstes Leben zu treffen und die daraus folgenden Handlungen in voller Selbstverantwortung und im Angesicht des Lebensthematik-Spannungsbogen auszuführen.

Nur allzu oft endet das Unterfangen im Selbstbetrug, was allerdings nicht immer am fehlenden guten Willen liegt, sondern an den Abwehrmechanismen, dem Ego und den eingefahrenen Geleisen. Das Streben der Menschen nach Sicherheit entspringt den erfahrenen Kindheitstraumata des Lebensthemen-Spannungsbogens. Wie ein Gummi zieht sich das verletzte

Selbst nur allzu gern hinter bekannte Grenzen zurück. Doch dem Evolutionsteilnehmer bleibt im Endeffekt nur der Sprung ins Unbekannte, die Auflösung alter Grenzen und die Neuordnung in der Realität.

Dem Bemühten winkt beim Annehmen und Transformieren seiner Herausforderungen ein leichteres Vorwärtskommen durch die dabei erlernte Kunst des Hürdenspringens. Denn bei genauem Hinschauen fällt einfach auf, dass mittels Wiederholung bestimmter Lebensthemenkonflikte, Muster, Egogebaren oder Schicksalsschläge sich im Inneren langsam, aber stetig ein Beobachter installiert, der zur gegebenen Zeit einen Warnruf durchs System schickt. Dieser bewusste Beobachter kann nun von dem Aufmerksamen nicht mehr überhört werden.

Oftmals hat der relative Anfänger, der sich hinter die Kulissen seiner Lebensbühne wagt, größere Chancen, Wachstumsschritte zu vollziehen. Der ausgebuffte Profi und erfahrene, eventuell austherapierte Zeitgenosse hat dagegen vielfach alle Vermeidungsstrategien bewusst und unbewusst im Griff. Weiterentwickelte spirituelle Sucher, die selbstüberzeugt auf dem Erleuchtungstrip keinerlei äußere Instanzen mehr zulassen, hocken dazu in großer Zahl und über lange Zeit unerfüllt in ihren Sackgassen. Nur mit größter Mühe gelingt es einigen in dieser Situation, über ihre wichtige Hürde hinwegzukrabbeln. Auch der Studierte, mit allen Lehren gewaschene Buddhist, Held der Psychoanalyse oder verschulte Familienaufsteller wird kaum Bereitschaft zeigen, wenigstens noch einen Blick auf seine letzten Egohürden zu werfen.

Es bedarf auf der Lebensbühne entweder eines gewaltigen Knalls, eines Zusammenbruchs oder des Zusammentreffens von Widrigkeiten, die wir als Hilfe von außen erfahren. So kann also auch eine weitgereiste Seele aus jeder Höhe noch fallen, umso höher gestiegen – je tiefer der Absturz!

Doch diese Gefahr lässt sich sehr wohl erkennen, sogar auf ihrem Wellenkamm kann man reiten. Carlos Castaneda hat immer vom Krieger der Kraft gesprochen, der sich ohne Eigendünkel und mit absoluter Eigendisziplin in keinster Weise gehen lässt, gleichzeitig aber seine Ängste für das Wachstum nutzt. Es ähnelt dem »Tanz auf des Messers Schneide«. Natürlich ist dies ein Ausprobieren, ein Herantasten und Überschreiten von Grenzen. Von Zeit zu Zeit erleichtert ein Coach hier für bestimmte Ebenen die Seelenreise.

Wenn etwas schief geht, dreht die Seele jedes Mal eine Extrarunde auf der Evolutionsspirale. Am nächsten Punkt der Entscheidung wird der Sprung dann möglichst gewagt. Wir alle haben dies ja des Öfteren schon erlebt, tun wir es doch dem Phönix aus der Asche gleich, probieren wir als Nächstes den Weitsprung ohne eine erneute Karussellfahrt!

Nach nicht selten dramatisch vielen Wiederholungsrunden, manchmal lebenslang und sogar noch länger, gelingt auf jeden Fall irgendwann der lang ersehnte Sprung, und es entsteht ein tiefes Bewusstsein, Achtsamkeit – wir werden allem gewahr. An der Schwelle der Transformation kommt nun die göttliche Fügung, der Verbindungsstrahl mit dem Ganzen, von der anderen Seite als Unterstützung dem suchenden Sein entgegen.

Innere Einkehr, Erlebnisse, Begegnungen, eine therapeutische Sitzung, Seminare oder gewisse Zeilen aus Büchern und sogar Kinofilme – dies alles kann als Auslöser dienen, dass der Groschen fällt. Der Entschlossene installiert jetzt noch fester das Wesentlichste im System, was es braucht, um die Abwehrmechanismen und die Egofalle zu durchkreuzen – den beobachtenden Beobachter, die Instanz im Inneren, die dann für alle Zeiten als bewusster Beobachter zur Verfügung steht. Dieser springt ab sofort jedes Mal an, wenn sich Unachtsamkeit einschleicht, und macht auf unbewusstes Handeln aufmerksam.

Der beobachtende Beobachter, der stille Zuschauer und das durch Aufräumungsarbeit, Transformation und Meditation geläuterte Selbst, erlaubt kein weiteres Aufbäumen des Egos oder Abwehrapparats. Hier angelangt, steht die Seele in ihrem Licht, sie erlaubt dem eigenen System nur noch Schritte in die

Erlösung. Das Wahre Sein ist der Chef im Haus geworden. Endlich kann es Richtung Meisterebene aufbrechen.

Die Tatkraft wird genährt von der inneren Entschlossenheit und der göttlichen Kraft, die in uns wirkt, der nachhaltigen Energiezufuhr der Lebenskraft Chi über das ausgeglichene und im Einklang schwingende Chakren-System. Alle Chakren, die Verbindungstore der Körper, Psyche und Seelenebene, haben sich geöffnet wie Lotusblüten und drehen sich als Chakren-Rad sanft um die eigene Achse. Es sind unsere feinen spirituellen Organe, die Träger der Chakra-Themen.

Nach einigen Probeläufen bemerkt der Suchende, dass es wunderbar funktioniert. Tatsächlich entscheidet sich das geübte Sein jedes Mal, wenn es darauf ankommt, sei es im Privatleben, im Arbeitsbereich oder in der Karriere und der Visionssuche, für den Quantensprung der Evolutionsreise.

Nun ist der Mensch endlich in der Lage, die von ihm neu gewählten höchsten Werte sowohl innen wie außen, in jedem Moment klar und eindeutig und in allen Lebenslagen auszuagieren. Weder das Ego noch eine unerlöste Lebensthematik treibt mehr sein Unwesen. Die Seele ist im göttlichen Einklang angekommen.

Die Zeit der Schritte vor und zurück neigt sich dem Ende. Einsichten in den Sinn und Zweck von Erfahrungen, die Erkenntnis und Weisheit bringen, haben Platz genommen. Es ist nun klar, dass alle lediglich wahrgenommenen und verstandenen Erlebnisse und Erfahrungen sich schnell in Schall und Rauch auflösen, also nichts bedeuten, wenn das Wissen nicht integriert wird. Ebenso macht es keinen Sinn mehr, solchen Dingen großen Wert beizumessen, die, als scheinbar integrierte neue Handlungen abgehakt, bei der nächsten Feuerprobe wieder versagen. Der Wert dieses Wegs voller Illusionen wird erst mit dem Überwinden dieser Grenze auf dem Evolutionskonto verbucht. Die so umgesetzte Weisheit, das Wissen um die Realität und die daraus erwachsende Liebe sind der Verdienst der transformierten Seele, das ist der Sinn des Lebens.

Ein neuer Zeitabschnitt beginnt, die großzügige Verbreitung der neuen Paradigmen. Unsere Gesellschaft wartet unbewusst auf die Erneuerer für eine lebenswerte Zukunft. Die vielen Katastrophen weltweit bereiten das Feld für ein freudiges Entgegennehmen der Tipps der Wissenschaftler, die ihre Forschungsergebnisse auch auf der Ebene des spirituellen Bewusstseins nur zu gern an unsere Spezies weiterreichen.

Das innere Kind – der kleine Tyrann

Das gerade auf die Welt gekommene Baby trifft zum ersten Mal und dann fortan auf seine den Lebensthemen entsprechenden Eltern. Erst ist die Freude groß, weicht aber sehr schnell einem Befremden angesichts der groben Begegnungsform, der Wind der Ernüchterung weht recht schnell ins Gesicht. Es ist halt doch eine andere Welt als das Aufgehobensein in der himmlischen Dimension. Völlig unvorbereitet erschreckt das Kleinkind ob seiner unwirtlichen Situation. Hier beginnt nach dem Geburtsgeschehen die nächste Tortur und will oft gar nicht enden. So entwickeln sich die größten Traumata bereits in frühester Kindheit.

Gleichzeitig entsteht die Dreifaltigkeit im Inneren des Menschen – die Maskerade zur Energiegewinnung, die Persona, der frustrierte, beleidigte, ohnmächtige, voller Wut kochende Teil, genannt das innere Kind, und das durch die Schocks auf Nadelkopfgröße geschrumpfte Wahre Sein.

Im Laufe des Lebens wandeln wir durch die Tore der Transformation und legen so die künstliche Maske der lebensthemenbedingten Persona irgendwann vollends wieder ab. Das innere Kind sollten wir in uns ins Erwachsenwerden einladen oder bei Nichtgelingen aus dem System entfernen, bevor es zum Tyrannen mutiert.

Genau genommen ist das innere Kind der größte Boykotteur, der Strippenzieher hinter den Kulissen der Abwehrmechanismen, mitverantwortlich für das weite Feld der unerledigten Lebensthemen, oftmals der Verhinderer der Quantensprünge in die letztendliche Erlösung der Seelenreise. Es sitzt in seiner Kemenate auf einem Diwan und lässt es sich im Neinsagen gut gehen. Der Tyrann entwickelt und spürt seine Macht und das macht ihm unendlich viel Spaß – und ihn so gefährlich. Nun ist er am Hebel, er lässt die Puppen tanzen. Ist ihm doch früher genügend Pein und Demütigung auferlegt worden. Er sinnt auf Rache, er will es allen heimzahlen, derer er habhaft wird.

Es sind wir selbst als kleine Kinder, die von bestimmten Traumata in gewisse Ecken und Grenzen gedrängt wurden. Als Ergebnis hat sich eine bestimmte Entwicklung in uns nicht weiter vollzogen. Nur zu verständlich, aber trotzdem nicht weniger gefährlich bleibt der innere Wicht, beleidigt und nicht interessiert, wie er ist, in der Stagnation stecken. Oftmals verhalten sich Erwachsene bis ins hohe Alter lediglich gemäß diesem kleinen oder großen Tyrannen, und das ein Leben lang!

Dieses innere Kleinkind verbindet sich im Laufe der Jugend gern mit dem Teil der Seele, der den Stand der vielen Lebenserfahrungen auf der Evolutionsspirale hält und anzeigt, also das, was wir in das jetzige Leben als Bewusstseinsstand mitbringen. Jeder Erdenbürger startet dementsprechend mit einem Paket als Seelensein. Eltern mehrerer Kinder wissen zu berichten, dass jedes von ihnen ein anderes Seelensein schon mit auf die Welt bringt. Der Mensch wird auf dieser, seiner individuellen Evolutionsstufe wiedergeboren, bringt also nur ein bestimmtes Potenzial mit.

Der innere kindliche Boykotteur nutzt dieses altbackene Potenzial, um ewig auf derselben Ebene zu bleiben und sein Unwesen zu treiben. Das Unerledigte aus anderen Leben gibt dem Tyrannen ein weiteres Maß an Kraft, was dann irgendwie als Aufgabe in die Erlösung fließen soll. Dass die Traumata mit den Lebensthemen-Spannungsbogen zu tun haben, begreift das innere Kind natürlich überhaupt nicht, davon hat es keine Ahnung. Es ist die Aufgabe des Wahren Seins, dies herauszufinden und sich in der Transformation zu kristallisieren.

Das innere Kind zeigt sich dabei trotzdem gern und lange als Chef, es liebt die Tyrannei über das System Mensch, tritt als nicht unwichtiger Teil des Egos in Erscheinung.

Wenn dies passiert, wird der vermeintliche Transformationssprung augenblicklich unterbrochen, mitten in der Flugphase wird er völlig ad absurdum geführt. Gelandet im Zwischenbereich, zerrinnt der gerade noch vor Augen gesehene Transformationsgewinn. Solch halbgares Erlösen leitet die Intension gewöhnlich direkt zurück in die Schatztruhe der Lebensthemen. Nach jedem Fehlschlag wird die endgültige Transformation noch unwahrscheinlicher. Die Verdichtung der weiteren Begebenheiten auf der Lebensbühne werden nur mit äußerster Klarsicht und Mühe themengerecht wahrgenommen. Das innere Kind als Strippenzieher freut sich dabei tierisch über jeden erreichten Pyrrhussieg. An der Oberfläche wird sich der Mensch beim Absturz höchstens seines traurigen, schmerzverzerrten Gesichts, in das sich etwas dümmlich Ungläubiges mischt, bewusst.

Eine weitere große Gefahr bedeutet die Vermählung zwischen kleinem Tyrannen und spirituellem Ego. Man kann die glänzenden Augen des inneren Kindes über scheinbar transformatorische Siege in den Augen des Erwachsenen weithin registrieren. Kaum vor dem eigentlichen Selbst versteckt, da der mangelhaft installierte bewusste Beobachter nichts bemerkt, führt die Ego-Connection hier keck ihr Eigenleben. Dem wird alles untergeordnet. Angesammeltes Bewusstsein zerschellt an der Pseudotransformation dieser scheinbaren Freunde des bewussten Seins. Triumphierend reckt der innere Tyrann seinen Kopf in die Höhe und zerstört mit gehörigem Genuss alles, was ihm möglich ist. Die grenzenlose Wut und Frustration kommen jetzt ohne Tarnung zum Vorschein. Man schaut in die Maske eines vereinsamten Biestes, das keine Anstalten mehr macht, irgendetwas Negatives zu verbergen.

Aber auch schon homöopathische Dosen dieser Auswüchse reichen aus, um die Umwelt nachhaltig zu »vergiften«. Geschickt manipulierend schlägt das innere Kind immer wieder zurück, es versucht unerkannt, größtmögliche Verwüstung anzurichten. Alle Bereiche des Lebens sind davon betroffen. Erfolge befriedigen dabei überhaupt nicht, unterstützen eher ein maßloses Weitermachen. Erst nach Ablauf der Emotionsphase erwacht der Mensch wieder und blickt ungläubig in die Runde, verwundert darüber, was er alles während seiner »Verrücktheit« angerichtet hat. Dieser Falle entrinnen nur die mutigsten Abenteurer, die Piraten gleich ihr inneres Kind mit seinen Abwehrmechanismen umschiffen oder es mit einem gekonnten Handstreich für immer erledigen!

Ansonsten legen die vielen vom übermächtigen inneren Tyrannen Betroffenen ein eher uneinsichtiges Verhalten an den Tag, lassen sich lieber in ihr altbackenes Programm – das tyrannische Habenwollen jeglicher erreichbarer Energie – zurückfallen. Man findet sie in der Politik, im Management und vor allem im Bereich der »Verlierer«, Arbeitslose, Kranke, Unfallgeschädigte. Manche Kandidaten verhalten sich wie die schwarzen Löcher im Weltraum, wollen immer nur Energie, Aufmerksamkeit etc. von außen, aber ja nicht in ihre Lebensthementüte schauen.

Wenn Sie nun meinen, damit nichts zu tun zu haben oder darüber bereits hinaus zu sein, sollten Sie auf Ihrer Bewusstseinsebene Ausschau halten nach so etwas wie einem steten Beobachter, der jegliche Tätigkeit des gesamten Systems verfolgt. Falls Sie kein derartiges Instrument vorfinden, verabreden Sie mit sich selbst, auf dieser Ebene einen geistigen Wachposten abzustellen, der Ihnen sofort unbewusstes Gebaren meldet. Es ist vergleichbar mit dem Auftreten eines Hungergefühls und der darauf folgenden Essenszufuhr: Sie werden sich dessen bewusst und reagieren gebührend.

Nur allzu leicht fallen wir allerdings auch auf Projektionen der Abwehrmechanismen herein, die einen Durchbruch auf höchster Bewusstseinsebene vorgaukeln; man wähnt sich schon auf der gemütlichen, der sicheren Seite, zu Hause zu sein ... Doch der innere Tyrann treibt oftmals wieder mal unerkannt seinen Schabernack!

Das innere Kind ist der geknechtete Teil in uns, der immer noch in unserem Inneren hinter dem auf seiner Seite durchsichtigen Vorhang steht, um Liebe schreit und unerlöst den Taktstock schwingt.

Bei vielen Kindern hat dementsprechend die lebensthemengemäße Traumatisierung einen Teil der Persona abgespalten und dieser wütet seitdem im Unterbewusstsein. Es ist am Anfang unser kleines inneres Kind, das sich mit den schon ganz früh installierten Überlebensstrategien an diesen vermeintlich sicheren Hort gerettet hat. Es fühlt sich weder gehalten, genährt, noch aufgehoben, eher völlig allein gelassen, verzweifelt und von den Kindheitserlebnissen erschüttert, und so versteckt es sich in der Nische, die ihm zum Überleben übrig blieb.

Dort hinein in unser Innerstes müssen wir uns begeben, um es vorsichtig hervorzulocken. Es wird uns nicht erkennen und doch müssen wir uns zu erkennen geben. Eine Weile kann es dauern, bis wir Kontakt herstellen können. Wir müssen unser kindliches Sein in einer Art Ritual von unseren guten Absichten überzeugen. Dann lugt es hinter dem Vorhang, zwar immer noch schreiend und beleidigt, vorsichtig hervor. Mit etwas Geduld, Glück und Geschick gelingt die Anbahnung, die Wiederherstellung des Einsseins. Wir nähren es voller Liebe und so wächst es heran und gedeiht, verschmilzt, nun erwachsen, mit dem Wahren Sein.

Meinen Klienten empfehle ich, ihr inneres Kind in ein Kaffeehaus einzuladen und es mit Apfelkuchen mit reichlich Schlagsahne und dampfendem Kakao oder dem, was es eben sehr gern mag, zu verwöhnen. Aber auch eine köstlich warme Honigmilch, in einer Babyflasche verabreicht, kann hier Wunder wirken. Und wir brauchen ein Wunder, um es davon zu überzeugen, dass keine Gefahr mehr droht, sondern der Erwachsene des eigenen Urgrunds endlich die Versorgung übernimmt. Wenn dies gelingt, schmiegt sich das innere Kind gern in die großen Arme und schlummert selig ein, endlich darf es bei sich zu Hause ankommen und zu dem Erwachsenen gedeihen, den wir jetzt darstellen oder zu dem wir uns entwickeln wollen.

Schwierig wird es in den Fällen, in denen das innere Kind sich weigert, seinen »Sicherheitskokon« zu verlassen. Das ist eine große Herausforderung, die vom Erwachsenen nur schwerlich allein bewältigt werden kann. Die Abwehrmechanismen verbinden sich so geschickt mit dem inneren Kind, dass sie die dort gebundene Lebenskraft dazu aufwenden, dem Suchenden die Sicht auf seine Lebensthemen zu verstellen. Damit steht man dann in der Transformationsschlange mit den vielen Seelen, die zwar reichlich Aufarbeitung betrieben haben, aber ihre Restlebensthemen einfach nicht in den Griff bekommen.

In den Quantensprung-Seminaren oder Einzelsitzungen kommt es vor, dass Menschen gerade aus diesem Grund sich der weiteren therapeutischen Arbeit entziehen wollen. Mit aller Kraft habe ich als Therapeut gegenzuhalten. Manchmal entwickelt dieses Ringen eigenartige Kapriolen, genau in dem Moment, in dem das innere Kind Qualitäten eines Tyrannen kultiviert. Wenn dann auch noch der bewusste Beobachter im Klienten nur schwach installiert ist oder komplett ausfällt, besteht wenig Hoffnung, ihn auf dem Boden der Realität zu halten. Er bemerkt es nicht mehr, auf welche Instanz er gerade hereinfällt. Der innere Tyrann in Zusammenarbeit mit den Abwehrmechanismen wirbelt wie ein Derwisch umher, um ja nicht in die Gesundung und Transformation gehen zu müssen. So dreht sich der Betroffene gegebenenfalls ein weiteres Mal im Kreis.

In meine Praxis kommen viele austherapierte Suchende, die erst durch eine erfolgreiche Arbeit mit dem inneren Kind wieder auf die Erlösungsstraße zurückkehren. Wenn dabei nichts anderes hilft, müssen wir den Tyrannen deutlich in die Schranken weisen. Er bekommt keine Erlaubnis mehr, Räume für sein

Unwesen zu missbrauchen. Nach diesem Eingriff des Therapeuten erlernt der Klient das hierfür wichtige Werkzeug für die Selbstanwendung. Man muss lernen, dem inneren Kind auch einmal, bildlich gesprochen, die Ohren lang zu ziehen oder ihm in den Allerwertesten zu »treten«, damit endlich Ruhe einkehrt. Erst bei klarer Grenzsetzung oder Richtungsweisung entsteht ein neuer, entspannter Raum für geistiges Wachstum. Mit Liebe und einer gesunden entschiedenen Grenzsetzung haben wir dann, wie bei der Erziehung von Kindern, die größten Chancen.

Die spirituelle Falle

Nun möchte ich mich dem mit am wichtigsten Thema widmen, der spirituellen Falle. Der Suchende muss seine ganze Bewusstseinskraft aufbieten, um dem Ausrutschen standzuhalten.

In der Zeit vor dem letzten Quantensprung hat er die gefährlichsten energetischen Strömungen und Störungen zu bewältigen. Unsicherheit, Verzagtheit, ein Wagnis ohne Führung zu unternehmen, Angst vor einem Fehltritt, Überagieren gegenüber den Mitmenschen aus der Gewissheit des Sehens, dies sind die Gefahren beim Übertritt in die höchste Bewusstseinsklasse. Gleichzeitig rufen die Abwehrmechanismen zur letzten Schlacht auf. Manipulation, Machtmissbrauch, Energieklau, Besserwisserei, spiritueller Übermut bis hin zu geistigem Gefangenhalten von suchenden Seelen lauern am Wegesrand. Es passiert leicht, dass es dem Menschen vor dem letzten Quantensprung nicht erspart bleibt, sich mit dem Absturz auf eine niedrigere Seinsebene auseinander zu setzen.

Über den Verstand wird die innere Stimme sehr leicht manipuliert, so dass es einer absoluten Bewusstseinsstärke bedarf, die Prüfung des spirituellen Egos zu bestehen. Beispiele aus der Praxis mögen diese Situation verdeutlichen.

Eine weit gereiste spirituelle Sucherin bat um eine Unterredung, eine Beratung, eventuelle Aufdeckung verschollener

Lebensthemen. Bezeichnenderweise begann für mich die Einsicht in das Problem bereits vor der eigentlichen Stunde. »Zufälligerweise« trafen wir uns genau vor dem Eingangsportal der Praxis. Nach kurzer Begrüßung erklärte sie mir mit wichtiger Miene, während ich den Schlüsselbund aus der Tasche kramte, um aufzusperren, wie gern sie mir ihren Parkplatz zur Verfügung stellen würde, falls ich diesen bräuchte. Sie hatte nämlich, bevor sie in die Stadt gefahren war, in weiser Voraussicht einen guten Parkplatz beim Universum bestellt und dank ihrem guten Draht dorthin erwartungsgemäß auch bekommen. Ich ging nicht weiter auf ihre Worte ein, sondern bedankte mich und bat sie herein.

Ohne jetzt auf weitere Thematiken eingehen zu wollen, soll anhand dieser bedeutungsvollen kleinen Episode nur erklärt werden, wie nuancenreich das spirituelle Ego vorgeht.

Die Angst der Abwehrmechanismen der Klientin vor der Entdeckung der eigentlichen Lebensthematik hat schon im Vorfeld der Unterredung gleich einmal eine Abwehrbombe gezündet. Mit dem »selbstlosen Anbieten« eines sehr guten Parkplatzes unter Erwähnung der einzigartigen Verbindung nach »oben« wollte sie mir eigentlich sagen: »Pass auf, egal was du mir heute als Therapeut sagst, ich habe in jedem Fall die besseren Karten.« Die Absicht war, dem Therapeuten die Energie wegzunehmen, abzuschneiden und dadurch jegliche Aufdeckung zu vermeiden.

Die Abwehrmechanismen führen hier ein für die Klientin völlig unbewusstes Eigenleben. Sie wollten dafür sorgen, dass mir als Therapeut der Mut genommen wird, sodass ich nicht mehr hinter ihre Kulissen hätte schauen können. In Unwissenheit über die Tatsache, dass meine geschulte Aufmerksamkeit sofort ihr Thema witterte, hat das spirituelle Ego den Versuch unternommen, die Transformation zu vermeiden. Gleichzeitig zeigt es das manchmal etwas tumbe Verhalten der Abwehrmechanismen, denn da ich ja schon im Begriff war, die Tür aufzusperren, hatte ich mit Sicherheit einen Parkplatz gefunden.

Doch wenn schließlich spirituelle Fallen, bis in den tiefsten Grund durchleuchtet, nicht mehr als Gefahr im Raum stehen und eine nie da gewesene Wachheit im System stationiert wird, können wir mit Hilfe dieses immer bewussten Beobachters so schnell nicht mehr irgendeinem alten Gebaren auf den Leim gehen. Im Gegenteil, damit gelangt automatisch die Auflösung sämtlicher Lebensthemen in greifbare Nähe. Ebenfalls kommt gleichermaßen jedwede weitere Verstandesorientierung zum Abschluss. Das Leben wird auf der Ebene des Seins aktiv, wir sind an der Quelle der Buddha-Natur angekommen.

Ein anderes Beispiel erhellt die ganze Tragweite, die die Missachtung des zu installierenden bewussten Beobachters mit sich bringt. Der Mensch ist nicht fähig, ohne diesen Beobachter akkurat auf der Spur in seine Buddha-Natur zu bleiben. Sogar einem begleitenden Meister kann diese Seele in dunkle Räume entwischen.

In einer spirituellen Gemeinschaft in Amerika brach das mit großer Mühe aufgebaute Versuchsprojekt für ein besseres und liebevolleres Miteinander wie ein Kartenhaus in sich zusammen, als die Vertraute und persönliche Sekretärin des Meisters ihre Bewusstseinswerkzeuge einzusetzen vergaß und, ihrem spirituellen Ego ausgeliefert, die Machtfäden in alle Richtungen der Kommune missbrauchte. Eine bittere Erfahrung für alle Beteiligten!

Deswegen gilt es in den neuen Enklaven der Wahrheit noch wacher und bewusster mit den Gefahren des Evolutionswegs umzugehen. Jeder Teilhaber am Kreis des Bewusstseinswachstums trägt eine immense Verantwortung für sich selbst und für das Ganze. Sobald er einschläft oder anderweitig wegdriftet, ist das Ganze in Gefahr. Wir sollten alle aus gemachten Fehlern lernen. Deswegen sind Denkmäler oder, besser ausgedrückt, Aufwachhilfen so wichtig, damit wir und die nächsten Generationen nicht vergessen und endlich gelingt, worauf die Menschheit bereits so lange wartet!

Der Quantensprung in die Buddha-Natur

Was versteht man eigentlich unter *Buddha-Natur*?

Mit Buddha-Natur ist der Zustand des Erwachens und Ankommens in den höchsten Bereich des Bewusstseins gemeint. Das Kreisen der Seele auf der Evolutionsspirale findet mit der Transformation aller Lebensthemen ein Ende. Mit dem Zusammenspiel von Liebe und Bewusstsein auf höchster Ebene schließt sich der Zirkel des Lebens, er ist vollendet. Der Tanz, die Ekstase, der universelle Orgasmus der Liebe trifft sich mit dem in allen Ecken und Winkeln bewussten Sein eines Erwachten. Die Seele nimmt Platz im Kreis der Meister mit den klingenden Namen wie Jesus, Buddha und Osho!

Und doch ist alles ganz normal, denn erst jetzt tritt die Seele in ihre normalste Normalität. Es ist der Ursprung und die Bereicherung durch den Reigen der Inkarnationen. Die Seele hat erkannt, dass das göttliche Zusammenspiel des Weltgeschehens in jeder Sekunde der Bewusstseinsetage des Kollektivs Mensch, also allen einzelnen Seelen, entspricht. Dieser Umgang miteinander erzeugt die Evolution der Seelen, den Grund unseres Daseins. Blitzartig wird dies klar und der nun Erwachte weiß bereits im nächsten Moment, wo sein weiteres Aufgabengebiet liegt.

Und was ganz wichtig ist: Er ist weiterhin ein Mensch, der gern etwas Gutes isst, um seinen Hunger zu stillen, die Toilette besucht, um die nicht benötigten Speisereste auszuscheiden, und auch die Nasszelle für die Körperreinigung nicht verabscheut. Wir sollten nicht weiter dem Irrglauben unterliegen, dass eine erwachte Seele heiliger als heilig ist oder mit dem mächtigen OM auf den Lippen permanent Halleluja wispert – das ist alles Unsinn!

Mit dem Jahrtausendwechsel hat ein neues Zeitalter Einzug gehalten. Für die anliegenden Quantensprünge sind die Anreize eines extravaganten Buddhas alter Couleur nicht förderlich, da dies die Suchenden zu sehr auf Abstand hält. Das ewige »der da oben und ich hier unten« inspiriert die Menschen zu wenig dazu, an ihren eigenen Aufschwung zu glauben.

Was wir heute brauchen, das sind Erwachte zum Anfassen, einfach ganz normale Zeitgenossen, bei denen man merkt, dass sie sich im Grunde nicht von einem selbst unterscheiden. Das macht Mut. Das Buddha-Bewusstsein strahlt auch so genügend aus den neuen Meistern hervor, dass der Suchende genau weiß: Hier bin ich richtig.

Ein wichtiger Schlüssel der Neuzeit ist die Tatsache der Lebensthemen und deren Bearbeitung. So können dann endlich die Restlebensthemen adäquat angegangen werden, was wiederum ebenfalls erstmals ein Arbeiten im Bewusstseinskreis erlaubt, in dem sich alle auf gleicher Höhe befinden. Wer sich seiner Persona, seinem Wahren Sein und seinem inneren Tyrannen aufrichtig und wahrhaftig stellt und sich nicht der Bewusstseinsarbeit entzieht, kann es als Lohn der Mühe in unglaublich schneller Weise auf den Gipfel des Bewusstseins schaffen.

Die Blüte des Buddha-Bewusstseins

Osho nannte dieses Phänomen »Zorbas the Buddha«, der ganzheitliche Mensch. Im Gegensatz zur Idee der großen Weltreligionen tanzt ein Erwachender seine sprudelnde Lebendigkeit, Freude und Glückseligkeit frei heraus. Er gleicht der Ekstase eines Feuerwerks, könnte vor Liebe die Welt umarmen, der unfassbarste Moment geschieht! Gleichzeitig herrscht absolute innere Stille. Kein Verstandeslüftchen weht mehr weit und breit in seinem Sein. So erzählt der eine die Einswerdung mit der Buddha-Natur. Ein anderer wiederum erlebt sie völlig anders. Jede Blüte der Erleuchtung hat ihre ganz eigene Form und einen einzigartigen Duft. Aber eines gilt für alle: »Vorsicht vor dem illusionären Schein, denn nur ein auf allen Ebenen bewusster Mensch ist ein erleuchteter, heiliger Mensch.«

Dessen Liebe gleicht eher einer kühlen, frischen Morgenbrise. Das Pendel steht genau in der Mitte zwischen der Leidenschaft und der erkalteten Liebe eines Menschen, der sich voll und ganz der Meditation und dem Zölibat verschrieben hat. Es ist wie bei einer Wanduhr, die mit Hilfe von Gewichten und einem Pendel in Schwung bleibt. Wenn das Pendel in der Mitte verharrt, steht die Uhr still. So auch im wirklichen Leben, beim Eintauchen in diese kühle Art der Liebe des Erwachens kommt das Gefühl auf, als wäre die Zeit stehen geblieben.

Das Bewusstsein rückt ins Hier und Jetzt und ein tiefer Frieden und eine tiefe Stille stellen eine Verbindung vom Herzen ausgehend mit der Außenwelt her. Diese Liebe hat nichts Benutzendes an sich wie die leidenschaftliche Liebe, die oft zwischen Mann und Frau besteht, eine Liebe, die einen eher verbrennt. Es ist auch nicht die Liebe der »Heiligen«, die all ihre Leidenschaft einfrieren und dann eher den Eindruck erwecken, als wäre etwas abgestorben.

Die kühle Liebe der Mitte gleicht vielmehr einem vitalisierenden Jungbrunnen. In sie einzutauchen erfrischt unglaublich und verjüngt das System regelrecht. Sie gibt von Herzen, lässt sich aber dabei nicht missbrauchen. Sie lässt keinerlei Zerstörung oder Selbstzerstörung zu. Wenn alle Illusionen und Lebensthemen transformiert wurden, gelangen wir zu dieser wunderbaren Art des Miteinanderseins. Ein Sein im All-eins-Sein, der Freiheit und der Liebe.

Es ist die Liebe, die Freiheit und das All-eins-Sein, die wir für eine bessere Welt so dringend benötigen. Das Anzetteln von Kriegen oder egomanisches Bereichern verschwinden damit aus dem Erlebnisbereich der Menschheit. Es dreht sich ins Gegenteil, und wo immer diese Qualität auftaucht, wirkt sie verbindend, unterstützend und führt die daran Interessierten zu ihrem eigenen Vitalbrunnen. Lediglich ein wenig mehr Verstehen ist überall vonnöten, und das wird kommen …

Wenn Sie diese Worte verstehen, dann kann sie auch jeder

andere Mensch auf diesem Planeten verstehen. Es bedarf eben ein wenig Zeit und Aufklärung sowie immer mehr Menschen, die konsequent diese Werte leben und sie auch in die Köpfe derer, die in der »Dritten Welt« ihre Geschäfte machen, transportieren. Noch nie war es so wichtig, sich über diese Dinge klar zu werden, doch war dieses Bewusstmachen auch noch nie so leicht erreichbar wie heute.

Eine der letzten Hürden zur Buddha-Natur ist die Schwierigkeit, die Zusammenhänge zu erkennen oder sie einzuordnen und umzusetzen. Manch einer will auch gar nichts erkennen. Er ist noch zu sehr dem Sicherheitsdenken und dem Überleben auf diesem Planeten verhaftet, zu sehr von gesellschaftlichen Kräften konditioniert und manipuliert, um der Realität des Mysteriums Leben gewahr zu werden. Darüber hinaus wollen viele nur oberflächlich transformiert wirken, um hinter den Kulissen abzuzocken. Ein tieferes Verwandeln ist hier geradezu unerwünscht. Der innere Tyrann ist und bleibt dort der Führer. Und die Maskerade der Persona gibt den schönen Schein dazu.

Natürlich gehört zum Willen der Verwandlung viel Mut, und wer auf dem Weg und im Prozess seiner Lebensthemen steckt, hat es nicht leicht. Ein Versagen ist nur überaus verständlich, aber das nutzt ja alles nichts. Die kosmischen Gesetze geben den Takt an und wir müssen uns fügen. Man kann nicht gegen den Strom des Lebens schwimmen; alle Versuche sind letztendlich gescheitert.

Erst wenn das Bewusstsein aufs Äußerste geschärft ist, dem inneren Beobachter nichts mehr an Unbewusstem entgeht und kein tyrannisches Lüftchen mehr weht, können wir damit rechnen, dass die wichtigen Dinge, die für die oberste Liga des Bewusstseins nötig sind, auch konsequent im Handeln umgesetzt werden. Vorher sind die Menschen in sich selbst gefangen und hängen teilverwandelt Illusionen nach, oder die Fortgeschrittenen auf dem spirituellen Weg laufen eher irgendwelchen begründeten oder unbegründeten Vorstellungen von Satsang-Gurus, Predigern, Therapeuten oder Lehrmeinungen hinterher, als sich selbstverantwortlich um die Erlösung ihrer eigenen Lebensthemen zu kümmern.

Übrigens besteht auch im therapeutischen Bereich, wo Psychiater und Psychologen, Kartenleger oder Lebensberater Stellung beziehen, die große Gefahr, dass unerlöste Seelen, die ihren eigenen Restschatten mit sich tragen, Ratschläge geben, die den Klienten auch nicht weiterhelfen. Auch deswegen drehen wir uns als Kollektiv letztendlich trotz des einen oder anderen Meisters seit so langer Zeit immer noch im selben Kreis der Evolutionsspirale.

Der spirituelle Schein

Leuchtkraft und das, was man für Leuchten hält, wählt man eben aus der eigenen Reife oder Unreife. Dabei bedeutet Reife nicht unbedingt die bessere Wahl, denn manch einer erfühlt erst nach einem Zusammenbruch seines steten Weges die wirklich rettende Hand. Die Erfahrung zeigt, dass der Kreisverkehr des Herummogelns um tatsächliche transformatorische Hilfskräfte doch äußerst weit verbreitet ist. Da gibt es etwa seit einiger Zeit die Satsang-Betreiber, erwachte Männer und Frauen, die zumindest so tun, als wäre ihnen der Durchbruch gelungen. Aber sie symbolisieren vielfach den alten Bereich der Verwandlung und tragen nach gewissen Traditionen in Stille die Energieübertragung des Erleuchtungsfunkens auf ihren Werbezetteln ins Außen. Doch ihr Erfolg zeichnet sich insbesondere durch die Anzahl der Teilnehmer aus, in diesen Tagen gleicht diese Gruppe einem Sammelbecken für spirituell Gestrandete. Und den Trick kennt im Übrigen in Indien jeder – dort gehört das Gurusein zum Volkssport!

Es gibt eben kein Zertifikat für Erleuchtung und niemanden, der es prüfen kann. Außer wieder ein Erwachter, aber ist der denn nun wirklich erwacht? Diese Frage bleibt immer offen und muss von den Teilnehmern der Zusammenkünfte selbst herausgefunden werden. Und wie uns das richtige Leben zeigt, trifft man seine Entscheidungen meist aus dem Schutz der unerledigten Lebensthemen heraus. Die Gesellen der Persona und des inneren Tyrannen gewähren mit Sicherheit nicht dem Wahren Sein die Wahl für die Fortschrittspartei. Damit sitzt man wieder im Sumpf des Unbewussten.

In die Reihe der Anwärter in die Satsang-Praxis, den Umgang mit Erleuchtung und Meisterschaft nach alter Sitte, reihen sich diverse reife und scheinreife Seelen. In meiner Praxis hatte ich Kontakt mit einer Anwärterin, bei der es fühlbar zu einem Quantensprung in diese Ebene gekommen war. Allerdings war es ein Erlebnis, das als Einzelereignis noch nicht den großen Sprung bedeutete. Bei ihr stellte sich genau diese Schwierigkeit der letzten Hürde heraus.

In ihrem eigenen Sein gab es nach wie vor einige Ecken und Kanten, die das unbewusste, aber den Menschen versteckt leitende System der Persona/Tyrann-Connection vor dem bewussten Teil ihres Seins noch verschlossen hielten.

Trotz heftiger Gegenwehr der Puppenspieler gelang es mir, einige Details herauszudeuten. Die Satsang-Anwärterin lernte in der Lebensthementherapie, im Einklang mit der Realität Grenzen zu ziehen oder Grenzen zu öffnen, und ließ sich nicht wieder von vorgefertigten Konzepten der bereits erwähnten Persona/Tyrann-Connection leiten, was bisher ihr großes Problem gewesen war. Das waren die folgenschweren Ausrutscher, die sie sich im Tagesgeschäft nicht erklären konnte.

Vor allem aber galt es nun für sie, mit offenen Augen Tatsachen und Realitäten genauestens wahrzunehmen, die sie vor ihrem inneren Auge so lange verschlossen gehalten hatte. Seitdem versucht sie täglich aufs Neue, in Übereinstimmung mit der neuen Bewusstseinsebene dem jeweiligen Handlungsbedarf zu entsprechen.

Zusätzlich hatten sich in ihr Sichtweisen und Überzeugungen der Satsang-Lehrer festgesetzt, und da unter den Erwachten unterschiedliche Annäherungsweisen an die Buddha-Ebene gebräuchlich sind, nach dem Motto »alle Wege führen nach Rom«, beherrschte sie zwar die erlernten Systeme, aber dies gestattete ihr nicht – bis sie mit mir an ihren Lebensthemen arbeitete – den Sprung über die letzte Hürde dieser Systeme in die letztendliche Freiheit.

Solange die Buddha-Natur noch nicht endgültig Platz genommen hat und der bewusste Beobachter im Inneren Lücken aufweist, passiert es immer wieder, dass der noch nicht vollständig in der Wahrheit stehende Mensch seine eigenen Machtstrukturen im Hinblick auf Missbrauch, die gegen Transformation gerichteten Abwehrmechanismen und das spirituelle Egogebaren nur schwerlich bis ins letzte Detail erkennen kann. Gerade diese Scheinebenen verhindern äußerst geschickt das vollkommene Erscheinen der Buddha-Natur. Nur mit äußerster Kraftanstrengung oder mit Hilfe von außen gelingt es, die Hürden der Restlebensthemen zu bewältigen.

Der Quantensprung

Vor dem letzten Quantensprung liegen die vielen heiligen Kreuzwege der Lebensthemenbewältigung, die die jeweiligen Reinkarnationen einer Seele zu begehen haben. Eine schier unmögliche Strapaze liegt hinter jeder Erdenreise. Und die, die sich im jetzigen Leben anschicken, die Buddha-Natur in sich zu erwecken, können ebenfalls manches berichten.

An der einen und anderen Stelle dieses Buches erzähle ich aus meiner eigenen Lebensthemen-Garzeit, doch jetzt möchte ich davon berichten, wie der Quantensprung in die höchste Bewusstseinsetage bei mir, fast unerkannt, seine Weichen stellte:

Bei mir selbst hat sich die Verwandlung während einer längeren Phase, in der ich mich zurückgezogen und an meinen Büchern geschrieben hatte, vollzogen, erst stückchenweise und dann einer leichten Brise gleich, wie die Nacht, die sich über das Land legt, die kaum fassbare Morgendämmerung, bevor der Tag erwacht, oder der erste Schnee, wenn die Flocken ganz vorsichtig die Mutter Erde berühren. Es hatte etwas Zartes an sich wie der erste Herbstnebel, der einen zauberhaft einzuhüllen vermag, das bunte Laub, das langsam zu Boden sinkt.

Ich konnte mir die Veränderung erst gar nicht erklären. Man denkt ja nicht daran, dass einem so etwas vielleicht selbst einmal widerfahren könnte. Doch dann bekam ich das Buch *Reise ins Nichts* einer angeblich erwachten Zeitgenossin, Pyar Troll, in die Hände. Dieses Buch half mir sehr, die Dinge etwas einzuordnen, auch wenn ich nicht sagen kann, ob die Autorin, die ich persönlich nicht kenne, erleuchtet ist.

Osho versuchte seine Sannyasin bereits in früheren Jahren, noch live in seiner Ashramhalle, auf den Quantensprung vorzubereiten. Auch das kam mir wiederholt in den Sinn. Er sagte immer wieder in seiner geführten Meditation: »Fühle den Buddha vor dir, hinter dir und erwachsen in dir!«

Darüber hinaus machten mir die Zeilen aus der Buchtrilogie, *Gespräche mit Gott*, von Neale Donald Walsch, sehr viel Mut, den Quantensprung in die Buddha-Natur für realisierbar zu halten.

Damit ließ ich das, was ich innerlich seit längerem gefühlt hatte, einmal mehr bewusst im Raum stehen, ließ es zu und tat es nicht als unwirklich ab. Mit diesem Zutrauen nahm ich wahr, wie etwas Phänomenales tiefer sank, in mir Platz nahm.

Ich erlebte, was es heißt, leer und trotzdem bewusst zu sein, vermochte die Präsenz des Wahren Seins zu spüren ohne die alte Persona und den inneren Tyrannen. Es gab keinen alten Namen mehr. In mir war und ist niemand, nur eine Präsenz des Einklangs mit dem Göttlichen, der hohle Bambus steht bereit und die Existenz spielt freudig ihr Lied darauf. Reines Sein ohne Ich, wunderbares bewusstes Sein, bereit für die Welt. Keinerlei Bedrückung über lebensthemenbedingte Traumata und andere Wachstumsschmerzen berühren mehr mein Sein. Geblieben ist die Liebe, die sich ausbreitet als loderndes Feuer des Bewusstseins, bereit, den Suchenden entgegenzuflammen, feuerrot und zugleich kühlblau, Liebe und Stille. Das ist die Freiheit und der Frieden, nach dem wir uns alle strecken. Keine persönlichen Neigungen vernebeln mehr den Weg, mein Sein gilt seitdem der Arbeit und dem Aufwecken der vielen Seelen, die sich danach sehnen!

Geradezu unspektakulär und fast unbemerkt hatte sich damals meine Innenwelt verändert. Da ich in dieser Phase kaum Außenkontakte hatte, ging ich wenigstens jeden Tag einmal einkaufen. Das tat mir gut, denn es verband mich mit der »normalen« Welt, hielt mich am Boden. Die tägliche Nahrung erdete mich so auf verschiedene Weise.

Langsam nahm ich meine Therapietätigkeit in der Praxis wieder auf. Dabei fiel mir auf, dass sich auch in der Kommunikation, der Einsicht in den Klienten und dem Finden von Lösungen eine Verwandlung vollzog. Meine innere Stimme übernahm automatisch die Therapiegespräche, und so entsprachen diese Treffen gleichzeitig einem direkten Tippgeben der göttlichen Instanz. Ich bemerkte, dass ich meiner inneren Stimme nunmehr vollends das Vertrauen geben durfte, hielt mich aber dennoch nach wie vor über den bewussten Beobachter genauestens im Visier des Bewusstseins, immer auf der Pirsch nach egomanischen oder sonstigen Aussetzern.

Tatsache ist aber, dass es seit dieser Zeit keine Fehltritte gab, auch im Rückblick auf Einzelsitzungen oder Gruppenprozesse und gleichermaßen in meiner Privatsphäre war alles tatsächlich im höchsten Maße stimmig. Das Unglaublichste wurde wahr, ich kann mich auf mein Sein verlassen.

Diese Wahrnehmung oder Entdeckung stellte den glücklichsten Augenblick in meinem Leben dar. Mehr noch als das Bemerken eines Erwachens, da ich damit eben auch der Lizenz von ganz oben gewahr wurde. Ab sofort hieß das für mich Volldampf voraus, was meine Wachstumsarbeit mit Menschen betraf.

Die Zeiten des Zweifelns, des Makels oder anderer lebensthemengemäßer Geschichten waren endgültig vorbei.

In meine Therapiesitzungen und Seminare drängten damals noch viele Suchende, die lieber an der Oberfläche ihrer Probleme herumdoktern wollten. Erst in den letzten Jahren hat sich meine Klientel derart verändert, dass verstärkt spirituell- und bewusstseinsinteressierte Zeitgenossen kommen, um ihre nächsten Lebensthemenhürden zu bewältigen.

Das Schöne und Erfreuliche daran ist, dass viele von ihnen das Potenzial haben, gleichermaßen den höchsten Bewusstseinsgipfel zu erklimmen. Und es sind nicht immer nur die spirituell Gebildeten, nein, so genannte Anfänger springen auf einmal, dass man vor Freude jauchzen möchte.

Und so reihen wir uns ein in das morphogenetische Feld aller Bewusstseinsarbeiter rund um den Globus, um gemeinsam an einer riesigen Bewusstseinswelle zu werkeln, die sich für einen Paradigmenwechsel zusammenbraut und heute schon eine wunderbar schwappende Höhe erreicht hat.

Bis heute gelangten in jedem Jahrhundert nur wenige »Auserwählte« durch das letzte Nadelöhr der Transformation. Jetzt, da wir Erkenntnisse und Offenbarungen der neuen Zeitrechnung zur Verfügung haben, kann zum ersten Mal in der Geschichte der Menschheit ein Strom der Erleuchtung entstehen.

Das wichtigste Mittel der Altvordern dafür war die Meditation. Dies ist zwar ein Bewusstseinswerkzeug der Extraklasse, aber die Zeit, die die Seele dabei benötigt, ist immens lang und das Ziel in einem Menschenleben kaum zu erreichen. Gebraucht wurde also ein Beschleuniger und den haben wir mit der Erlösung der Lebensthemen nun endlich in der Hand. Menschen, die in der Meditation ihr Heil gefunden oder bei einem Satsang-Meister in der Erleuchtungsenergie gesessen haben, können zwar einen lichten, stillen Moment vorweisen, aber ihn im alltäglichen Leben meist nicht halten. Dazu ist ein einzigartiges Zusammenspiel verschiedener Komponenten vonnöten, das es unter einer Million Menschen vielleicht nur ein einziges Mal gibt, damit der Funke endgültig in das ewige Licht mündet.

Nachdem so viele von dem einzigartigen Schlüssel zur Transformation ihrer Lebensthemen in Gesundheit, Liebe, Berufung und Glück erfahren haben, ihn benutzen und durch die merkliche Veränderung spüren, wohin die Reise anschließend geht, können wir jetzt verkünden: Ja, es ist so weit, die Zeit ist reif, lebe wie ein Buddha! Dies ist eine Anleitung zur Buddha-Natur!

Nach dem Sprung ist nicht vor dem Sprung: Rituelle Handlungen, das ganze Üben, das Bemühen, Tiefstes nach innen zu wenden, Gebete zu Gott, Fasten oder wochenlanges Sitzen in Stille – all das wird nicht weiter benötigt, eigentlich ist jetzt alles ganz einfach. Buddha konnte in dem Augenblick seiner Erleuchtung unter dem Bodhibaum wegen seiner jahrelangen törichten Selbstkasteiung gar nicht mehr aufhören zu lachen. Und so ist es letztendlich. Der Moment des Erwachens ist kein heiliger Bullshit, sondern ein Grund zum Feiern und Tanzen!

In die höchste Bewusstseinsstufe aufgestiegen, lässt der ehemalige Suchende sämtliche Strukturen einfach los, um völlig frei und direkt jedem Augenblick und allem Geschehen zu begegnen. Ab einem bestimmten Punkt stören die stützenden Hilfen nur, man muss seiner Buddha-Kraft vertrauen!

Vertrauen ist das Schlüsselwort

Es ist das Vertrauen in die Stimmigkeit des eigenen Seinszustands und Vertrauen in die Aufgehobenheit, die Verbindung mit der göttlichen Existenz, dem Einssein. Nur einer bleibt in Habachtstellung, der bewusste Beobachter, damit sich kein tyrannisches Fehlverhalten aus irgendeiner Ecke mehr einschleicht! Doch der bewusste Beobachter ist eins geworden mit dem Seelensein, diese Einheit schaut ab sofort in die Runde, wo immer sich der erwachte Mensch aufhält. Man kann ihm nichts mehr vormachen.

Dieser beobachtenden Instanz gebührt eine große Portion Dank, denn der neue Meister hat den Seelenweg vor allem mit Hilfe des bewussten Beobachters bewältigt. Voller Vertrauen beschreitet er nun seinen weiteren Pfad, auf dem es gilt, sich der Aufweckung aller Suchenden anzunehmen.

Der innere Tyrann ist also besiegt, die Persona-Maske abgelegt. Keine aus den Lebensthemen erwachsene Fangstricke regieren noch als Puppenspieler, die Seele ist frei und eins mit dem göttlichen Wesen. Der Suchende wird zum Finder und der Finder wird zum reinen Willen der Existenz. Der transformierte Mensch steht ab sofort der Evolution als Kraftquelle zur Verfügung. Der Zweck jeglicher Erdenerscheinung, das unglaubliche Zusammenspiel der haargenau zusammenpassenden Geschehnisse auf diesem Planeten steht nun klar und deutlich im Bewusstsein der erleuchteten Seele. Sie versteht und hilft umgehend in der ihren Eingebungen und ihrer Intuition entsprechenden Weise.

Sogleich macht sich der oder die Erwachte auf, die freudige Botschaft dankbar in den Äther zu verkünden. Es ist geschehen – ein Energiestrom des Friedens, der Liebe und der Freiheit quillt aus seinem Sein den anderen entgegen.

Teilweise muss er sich verhüllen, lebt ganz normal als Nachbar unter seinen Mitmenschen und arbeitet nun an den Möglichkeiten und neuen Werkzeugen der Veränderung für die Suchenden, die bereit sind, mit ihm aus ihren Sackgassen zu finden und die Transformation zu wagen.

Jeder Erwachte hinterlässt dabei seine Fußabdrücke, geht immer einen neuen Weg. Auch wenn dieser anderen Pfaden gleicht, so ist er doch niemals ganz genau derselbe. Aber das macht nichts, denn so entstehen viele einmalige Blumen, die im Zusammenspiel, in der Zusammenarbeit einen einzigartigen Blumenstrauß ergeben.

Völlig neu: die Zusammenarbeit der Meister im Bewusstseinskreis!

Das Neue in der heutigen Zeit ist die Tatsache, dass sich sogar in der Arbeit der Meister eine Veränderung vollzogen hat. Waren bisher alle Meister durch die Jahrhunderte hinweg einzig und allein darauf bedacht, ihren Erleuchtungsweg zu verkünden und die Zahl der Schüler im eigenen Sangha zu halten, kommt nun etwas völlig Neues zum Tragen: Hand in Hand, im Kreis der Meister dürfen die Seelen nun erwachen!

Die alte Hierarchie existiert nicht mehr: Nicht nur, dass der Erwachte mit den Suchenden im Bewusstseinskreis sitzt, die Meister des neuen Kalibers sitzen sogar mit ihren Kollegen und deren Transformationsanwärtern in der großen Runde der Evolutionshüter. Und das ist gut so, denn all die Menschen, die ihre Lebensthemen erlösen, werden nur allzu bald die höchste Bewusstseinsetage erreichen, sich auf der Meisterebene wiederfinden!

Dem alten Paradigma zufolge würden wir, auf der Meisterebene angelangt, alle voreinander weglaufen und anschließend einander in neuen Konkurrenzbetrieben bekriegen. Mit diesem Wettbewerbsdenken ist endgültig Schluss.

Die neuen Gralshüter sorgen automatisch für eine optimale synergetische Menschlichkeit, die sich an den höchsten Bewusstseinswerten orientiert. Und dies wirkt sich vom Klientel bis zu den Mitarbeitern, auf die Produktebene und natürlich auch bis in die eigene Familie hinein aus. Wir dürfen alle im Bewusstseinsaufzug in die oberste Etage fahren. Der Planet braucht unsere mutigen Vorreiter, von denen man sich dann überall inspirieren lassen kann. Nur wenn wir anfangen, auf allen Ebenen Ordnung in unsere Lebensthemen zu bringen, haben wir die wirksame Lizenz zum Zeigen und Handeln in der Hand.

Und von den authentischen Menschen sind genügend auf dem Weg. Allein die Anzahl derer ist riesig groß, die zwar noch auf der Stelle treten, da sie nicht wissen, wie sie in die höhere Ebene gelangen sollen, aber mit den Informationen zu den Lebensthemen und der Möglichkeit deren Erlösung den lang ersehnten Schlüssel erhalten, um in Richtung Transformation aufbrechen zu können.

In unsere Zeitschiene des Jetzt wurden viele Seelen hineingeboren, die kurz vor dem Endziel der Erleuchtung den Fuß auf die Erde gesetzt haben. Lediglich die nötigen Informationen und Transformationswerkzeuge fehlten bislang. Fast hätten wir es vermasselt und die Zeit nicht richtig genutzt, sind doch in den vergangenen Jahren dermaßen viele spirituelle Suchende in ihren Sackgassen stecken geblieben, dem Absturz, der Resignation und der Depression nahe. Die etlichen Pseudomeister und Verführungskünstler auf geistiger und materieller Ebene trugen ebenfalls, und das wohlweislich, zu diesem Desaster bei. Die spirituelle Eso-, Psycho-, Therapie-, Heil- und Wellnessszene ist bekanntlich voll von Scheinheiligen.

Auf den nächsten Seiten wird noch ausführlich vor Leuten mit faschistischen Tendenzen gewarnt werden, die sich wie selbstverständlich unter den Suchenden und »Findern« mit ihren spirituellen oder alternativen Institutionen und Kursangeboten festgesetzt haben und mit ihrem unerlösten Tyrannentum der leitenden Personen und der Persona-Maske des »erfahrenen Bewusstseinshelfers« die Klienten finanziell ausnutzen und eventuelle Mitstreiter in angstmachenden Spannungsfeldern halten, sie vollends kontrollieren und ihren Willen brechen, um damit wiederum für sich den Reibach einzufahren. Sprich hier werden unter anderem wissenshungrige Arbeitswillige, die in den so genannten spirituellen Wellnessoasen ihr Glück versuchen, in energetische und materielle Abhängigkeiten gebracht, damit sie ihrem Sklavenschicksal nicht entfliehen und von ihren Führern auf ewig energetisch und materiell gemolken werden können.

Gemeint sind hier alle, die ihr erlerntes Wissen nach außen geben, aber damit zugleich ihre eigenverantwortliche Bewusstseinsarbeit nach innen ganz bewusst vernachlässigen: Psychologen, Therapeuten mit den »wichtigen« ganzheitlichen Neuigkeiten, Gruppenleiter, die sich eine Heilkunst angeeignet haben, Leiter von Seminarhäusern, die letztendlich am Größenwahn scheitern, Leute mit Ideen im Wellnessbereich, Bosse von Firmen mit dem Biosiegel und natürlich der ganz normale Familienvorstand, der, wenn seine Frau sich endlich von ihm trennen will, diese ganz nebenbei die Treppe herunterstößt.

Es ist eine Farce, mit welch süffisanter Ausstrahlung und Anrede diese Chefs und Energiediebe ihre tyrannischen Selbstverständlichkeiten bekunden. Man müsste eigentlich alljährlich den Oscar für den größten Blender verleihen.

So muss man darauf vertrauen, dass die Lebensbühne irgendwann erbarmungslos zuschlägt, um den »Entgleisten« auf seinen Transformationsweg zurückzuführen, oder selber diese Missstände aufdecken und damit die Nutznießer und suchenden Menschen aufrütteln, damit sie ihr Konsumverhalten ändern. Es ist eben ein Problem, zu meinen, dass zum Beispiel allein mit der Gründung eines ökologisch gebauten Seminarhauses, das der spirituell und bewusstseinstechnisch hochwertigen Begegnung dienen soll, in der eigenen Bewusstseinsarbeit irgendetwas gewonnen wäre, mitnichten. Im Gegenteil, man wird zu einem gefährlichen Vorreiter, der nach wie vor gegenüber Familie, Mitarbeitern, Kursleitern und eben auch Gästen ein unglaublich weises und fortgeschrittenes Verhalten zeigt, so dass man auf den ersten Blick gar nicht merkt, wie schlau, manipulierend und tyrannisch er eigentlich ist.

Diese Gesellen sind wesentlich schlimmere Zeitgenossen als Leute, die ein offenkundiges menschenunwürdiges Verhalten an den Tag legen. Diese vermeintlich Guten sind mit ein wichtiger Grund, dass evolutionär der Reigen auf Erden ins Stoppen gerät. Sie haben sich voller Angst, auf der Ebene der Lebensthemen völlig unaufgeräumt, in einen Winkel zurückgezogen, in dem sie meinen, der vermeintlich schmerzvollen Transformationsarbeit entkommen zu können. Welch eine Illusion!

Eines ist dabei absolut wichtig: Wir alle tragen die Verantwortung für unsere eigene Transformationsarbeit und auch dafür, unstimmiges Verhalten im Sinne des neuen Paradigmas, wo immer dies geschieht, aufzudecken und entweder an dessen Veränderung mitzuarbeiten oder aber Fehlverhalten laut und deutlich anzuprangern! Wer sich abwendet und meint, das gehe ihn nichts an, unterstützt automatisch die eigene Verblendung und vor allem aber die Verhinderung der wichtigen Lebensthemenerlösung beim unbewussten Austeiler. Damit wird das Opfer immer wieder zum Täter!

Wir sind alle geschundene Seelen, doch müssen wir irgendwann einfach begreifen, dass unser heiliger Kreuzweg nur für die Weiterreise auf der Evolutionsspirale voller peinigender Erlebnisse war. Und es nützt einfach nichts, erfahrenes Leid später als unaufgeräumter Zeitgenosse wieder auf den Mitmenschen abzuladen. Das ist in der heutigen Zeit der Wandlung einfach zu billig!

Aus und vorbei ist es also mit der alten religiösen Abgrenzung, mit dem Hereinfallen auf Pseudogurus aller Couleur und dem unbewussten Erlauben von faschistischen Machenschaften; die Menschheit lernt dazu.

Um den eigenen Erleuchtungspfad kennen zu lernen, der aus unserer inneren authentischen Mitte heraus wie ein Fluss aus der Quelle entspringt, benützen wir Informationen, Hilfsmittel und Wachstumswerkzeuge. Viele Leben lang transformierten wir die jeweiligen Themen, mühten uns nach Kräften, mussten immer wieder Rückschläge hinnehmen und versuchen trotzdem, in jeder neuen Chance den nächsten Quantensprung zu meistern. Am Ende haben wir fast den Glauben an den herrlichsten Moment der Verwandlung verloren und geben auf, nur um wieder von vorn zu beginnen. Und das ist richtig so: dranbleiben, Neues ausprobieren, Gelassenheit, Demut und Stille lernen, den Einklang mit dem göttlichen All-Eins erfahren. Viele Hilfsmittel kommen währenddessen zur Anwendung, bis wir dies alles verinnerlicht haben und sogar meinen, das muss so sein. Und am Ende kommt es dann doch zum großen Loslassen.

Denn wenn der Lichtfunke dann zündet, müssen wir all diese Stützen über Bord werfen! Das heißt aber nicht, dass wir diese Hilfsmittel nie wieder benutzen oder den Suchenden nicht raten, sie anzuwenden. Im Gegenteil, Nützliches bleibt segensreich. Nur in der Arbeit mit Menschen brauchen wir sie nicht mehr für das eigene authentische Sehen oder dafür, um in der

Wahrheit zu bleiben. Sie wirken nämlich sonst wie eine Trennmembran zum Bewusstsein.

Es ist dann ein sehr gefährliches Stadium, wenn gleichzeitig beim Betroffenen, dem werdenden Meister, der bewusste Beobachter aus irgendeinem Grund wieder mal lahm liegt. Gewisse Mechanismen fangen erneut an, den spirituellen Egomanen im System festzuzurren. Damit ist die Hilfskraft von diesem »Erwachten« für Suchende abermals gleich null.

Ein Beispiel dafür handelt von einem Satsang-Guru, der sich selbst als erwacht bezeichnet und eine Schar von Jüngern um sich sammelt. Sie sind dafür zuständig, ihm ihre Herzenergie zu senden, er spielt dafür die Rolle des Meisters geradezu perfekt. Doch all sein Wirken hat bei den Suchenden relativ wenig bleibenden Erfolg, sprich die versprochenen Quantensprünge konnten lediglich als Scheinsprünge in der Phantasie abgehandelt werden. Der Suchende trat in eine rosa Wolke ein, die, ähnlich dem Fernsehgerät, ein gewisses Programm vorspielt.

Ganz geschickt manipulierte dieser Menschenretter mit seinem spirituellen Wissen, hielt dabei aber immer die Zügel der energetischen Verbindung gestrafft. Statt dass die Suchenden in die Freiheit gelangten, gerieten sie in Abhängigkeit. Und leider bleibt unterm Strich für die Läuterung und die wachstumsorientierten Menschen nur ein gewisses »Aufgehobensein« in dieser Zeiteinheit ihrer Suche. Der Wunsch, einer Familie oder einer Gemeinschaft anzugehören, nicht allein dazustehen und vor allem gesagt zu bekommen, wohin die Reise führt, ohne möglichst die Verantwortung dafür zu übernehmen, trieb die Suchenden vielfach in die Arme dieses »Erwachten«.

Für das Leben in der Gesellschaft, die Transformation der Lebensthemen und ein menschlich gewachsenes Miteinander hilft solch ein Sangha wenig. Der »Meister« legte mehr Wert darauf, dass ihn seine »Familie« umringt, als jedem Einzelnen über die Hürden seiner Lebensthematik hinwegzuhelfen.

Die Tragik dabei ist, dass sich die suchende Seele lange Zeit im Geborgenen und auf der Glücksseite des Seins wähnt und anschließend bitterlich aufwachen muss. Währenddessen steigt der innere Wutberg aus unerlöster Lebensthematik und es besteht die wachsende Gefahr einer Explosion oder Implosion der Lebensenergie. Der Mensch tickt wie eine Zeitbombe. Der tiefe Frust über den unerreichten Bewusstseinshöhenflug kann in unvorhersehbaren Gewaltausbrüchen oder in starker Depression seinen Ausdruck finden. So manch einer endete sogar in der Nervenheilanstalt. Aber das darf ja ebenfalls ein Teil des langen Transformationsumweges sein.

Aber was ganz wichtig ist: Auch der Scheinmeister muss durch das Nadelöhr der Verwandlung, nur wird er in der Schlange der Transformationswilligen noch nicht einmal auftauchen. Es kann passieren, dass er sein eigenes Thema erst in weiteren Lebzeiten aufarbeitet. Im Fall dieses »Satsang-Gurus« gehörte zu seinem Krankheitsbild, seinem Lebensthemen-Spannungsbogen, seinem zu erlösenden Lebensthema, dass er ohne eigene Familie aufwachsen musste, verbrachte er doch eine leidvolle Kindheit in einem Waisenhaus. Sein Thema ist das All-Eins-Sein, und indem er das Alleinstehen lernt, entlässt er die vielen Menschen, deren Herzen er stiehlt, aus seiner Missbrauchsfalle. Das ist der größte Beitrag, den er der Menschheit im Augenblick schenken kann.

Weiterhin finden wir auf dem Spielfeld der Satsang-Praktikanten oder dem Erwachten-Ausprobierfeld Menschen, die sich dort auf die eine oder andere Weise austoben, und wir haben ja schon erfahren, dass, solange die Meisterschaft noch nicht vollständig erreicht oder installiert ist, diese Seelen immer noch mit ihren Schattenbereichen zu kämpfen haben.

Sie können zwar über ihr Tun Erfahrungen sammeln, aber dies sollte sie dann auf ihrem Weg weiterführen, sie erkennen lassen, wann der wirkliche Quantensprung in ihnen stattfindet. Und in erster Linie sollte dies nicht auf Kosten der Suchenden ausgetragen werden!

Die Gefahr des spirituellen Egos, der leise schleichende Faschist!

Von jemandem, den das überhaupt nicht interessiert, ist nun die Rede: Ein Therapeut und Seminarhausleiter ganz besonderer Prägung und doch in der »meisterlichen« Sackgasse hockend, führt sein wunderschönes, baubiologisch einwandfreies Zentrum in einer scheinbar exzellenten, aufgeklärten, nach den neuesten Werten geführten Weise, während er sein Wahres Sein hinter dieser Fassade der Kunstfigur eines meisterlichen Therapeuten oder des ergrauten Seminarhaus-Gurus versteckt, der momentan mehr dem Schein als dem Sein verpflichtet ist. Seine Vermeidungsstrategie gegenüber den nächstliegenden Lebensthemen lässt ihn nur äußerlich ruhig erscheinen, im Inneren kocht der Frust, die Wut und Aggression über seine missliche Lage und eine ihn lähmende, aber versteckte Depression.

Mit den Jahren ist er zum ergrauten Eisberg geworden, kann keine Liebe herein, so fließt auch keine Liebe hinaus. Auch die Kleidung hat er bereits auf Weiß umgestellt. Wer etwas von Körpersprache versteht, dem fällt auf, dass die Fotos seines Prospekts eigentlich genau seinen wahren Zustand ausstrahlen, und dennoch fallen genügend Seelen in die Hände dieses Seelenfängers.

Zufällig kenne ich ihn seit fünfundzwanzig Jahren, und eines kann ich aufrichtig sagen: Seine ausgeklügelten Tricks haben sich bis heute nicht verändert.

Als Kind hat er mit Sicherheit allzu wenig Vater- und Mutterliebe genossen. Gewieft hat der kleine Spross dann herausgefunden, wie er sich als Persona stellen muss, um sich intellektuell über seine Peiniger zu stellen und dabei trotzdem den Anschein zu erwecken, nun für eine kleine Portion Liebe, die die Eltern ihm nur so geben konnten, würdig zu sein. Dabei hat sich in ihm aber ein nicht zu kleiner innerer Tyrann installiert, der bis heute äußerst penibel dafür sorgt, die Macht über sein Sicherheitsimperium in Händen zu haben. Er kann gar kein anderes Alphatier neben sich dulden und auch seine Frauen können ganze Bücher füllen über seine krankhafte Unnahbarkeit. Sein Heimzahlungsnimbus gleicht einem Stachel des Skorpions, und wer es einmal gewagt hat, ihm offen entgegenzutreten, kennt das energielose Gefühl von jemandem, dem man gerade nachgewiesen hat, dass er im Unrecht ist. Denn er stand einem feinsinnigen und feinen Supermind gegenüber. Gegen so einen Herbergsvater gibt es nur eine Chance, nämlich ihn zu meiden.

Jetzt werden Sie sich vielleicht fragen: Aber das Schicksal wird ihn doch sicherlich irgendwann einmal heimsuchen? Das hat es schon längst, denn so ein Mann ist mit der einsamste Weggenosse, den man finden kann, wie er in seinem goldenen Käfig sitzt. Und so ist auch die Energie und Stimmung in seinem Etablissement, denn selbst in der Wüste oder in luftigen Höhen findet man mehr Lebendigkeit. Um ihn herum macht sich die Eiseskälte eines Bunkers breit. Wer mit ihm spricht, hat es lediglich mit der Persona-Maske zu tun oder muss sich mit dem listigen Tyrannen herumschlagen. Mit seinem Wahren Sein kann schon seit Jahren kaum mehr jemand kommunizieren. Es hat sich angstvoll, aber erfolgreich im Inneren eingekerkert.

Der Schatten der Insolvenz weht ja über vielen Seminarhäusern, hier wird er seit neuestem intelligent abgewehrt, indem man das Bedürfnis der Menschen für neue Lebensgemeinschaften ausnützt, um mit dem Geld der Gutgläubigen den Laden zu sanieren und diese mit Immobilienzuwachs zu ködern.

Der Initiator spürt bestimmt, dass irgendetwas nicht stimmt, will aber aus eigenem Antrieb auf keinen Fall etwas an sich selbst in Frage stellen oder ändern, und seine Position erlaubt keinem der Untergebenen seines kleinen Reiches, von Angesicht zu Angesicht die Missstände anzuprangern. Im kollegialen Umfeld und als Leiter seiner Wachstumsgruppen wählte er lediglich Mitstreiter, deren Sehkraft bloß bedingt hinter seine Kulissen reicht oder die sich desinteressiert, aus Faulheit oder aufgrund eines für sie vorteilhaften Arrangements mit dem Boss das Leben nicht sonderlich schwer machen.

Die Kunst, anderen und sich selbst etwas vorzumachen, überdeckt leider den Mut für die jahrelang ignorierten, aber dringend anstehenden Quantensprünge. Diese würden das Projekt endlich zu dem machen, wohin es sich eigentlich entwickeln will.

Auch wenn es uns gelingt, auf der Lebensbühne unsere Vision auf die Erde zu bringen, wie in diesem Fall, ist das noch lange kein Ableitungsgrund für einen transformierten Endzustand. Denn eben gerade für diesen hier beschriebenen Menschen findet das größte Transformationsspiel erst nach dem Erreichen und mit seiner Vision statt. Wahrscheinlich wird er sich selbst nur ins Wanken bringen können, indem er, unglücklich, wie er im Grunde ist, über das eigene tyrannische Verhalten stolpert und letztendlich den Zusammenbruch seines Unternehmens selbst herbeiführt. Und das ist genau das Lebensthema, das er sich gestellt hat. Und so kann er durch den totalen Fall das Absolute gewinnen. Ich wünsche es ihm von Herzen!

Jedes Mal, wenn ich zu Gast in seinem Seminarhaus war, trugen mir die Angestellten hinter vorgehaltener Hand ihre Beschwerden über sein repressives Verhalten vor. Durch die Lebensbühne in die Transformation gezwungen, wird diese Seele der Auseinandersetzung auf physischer, psychischer und materieller Ebene nicht ausweichen können, um sich dann über diesen Prüfstand möglichst in eine goldene Zukunft leiten zu lassen.

Warum ich dies hier so ausführlich schildere, hat seine Bewandtnis darin, dass in sehr vielen als fortschrittlich geltenden Institutionen und bei innovativen Richtungsweisern aufgrund unaufgelöster Lebensthemen katastrophale Werte der Menschlichkeit wie selbstverständlich im Hinterhof gelebt werden. Sich dessen nicht bewusst, heften sich die hier Angesprochenen nur allzu gern den Orden des einzigartigen Helfers der Menschheit an die geschwellte Brust. Doch genau diese Unterdrücker der wahren Meisterschaft verhindern vielerorts die Quantensprünge durch ihre »Vorbildfunktion«!

Der anstehende Paradigmenwechsel wird unnötig hinausgeschoben. Besser wäre es, wenn der Lebensthementherapie in den meisten Alternativbetrieben eine größere Rolle zukommen würde. Das Aufdecken wie im gerade geschilderten Beispiel geschieht hier nicht aus einer klammheimlichen Freude heraus, sondern gilt dem dringenden Wunsch nach verstärktem Gebrauch der Bewusstseinswerkzeuge gerade in den Seminarhäusern, dort, wo sich so viele Suchende treffen, um ihren Horizont zu erweitern, um ein Klima des Paradigmavorbildes zu schaffen.

Man sieht, wie wichtig es ist, nicht vorzeitig in den Bewusstseins-Ruhestand zu gehen. Eine weitere Geschichte verdeutlicht das ebenfalls.

Eine Dame, die als Heilpraktikerin arbeitet, schilderte mir ihren Fall folgendermaßen: Von einem Satsang-Meister angeregt, ihren unabhängigen Satsang-Weg von nun an allein zu beschreiten, begann sie, ihren Patienten in Form von bedeutsamen, weisen Ratschlägen beizustehen. Die meisten ihrer Klienten stammen aus der Esoterikszene, es verwunderte diese also nicht weiter, eine neuartige Heilweise, Empfehlungen einer Meisterin, kennen zu lernen. Doch immer öfter hatten Patienten Schwierigkeiten mit ihr.

Sie bekamen das Gefühl, durch eine Art Brille von der Therapeutin gesehen und in eine bestimmte Ecke gedrängt zu werden, aus der sie nicht mehr herauskamen. Sie wollte plötzlich für alle die Satsang-Meisterin sein, die ihnen nur noch als Beiwerk heilkundige Tipps gab. Jetzt hatte sie endlich das göttliche Sagen.

Der durch das spirituelle Ego getrübte Blick und die dadurch eingeschränkte Umgangsfähigkeit der Heilerin drängte ihre Patienten jedoch in nicht nachzuvollziehende Heilhandlungen und Wachstumsgebote. Dies fühlte sich zwar im ersten Moment manipulativ überzeugend an, einem Rettungsring gleich, aber immer mehr Patienten wehrten sich massiv gegen die negativen Auswirkungen der Vorgaben. Viele wechselten verständlicherweise den »Therapeuten, den Meister«. Die finanziellen Folgen spürte meine Klientin mittlerweile gewaltig.

Sie suchte in meiner Praxis eigentlich nur einen kollegialen Austausch, doch konnte ich nicht umhin, tiefer in ihre Problematik einzusteigen. Sie schien tatsächlich noch sehr stark geprägt von ungelösten Lebensthemen, so dass sie mit ihrer Lebensthemenbrille, die ihren Blick trübte, nicht ganz in der Realität stand. Ein Teil ihrer Ratschläge waren nicht nur unsinnig, sondern liefen darauf hinaus, die Klienten unter ihre Fuchtel zu bringen. Damit zerstörte sie in der Beratung blind Beziehungen, die eine große Chance zu gemeinsamen Schritten ins Wachstum gehabt hätten. Andere mussten beispielsweise jede Woche vorbeischauen und mit ihr meditieren. Auch hier zeigt sich die große Gefahr, die von unerlösten Seelen ausgeht, auch wenn sie vielleicht sogar gesellschaftlich anerkannte Rollen innehaben.

Ein weiteres Mal ist hier eine Vorreiterin in Sachen Evolution auf sich selbst hereingefallen, konnte ihre Restthemen einfach nicht erkennen. Der Schaden, den sie dabei anrichtet, übersteigt mit Sicherheit ihren Nutzen für die Menschen, da hilft eben auch kein mehrfaches Satori-Erlebnis. Außerdem gilt es zu beachten, wie schnell Satsang-Meister Leute auf einen Trip schicken können, von dem diese sich so schnell nicht mehr erholen.

Das Pendel der inneren Aufmerksamkeit zeigt bei Nichtentdecken des realen Zustandes in solchen Fällen eher in die Verrücktheit als in die gesunde Transformation. Wir können zwar trotz unaufgeräumter Thematik durchaus kurzzeitige Erwachung erfahren, aber dies verblendet oft eher, als dass es weiterhilft. Die Gefahr der Bewusstseinsspaltung ist hier ebenso gegeben.

Ein Meditations-Satori-Erlebnis dieser Art erzeugte in meinem Gegenüber ein Energiefeld der verzückten Verschmelzung mit der Herzebene, ein von Liebe durchtränktes »Ich könnte in diesem Moment die ganze Welt energetisch ernähren und umarmen«. Die den Augen strahlen vor überfließender Liebe und auf dem Gesicht macht sich ein eigenartiges Grinsen breit. Genau an der Stelle gehen die meisten Seelen in die Satori-Falle, fallen auf eine Kurzzeitverzückung herein.

Man spürt aber lediglich die Vehemenz des Glücksgefühls, wenn die Kundalini-Energie, die den Chakren-Meridian emporsteigt, im siebten Zentrum mit der göttlichen Existenz in Einklang kommt. Jetzt entsteht die folgenschwere Verwechslung, die dem Menschen ein Erwachtsein vorgaukelt, das nur schwerlich in Relation mit der Realität gebracht wird. Der Verstand ist nur kurz ausgeschaltet und übernimmt nach ein paar Minuten unkontrolliert das gesamte System, der Satori-Verschmolzene ist dieser Realität vollkommen entrückt.

Die Meister aller Zeiten verwarfen nicht umsonst diese Kurzzeiterlebnisse und warnten eindringlich vor daraus entstehenden Missverständnissen oder voreiligen Rückschlüssen.

Anstatt in Einklang zu gelangen, spaltet sich das Sein leicht in den Scheinzustand des Erwachtseins und in das nicht mehr beachtete, nach wie vor von den Lebensthemen gesteuerte, gewöhnliche tyrannische Sein der nun auf der Lebensbühne mehr oder weniger herumirrenden Seele. Nach wie vor tappt diese häufig ins Dunkle. Manch einer erfährt einen steten Wechsel der Seiten von Dunkelheit ins Licht und wieder in die Dunkelheit und kommt dabei mit der Realität überhaupt nicht mehr klar.

Wenn keine meisterliche Seele als Beistand regulierend eingreift, passiert es hin und wieder, dass diese eiligen Seelen sogar in ein Nervenkrankenhaus eingeliefert werden müssen. Die Zeit der Verzückung ist mit die gefährlichste Phase der Selbstfindung. Die Brücke des Verstehens ist sehr zerbrechlich. Der bewusste Beobachter wird schnell vernachlässigt und damit sind den alten Gesellen wieder Tür und Tor weit geöffnet. Der innere Tyrann erblickt einen neuen Zug, auf den er aufspringen kann – den Erleuchtungsschnellzug. Die Gefahr besteht, dass er die Brücken zum Wahren Sein sprengt und damit eine Bewusstseinsspaltung als Selbstschutz hervorruft.

Und dazu verselbstständigen sich gern die Mechanismen der Angst und des Davonlaufens vor Weiterentwicklung. Der Betroffene bietet meist zu wenig Kraft auf, um dem entgegenzuwirken. Das abgedriftete innere Kind und die restlichen Abwehrmechanismen tun ihr Übriges. Es kann zu einer ernsten Bewusstseinsspaltung kommen. Ähnliche Erfahrungen erleben Leute, die mit Drogen experimentieren; die Verschiebung der Wahrnehmung kann die Verbindung zur Erdenrealität kappen.

Das Tragische dabei ist die ewige Bequemlichkeit und Sicherheitsliebe des Menschen, denn so gut wie niemand, auf welcher Ebene auch immer, freut sich auf Veränderungen und Transformation. Obwohl in vielen Büchern versprochen wird, den heiligen Gral zu finden, und es auch beim alchemistischen Ansatz um nichts anderes geht, nämlich Dreck in Gold zu verwandeln, eben genau dieses erfahrbare Gold der Wahrheit und Realität, die Weisheit und das ewige Leben, so besteht doch der wichtigste Ansatz darin: die Arbeit mit den Lebensthemen und die Selbstdisziplin, um nicht in die alten Schlaglöcher der Persona/Tyrann-Connection zu geraten.

Ist dann mal eine Schwelle erreicht, möchte man sich sofort wieder ganz schnell niederlassen und heimisch einrichten, anstatt nach weiteren wichtigen Transformationsschwellen Ausschau zu halten. Denn alle für dieses Leben erwählten Lebensthemen wollen in die Transformation. Ohne deren Erledigung ist das Erdenleben für die Seele mehr oder weniger verwirkt. Deswegen ziehen wir immer wieder die Dinge auf die Lebensbühne, die uns in die nächsthöhere Ebene katapultieren wollen, vor allem aber, damit wir auch alle Nuancen der Lebensthemen tatsächlich erlösen.

Das aussagekräftigste Wort ist hierfür *VERANTWORTUNG*, volle Verantwortung übernehmen für die gewählten Lebensthemen, die Kindheitserfahrungen und dafür, was man aus dem Lebensthemen-Spannungsbogen macht! Verantwortung für die eigene Seelenreise übernehmen. Verantwortung für das Scheitern und für das Meistern der Quantensprünge bis in die höchste Ebene.

Die Lebenskraft, die automatisch aus der inneren Schatzkiste auf das Parkett des Lebens drängt, um die individuelle Thematik in die Erlösung zu bringen, ist so stark, dass sie, wie in dem oben beschriebenen Bild, ganz schnell mit der Satori-Erfahrung kollidiert. Und diesen Menschen fällt es dann schwer, trotz erhöhtem Bewusstsein, gehobener Ausstrahlung und gesteigerter Anziehungskraft die innere Mitte zu halten. Die angesammelte Kraft reicht wegen der unerfüllten Restlebensthematik noch nicht aus, die Zeit der meditativen Gipfelerfahrung bewusst auszubauen und zu steuern. Man ist in diesen Augenblicken eher perplex, das bewusste Lenken der Intuition oder einer anderen Instanz ist noch nicht möglich.

Gerade das erst seit relativ kurzer Zeit verfügbare Wissen über diese Zusammenhänge des Erdenlebens und der in der anderen Dimension gewählten Lebensthematik erlaubt dem Kurzzeit-Satori-Erfahrenen, der aber in einer Lebensthemenecke hockt, seine Transformation mit Hilfe der konkreten Aufarbeitung der Restlebensthemen fortzusetzen. Nach diesem wichtigen Schritt scheint die Buddha-Natur durch die letzte Membrane, das genaue Hinschauen in das eigene Sein und das Annehmen, Empfangen des inneren Lichts und die Wahrnehmung der steten Verbindung mit der göttlichen Existenz.

Die Evolutionsspiralenerprobten, die jetzt an die letzte Biegung gelangen oder gerade einen gewaltigen Satz auf der Bewusstseinsspirale hingelegt haben, können bereits erkennen, dass die Buddha-Natur greifbar wird.

Jetzt naht die Zeit des reinen Geistes, das neue, große spirituelle Licht leuchtet bald in die Welt. Noch eine kurze Weile, und Schritt für Schritt können auch die eventuellen Restlebensthemen eliminiert werden, und damit kommt das Wahre

Sein mit dem Erleuchtungserlebnis in Einklang, der Weg ist frei und der Buddha da!

Höchst selten gelingt der Quantensprung von der Meditation direkt in den erwachten Zustand. Die Transformation der Lebensthematik muss den Anwärtern immer wieder nahe gebracht werden. Gesegnet sind die erleuchteten Seelen, die geduldig die letzten Meter des Hürdenweges nicht außer Acht gelassen haben, sie sind die größten Segensbringer der Menschheit!

Für das spirituelle Wachstum findet der Suchende nichts Hilfreicheres als eine meisterliche Seele. Sich vertrauensvoll hinzugeben, sich in die Hände eines solchen Erwachten zu begeben, dies erhöht immens die Chancen auf der Reise in der Evolutionsspirale. Allein das Bewusstsein eines Meisters bietet die Chance, vergrabene Lebensthemen vor dem entscheidenden Quantensprung noch ans Licht und in die Erlösung zu ziehen.

Jedoch noch ein wichtiger Punkt: *Der Meister wählt die Seele, die den Höhenweg beschreiten möchte!* Der Meister trifft letztendlich die Entscheidung!

Zurück zur Geschichte: Das Gefährliche an ihrem Zustand konnte die Dame, die Heilpraktikerin, in meiner Praxis nicht selbst erkennen, sie handelte von ihrem Standpunkt aus nach bestem Gewissen und war um jeden Patienten bemüht. Erst nach einigen Sitzungen öffnete sie einen inneren Raum und zog endlich die Möglichkeit einer unaufgeräumten Ecke in Betracht. Als sie dieser Wahrheit ins Gesicht blickte, explodierten in ihr einige Türen, die sich als Hindernisse herausgestellt hatten. Sie wurden zu Staub, den der Wind des Bewusstseins einfach wegblies.

Nicht selten bedeutet Betrachtung noch im selben Augenblick Transformation, genau in der Bewusstwerdung kommt es zum Quantensprung. Jetzt war es so weit, vor dieser Hürde hatte die Heilpraktikerin sich so sehr gefürchtet und nun, nach der Landung, konnte sie nur noch über sich selbst lachen. Es ist verblüffend, wie wir alle zwar Vermutungen über einen Lösungsweg anstellen, aber trotz der teilweise extremen Erschütterungen im Leben meist vor der Erlösung dann doch flüchten. Es liegt mit an unserem Scheinsein, dem Ego, das nun auf den letzten Metern vor der Ziellinie endgültig sterben muss. Mit dem Ego und den Abwehrmechanismen lässt sich kein Deal vereinbaren, sie müssen das Sein freigeben, sie müssen verschwinden.

Eben auch bei meiner Kollegin. Voller Dankbarkeit und Liebe über den Durchbruch und mit großer Verblüffung über die Tatsache der Heftigkeit ihrer Verblendung verabschiedeten wir uns. Später besuchte sie eines meiner Fortbildungsseminare für Therapeuten; sie wollte die Funktionsweise meiner Erkennungsmethode für Lebensthematik erlernen und sie in ihre Arbeit integrieren.

Ein weiterer Fall zeigt ein überzeichnetes Erwachten-Ego, nicht mehr fähig, den Restposten an Lebensthematik wahrzunehmen. Dieser Seelen-Guru verführt Menschen, die, in der spirituellen Welt zwar geschult, trotzdem nach wie vor nach geistiger Führung Ausschau halten. Anstatt nun mit der bisherigen Reife in der Selbstbeobachtung und Meditation allein die Transformation zu wagen, haben alle Schüler von diesem »Meister« auf der Lebensthemenebene ein ähnliches Problem.

Der Auserkorene entspricht der gesuchten starken Vater- oder Führungsperson. Dem vermeintlichen Benötigen von Gehaltenwerden und energetischer Nahrung für die unsichere Seele wird seitens des Suchenden fahrlässig Raum gegeben. Wiederum möchte man die volle Verantwortung für das eigene Handeln abgeben. Die Wunde des Abgespaltenseins von der göttlichen Existenz, die harten Jahre des Aufwachsens im Lebensthemen-Spannungsbogen und das Nichtwissen über den Sinn dieses Zustands treibt solche Menschen in die Arme vieler Scheinmeister.

Die in dieser Nische Hockenden treffen auf das Bedürfnis des »Erwachten« nach vergötternder Energie und dem Nachahmen geschichtsträchtiger Vorbilder. Die Menschen, die an solche

Meister geraten, geben dabei gern ihre Selbstverantwortung vollends ab und freuen sich aus ganzem Herzen darüber, dass dieser Erwachte sie unter ihre Fittiche nimmt. Hier wird dann statt der Freiheit oftmals dem Missbrauch Tür und Tor geöffnet.

Der »Meister« hat sich in diesem Fall mittlerweile ans andere Ende der Welt zurückgezogen und verlangt nun quasi über die Herzebene von seinen Schülern, dass sie ihm dort Haus, Hof und Land kaufen. Es wird ein Geschenk erwartet, ohne dass sie ein Anrecht auf Haus und Land besitzen würden. Dem Gruppendruck ausgesetzt, fällt es sehr schwer, an diesem Punkt aus der Gemeinschaft auszubrechen.

Wenn Sie sich einem Meister anvertrauen wollen, dann sollten Sie genau auf den Fokus eines Meisters und seines Sanghas Acht geben. Und nicht vergessen: Auch das Restlebensthema eines Scheinmeisters ist auf irgendeine Weise zu erkennen. Man kann es nicht hundertprozentig verbergen.

In diesem Beispiel wurden jedenfalls die Schüler des »Erwachten« geistig genötigt, gegebenenfalls Schulden aufzunehmen, um dem Meister ein Heim zu schaffen – ein Heim, dem er seit seiner heimatlosen Kindheit hinterherhechelt.

Einige weitere Fälle, in denen sich so genannte Meister oder Erwachte an entrückte Flecken der Welt zurückziehen und die dann von Vermarktungsstrategen angepriesen werden, führen die Verführten nicht unbedingt zu dem Ergebnis, für das die Seelenverkäufer werben. Eher halten sie Suchende mit dem Ziel eines permanenten Sangha-Aufenthalts beschäftigt. Dabei kann, wie schon erwähnt, ein falscher Meister seine »Schafe« unglaublich gut energetisch und beileibe auch materiell melken. Und wer so gemolken wird und sich nicht an der eigenen inneren Quelle zu nähren vermag, verliert unentwegt Energie, Lebenskraft und selbstverständlich ebenfalls sein manchmal sauer verdientes Geld.

Der Sangha heute

Aus heutiger Sicht kann ich sagen, dass das alte System des Sanghas ebenfalls einen Wandel erfährt und wir in einem erneuerten oder anderen System leichter in die Buddha-Natur aufsteigen. Im Bewusstseinskreis von Teilnehmern der Quantensprung-Seminare zum Beispiel achten alle zum einen bei sich selbst und zum anderen gegenseitig auf die Erledigung aller Nuancen der persönlichen Lebensthematik. Und mit dem wichtigsten Hilfsmittel des permanent aktivierten bewussten Beobachters unterstützen alle einander auf höchster Bewusstseinsebene darin, wach zu bleiben.

Sobald dies eintritt, erwächst gleichzeitig eine neue Verantwortung, die nach Umsetzung drängt. Das Licht will hinaus in die Welt. In den Tagen der Neustrukturierung wird als Erfolg das Erfahrene in neue Formen gegossen.

Der am Erwachen Arbeitende fängt an, seine neuen Offenbarungen in für andere Suchende verständliche Worte zu ordnen. Er beginnt ganz automatisch, Tipps an Freunde, Bekannte oder Arbeitskollegen weiterzureichen, wenn er bemerkt, dass diese gerade in einer Sackgasse sitzen. Er empfiehlt erklärende Literatur, verschiedene Übungen, einmal eine Einzelsitzung in der Lebensthementherapie oder die diversen Transformationsseminare. Mit seiner Art der Weitergabe hilft er von nun an den Wissensdurstigen und denen, die erkennbar ein wenig Unterstützung nötig haben.

Mittlerweile steigt eine neue Zeit am Horizont auf, in der wir gefordert werden, mit dem heute verfügbaren Wissen, von der Aufarbeitung der Lebensthematik bis zur Meditation und dem Erwachen in die Buddha-Natur, in uns selbst und dort, wo wir leben, am gesellschaftlichen Marktplatz teilzunehmen. Wegzulaufen vor der Welt, wie es die alten Adepten taten, hilft der eigenen und der Evolution des Kollektivs Mensch wenig.

Weite Reisen erweitern natürlich den Horizont und auch das

Streben nach spirituellem Erwachen ist ja in Ordnung, sogar wunderbar. Aber nach vielen Jahren auf der spirituellen Walz kommen wir nicht umhin, uns irgendwann zu verwurzeln, und aus diesen Wurzeln darf unsere Bewusstseinsblume gen Himmel wachsen. Das heißt also, die letzte Hürde des ewigen Hinterherreisens nach Erleuchtung muss irgendwann aufhören, damit wir bei uns selbst eintreffen.

Hier angekommen, durchscheint das Erreichte all unsere Handlungen und zum Sinn des Lebens gehört dann eine ganz spezielle Aufgabe, der wir uns in Liebe und mit aller Kraft widmen, der Berufung und inneren Vision. Der Kreis schließt sich, das Erlernte wird weitergegeben.

Alle Buddhas der Menschheitsgeschichte wiesen darauf hin, dass ein in der Buddha-Natur Platzgenommener zum Werkzeug Gottes wird. Ab sofort strahlt er sein Bewusstsein in die Welt, was Suchende magnetisch anzieht. Er bildet eine Gemeinschaft, die sich zum Ziel setzt, bei anderen Menschen ebenfalls das Unfassbare Wirklichkeit werden zu lassen. Er gründet einen Sangha und dort spielt es keine Rolle, ob dieser nun fünf, hundert oder tausend Seelen beheimatet. Es ist ein Energiefeld, in dem Wachstum leicht fällt.

Schon Buddha sagte: »Wenn auch nur zwei in diesem Sinne tätig werden …«, und bei Osho heißt es: »Sogar nur einer, dann hat das eine Auswirkung auf das Umfeld.« Auch im neuen Sangha-System, in dem die Menschen sich eher auf einer Ebene befinden, gilt das alte Gesetz, und dank der bewussten Aufarbeitung der Lebensthematik greifen die Gesetze des Universums direkter und schneller.

Die Existenz folgt ohne Ausnahme bestimmten Gesetzmäßigkeiten und dies wird alle Zeit so bleiben. Hier bedeutet es, dass das Universum in seiner evolutionären Intention den Menschen entgegenkommt und denen, die bereit sind zu empfangen, neue Offenbarungen für ein schnelleres Unterfangen mit auf den Weg gibt. Dies erzeugt auf Erden Kraftfelder, die sich mal allmählich, mal sprunghaft ausdehnen. So ist es zu erklären, dass die Evolution manchmal festzustecken scheint und dann wieder riesige Quantensprünge vollzieht.

Das morphogenetische Feld ist ein Beispiel für dieses universale Gesetz. Aber aufgepasst! – es wirkt in alle Richtungen. Wo immer Menschen einhellig Entscheidungen treffen oder starke Egos herrschen, erzeugen sie ein wirkungsvolles Energiefeld. Deswegen müssen wir an allen Ecken so genau hinschauen, um die Scharlatane, versteckte Tyrannen oder Wohltäter der Menschheit ausfindig zu machen und im Sinne der Evolution zu reagieren.

Das gilt auch für die kollektive Unbewusstheit der schlafenden Seelen auf unserem Planeten. Wenn wir als Einzelne mit äußerster Kraftanstrengung versuchen, die Welt zu verändern, die Bewusstseinsebene zu erhöhen, kann es passieren, dass man wegen der vielen schlafenden Seelen das Gefühl bekommt, selbst einzuschlafen, und gar tatsächlich einschläft. Das Pendel der Kraftanstrengung kann auch ins Gegenteil umschlagen – in Frustration und das Gefühl von Chancenlosigkeit, und daher ist hier erhöhte Wachsamkeit vonnöten.

Bevor wir nicht erleuchtet sind, kann es sogar gefährlich sein, anderen in der Bewusstseinsarbeit zu helfen. Deshalb empfehle ich, mit der Lebensthemenarbeit erst einmal in die eigene Stille und Ekstase einzutauchen, denn allein damit arbeiten wir schon für das Wohl der Menschheit. Man ist bereits ein energetisch unterstützender Teil der Evolution des Kollektivs geworden. Jeder Mensch, der über diese Schwelle tritt, trägt zur Erleuchtung der gesamten Menschheit bei.

Wenn man allerdings zu früh versucht, in die Welt der großen Taten aufzubrechen, kann der unbewusste eigene Verstand und der des Kollektivs das Erreichte auch zerstören. Es gilt also erst das große Aufräumen, dann die Stille und ebenfalls die Ekstase über das Erreichte tief im eigenen Sein zu verankern, und bevor man allzu begierig auf den Marktplatz drängt, noch einmal tief durchzuatmen.

Auch hier kann nämlich die Egofalle wieder sehr schnell zuschnappen. Bevor wir nicht restlos alle Ecken und Winkel in unserem Sein erkundet und erlöst haben, kann es fatale Folgen haben, als Weltverbesserer in die Welt zu ziehen.

Aber wir sind auf dem Weg und das ist schon die Hälfte der Pilgerreise. Die Knospe wird bald zur Blume, die trotz Regen, Sonne und Wind ganz von allein ihren Duft verströmen wird. Ob man dann die Fahne der Transformation gleich lauthals auf den Marktplatz trägt oder erstmal im Verborgenen blüht, macht keinen Unterschied, da sich die Eigenheit des Duftes sowieso verbreitet. Das Samadhi-Stadium hat seinen eigenen Magnetismus. Vertrauen Sie ihm.

Jeder Erwachte gebiert aus seiner Pflanze der Bewusstheit die ganz individuelle Transformationsarbeit, mit der er den Seelen hilft, die zu ihm finden. Ob Meditationen oder Wachstumsseminare, Einzelarbeit oder Satsang-Schule, die Menschen profitieren von den neuesten Offenbarungen der Wahrheit in einzigartiger Weise mit der Bewusstseinsblume des Meisters. Dass dies oft der Arbeit anderer Meister ähnelt, liegt in der Natur der Sache. Manche fühlen sich davon angezogen, können aber von ihrem Krankheitsbild her den wichtigen Schritt in die Selbsterkenntnis einfach noch nicht vollziehen, ihnen fehlt es am Mut, in die Wirklichkeit aufzubrechen.

Manchmal stößt es bei den Interessierten eher auf Ablehnung, wenn man beispielsweise als Therapeut zu direkt arbeitet. Statt sich zu öffnen, verschließen die zarten Pflänzchen ihre Blätter, sie fühlen sich angegriffen und ziehen sich voller Angst zurück. Es kommt auf die Entschlusskraft des Suchenden an; eine mutige Seele trifft eher die Entscheidung für ein ganz direktes Weiterwachsen.

Mimosen glauben, die Ewigkeit für ihre Transformation zur Verfügung zu haben. Das stimmt aber so nicht, denn das Einzige, was bei ihnen definitiv geschieht, ist, dass viele vergeudete Lebensjahre vorbeiziehen. In jedem Fall aber versucht der Meister, Situationen herzustellen, in denen Transformation geschehen kann. Er bietet seine ganze transformatorische Kunst auf und erzeugt ein Spannungsfeld der Sprungkraft, auf dass der Suchende die Chance wahrnimmt. Damit der Verstand dabei nicht überschnappt, wendet er bei ängstlichen Seelen eher die indirekte Heilarbeit an.

Der Dalai Lama ist hierfür ein gutes Beispiel. Anders als die alten Zen-Meister wirkt er über seine Friedfertigkeit. Seine Qualität ist die hohe Weisheit, gepaart mit dem tiefen Wissen um die Realität. Viele Menschen rund um den Erdball vertrauen ihm. Von diesem Seelenhelfer geht keinerlei Seelenfang aus. Ihm genügt es, den Menschen einen Schubs in Richtung Realität zu versetzen, im Vertrauen darauf, dass dieser Samen auf Nährboden fällt. Allerdings arbeitet er nicht in der Weise eines Sangha-Meisters. Obwohl das spirituelle Zentrum der Tibeter in Nordindien einen festen Platz innehat, ähnelt die religiöse Transformation vielmehr dem katholischen Klosterleben als einem Sangha neuen Kalibers. Auch die Rolle der Frau wird dort eher nach alter Tradition festgelegt. Den religiösen Dienst versehen fast ausschließlich Männer. Da die Tibeter aus ihrem Land flüchten mussten, war es dem Dalai Lama wichtig, ihnen eine Heimat nach alter Sitte aufzubauen. Doch im Herzen weiß er, dass der Weg in die Zukunft einer völlig neuen Gesellschaftsstruktur bedarf. Daher verlangt er im Gegensatz zu vielen Religionsführern nicht nach der missionarischen Verbreitung des Buddhismus.

Am 1. Juni 2003 besuchte der Dalai Lama München und hielt in der ausverkauften Olympiahalle eine herrliche Rede.

Einige seiner Worte möchte ich hier gern zitieren, da sie wunderbar die Geisteshaltung des Dalai Lama aufzeigen. Als Erstes machte er darauf aufmerksam, dass er ein einfacher Mönch sei, ohne jegliche Zaubermittel fühle er sich den Menschen verbunden. In aller Deutlichkeit wies er darauf hin, dass das wichtigste Augenmerk der Menschheit den neuen Generationen, der Kindererziehung, gelten solle, einer Erziehung, die nicht auf Wissen basiere, sondern auf menschlichen Werten.

Für die Bewältigung von Problemen und Emotionen empfahl

der Dalai Lama bestimmte Techniken, wobei es völlig egal sei, ob man diese jetzt wissenschaftlich oder religiös benenne.

Auch war es ihm wichtig, mitzuteilen, wie verknüpft wir Erdenbürger mittlerweile geworden sind. Keiner ist mehr eine Insel, weltweit gilt es die Verantwortung füreinander anzunehmen. Wir sitzen alle in einem Boot. Es gibt keinen getrennten Erdteil mehr, der unabhängig vom anderen existieren kann. Allen Menschen dürfe es gut gehen, darauf sollten wir achten.

Seine eigenen Erfahrungen teilte er mit uns und riet, über das Mitgefühl und die Beobachtung, wie es Menschen in anderen Ländern ginge, dazu beizutragen, im eigenen Umfeld für einen menschenwürdigen Umgang zu sorgen. Er sprach auch von der Möglichkeit, mit bestimmten Techniken die Reise zur Meisterschaft anzutreten, was aber nicht hieße, sich dafür unbedingt der einen oder anderen Religion anzuschließen. Lediglich mit den jeweiligen Hilfsmitteln, mit dem, was wirkt, sollte man experimentell umgehen.

Unter dem Beifall von Tausenden Besuchern beendete der Dalai Lama mit einem herzhaften Lachen seine Rede. Unglaublich, wie dieser Mann das Bedürfnis so vieler stillte. Ehrlichkeit, Wahrheit und friedvolle, liebenswerte Natürlichkeit, ausstrahlende Integrität, verbunden mit einer humorvollen Herzensgüte, mit sich im Einklang, das spricht viele Menschen an. In den Medien wurde zwar der Besuch erwähnt, aber die für alle so wichtigen Worte des Dalai Lama ließ man außen vor.

Wie der Dalai Lama erwähnte, folgt die Existenz bestimmten Gesetzmäßigkeiten, da gibt es keine Ausnahme. Wenn jemand das höchste Bewusstsein erreicht hat, stirbt er auch im Zustand der Erleuchtung. Der Tod ist eine so große Operation, trennt er doch den Körper von der Seele, mit dem sie siebzig bis über hundert Jahre vereint war. Sogar für die kleinste Operation wird ja gewöhnlich eine Narkose eingesetzt. Wenn der Körper dann stirbt, bedeutet dies die größtmögliche Operation; der Mensch verliert dabei das Bewusstsein, das ist das Betäubungsmittel der Natur. Nur eine erleuchtete Seele erfährt den Wechsel der Dimensionen im bewussten Zustand.

Erleuchtung bedeutet, dass der Identifikation des Bewusstseins mit Persona, innerem Tyrannen, Körper und Verstand ein Ende gesetzt wird. Solange diese Identifikation mit Körper und Verstand existiert, kann kein bewusstes Sterben erfolgen, im Augenblick des Ablebens verliert der Geist einfach das Bewusstsein. Nichtidentifikation bedeutet, des eigentlichen Wesens des Menschen, der Seele, gewahr zu sein.

Wer bin ich? Nicht Verstand, nicht Körper und natürlich schon gar nicht meine jeweils lebensthemenbedingte Persona oder mein alter Kumpan, der nette Tyrann. Ich bin ein Teil des Ganzen, der mit der Seelenerfahrung eines vollständigen Bewusstseinsreigens wieder mit der göttlichen Existenz eins wird.

Erleuchtung heißt: Es sind keine dunklen Ecken mehr im Inneren vorhanden, das ewige Licht erhellt den Innenraum. Während der authentischen Reise in die Erleuchtung wird klar, dass die Seele schon immer getrennt war von Körper und Verstand. Spätestens im Moment des Erwachens wird man sich dessen bewusst.

In den alten buddhistischen Schriften wurde die Erleuchtung als der große Tod bezeichnet. Nicht, dass man wirklich stirbt, sondern damit ist die klare Erkenntnis gemeint, dass die Verbindung mit dem Körper einer anderen Realität entspricht. Der menschliche Körper, das Vehikel auf Erden, wird eher mit Staunen und Ehrfurcht des perfekten Zusammenspiels wegen als Tempel der Seele geehrt. In gewisser Weise ist man nun von bestimmten körperlichen und psychischen Bedürfnissen unabhängig. Der Einklang des Alleinseins entlässt aus dem Drang der Biologie und des Lebensthemen-Spannungsbogens. Und man begreift endgültig die Unsterblichkeit der Seele: Wir gehören zur Ewigkeit und nicht in ein Zeitlimit. Tief in uns verborgen liegt die Wahrheit, es gibt keinen Anfang und kein Ende der Existenz der Seele. Wir sind immer! Man könnte uns als Formenwandler bezeichnen.

Der bewusste Tod einer meisterlichen Seele ist eines der Wunder des Lebens. Danach kehren wir nicht mehr als Form auf die Erde zurück. Wir gehen in dem unendlichen Bewusstsein des Universums auf. Das ist das höchste Gesetz. Dies hindert uns natürlich nicht daran, uns in den unendlichen Weiten des Universums erneut in irgendeiner Form als neu beginnender Zyklus zu reinkarnieren.

Doch bis wir an diese Schwelle gelangen, gilt es weiterhin den hiesigen Erleuchtungspfad auszukundschaften. Die vielen Erdenleben, in denen wir mit der Transformation bereits gekämpft haben, finden im Experimentieren mit der Buddha-Natur und dessen Platznehmen ein Ende. Das Erwachen umschleicht uns eine geraume Zeit auf dieser Ebene, bis wir auch die letzten Schatten beleuchtet haben.

Schon während dieses Prozesses beginnen wir automatisch, das Erfahrene Stück für Stück weiterzugeben. Jeder findet an dieser Stelle sein eigenes Wirkungsfeld. Das kann vom Kaffeekränzchen, Meditationskreis bis zur Kegelrunde reichen oder im Freundeskreis Gleichgesinnter Beachtung finden. Hinzu kommt, dass man einen gewissen neuen Magnetismus wahrnimmt, Leute fragen gelegentlich um Rat, Tipps werden gegeben. Dabei wird deutlich, dass das Verstehen im eigenen Umfeld leichter fällt, wenn man anhand von konkreten Beispielen in die Wahrheit und Realität einsteigt. So kann der Interessierte mit den neu gewonnenen Informationen sein System für die Möglichkeit eines Quantensprunges öffnen.

Allzu direktes Ringen mit dem Thema kann dabei zur Abwehrhaltung führen, der an sich Empfängliche verspannt sich unnötigerweise. Beispiele lassen ihn eher entspannen, das Verstandene annehmen und eben auch leichter umsetzen.

Ab einer bestimmten Ebene allerdings müssen wir so direkt und eindeutig wie möglich vorgehen, damit der Suchende endlich begreift und den entscheidenden Sprung wagt. Hier spreche ich von den Fällen, die bereits meinen, alles nur Erdenkliche unternommen zu haben. Oder Kandidaten, die bereits ein

Wecksignal in Form schwerer Schicksalsschläge wie Krankheit, Zusammenbruch, Scheidung oder Unfall erhalten haben.

Leider verhindern blinde Ärzte, Priester, Therapeuten, Kartenleger, Channeler und sogar »erwachte« Berater mit ihren Methoden und Weltbildern nicht selten das Weiterwachsen der Klientel.

Die Erfahrung meiner Seminartätigkeit und aus den Einzelsitzungen gewonnene Erkenntnisse zeigen, dass mehr und mehr Transformationswillige lieber den direktesten Weg wählen. Es spricht sich herum, wie eindeutig und in kürzester Zeit es dem Suchenden mit Hilfe der Erlösung der Lebensthemen gelingt, die Buddha-Natur wahrzunehmen. Ein großes Plus ist dabei wiederum das morphogenetische Feld: Genügend Menschen haben begriffen, was dazu führt, dass andere zumindest nicht mehr ablehnen.

Um jahrelangem Auf-der-Stelle-Treten ein Ende zu setzen, braucht es das Wissen um die Realität. Für die unmittelbare Arbeit an den Lebensthemen kann die mutige und zu allem entschlossene Seele diese Methode dann verwenden. Tief verwurzelte Missverständnisse und aufs Beste versteckte Restlebensthemen werden so aufgedeckt. Meistens drängen Menschen, die des Ganzen wirklich überdrüssig sind, danach, endlich aus dem alten Kreislauf auszusteigen. Damit Schluss zu machen, was so viele Jahre ihr Leben vergällte, führt augenblicklich in eine neue Realität. Diese Transformation gibt den Weg frei für den inneren Buddha.

Wie war das denn bei mir?

In meiner Kindheit hatte ich ständig das Gefühl, irgendwie nicht ganz passend in das Gefüge der Familie und meine Umgebung hineingestellt worden zu sein. Auch wenn mich diese Zeit formte, konnte ich mir doch viele traumatische Erlebnisse damals nicht recht erklären. Erst die Jahre der Pubertät, des inneren Gewahrwerdens eines unabhängigen Seins, ließen meine

Aufmerksamkeit auf bestimmte Zusammenhänge langsam wachsen. Mein bemühter Blick hinter die Kulissen seitdem wurde nach einer Weile auch von ersten Erfolgen gekrönt. Damals hatte es den berühmten »Klick« gemacht, es war einer dieser Quantensprünge, und nichts war mehr wie vorher.

Einerseits hielten mich in meiner schulischen und familiären Situation weiterhin unschöne Ereignisse gefangen, auf der anderen Seite führten diese mich zu einem noch regeren Suchen nach dem eigentlichen Sinn des Lebens. Sehr früh schon wusste ich, dass mich dieses »Scheinleben« der Normalität nicht recht interessierte. Der Weg in eine geordnete Studienwahl war mir dann regelrecht verbaut. Überdrüssig der vielen Lehren und Gelehrten, machte ich mich lieber auf zur Erforschung und »Eroberung« der Welt. Mit siebzehn Jahren verließ ich also meine Familie, zog in die Ferne, lebte die Leichtigkeit der späten siebziger Jahre in Form von Wohngemeinschaften und liebte es, einfach mit dem Daumen im Wind auf Reisen zu gehen.

Eine weitere Veränderung erfuhr ich mit Anfang zwanzig: Ich wurde Vater, fand einen Meister, der mich lange Zeit geistig begleiten sollte, und begann, mich mit meinen Erfahrungen in die Gesellschaft zu integrieren. Es folgten weitere Jahre des Lernens und der Ausbildung, des Aufbaus einer Firma mit dem gleichzeitigen Erleben einer Partnerschaft, wobei meine Freundin und ich versuchten, Geschäft und Liebe miteinander zu verbinden. Und vor allem standen immer wieder Treffen, das Sitzen in Einklang mit dem Meister und all den anderen Bewusstseinskollegen, mit dem für mich sehr wichtigen Meister Osho in seinem Sangha in Amerika und später dann in Indien im Vordergrund.

Schon in der Zeit der Spätpubertät hatte ich eine Art Eingebung, die, durch den Zeitgeist unterstützt, mein Innenleben bis heute beseelen sollte. Es war die Vision von einer neuen Welt, in der die Menschen transformiert, glücklich und liebevoll ihren höchsten Werten entsprechend ein paradiesisches Leben führen. Diese Vision verläuft wie ein roter Faden mitten durch meine Zeitschiene, und auch jegliche Unterkategorie von Transformationsthematik fügte sich, einem Mosaik gleich, Steinchen für Steinchen bis zum heutigen Tag genau in das Bild.

Ich nenne sie das Schleifen des inneren Kristalls, meine persönlichen Quantensprünge der Transformation. Ich spürte schon sehr früh die spirituelle Seelenreise und Berufung, die darin verborgen lag. Trotz der Erkenntnis, in früheren Leben schon einiges auf der Evolutionsspirale gemeistert zu haben, galt für mich als Mensch natürlich auch diesmal, mich der eigenen, gewählten Lebensthematik, diesem inneren Gesetz, unterzuordnen. Viele traumatische Erlebnisse zwangen mich in meinem Lebensthemen-Spannungsbogen, die Dinge auf meiner Lebensbühne zu bejahen und transformierend loszulassen. Und im Lauf der vielen Jahre begriff ich »Gott sei Dank« irgendwann den Sinn meiner Erdenreise.

Das ließ mich allerdings nicht entspannt zurücklehnen, sondern trieb mich zu meiner weiteren Forschungsarbeit an. Ich wollte mehr wissen über Heilung, Meditation und darüber, warum viele Gleichgesinnte auf halber Strecke aufgaben oder in Sackgassen stecken blieben. In mir brannte der Wunsch nach Erkundung und Weitergabe des Gefundenen. Doch war mir auch klar, dass ich, bevor ich für andere hilfreich werden kann, mich erst meiner eigenen Lebensthematik widmen muss. Und gerade wenn mir heute ein besonderer Härtefall gegenübersitzt, sage ich oft, dass wir alle im selben Boot sitzen und mir mein Leidensweg mit allen Facetten aufgebürdet wurde, ich also nur hier sitze, weil ich selbst durch so viel durchmusste und daraus gelernt habe, meine Berufung fand. Und erzähle gerne, dass für mich nach dem Durchschreiten meiner Lebensthemen-Transformationstüren die schönste Zeit meines Lebens begann. Ich mache also Mut, denn was dann für den Klienten kommt, entspricht ja genau dem Gold, wonach er sich so sehnt. Nach dem Quantensprung kommt also nicht der Absturz, sondern die Erhöhung, die Erlösung!

Der ungeschliffene Kristall des inneren Seins lernte in meiner Lebensthemenreise Demut, den Wert des Selbst, Einblick zu gewinnen in die Tiefen der Evolutionsreise und natürlich die Quantensprünge. Die Auseinandersetzung mit dem All-Eins-Sein begann in jener Zeit. Ich lernte mein einzig wirkliches Zuhause in mir kennen, und obwohl es nicht leicht war, traute ich mich allmählich, den Raum der Stille und Verbundenheit einzunehmen. Über die Jahre hinweg wuchs die Gewissheit, dass Meditation und die Verbindung zur Ewigkeit, der Existenz des Göttlichen keine leeren Worthülsen sind, sie sind unsere Realität.

Der Lebensthemen-Spannungsbogen drückt uns lediglich für eine gewisse Zeit in das Erfahren von Geschehnissen, die uns in die Transformation drängen. Da das Zeitgeschehen in meiner Jugend mir ebenfalls zugute kam, trafen sich bei vielerlei Begegnungen in diesen Jahren automatisch Seelen, die gesellschaftlich etwas voranbringen wollten. In dieser Zeit konnte ich erstmals den Anfang der Entwicklung in ein menschenwürdigeres Miteinander erleben. Wir ließen uns auf völlig neue Experimente ein und erlebten dadurch, dass wir gemeinsam wohnten, arbeiteten und die Freizeit verbrachten, zwar viel problembeladenen Frust, aber auch ein nie vorher gekanntes Glücksgefühl. Es gab mir sehr viel Kraft und Freude, bis auch in der Gemeinschaft der Alternativbewegungen das Handicap der unaufgeräumten Lebensthemen immer deutlicher zutage trat.

Mein Fokus richtete sich nun mehr und mehr auf den tieferen Sinn des Lebens und die spirituelle Entwicklung der Seele. Damals gelangten viele Schriften und wichtige Bücher in meine Hände und diese wesentlichen Informationen führten mich auf einen neuen Weg der Selbstfindung.

Wie eine weitere Geburt empfand ich dann meinen Eintritt als Schüler in die Gemeinschaft meines Meisters Osho, und ein völlig neuer Lebensabschnitt begann. Ende Juni 1981 kam der Brief aus Poona, Indien, in dem mir mein neuer, von Osho gegebener Name Sw. Deva Satyam, göttliche Wahrheit, übermittelt wurde.

Nebenbei ging natürlich das ganz normale Leben weiter. Ich hatte Gefallen daran, über den Studentenschnelldienst verschiedensten Möglichkeiten des Gelderwerbs nachzugehen. Diverse Jobs – ob ich nun Malerarbeiten ausführte, Lacke ausfuhr, in Fabriken tätig war, als Komparse vor der Kamera stand oder Brotzeit an Hungrige verkaufte – brachten mich für kürzer oder länger in Teilbereiche der Gesellschaft, die ich sonst nie hätte kennen lernen können. Diese Erfahrungen empfand ich als äußerst kostbar. Einblick in Menschen und ihre Lebensbedingungen zu gewinnen verhalf mir zu einem besseren Verständnis der »Normalität«. Alle Schichten der Bevölkerung bewirkten in mir gewisse Lernschritte. Nebenbei wurden noch meine Kommunikationsfähigkeit und das Erfahren der Seelengleichheit gefördert.

Meine Wohnsituation wechselte oft, mal lebte ich allein, dann wieder mit anderen in Wohngemeinschaften zusammen. Auch in diesem mitunter sehr konfliktreichen Erleben galt das Augenmerk dem Lernen in allen Bereichen. Es folgte ein bewusstes Wegziehen aus der Stadt aufs Land, wir fanden einen Bauernhof, den wir gemeinschaftlich bewohnten. Nach diversen Hochs und Tiefs ging auch diese Erfahrung zu Ende, die Reise ging weiter.

In den nächsten Jahren konzentrierte ich mich auf den Aufbau meiner Garten- und Landschaftsbaufirma, die Kommunikation mit anderen »Aussteigern« und eine neue Lebensabschnittsgefährtin. Stück für Stück erfüllte ich mir meine Lebensträume. Nebenbei hatte ich einige Jahre in einer Band mit Freunden als Musiker, Sänger und Komponist jede Menge Spaß und selbstverständlich auch Wachstumsprobleme. Es war eine einzigartige Selbsterfahrung, dort auf der Bühne die ersten Schritte zu wagen.

Doch der innere Drang zu »höheren Sphären« holte mich immer wieder ein. Mein Meister Osho war nach der Amerikazeit und seiner Weltreise wieder in Indien gelandet. Die Türen des Ashrams in Poona waren für die Sannyasin und Suchende erneut geöffnet.

Sowie es mir geschäftlich möglich war, machte ich mich auf den Weg für neue Themen meiner spirituellen Entwicklung. Meine Reisen in den Ashram zu meinem Meister dauerten meist zwei Monate im Winter, während deren ich mich dann verstärkt der Innenschau, Meditation, Therapieerfahrung, Ausbildung zum Therapeuten und, am wichtigsten natürlich, den Worten des Meisters und der Integration des neu erworbenen Wissens hingab. Am Schluss dieser Zeiteinheit hatte ich in sieben Jahren sieben Reisen dorthin im Gepäck.

Vor dieser Phase, in den achtziger Jahren, hatte mein Meister den Versuch unternommen, in einem entlegenen Gebiet Nordamerikas die Vision einer Kommune von Gleichgesinnten aufzubauen. Die Transformation in die Buddha-Natur und die Umsetzung der neuen Werte der Menschheit sollten gemeinsam entwickelt und erprobt werden. Unter Oshos Anleitung verstanden es viele der hellsten Köpfe der Gemeinschaft, mit Hilfe aller Beteiligten in dieser entlegenen Gegend Oregons innerhalb kürzester Zeit ein heruntergewirtschaftetes Land zur Blüte zu bringen.

Ein Staudamm und Straßen wurden gebaut, für die Bepflanzung und Bewirtschaftung der kargen Wildnis die neuesten ökologischen Technologien eingesetzt. Neue Lebensweisen galt es nun in die Tat umzusetzen, die Menschen waren begeistert und voller Pioniergeist. Innerhalb von nur wenigen Jahren gelang es ihnen, von der Selbstversorgung bis zum eigenen Flugplatz und sogar einigen Segelbooten auf dem Stausee, die Vision zu verwirklichen. Der Aufbau der Kommune, des Sangha, erforderte in den verschiedenen Stadien den unterschiedlichen Einsatz der Mitwirkenden. In den ersten Jahren war es unerlässlich, für das Überleben in der Wildnis fast rund um die Uhr zu arbeiten. Später sollte es wesentlich gelassener zugehen, mehr Raum für meditative Freizeitgestaltung war geplant.

Dieses gigantische Experiment war einer der Vorreiter in dem, wofür wir uns heute, zwanzig Jahre später, in einem neuen Jahrtausend entscheiden müssen, um das glückliche Überleben der

Menschheit sicherzustellen, den Paradigmenwechsel hin zu einer neuen Art des Zusammenlebens und Arbeitens gemäß einem neuen Weltbild zu vollziehen.

Nur, wie kommen wir dorthin?

Das Festhalten an Altem überall auf der Welt bringt jedenfalls einen viel zu geringen Energieschub, um das Gewünschte in Reichweite der Realität aufzubauen. Wiederum sind Vorreiter gefragt, die wichtige Themen ansprechen. Konventionelle Denk- und Wahrnehmungsmuster gilt es mit Hilfe von Selbsterfahrung und Therapie zu hinterfragen. Infolge der Transformation der Lebensthemen des Einzelnen und des Kollektivs nehmen wir die Entwicklung holistischer, ökologischer, eben ganzheitlich wirksamer Zukunftsmodelle leichter in Angriff.

In dem von Osho ins Leben gerufenen Experiment gab es leider neben den vielen Erfolgen auch dunkle Flecken. Das Bewusstsein der Menschen reichte noch nicht aus, um die hohe Energieform dessen auszuhalten, wohin die Reise gehen sollte. Das System krankte an der Führungsschicht, den Leuten, die für die Struktur einer Stadt in Amerika gesetzlich vorgeschrieben sind. Dieses Projekt in der Wüste von Oregon installierte nicht genügend Wachheit und Bewusstsein, um die Restlebensthemen zu erkennen und aufzulösen; die Methode dazu stand noch nicht zur Verfügung.

In der Kommune verleitete die Machtfülle die Führungskräfte zum Missbrauch und sogar zu kriminellen Handlungen mit äußerst schädlichen Auswirkungen innerhalb und außerhalb des Projekts. Das ist im Übrigen auch heute noch in den Alternativbewegungen und spirituellen Gemeinschaften oder überhaupt bei Experimenten für eine bessere Welt eine Gefahr, nämlich ein schleichender Faschismus.

Doch der Hauptgrund für das Scheitern lag letztendlich in der Person des damaligen US-Präsidenten Ronald Reagan, eines katholisch konservativen »Cowboys« und zweitklassigen Hollywoodschauspielers, der mit einer unglaublichen Vehemenz diese »Insel der spirituellen Freibeuter« zu eliminieren versuchte.

Ich hatte das Glück, zwei Jahre hintereinander, 1983 und 1984, als Gast an dem jährlichen Sommerfestival teilzunehmen. Allein beim Anblick der über das Tal verstreuten Siedlung, der sich bot, wenn der Bus von einer Anhöhe hinabfuhr, ging mir das Herz auf. Genau so etwas hatte ich mir immer gewünscht. Es fühlte sich an, als würde ich ins gelobte Land heimkehren.

Leider war das Experiment 1985 beendet und mein Meister eröffnete nach einigen Wirrungen an seiner alten Wirkungsstätte in Indien erneut seinen Sangha, der sich nun Mysterienschule nannte. Die Schüler sollten nur noch für eine gewisse Zeit im Ashram wohnen, ihre Weiterbildung aufnehmen, das Erlernte mit in ihre Heimat nehmen und dort in ihr Leben integrieren.

Meine Ausbildungszeit betrug sieben Jahre, in denen ich dort jeweils zwei Monate im Winter verbrachte. Obgleich Osho bereits nach nur zwei Wintern seinen Körper verließ, konnte man seine energetische Präsenz weiterhin auch über seine auf Audio und Video gebannten Worte spüren.

Viele tausend Sätze über die Zusammenhänge und Entwicklung der menschlichen Seele anhand von vielen erleuchteten Meistern gaben mir die Basis für das Verstehen und den Mut, den Weg der Erlösung der Lebensthemen zu erforschen und fortzusetzen.

Mit meiner damaligen Lebensgefährtin, die keine offensichtlichen Ambitionen für eine spirituelle Entwicklung zeigte, kam es nach einer Heimkehr aus der Ferne zum Bruch. Das war eine neue Erfahrung für mich, denn diesmal sollte ich nicht nur eine Frau und einen lieb gewonnenen Wohnort aufgeben, auch unsere Firma galt es nun auseinander zu dividieren. Doch wie das Leben so spielt, fand ich nach dieser Talfahrt erst recht etwas, wonach sich mein Herz schon lange gesehnt hatte, oder besser gesagt, es kam auf mich zu.

Mir wurde ein Seminarhaus angeboten, in dem ich als weiteren Trumpf nach der Trennung von meiner Geschäftspartnerin meine neue Firma unterbringen konnte. Und meinen seit längerem in mir gärenden Wunsch, meine erworbenen therapeutischen Fähigkeiten weiterzugeben, konnte ich nun auch in die Tat umsetzen. Das Angebot kam sozusagen wie gerufen!

Außerdem freute es mich, ein Seminarhaus zu kreieren, in dem sich Kollegen mit ihren therapeutischen Ansätzen und, ganz wichtig, spirituell interessierte Menschen und meine Freunde aus der Stadt tummeln konnten.

Mit meiner Gartenbaufirma spezialisierte ich mich mittlerweile auf Zen-Gärten, es entstand also ein wunderbarer kleiner Park mit Wassergarten und Wasserfall rund ums Seminarhaus. Dies bot Kurzbesuchern die Gelegenheit, einmal auszuspannen und sich von den Aktivitäten des Hauses inspirieren zu lassen. Nach dem Motto Meditation, Transformation und Zelebration verbrachten wir dort einige sehr schöne Jahre.

Doch dann bemerkte ich wieder, dass eine weitere Veränderung anstand. Meine Zeit des Lernens mit meinem Meister und seinem Sangha neigte sich dem Ende. Er befand sich nun schon viele Jahre in der anderen Dimension und ich fühlte, wie sich in mir langsam, aber sicher eine Kraft rührte, die zugleich sehr zerbrechlich schien. Die Meditation und das Öffnen von Transformationstüren ließen mich auf der Lebensbühne durch weitere Höhen und Tiefen wandern. Dadurch meldete sich sehr zaghaft eine Ebene in mir, die mehr Aufmerksamkeit verlangte. Etwas wollte zum Ausdruck gelangen, eine neue Form wurde nötig.

In mir kristallisierte sich die Entscheidung, das Seminarhaus aufzugeben. Ich verkaufte meine Firma und gründete in der nächstgelegenen Großstadt eine Praxis für Hilfe zur Selbsthilfe. Dabei unterstützte mich zunächst meine Lebensgefährtin, und nach vielen Jahren in Niederbayern schaffte ich tatsächlich den Sprung zurück nach München, wo ich nun frisch ans Werk ging.

Erneut erlebte ich eine innere und äußere Druckwelle. Unbekannt, nur mit meiner inneren Kraft und dem Gefühl der Stimmigkeit gerüstet, versuchte ich mein Bestes, in der Großstadt Fuß zu fassen. Der Spruch, je weiter wir wollen, desto größer die Feuerprobe, manifestierte sich direkt vor meiner Nase. Ich hatte die inneren Hürden des Wer bist du?, wenn die Wellen über einem zusammenbrechen, zu bewältigen.

Mir wurde klar, dass es sehr eng werden kann im Haifischbecken der Therapeuten, wenn man nicht im Mainstream der esoterischen Wunderheiler oder des Wünsche-werden-wahr-Geklappers mitschwimmt. So fanden erst einmal relativ wenig Menschen in meine Praxis.

Mir kam Jesus in den Sinn. Waren es nicht auch nur wenige, die ihn verstanden hatten. Auf der anderen Seite bedrängte mich der Spruch »Ihr werdet gemessen an euren Früchten«, doch ich konnte meine Früchte nicht mehr sehen. Wie weggeblasen schienen alle Errungenschaften des Transformationsweges. Ich glaubte zu versagen.

Mit meiner Lebensabschnittsgefährtin kam es über diese Situation und mein Verzagen wegen des dürftigen Einkommens zum endgültigen Zerwürfnis. Aufgrund ihrer größtenteils unaufgeräumten Lebensthematik konnte sie mir plötzlich keine Hilfe mehr sein, im Gegenteil, sie verweigerte mir jeglichen Respekt. Das Ende der Geschichte war, dass ich schwer erkrankte und, kaum genesen, mich von ihr trennte. Lediglich die Todesnähe der Krankheit ließ mich in diesem Prozess eine gesunde Entscheidung treffen, was mir aber bleischwer fiel.

Mir war, als hätte man mir einen Teil meines Herzens herausgerissen. Ich fühlte mich während dieser Zeit innerlich wie vergiftet. Mir blieb nichts anderes übrig, als Stufe für Stufe, Ecke für Ecke in den Feinheiten meines hiervon betroffenen Lebensthemas zu wühlen. Es eröffneten sich mir die Hintergründe dessen, was ich gerade auf meiner Lebensbühne erlebte. Auch wurde mir in der Einsicht die Tragweite eines unaufgeräumten Lebensthemas immer deutlicher bewusst. Ich hatte keine andere Möglichkeit, meine einzige Chance lag in den Transformationsschritten.

Erst die Trennung brachte mir meine Kraft zurück, und irgendwie fühlte ich mich plötzlich stärker als je zuvor. Direkt hinter meiner Transformationstür empfing mich unerwartet das göttliche Füllhorn. Die Auseinandersetzungen auf meiner Lebensbühne hatten mir vorher nur einen Weg offen gelassen, den Weg nach innen. Tiefstes Ergründen war nötig, um alle Spuren aufzudecken. Das Geschehen um mich herum zwängte und drängte mich in die Transformation. Wie ein Korken, der aus der Flasche knallt, ereignete sich plötzlich, von einem Moment zum anderen, dann eben doch der Durchbruch. Was für ein Aufatmen, Durchatmen und unbändiges Glücksgefühl! Ich fühlte mich endlich vollkommen unabhängig und trotzdem eins mit der Existenz. Liebe durchströmte meinen Körper, es knisterte sogar in der Aura.

Alle meine Ambitionen, mein verzweifeltes Hoffen darauf, dass die Suchenden doch endlich aus mir schöpfen mögen, und vor allem mein sauertöpfisches Beleidigtsein über die blinden Suchenden verschwanden. Befreit meditierte ich über meine weiteren Schritte.

Zufällig las ich in der Zeitung eine Anzeige einer Cateringfirma, die einen Brotzeitverkäufer suchte. Dieser Halbtagsjob war genau das, was ich jetzt brauchte. Vormittags die Hungrigen mit Delikatessen versorgen und nachmittags in meiner Praxis für Klienten da sein. Ich war versöhnt und dankte dem Schicksal für dieses Zusammentreffen.

Meine Brotzeitsause hatte überdies einen wunderbaren Nebeneffekt: Die Kommunikation mit den vielen Menschen spielte eine Rolle dabei, mich zurück in den Lebensfluss, ins Einssein zu bringen. Wie stimmig doch die Lebensbühne die Dinge immer auf den Tisch zaubert!

Dann kam die große berufliche Wende. Eine Dame der Lokalzeitung berichtete in einem Artikel über meine Arbeit, wodurch sich der erste rege Zulauf einstellte. Dann meldete sich noch ein Fernsehsender, der Interesse an einem kleinen Beitrag mit Aufnahmen in meiner Praxis bekundete. Auch der örtliche Fernsehsender stellte mich in einer esoterischen Sendung vor. Ein Anfang war gemacht, ich war gelandet! Mein mutiger Schritt, auf meine Intuition zu hören und vom Land in die Stadt zu ziehen, hatte sich als richtig erwiesen und im Endeffekt gelohnt. Die Feuerproben der Auflösung der Lebensthemen hatte ich bestanden. Nun konnte ich aufrecht in meiner Authentizität stehen und war bereit für neue Abenteuer.

Zu meiner Überraschung verwandelten die losen Enden auf einmal ihre Struktur und wurden zu einem einzigen starken Strick. Ein Verlag trat an mich heran mit der Bitte, ein Buch zu schreiben, die Zeitungen nahmen Notiz von meiner Arbeit und auch das Fernsehen wollte weiterhin über meine Tätigkeiten als Therapeut, Reiki-Meister und Lehrer berichten. Klienten strömten in meine Seminare, und ich begann, auch in anderen Städten neben den Seminaren Einzeltherapie zu geben. Die Zeit oder, besser gesagt, ich war reif und von nun an widmete ich mich ausschließlich diesen Aufgaben; meine Catering-Erfahrung war abgeschlossen.

Heute, viele Jahre später, profitiere ich sehr von all meinen Transformationsherausforderungen, in Einsicht, Bewusstsein und authentisches Handeln hineingedrängt worden zu sein. Ohne diese direkten Auseinandersetzungen wäre es mir nicht gelungen, als Therapeut derart in die Tiefe des Seins und den Sinn des Lebens vorzudringen. Kein Restpäckchen blieb, soweit ich es heute beurteilen kann, unentdeckt.

Aus meiner Forschungsarbeit entwickelte ich in den folgenden Jahren die Therapiemethode der Erlösung der Lebensthemen, die Lebensthementherapie. Die wichtigen Eckpfeiler dieser Methode und viele Beispiele aus meiner Praxis- und Seminararbeit brachte ich zusätzlich in Buchform heraus.

Hier einige wichtige Details: Alles theoretische Wissen dient lediglich dem Verstehen, der eigentliche Weg beginnt erst mit der Tat, nach der Entscheidung in eine neue Handlungsweise, das ist gelebtes Bewusstsein. Damit meine ich, dass es keinen Ersatz für ein praktisches Durchlaufen von Transformationssprüngen gibt. Erst danach eröffnet sich die Sicht auf das, was bei einem selbst und bei anderen im Dunkeln lag oder liegt.

Das Licht der Bewusstheit und nicht das angelernte Wissen verdrängt die Dunkelheit. Die Scheinexistenz der Schatten wird von den Strahlen des wirklichen Lichts beiseite geräumt. Allerdings braucht es unerschütterlichen Mut, will man über die Schwelle zum Unbekannten treten. Ein Wissender ist man nur, wenn man sich existenziell auf dieses Gebiet eingelassen hat. Denn nur die Konfrontation mit dem Bedrohlichen, Unbekannten und Unbewussten führt in den Pfad der Bewusstwerdung. Nur so gewinnen wir die kostbare Einsicht in die Mysterien.

Hierzu einige Beispiele: Eine Kollegin, die sich der analytischen Therapie verschrieben hatte, konnte den Hintergrund ihrer Berufswahl lange Zeit nicht entdecken, seit längerem plagten sie depressive Authentizitätsprobleme.

In einer Sitzung bei mir stellte sich heraus, dass sie selbst und ihr kleines inneres Kind noch nicht bereit waren, Verantwortung zu übernehmen. Ihre Abwehrmechanismen weigerten sich erfolgreich gegen ein gründliches Aufräumen. Dies führte dazu, dass sie glaubte, ihre beruflichen Fälle in einer jahrelangen Hilfssituation halten zu müssen, während sie eigentlich die Hilfesuchenden in permanenter Abhängigkeit hielt. Sie lebte von ihrem eigenen Bewusstsein völlig unbemerkt, aber trotzdem unverhohlen von der Energie der ihr anvertrauten Seelen. Ihr tyrannisches inneres Kind hatte sie zur Schmarotzerin gemacht. Wie so oft wurde auch hier das Opfer zum Täter.

Leider kommt so etwas in dieser Berufssparte nur allzu oft vor und die universitätsverschulten Kollegen können lediglich mit der eigenen Unfähigkeit, eine solche Situation zu durchschauen, dienen. Der alte Zen-Spruch ist hier sehr treffend: Der Blinde führt den Blinden!

In unserem Gespräch erläuterte sie ihre Ängste, die von ihrem speziellen Lebensthemen-Spannungsbogen herrührten. Mit ihren erlernten Werkzeugen vermochte sie nicht aus dieser Sackgasse herauszufinden. Das schaffte sie erst mit dem von mir vermittelten neuen Wissen und der Anwendung der Transformationswerkzeuge, die ich ihr mit auf den Weg gab. Meine weitere begleitende Unterstützung nahm sie dankbar an. Trotz altbekannter Angstphasen gelang ihr nach einigem Hin und Her der Sprung in die unbekannte Dimension.

Sie nahm sich dann für die Zukunft vor, mit der Ausbildung zum Lebensthementherapeuten ihre herkömmlichen Therapiemethoden auszurangieren. Über ihr therapeutisches Handeln war sie allerdings schwer geschockt, doch als sie dies nach ihrem Bewusstseinssprung halbwegs verkraftet hatte, empfand sie große Dankbarkeit, sah sie doch nun mit geöffneten Augen ihr Tun. Ich freute mich über eine neue Kollegin, die infolge dieser Bewusstseinsarbeit in nicht langer Zeit ihren Patienten erst richtig behilflich sein würde.

Im Augenblick vor dem entscheidenden Sprung ziehen sich zwar Körper und Psyche, bildlich gesprochen, zur Seele hin angstvoll zusammen, man bekommt regelrecht kalte Hände und Füße, aber schon mit dem Sprung erfährt das Sein eine weitere Ausdehnung als je zuvor. Wohlige Wärme einer Welle gleich durchzieht jetzt wieder den Körper. Keine Panik, es sind dies die Schwellen des »Todes«, die so viel Angst bereiten, aber eigentlich sind es die Schwellen zu neuem Leben, dem Eintritt in einen höheren Bewusstseinszustand. Das sind die Hürden, die wir meist ewig hinauszögern, denen wir zum Teil schon in vorangegangenen Leben mit Vermeidung begegnet sind. Wir haben so viel Angst, obwohl die köstlichsten Dinge direkt hinter dieser Ziellinie auf uns warten.

Mein Tätigkeit in verschiedenen Krankenhäusern und die Einsicht in die tiefen Schichten der zu läuternden Lebensthematik der Kranken veränderten meinen Fokus gewaltig. Ich merkte, wie wenig Sinn es macht, an der Oberfläche zu kratzen, und wie gern Menschen eine Transformation verweigern, indem sie sich auf irgendeine Weise als Opfer verköstigen lassen. Krankheit und Leid haben hier einfach mit der Lebensthematik zu tun, und wenn wir uns weigern, hinzusehen, verstärken sich lediglich die negativen Geschehnisse auf der Lebensbühne.

Die Seelen aber, die dem Drängen der Lebensthematik nachgeben und ihre Lebensaufgabe verwirklichen, finden als Teil der Aufgabe hin und wieder sogar ebenfalls ihren Weg in den Dschungel der therapeutischen Vielfalt, am Anfang vielleicht über die Selbstfindung, später über die Wahl verschiedener Hilfstechniken zum Wohle der Mitmenschen und dann als Therapie angewandt. Manchmal nimmt man dabei Abkürzungen, manchmal aber gelangt man auf einen Umweg, es gibt sozusagen wirksamere und Pseudotherapien.

Warnen möchte ich hier nur vor den eigenen trickreichen Abwehrmechanismen. Diese können einen an der Nase herumführen und anstatt vorwärts zu schreiten, wacht man eventuell, wie in einem bösen Traum, erst nach einer geraumen Zeit in irgendeiner unsäglichen Therapieeinheit wieder auf.

So trägt letztendlich jede selbsterfahrene Seele dazu bei, den Umgang miteinander auf unserem Planeten zu verbessern. Irgendwann werden sich dann auch die gesellschaftlichen Institutionen damit auseinander setzen.

Es ist beispielsweise an der Zeit, auf dem Gebiet der Erziehung für Innovation zu sorgen. Hier wird schließlich die Welt von morgen im Sein der Kinder kreiert. Denn die Welt existiert in einem komplexen Zusammenspiel aller Beteiligten und wenn wir dabei die Kinder vergessen, schneiden wir uns von den Wurzeln ab. Die Kinder sind die Zukunft. Vermeiden wir dort die Konditionierung und Manipulation im alten Sinne, dürfen wir mit einem Wunder rechnen. Wer nicht dementsprechend geprägt wurde, fühlt sich eben weder als Moslem noch als Amerikaner, sondern ganz einfach als Mensch, als Erdenbürger. Und das ist schließlich auch die Wahrheit: Wir sind alle ganz normale Menschen auf unserem Planeten, also handeln wir jetzt danach. Erklären wir unseren Kindern rund um den Erdball doch endlich die Realität. Auf diese Weise kommt es automatisch überall ganz einfach zu den anstehenden Quantensprüngen.

Erst wenn wesentlich mehr Seelen durch den Prozess der Evolution in höhere Bewusstseinsstufen aufsteigen, können wir uns jede Menge vermeidbaren und meist tödlichen Unsinn sparen.

Alle persönlichen, gesellschaftlichen und »natürlichen« Phänomene gehören als Bestandteile einem dynamischen organischen Transformationsnetzwerk an, in dem sich alles in einem evolutionären Prozess kontinuierlicher Veränderung befindet. Alles beeinflusst sich gegenseitig und alles ist voneinander abhängig.

Das ist die unglaublichste Realität überhaupt. Jegliches Geschehen passt auf der riesigen Lebensbühne ineinander. Nicht ein einziger Umstand ist davon ausgeschlossen. Alles trägt letztendlich zur Transformation der Seelen bei. Auch wenn die Geschehnisse eine unglaubliche Brutalität mit einschließen. Krisen, Kriege, Gewalt, Missbrauch, Unterdrückung, Mord und Totschlag, Terror, Folter, Kinderarbeit, Faschismus, religiöser Wahn, Seuchen, Erdbeben, atomare Verstrahlung, Raubbau an der Natur, Umweltverschmutzung und die sich daraus ergebenden Folgen für Menschen, Tiere und Pflanzen spiegeln den Lernprozess der Seelen, die aber bis über die Grenzen des Möglichen hinausgehen, mit dem Untergang spielen und es hoffentlich in letzter Minute doch noch schaffen.

Die Existenz zeigt sich geduldig, auch wenn wir hin und wieder von Naturkatastrophen erfahren oder heimgesucht werden. Der Erdenbürger erlebt dabei die globalen Auswirkungen des freien Handelns und der Ausbeutung seiner Umwelt. Doch die Masse Mensch erscheint bis zu einem bestimmten Grad als recht uneinsichtig und unflexibel, lediglich auf das eigene Wohl bedacht. Die unwirksame Vorbildfunktion der Politiker und geistigen Führer sowie die Wirtschaftspotentaten und die kriminellen Machenschaften der Vereinigungen im Sinne der rigorosen Selbstbeschaffung, überdies die Medien und Erziehungssysteme, auch religiöser Art, dies alles verhindert eine sprunghafte Evolution. Nur schwer können sich das Kollektiv und der Einzelne aus diesen Krallen befreien.

Trotzdem fangen einige Lotusknospen zu blühen an und es werden immer mehr. Wenn ein Mensch erleuchtet werden kann, macht das Hoffnung und gilt sogar als Beweis dafür, dass die gesamte Menschheit zu diesem Schritt imstande ist.

Es ist ein Ringen mit den Lebensthemen und mit der göttlichen Kraft in uns. Dass man dabei manchmal ins Hadern und Zetern kommt, ist völlig normal. Alle erwachten Seelen, die jemals auf dem Erdboden gewandelt sind, haben irgendwann mit Gott gezetert und verbal gerungen und ihren Standpunkt gegenüber der Existenz unweigerlich und ohne einen Millimeter zurückzuweichen klar gemacht. Das kommt einem kräftigen Klopfen an die Gottespforte gleich, ein Nichtöffnen wird, wenn erst einmal die Buddha-Natur errungen wurde, keinesfalls akzeptiert. Diese Kommunikation ist sogar ein Muss, wenn die göttliche Kraft in uns wirkt, uns als Umsetzer gebraucht. Wir haben jederzeit das Recht, mit Gott ausgiebigst zu sprechen, und er antwortet nur allzu gern, wartet oft schon auf die verstärkte kommunikative Hinwendung. Das stärkt alle, die unterwegs sind, »im Namen des Herrn« ungemein.

Der Erwachte, ein Fels in der Brandung

Nichts kann einen Erwachten jetzt von seinen Einsichten mehr wegmanipulieren, er steht wie ein Fels in der Brandung. Jeder Anwärter und derjenige, der Erleuchtung erfahren hat, beschreitet dabei wie bereits erwähnt seinen individuell einzigartigen Weg. Manches ist ähnlich wie das Tun anderer Erwachter, Schnittpunkte sind möglich, doch Ausstrahlung und Handlungsweise variieren. Übrigens ringt der Erwachte, erinnern wir uns an Jesus, immer wieder einmal mit dem lieben Gott, es geht dabei um die Kraft, das Anstehende zu bewältigen.

Um das Erfahrene weiterzugeben, wählt der Erwachte, wenn es so weit ist, die für ihn optimalste Form eines Sangha, um dort die größtmögliche Zahl an weiteren Lotusblumen hervorzubringen. In Zukunft werden diese Erleuchtungskreise in großer Zahl und miteinander verknüpft über den Erdball verteilt zum Segen gereichen.

Die Werte und Energie im zwischenmenschlichen Bereich erreichen an derartigen Plätzen eine solche Höhe und Kraft, dass es als normal und erstrebenswert für die Menschen gelten wird, Teil dieser Wachstumszentren zu sein. Man fühlt sich einfach so wohl, geborgen, zu Hause, davon inspiriert, dass man sehr gern dazu beitragen möchte, mehr Raum für diese Art normalen und realen Lebens zu schaffen.

Unterstützend werden neuartige Universitäten ins Leben gerufen und von allen Seiten der Gesellschaft ist man erpicht auf Leute, die dort ihre Auszeichnungen erwerben. Den Vertretern und Verbreitern der neuen Paradigmen wird Tür und Tor weit geöffnet. Das ist der neue gute Ton, der letzten Endes der Richtung, in die die gesunde Entwicklung geht, nicht mehr entgegensteht. Diese Transformation ist die einzige wirkliche Chance, unseren wunderbaren Planeten zu retten.

Wie funktioniert nun dieser Quantensprung oder die Weitergabe des Erwachens? Ein Meister versteht es, rund um seine Worte und Gesten eine Stille in Form von Meditation, dem Nichtdenken, zu erzeugen, die ganz leicht vom Gegenüber aufgenommen wird. Dies wirkt wie ein Wunder, das Energiefeld des Erwachten ermuntert den Suchenden automatisch dazu, in den Bereich der Meditation einzutreten. Fast ohne etwas zu tun, erlebt dieser, vielleicht sogar zum ersten Mal, die köstliche Ruhe und erfrischende Vitalität, die die energetische Kommunikation ermöglicht.

Allerdings entspricht dieses Erleben eher einem Zuckerl, nach dem man sich strecken sollte, als dem schon integrierten Seinszustand.

Der Suchende steht nun vor dem höchsten Lernziel dieser Lebensschule, das Vollständigwerden des Individuums ist gefragt. Meditation und die Aufräumung von Restlebensthemen fallen jetzt an. Denn dem großen Ziel der ganzheitlichen Selbstentfaltung nähert sich der Mensch nur in dem Maße, in dem er in seine eigene Einheit gelangt und gleichzeitig, als Tropfen in den Ozean, mit der göttlichen Existenz verschmilzt. Wenn die Vereinigung mit dem Ganzen geschieht, erst dann fühlen wir permanent die Verbindung, die Erfüllung, nach der wir uns so lange gesehnt haben.

Während wir unsere Lebensthemen transformieren, kommen wir unweigerlich mit der inneren Stille in Kontakt. Um weiter zu wachsen, müssen wir diesen Zustand als die einzig wirkliche Realität akzeptieren. Egal aus welcher Religionsecke heraus wir in diese Wahrheit finden, Meditation fühlt sich immer gleich an. Die rund um den Erdball praktizierten verschiedenen Techniken führen, wenn sie wirksam sind, alle zu demselben Zustand. Übrigens, erfolgreiche Meditationstechniken sind wissenschaftlich nachweisbar.

Warum entscheiden sich dann heutzutage relativ wenig Menschen für das Experiment einer Meditationsreihe und die Aufarbeitung ihrer Lebensthemen? Weil in uns gewisse Grundgefühle, Stimmungen rumoren, die wir nicht richtig deuten können. Da unsere Ausbildungen von diesen Dingen nichts vermitteln und auch das Nachfragen in den Kirchen oder beim Arzt nicht viel bringt, kann uns nur der »Zufall« retten oder die Begegnung mit einem Buch wie diesem, oder man folgt der Weiterempfehlung zu einer Einzelsitzung und bildet sich dann zu diesem Thema in Seminaren fort. Die hier gemeinte Grundangst hat mit der Endlichkeit aller Dinge zu tun. Sie zeigt uns, obwohl wir es nicht wahrhaben wollen, dass uns die Auseinandersetzung mit unserem Ableben zeitlebens sehr nahe steht.

Der Tod ist der Same, der von Geburt an in uns liegt. Dies vermittelt ein lebenslanges Gefühl der Traurigkeit, dem man entkommen will. Gleichzeitig wächst das Bedürfnis nach Sicherheit und damit verschließt sich der Mensch dem spontanen, authentischen Moment. Es werden künstliche Strukturen geschaffen, die einem Sicherheit vorgaukeln. Doch auf diese Weise verfehlt man den Sinn des Lebens. Nur die Unsicherheit lässt uns in jedem Augenblick die Tiefe des Tao erleben.

Die Wahrheit ist, dass wir jeden Tag sterben, der Tod ist kein Unfall, sondern ein täglicher Prozess. Das Verständnis darüber bringt uns zu einer tieferen Ebene des Lebens, hier begegnen wir der Ewigkeit. Wir brauchen diese Ebene nicht zu schützen. Das Schloss hierfür ist der Verstand und die Meditation der Schlüssel. Mit dem Öffnen verschwindet das Schloss und wir sind in der Ewigkeit.

Damit werden wir zum Beobachter, wenn der Körper stirbt. Es ist ein solches Glück, wenn man zu Lebzeiten von der Oberfläche in die Seelentiefe vordringen kann. Dort ist das Königreich der Ewigkeit und nur darin ist man wirklich sicher. Wenn jetzt der Tod kommt, bleibt man Beobachter. Der Übergang in die andere Dimension wird bewusst erlebt, die Erfahrung von Kontinuität verblüfft nur für eine kurze Weile, dann geht die Reise weiter. Ohne Meditation ist niemand zur Ewigkeit des Seins vorgedrungen. Meditation ist dabei das Wichtigste, der Schlüssel. Meditation ist das Einzige, das uns zu unserem wirklichen Selbst bringt.

Hierfür gilt der Sangha als wunderbarer Übungsbereich. Das Sitzen im Energiefeld des Erwachten erfrischt den Suchenden, man wird vital, es ist gleichsam eine Energiedusche für die Seele. Man vergisst die Schwierigkeiten des Alltags, die sich wie diverse Häute über einen gelegt haben. Durch das Zusammensein mit einem Erleuchteten wird etwas Unsichtbares zu den suchenden Seelen transportiert, eine göttliche Energie von Herz zu Herz. Es entstehen Augenblicke, in denen die Satsang-Energie in einem die Buddha-Energie freisetzt.

Wenn dies passiert, ändert sich kurzzeitig die Kommunikation unter den Menschen. Auch nehmen wir unsere Umwelt anders wahr. Sonne, Regen, Wind und ebenso die Welt der Tiere erscheinen in einem neuen Licht. Als Teil dieser Welt fühlt man sich erfrischt und still.

Die erfüllte Seele steht mit allem in totaler Verbindung. Sogar Pflanzen fangen manchmal an zu blühen, wenn eine so reine Energie vorüberzieht. Als Buddha erleuchtet wurde, saß er unter einem Baum, und genau in diesem Moment fielen zu einer völlig unüblichen Zeit Blüten des Baumes auf ihn herab. Die Existenz, der Baum, erfreut sich als Echo über eine erfüllte Seele.

Wenn wir verstandesmäßig beschäftigt sind, wird, im Gegensatz dazu, alles eng und dicht. In Freude und Stille weitet sich das Innere nur in der Meditation, der Gedankenfreiheit, und die Existenz antwortet voller Licht und Liebe. Wie ein kleines Beben durchfährt die Energie Körper und Aura. Ein wohliges Schaudern, die Kundalini-Energie breitet sich aus. Das kennen wir in Nuancen sehr gut, wenn wir emotional auf unsere Umwelt reagieren. Negativ gestimmte Menschen können ihr Umfeld regelrecht vergiften. Wenn wir an jemandem vorbeigehen, der voller Traurigkeit und Bösartigkeit ist, kann dieser Zustand auf uns überspringen. Befinden wir uns aber in einem stabilen Zustand der Stille und Liebe, überträgt sich dieser eher auf den negativ gepolten Gefährten. Bei Menschen, mit denen wir uns wohl und voller Freude fühlen, erquicken wir regelrecht.

Meditieren im Buddha-Feld kann den Quantensprung herbeiführen. Man fällt tiefer und tiefer ins Sein hinein. Die Satsang-Energie ist ein Tempel der Meditation. Therapie reinigt das Haus und Meditation in Stille führt ins Erwachen. Das Bewusstsein steigt auf die höchste Stufe. Wir sind dazu fähig!

Es geht darum, erleuchtete Wesen zu kreieren. Die Existenz, das Göttliche, erfährt sich selbst während der Evolutionsreise einer jeden Seele bis hin in die letztendliche Einswerdung. Der tiefste Wunsch der Existenz ist Erleuchtung.

Die Energie erleuchteter Menschen setzt einen Gegenpol zur Zerstörung und dem unbewussten Handeln der mit ihren Lebensthemen beschäftigten Masse. Nur die Transformation der vielen Einzelnen bringt der Menschheit mehr Bewusstheit. Nun wartet die Welt darauf, dass dieses Energiefeld des Erwachens solche Dimensionen annimmt, dass das morphogenetische Feld sich sprunghaft ausweitert.

Nur wenige Menschen haben aus ihrer Stille und Meditation zur tiefen Liebe gefunden. Lust wird normalerweise als Ersatz für Liebe gehalten. Liebe erwächst aus dem Bewusstsein, Lust entsteht im Körper. Die Liebe wird zum ständigen Begleiter, wenn man eine höhere Bewusstseinsstufe erreicht hat, körperliche Lust ohne Liebe ist nicht mehr möglich.

In dieser Bewusstseinsebene ist bei allen Begegnungen immer Liebe im Spiel. Auch wenn die Konfrontation von Meister und Suchenden manchmal eher wie ein verbaler Kampf anmuten kann, geschieht dies seitens des Meisters aus dem puren Mitgefühl heraus, die Suchenden auf eine höhere Ebene der Bewusstheit einzuladen. Keinerlei Abhängigkeit oder Bedürfnis drängt mehr in die Liebe. Vor dem Erwachen kannte man die Liebe hauptsächlich als adressiert, jetzt sind die Hände offen und die gesamte Existenz nimmt daran teil. Nur mit der Wahrheit in der Realität kann diese Liebe gefunden werden, aus dem tiefsten Sein erströmt ihr Duft.

Die Erinnerung an Geschehnisse, die unseren Lebensthemen-Spannungsbogen betreffen, haben wir noch als Ermahnung bis zum Zeitpunkt der Erlösung der Lebensthemen genutzt, um am Ball der Verwandlung zu bleiben. Doch jetzt brauchen wir sie nicht mehr mitzuschleppen. Das Alte kann verschwinden, da wir uns für die Aufarbeitung der Lebensthemen die nötige Zeit genommen haben und jetzt in der Meditation unsere Gedanken beobachten, so als wären sie ein Fernsehprogramm. Wir halten sie im Zaum, unterbinden die Identifizierung und sinken tiefer in das Sein. Es ist eine wunderbare Abkürzung in die Stille und das Nichttun.

Der See des Bewusstseins wird zum Spiegel und du weißt, du bist die Wahrheit und Liebe und die Göttlichkeit. Mit einem einzigen Schritt öffnet sich der Verstand zum Nichtverstand. Alle Pforten des Mysteriums weiten ihre Türen der Liebe, der Wahrheit und der Glückseligkeit.

Ein weiteres Argumentieren mit dem Alten ist völlig sinnlos, weil wir dann mit den Schatten im Disput verhaftet bleiben. Doch Schatten sind nicht real. Um Schatten zu sehen, brauchen wir die Sonne, das Licht. Mit dem Alten kämpfen heißt, ihm einen realen Platz einzuräumen. Doch als Bewusstseinsarbeiter wäre es wirklich dumm und fatal, weiterhin und immer wieder auf diese Ebene hereinzufallen!

Also sollte man nicht mit dem Verstand kämpfen, vielmehr lässt der innere Beobachter alles vorüberziehen. Nichts verurteilen, lediglich als Spiegel reflektieren, und alles geht vorbei. Noch einmal: Alles geht vorbei!

Wenn man Verstandesdinge nicht beachtet, sie ignoriert, hören sie auf, einen zu bedrängen. Die Schattenwesen verlieren ihre beängstigende Macht, die Luft ist einfach raus. Auch wenn der Verstandesverkehr noch eine Weile weiterläuft, so nimmt er doch ab! Der Verstand hält inne und das ist der goldene Schlüssel, der Schlüssel der Meisterschaft. Er öffnet alle Pforten der Mysterien, der Liebe, der Sicht in die Wahrheit der Realität und des ewigen Lebens.

Als spiritueller Suchender steht man eventuell vor dem Problem, einerseits die Restlebensthemen nicht wahrzunehmen und deswegen ewig einem Meister hinterherzulaufen, aber wegen der Abwehrmechanismen nicht wirklich zurechtzukommen, oder andererseits vor der letzten Hürde der Selbstfindung aufzugeben, aus Angst vor der Courage, die innen wachsende Buddha-Natur anzunehmen. Anstatt auf der verzweifelten Suche nach dem Erwachen überall hinzurennen, gilt es zu Hause anzukommen, wo man sowieso schon ist. Einfach die Augen schließen und entspannen. Hier und nur hier liegt die Chance auf Erkundung der Buddha-Natur.

Wenn der Verstand dahinschmilzt und die Lebensthemen erlöst sind, verschwinden die Grenzen zum Sein. Die Aura, das persönliche Energiefeld, wächst. Es ist die Liebe und das Einssein mit dem Göttlichen, das aus der Tiefe erblüht, die Satsang-Energie ist geboren.

Die alten Meister nannten dies die Einschritt-Pilgerreise. Es ist der letzte Schritt auf einem über so viele Erdenleben andauernden Evolutionspfad. Es passiert genau am richtigen Ort zur gegebenen Zeit. Wer das Glück einer meisterlichen Begleitung hat, merkt, wie die alten Häute eine nach der anderen entfernt werden, um den Buddha freizulegen. Nichts wird hinzugefügt, alles, was es braucht, ist dort drinnen schon angelegt. Wenn diese Häute wie die Schalen einer Zwiebel entfernt sind, entdeckt man dort nichts Neues, weil das, um was es geht, schon immer da gewesen ist.

Der Sinn von Meditation besteht darin, den Raum im Inneren freizuschaufeln. Die Lebensthemen sind transformiert, alles Unbrauchbare wird nun ausgesondert. Dann tritt das Sein in diesen Raum und das Bewusstsein wächst sprunghaft.

Für alles, was der Verstand in sich birgt, sind wir letztendlich selbst verantwortlich. Die Meditationstechniken dienen dazu, es nun endlich loszulassen. Der größte Tag im Leben tritt ein, wenn die tiefe Stille sich im Inneren ausbreitet. Es ist wie eine Neugeburt, ein neues Leben. Vor diesem Schritt fehlte etwas Wichtiges, jetzt ist das Sein vollständig. Das Leben ist jeden Moment neu, immer frisch. Erst wenn diese Erkenntnis gewonnen wird, kann Totalität gelebt werden. Das Ego stirbt, das Gleiche passiert mit den Abwehrmechanismen. Die kreative göttliche Energie fließt nun ungebremst und rein durch das System Mensch. Liebe ist unsere Wahrheit und Gott ist unser Leben. Er ist die Existenz in jedem Partikel, jeder Zelle, jedem Atom.

Das ist es, was alle Meister dieser Erde gepredigt haben. Und doch vermochten die unbewussten »Gegenkräfte« einen breiten Paradigmenwechsel zu verhindern. Das Nichtwissen um diese Realität erzeugt weiterhin große Dunkelheit unter den Menschen. Aber wenn den Medien und der Gesellschaft die

Bedeutung dieser Worte klar werden, hält nichts mehr den notwendigen Wandel auf. Denn wir wissen, es verbreitet kein Gegeneinander, sondern ein immer unterstützendes Miteinander.

Andererseits wird zu großes Wissen oft zum Ballast, so dass der innere Spiegel nicht mehr reflektiert. Dies führt zu einem Festhalten, einem Aufbau der Egomauer und einer Scheinspiritualität oder Gutmenschenmentalität. Und wieder steckt man in der Sackgasse. Das Leben wird eng und enger. Der Fluss des Lebens staut sich. Wir brauchen also Vermittler, die wissen, wovon sie den Menschen erzählen, die Enklaven der Realität, auch Bewusstseinsschulen genannt, an denen meisterliche Seelen wirken. Diese werden schon bald von weit blickenden Politikern im Namen der Gesellschaft geehrt werden.

Die von Geburt an gegebene innere Mitte, der Sitz der Authentizität, erlebt und lernt der Interessierte dort aufs Neue, damit findet er wieder den Platz in sich selbst, an dem er mit dem Ganzen verbunden ist. Dies verändert sein Dasein auf Erden voll und ganz.

Diese in die Schöpfung führende Wurzel verdrängt der Lebensthemen-Spannungsbogen mit den Geschehnissen im Elternhaus und dem weiteren Umfeld. Dazu gehört auch die Zeitschiene eines jeden Seelenlebens auf Erden. Das fehlende Wissen darüber sorgt für die Gefühle der Entwurzelung in der Menschheit. Heimatlos auf Erden und im Universum, müssen die Seelen sich dieses Wissen um die Realität zu Lebzeiten erst hart erarbeiten. Damit schlägt man die Brücke von der inneren Mitte ins Göttliche. Dieser Wirklichkeit gilt es sich bewusst zu stellen, andernfalls macht das Leben einfach keinen Sinn und man läuft lediglich Gefahr, mit irgendwelchen Pseudozielen sein Leben zu vergeuden. Man entfernt sich vom Tao und erstickt damit das Mysterium in fester Planwirtschaft.

Halten wir also die Zukunft offen! Sonst verliert das Leben seine Ekstase. Das Mysterium, das Unbekannte, birgt Überraschungen in sich. Jeden Moment kann sich die Fließrichtung ändern. Wenn wir uns davon tragen lassen, ergibt sich die stimmigste Abfolge von dem, was wir die Transformation in die Buddha-Natur nennen.

Doch aufgepasst, verdrängt man die Transformationsaufgaben und tut nur so, als ob man bereits im erlösten Zustand wandelte, erzeugt dies bloß einen Schein, aber kein authentisches Sein. Diese Art von Pseudoheiligen werden als Gutmenschen nicht selten sogar »heilig« gesprochen.

Der Gutmensch, ein Heiliger?

Der Gutmensch schlängelt sich an der Moral entlang, der Moral der guten oder schlechten Qualitäten. Er entscheidet sich für die guten Qualitäten, er ist wahrheitsgetreu und vertrauenswürdig. Doch Moral bedeutet nicht spirituelle Reife. Den Eigenschaften des Gutmenschen fehlt die Göttlichkeit. Die Entwicklung geht von Gut zur Transformation der Qualitäten Gut und Schlecht.

Der religiöse, spirituelle Mensch ist nicht nur ein Gutmensch, er ist viel mehr. Für den Gutmenschen ist Gutsein alles. Für den spirituellen Menschen ist Gutsein lediglich ein Beiprodukt. Der spirituelle Mensch ist jemand, der sich selbst kennt, einer, der sich seines eigenen Seins bewusst ist. In dem Moment, in dem man sich seines eigenen Seins bewusst ist, folgt automatisch ein gutes Verhalten. Man braucht sich nicht mehr darum zu bemühen, es geschieht ganz natürlich, wie von selbst. So, wie die Sonne, die am Morgen wieder aufgeht.

Gutmenschsein heißt nicht unbedingt, auf dem spirituellen Bewusstseinspfad die Lorbeeren in Empfang zu nehmen. Eher schafft er es mit großer Anstrengung, nicht vom Pfad der Tugend abzuweichen. Seine schlechten Eigenschaften, wie etwa nichtauthentisches Handeln, Verdrehen der Wahrheit oder kriminelle Neigungen, verdrängt er mit aller Gewalt. Diese unterdrückten Eigenschaften können aber im Gutmenschen jederzeit explodieren. Ganz leicht verwandelt er sich dann in einen bösartigen Zeitgenossen, vor allem dann, wenn er mal nicht bekommt, was ihm vermeintlich zusteht!

Der Ausbruch kommt dann ganz ohne Anstrengung, denn die schlechten Eigenschaften sind immer da. Sie stehen direkt hinter dem Vorhang der Gutartigkeit, jederzeit bereit, hervorzubrechen. Die künstlich aufgesetzten guten Eigenschaften werden dabei regelrecht untergepflügt. Auch wenn dieser Mensch hart daran arbeitet, keinen Fehler zu begehen, gelingt ihm dies nur bedingt, nur an der Oberfläche.

Ein weiteres Merkmal des Gutmenschen ist seine Ernsthaftigkeit. Er strahlt sein Bemühen buchstäblich nach außen, was ihn zu einem eher unangenehmen Zeitgenossen macht. Vor lauter Anspannung übersteigt sein Pegel der Versagensangst fast den höchsten Stand, möchte er doch so gern von seiner Umgebung für sein Benehmen geehrt werden. Am liebsten wäre es ihm, als besonders heilig zu gelten, das wäre der Respekt, auf den er wartet.

Mit dem Gedanken vor seinem dritten Auge versucht er, seine Mitmenschen manipulativ vor sich herzutreiben. Er will mit allen Mitteln beeindrucken und versucht dabei bewusst und unbewusst, ihnen Lebensenergie abzujagen.

Nur eine Transformationsmöglichkeit bleibt dem Gutmenschen, er muss mehr Bewusstsein entfachen. Bewusstsein kann man nicht erlernen, kultivieren, man kann es lediglich aufwecken!

Wenn wir vollkommen erwacht sind, ist all unser Tun automatisch gut. Mit keinerlei Anstrengung und ohne Ausnahme, eher mit spielerischer Leichtigkeit und absolutem Bewusstsein beschreitet der Erwachte seinen Pfad. Dagegen muss der Gutmensch sehr viel Kraft aufbieten, um Gutes zu tun. Es ist seine Wahl, seine Herausforderung. Er muss das Gutsein wählen und sich absichtlich gegen das Nichtgutsein entscheiden.

Gutmenschen werden oft von Alpträumen gepeinigt, viele auch von Krankheiten oder Schicksalsschlägen, denen sie überhaupt nichts abgewinnen können. Wie verdattert können sie oft gar nicht fassen, wie ihnen geschieht. Auch im Tagesgeschehen lässt es sich nicht immer wegdrücken. Der Gutmensch steht permanent unter Druck und im Konflikt mit sich selbst. Ihm erscheint das Leben eher freudlos, auch richtig lachen und tanzen kann er nicht. Dafür ist er vom Benimmkodex wie besessen und muss alles beurteilen. Sein Verstand beschäftigt sich ständig damit, das eigene Handeln und das der anderen nach seinen Kriterien zu beurteilen. Nur Menschen, die sich dem beugen, finden seine Anerkennung. Alle anderen werden verurteilt.

Dagegen kennt der innerlich weit gereiste, authentische, spirituelle Mensch kein Gut und Böse, sondern nur bewusstes und unbewusstes Sein. Der innere beobachtende Beobachter führt ihn zum höchsten Gipfel der Bewusstheit. Dort angekommen, bleibt dem ehemaligen Suchenden keine Wahl mehr über Gut oder Schlecht, die Dualität ist aufgehoben. Wie von selbst negieren sich alte Zuordnungen. Die tiefe Einsicht in die Seele der Menschen und das Mitgefühl gegenüber der Evolution der Seele erkennen den Stand eines jeden und versuchen unterstützend die Hand zu reichen. Wer diese vertrauensvoll zu fassen weiß, kann zu einer rasanten Fahrt auf der Evolutionsspirale ansetzen.

Der Erwachte hat mit der Ebene, auf der sich der Gutmensch befindet, nicht das Geringste zu tun. Auf einem niedrigeren Level braucht die Gesellschaft sicherlich eine Moral, aber auf höherer Ebene erweist sich Derartiges als nicht stimmig und für die Hilfe zur Entwicklung sowieso als hinderlich.

Der erwachte Mensch lebt in einem Bewusstsein, das jegliches Wählen erübrigt. Er richtet sein Handeln nach dem, was in seiner Intuition aufsteigt, und das ist immer richtig. Es ist ein Agieren aus der authentischen Mitte heraus. Wie bei einer Blume, die ihre Blüte dem Sein entgegenstreckt: Sie verströmt ihren Duft und das ist einfach richtig.

Diese Art, mit dem Leben umzugehen, betrachte und erlebe ich persönlich als Wunder. Seitdem ich gemerkt habe, dass ich mich auf diese Ebene verlassen kann, verfalle ich auf meinem Lebensweg nicht mehr einem Werten, sondern vertraue den Dingen, die in mir und um mich herum geschehen.

Das mag dem Verstand nicht sehr gefallen, doch darauf nehme ich keine Rücksicht. Der Verstand ist ja nach dem Erwachen nicht einfach verschwunden, nein, er wird schon bei der Meditation auf den ihm gebührenden Platz verwiesen und jetzt mit einem verständlichen inneren Lächeln wiederum dorthin zurückbeordert. Als Nächstes gilt es, Vision und Berufung aus der inneren Mitte heraus wie ein Segelboot in den richtigen Winkel zum Wind der Existenz zu stellen und dann loszulassen, mit aller Achtsamkeit und in völlig entspannter Haltung, das Ruder gelassen in der Hand.

Das Konzept vom Gutmenschen hat längst ausgesorgt. Man ist weder gut noch schlecht, sondern bewusst. Aus diesem Bewusstsein ist alles Handeln gut, sogar göttlich. Der Mensch wird zur Liebe und strahlt diese Energie in die Welt.

Ein Satori als Erleuchtungsfunke

Sobald man mit der Buddha-Energie in Kontakt gerät, kann es passieren, dass einen der Erleuchtungsfunke trifft und gleichzeitig verwirrt. Der Wunsch nach Wiederholung erwacht, und das ist auch gut so. Wir brauchen den Drang für die weitere Entwicklung. Doch damit erscheint auch die Erwartung auf der Bildfläche. Man meint, dass der helle Moment immer gleich aussieht, und darum möchte man ihn genau so wieder in Szene setzen. Das ist ein natürlicher Vorgang, entspricht aber nicht dem Phänomen des permanenten erwachten Seinszustandes. Ein verkrampftes Zurückzwingen auf die Lebensbühne bringt außer Frustration und einem gewaltigen Überdruck im System gar nichts. Im Gegenteil, die Erwartung zerstört den freien Energiefluss und über den Irrweg der absoluten Willenskraft lässt sich hier einfach nichts erreichen.

In diesen Augenblicken versucht der Meister, seinen Schüler

ruhig zu stellen, ihn anderweitig zu beschäftigen, so dass der Verstand, der hier über die Hintertür wieder Einzug gefunden hat, ausgetrickst wird. Jetzt kann der Adept in einer manchmal völlig unsinnig erscheinenden Tätigkeit wieder Ruhe finden. In den alten Zen-Klöstern wurden diese Verrichtungen wie PutZen groß geschrieben. Dabei konnte sich der Verstand beruhigen und durch die dabei erzeugte innere Haltung wurde der Nährboden für weitere Erleuchtungserlebnisse bereitet. Nebenbei schmilzt das Ego und wachsen Demut und Respekt für die göttliche Existenz, was wir für den weiteren Pfad so dringend brauchen. Auch machte der Meister kein Aufheben von diesen kleinen Satoris. Der Meister wusste, wie trickreich das Ego arbeitet, und nur die kleinste Aufmerksamkeit und Bewunderung für das Erlebte würden das alte Egogebaren wieder auf den Plan rufen, sogar stärker als je zuvor. Das spirituelle Ego bläst sich in derartigen Momenten nur allzu gern mächtig auf.

Wenn wir nun die leiseste Ahnung haben, dass ein Funke von vermeintlicher Buddha-Energie in uns erwacht, gilt es erst einmal zu überprüfen, welche Art die Energie denn genau anzeigt. Die Falle der Einbildung steht hier an erster Stelle, aber ebenso kann die angestachelte Kundalini-Energie bis ins siebte Chakra hochsteigen und das Gefühl von schwebender Leichtigkeit verbreiten. Viele, die sich die Erleuchtungserfahrung so sehr wünschen, versuchen in diesem Augenblick, die Leinen loszulassen und ins Nirwana abzudriften.

Es gelingt tatsächlich, einer Drogenerfahrung ähnlich, aus dem Alltagszustand auszubrechen, was aber nicht lange anhält. Zurück auf der Erde, fühlt man sich leer und frustriert. Man ist einer Scheinerfahrung, einer Fata Morgana, einem Luftschloss auf den Leim gegangen. Die jedem eigene Einbildungskraft hat ganz einfach das ganze System in eine außerordentliche Pseudoerwachung gelenkt, und die Abwehrmechanismen, der Tyrann des inneren Kindes, der Verstand springen vor dem geistigen Auge als verkleidete Gesellen herum. Sie schaffen es mit Leichtigkeit, die Situation vorzutäuschen.

Manch einer versucht dann weiterhin auf der entrückten Ebene sein Glück. Doch dieser Versuch kann schnell in einer Bewusstseinsspaltung enden. Man spricht in diesem Fall auch von einem Ver-rückt-Sein. Dies ist übrigens auf diversen Esoterikmessen zu beobachten, wo man nicht selten leicht entschwebten Gestalten begegnet, die mit einem Verzücken in den Augen einem irgendeine Heilslehre entgegenschleudern. Luftballons gleich kommen sie ohne jegliche Verbindung zur Erde daher. Aber auch auf anderen Versammlungen sieht man recht häufig die esoterisch geschulte Seele, und begegnet man ihr dann im Alltag, trifft einen oft eine völlig unverhohlene faschistische Ader wie ein Schlag ins Gesicht!

Die Feuerprobe für alle angeblichen Transformationen sind die ganz simplen zwischenmenschlichen Verhaltensweisen. Hier scheitert dann die komplette Möchtegernverzauberung am Egogebaren.

Dermaßen viele Scheinerwachte stören die Suchenden bei ihrer ehrlichen Absicht des Fortkommens. Noch mehr »Finder des Weges« bleiben mit ihren Lichtblicken auf halbem Wege stehen, in dem Glauben, die Weisheit klar und deutlich permanent vor Augen zu haben. Sie entwickeln sich eher zu Scheinheiligen und vermeiden als größtes Übel meist die weitere Aufarbeitung ihrer Lebensthemen. Leider sind hiervor auch die Großen in der Welt der Veränderung nicht gefeit. Viele selbst ernannte Gurus, Therapiehandwerker oder Topmanagement- und Motivationstrainer bringen Menschen auf ihre kranke Umlaufbahn und verblassen dann wieder wie die Sternschnuppen am Firmament oder entlassen ihre Schüler oder Klienten ohne verantwortungsvolle Nachbetreuung.

Aber auch die Zeit als Jünger bei einem Meister bringt nicht nur großen Segen, sondern birgt auch die Gefahr, sich mit einem überfrachteten Wissen und einigen Silberstreifen am Horizont in der spirituellen Egosackgasse gemütlich einzurichten. Oft dauert es dann Jahrzehnte, falls es denn überhaupt gelingt, in diesem Leben einen weiteren Transformationsschritt hinzuzufügen.

Achten Sie deswegen darauf, dass Sie, wenn Sie in die Nähe eines Satori gelangen, Ihre Erdung beibehalten und Ihren beobachtenden Beobachter in die Hingabe aktiv mit einbeziehen. Nehmen Sie die Erfahrung an, wie sie kommt. Halten Sie an nichts fest, auch nicht an einer künstlichen Verlängerung des Satori. Bedanken Sie sich anschließend bei der Existenz für dieses Erlebnis. In Ihrer weiteren Meditationspraxis entleeren Sie vorher wie immer ganz normal Ihren Geist und verharren mit Demut in der einfachen Meditationsübung. Nach dem Motto »Nichts Besonderes ist geschehen« laden Sie am ehesten eine weitere Erfahrung des Lichtblicks in ihren Meditationszyklus ein. Bleiben Sie dabei ganz locker und schielen Sie nicht nach Erfolgen!

Aber aufgepasst, zu viele Menschen habe ich am Ziel vorbeirauschen sehen, so dass es mir ein Anliegen ist, mit allem Nachdruck auf die Falle des Erleuchtungsegos aufmerksam zu machen. Wer dem spirituellen Größenwahn verfällt, hat meist erst nach einigen Erfahrungen des Geraderückens auf der Lebensbühne, die nicht immer glimpflich ablaufen und Jahre andauern können, womöglich die nächste Chance, über den Tellerrand der Normalität in die Buddha-Natur zu blicken.

Doch gleichzeitig sollte man den Augenblick auch nicht unbeeindruckt und als unmöglich erachtend abschmettern. Das Unglaubliche kommt in Reichweite. Ein erstes Bad in der Buddha-Natur, was für eine Köstlichkeit! Genießen Sie einfach und lassen Sie jegliche Verstandestätigkeit außen vor. Lassen Sie aufkommende Fragen los, sonst verdirbt der Verstand dieses wichtige Erlebnis. Die richtige Ein- und Zuordnung findet das meditative Sein automatisch. Auftauchende Ängste sind Teil der Abwehrmechanismen und des Verstandes, die nicht zu beachten sind!

Nach dieser Erfahrung geht man am besten zur Tagesordnung über. Ein Meister tut in einem solchen Fall so, als ob überhaupt nichts geschehen wäre! Auf diese Weise befindet sich der Schüler wieder auf dem Boden der Tatsachen – hat er nur geträumt?

In dem Moment, in dem ich den Buddha in mir entdecke, entsteht natürlich neben dem großartigen Seinsgefühl das Begehren, es genau so wieder zu probieren, um in diese Ebene vorzustoßen. Doch aufgepasst, das Leben spielt immer wieder neu. Daher verlassen Sie sich nicht darauf, in derselben Weise der Buddha-Natur nahe zu kommen. Es kann sein, muss aber nicht sein, dass es so passiert. Sie geraten sonst leicht in eine Erwartungshaltung und verkrampfen sich unter Umständen so, dass sich Ihnen der Weg versperrt. Denn jeder Moment ist neu, und hält man am Vorherigen, am Alten fest, verliert man diesen zarten Augenblick der Realität.

Bleiben Sie wach und entspannt. Wer versucht, derartige Momente festzuhalten, wird versagen. Ein willentlich über den Verstand gesteuerter Wunsch nach Wiederholung würde nichts bringen und ist nicht möglich. Dieselbe Freude und Glückseligkeit kann man so nicht wiederholen. Und trotzdem kann es in einer entspannten Grundhaltung geschehen, dass man noch einmal den gleichen Weg zum Satori nimmt. Ebenso kann es einen ganz plötzlich, aus heiterem Himmel, treffen und man findet sich in einem ganz und gar veränderten Zustand wieder.

In unserem Bemühen sollten wir der Existenz vertrauen. Es wird wieder geschehen und dann erfahren wir weitere Lichtblicke in dieses paradiesische Sein. Aber man darf an nichts festhalten, an keinem bestimmten Experiment, sonst erwächst daraus ein Hindernis für ein erneutes Abenteuer. Die Energie- und Erfahrungsebene ist so flüchtig, dass man sie nur im Zustand der absichtslosen Meditation wahrnimmt.

Wenn dann wieder so etwas wie ein Satori stattfindet, fühlt es sich von neuem wie ein Heimkehren ins Paradies an. Eine solche Erfahrung stellt alles vorher Erlebte in den Schatten, und das Beste daran ist: Die Zukunft hält noch wesentlich mehr solcher Köstlichkeiten parat.

Bis wir die permanente Erleuchtung als Geschenk unserer transformatorischen Bemühungen erfahren, müssen wir unentwegt wieder die richtige Position zum Satori-Erlebnis und zum gewöhnlichen Alltag einnehmen. Denn dieses Wunder gehört bereits der Vergangenheit an, und die ist definitiv vorbei, sozusagen tot, während die Zukunft noch nicht begonnen hat und daher völlig offen ist.

Geduld, Demut, Liebe, Mitgefühl, Selbstliebe, Selbstbewusstsein, Egolosigkeit münden in das Bassin der absichtslosen Meditation. In der Stille hält die Blume der Achtsamkeit, des Bewusstseins in tiefem Frieden die Wacht, um an dem nächsten Höhepunkt von Anfang an und in allen Facetten teilzuhaben. Die Verzauberung eines Satori erfährt der Meisterschüler, wenn er die Kunst des Wartens in reinem Vertrauen beherrscht. Ein ums andere Mal schenkt uns die Natur des Seins diese Bonbons. Denn die Existenz ist wie ein Füllhorn, das sich ergießen möchte. Sie wartet nur darauf, endlich eine große Zahl an Seelen auf dieser Ebene begrüßen zu dürfen.

Beim Lesen dieser Zeilen kann leicht der Eindruck entstehen, dass wir die Bonbons aus dem Füllhorn nur hin und wieder und dann auch nur bei guter Führung erhalten. Dem ist nicht so, im Gegenteil, die Existenz überschüttet uns förmlich die ganze Zeit über damit, nur sind wir nicht in der Lage, darauf angemessen zu antworten.

Wenn sich der Erleuchtungsmoment in uns ereignet, gleicht dies einer Explosion von Energie. Dieser hohe Level ist kaum auszuhalten. Als Gegenreaktion steuern wir automatisch erst einmal dagegen, um wieder durchatmen zu können. Dieses Phänomen kennen wir aus der Partnerschaft, wenn nach einem göttlichen Orgasmus und köstlicher Nähe wieder eine zwischenmenschliche Pause eingelegt wird.

Der Energielevel fällt also kurz nach Erreichen der Buddha-Natur rapide. Wir müssen lernen, die Energie, die in uns strömt, im ganzen System, bis in die letzte Zelle und die Aurahülle, auszuhalten. Meist sind mehrere Satori-Erfahrungen erforderlich, bis sich das System darauf eingestellt hat. Es ist dem Sport ähnlich, wo der Körper in gehöriger Weise auf die Wettkämpfe vorbereitet wird. Mit einem entsprechenden Muskelkostüm und mentaler Stärke gerüstet, vermag man die höchsten Marken zu überspringen. Damit kein Missverständnis aufkommt: Beim Quantensprung in die Erleuchtung geht es nicht um einen Wettkampf. Aber um die ausreichende Vorbereitung und immer wieder ums Loslassen.

Die Kristallisierung des Buddha

Die gelernten Werkzeuge der Meditation und Transformation, gepaart mit dem Wissen, wohin die Reise geht, helfen dem Reisenden vorzüglich, die Buddha-Natur zu kristallisieren oder in ihr Platz zu nehmen. Es ist an der Zeit, den inneren Raum der Meditation und Stille verstärkt aufzusuchen, um dort den großen Frieden zu spüren. Der Grund ist bereitet für die göttlichen Momente.

Und doch treffen relativ wenige hier ein. Machen auf den letzten Metern schlapp. Enden vorerst mit spirituellen Halbreifezeugnissen. Was ist geschehen? Sie wollen und können nicht in das höchste Bewusstsein aufsteigen. Im letzten Augenblick stellt ihnen das Ego oder die im Verborgenen immer noch existierenden Abwehrmechanismen ein Bein.

In der Therapie- und Meditationserfahrung, beim Aufstieg in einem Therapeutenberuf, als Meditations- und Yogalehrer, in Heilberufen oder als Managementtrainer oder mit Hilfe von Motivationsseminaren als super Überflieger in allen möglichen Berufen erwächst im Hintergrund ein spirituelles Therapeuten-, Heiler- oder Superbescheidwisser-Ego. Dies verhindert mit seiner Scheinstrahlkapazität den letztmöglichen Quantensprung!

Aber eigentlich findet hinter dieser Kulisse ein erbitterter Kampf der Abwehrmechanismen und des erstarkten Egos mit dem realen Sein des inneren Wesens, der Seele, statt. Um endgültig in die Buddha-Natur aufzusteigen, müssen diese Gesellen, und dazu zählt unbedingt auch das innere Kind, der kleine Tyrann, des Feldes verwiesen werden. Keinerlei Spielmöglichkeit darf ihnen mehr gestattet werden. Es geht um Leben und

Tod dieser Schattenkämpfer, das Erlösen der letzten Lebensthemen und die dadurch befreite Buddha-Blume.

Im Grunde wäre es schon lange ein Leichtes, sie aus dem Felde zu schlagen, doch sie tarnen sich gut und vernebeln gern die Sinnesorgane und die Intuition. Nur wer immer wieder alles in Frage stellt, hat die Chance, diese Burschen im rechten Moment ausfindig zu machen und ihren Einfluss mit klaren Entscheidungen und Handlungen auszumerzen. Es gibt genügend so genannte Meisterschüler, die kurz vor dem letzten Sprung standen, aber eben an diesem Punkt strauchelten, und indem sie, vom Ego und den Abwehrmechanismen gesteuert, sich sogar gegen den Meister erhoben, fielen sie oft genug von der spirituellen Meisterebene auf eine überaus gewöhnliche Bewusstseinsstufe zurück. Im Grunde bedeutet das, dass sie wieder bei null anfangen müssen, und wenn es denn überhaupt in diesem Leben noch einmal so weit vorwärts gehen sollte, haben diese Seelen wirklich Glück gehabt.

Manchmal sind auch versteckte Restlebensthemen noch nicht gänzlich aufgeräumt, es kann sein, dass der vermeintlich weit gekommene Suchende lediglich die alte Nabelschnur wiederbelebt und sich dabei überhaupt nicht bewusst ist, was er da eigentlich anrichtet. Er entfernt sich unter dem Vorwand, nun besser oder genauer Bescheid zu wissen, von dem tragenden Element eines Sangha oder von jemandem, der ihm als Lichtbringer auf seinem Weg dient. Er verhält sich ähnlich wie ein Kind, das, nun fast erwachsen, endlich das nervende Zuhause verlassen will. Obendrein wird er von den eigenen Abwehrmechanismen geblendet und bedrängt, so dass er, um eigenständig voranzukommen, den Bau zu früh verlässt. Darum ist es so wichtig, dass wir uns bis zur letzten Sekunde immer noch hinterfragen, den bewussten Beobachter fest installiert lassen und gegebenenfalls unseren Wegbereiter darum bitten, zu unserem Aufbruchsdrang Stellung zu nehmen.

Nur sind Erwachte dieser Qualität äußerst rar, und wenn Sie das Glück haben, einem zu begegnen, dann sollten Sie sich besser dreimal fragen, bevor sie ihn wieder verlassen. In meinen Seminaren erlebe ich es nur allzu häufig, dass die Transformation nur unvollständig ausgeführt wurde. Die Menschen gaukeln sich dann auf ihrer Bewusstseinsebene etwas vor und merken nicht, dass sie den alten Mechanismen wieder auf den Leim gehen.

Da wir über unsere Lebensthemen-Spannungsbogen in der Kindheit, um zu überleben, bestimmte Mechanismen angenommen haben, die als Reste nach wie vor unkontrolliert und eigenständig im System stecken und uns mit ihren Ideen vermeintliches Überlebensgebaren suggerieren, fallen wir meist auf diese realitätsfremde innere Führungskraft herein. Sie schleicht über den Verstand von hinten an uns heran und müllt uns mit ihrem Gesäusel zu. Nur mit aller Macht des Bewusstseins können wir uns dagegenstemmen, auf die Stopptaste drücken.

Tatsächlich können die Buddhas dieser Welt ganze CD-Roms füllen mit denen, die es nicht geschafft haben, hier einen sauberen Schnitt anzusetzen. In der Entwicklung gehören diese Wachsamkeit und diese Achtsamkeit zu den schwierigsten Phasen. Die Abwehrmechanismen, das Ego und der kleine innere Tyrann vereiteln, wo sie nur können, die jetzt so wichtigen Wachstumsschritte. Die Geschichte zeigt, dass lediglich sehr wenige Suchende sich zu Perlen entwickeln, die in ihre wahre Buddhaschaft aufsteigen.

Auch eine findende Seele, die viel Bewusstsein angesammelt hat, kann dennoch in einem Moment der Unachtsamkeit auf den Holzweg geraten. In dieser hohen Bewusstseinssphäre verfügt die Seele über sehr viel Kraft. Wenn es dann zu Unaufmerksamkeit kommt, kann es sein, dass sie ihre Kraft missbraucht und dazu noch das sichere Gefühl hat, völlig richtig zu liegen.

Nur wenn das Gegenüber auch mit einer hohen Bewusstheit ausgestattet ist, dies bemerkt und auch anspricht, kann viel Unfug vermieden werden. Ansonsten führen solche Entgleisungen zu regelrechten Debakel, wie es 1985 bei der Kommune des spirituellen Meisters Osho der Fall war. Hier wurden die kriminellen und faschistischen Machenschaften seiner Sekretärin Sheela zu spät aufgedeckt. Die amerikanische Regierung ergriff im Zuge dieser Entwicklung die Chance, die Kommune zu zerschlagen.

Für die Schüler war dies eine große Lektion, sie lernten daraus, in Zukunft jegliches Geschehen stets wachsam, bewusst und achtsam zu verfolgen, die kleinen und kleinsten fehlerhaften Einzelheiten in Kommunikation und Handlungen mit der Einsicht des dritten Auges aufzudecken, in der eigenen Entwicklung so weit zu kommen, dass versteckte, destruktive Lebensthemen in ihnen selbst und in anderen an die Oberfläche gelangen können, um erlöst zu werden.

Der neue Mensch der Buddha-Natur hält eine Verpflichtung ein, die er mit sich selbst und Gleichgesinnten eingegangen ist, die Verpflichtung zur gegenseitigen Offenheit für die Wachstumsdimension. Transformationsschritte werden ohne Gefühle des Sieges oder der Niederlage vollzogen. Dafür ist man allzeit in einer gewissen automatischen Wachsamkeit; einer Maschine ähnlich, passt der bewusste Beobachter »höllisch« auf.

Allerdings neigt der Mensch zur Schläfrigkeit. Lieber döst er noch eine Weile; die wirklich wichtigen Wandlungsschritte können ja jederzeit durchgeführt werden, warum denn gleich jetzt? Vor allem wenn er auf sich selbst gestellt ist, vergisst er schnell die unliebsamen Transformationsentscheidungen.

Die Erfahrungen zeigen klar und deutlich, wie hilfreich eine Gemeinschaft von Gleichgesinnten für die innere Entwicklung ist. So verstärken beispielsweise die Treffen nach den Quantensprung-Seminaren die Erinnerung an das Erlebte und an die Entscheidungen, die es nun weiter umzusetzen gilt. In der wiederholten Begegnung bleibt ein starkes Gefühl der Unterstützung durch die Gruppe erhalten, wodurch die Teilnehmer in eine tiefe ehrliche Verbindung treten, in der alles angeschaut und in die Transformation geschickt werden kann. Man begegnet sich trotzdem in tiefer, liebevoller, freundschaftlicher und respektvoller Art und Weise. Jeder weiß, wie schnell man nach einem Seminar wieder in alte Verhaltensweisen zurückfällt, und so macht man sich gegenseitig immer wieder auf den rechten Pfad aufmerksam. Man fühlt sich nicht allein, sondern in der hin und wieder stattfindenden Begegnung erfährt man aufs Neue, dass man mit Gleichgesinnten, mit Freunden, Weggefährten in einem Boot sitzt. Das macht es wesentlich einfacher, auf dem Pfad der Wahrheit, Bewusstheit und Realität zu bleiben.

Gerade wenn der eine oder andere seinen persönlichen Trip sich selbst und seinem Umfeld bewusst oder auch unbewusst als Wahrheit verkauft und erst nach intensiver Klarwerdung mit mir und der Gruppe bemerkt, dass die Abwehrmechanismen oder das Ego so unglaublich geschickt auf etwas beharren, ist es so wichtig, bei einem solchen Treffen hintergründiges Handeln aufzudecken.

Was sich allen anderen ganz offensichtlich als die alten Machtspiele, aus dem Unterernährtsein entfachte Energieraubspiele oder das hinterhältige Beharren des Egos auf seinen angestammten Platz zeigt, wird jetzt auch dem in der Handlung Verstrickten deutlich bewusst. Es ist äußerst gefährlich, diesem Gebaren keinen Einhalt zu gebieten, denn auf diesem Level wird das Unwahre, der Trip, das Vortäuschen, der nicht erkannte absolute Fehlgriff und Holzweg zum Geschoss für alle Beteiligten, die, davon getroffen, in eine Art energetisches Koma fallen, damit sie nicht merken, dass hier die Lüge regiert.

Gefährlich deshalb, weil ein Mensch auf dieser Ebene mit der Kraft der sonstigen Bewusstheit seinen egomanischen Neigungen erlaubt, sein Umfeld manipulativ in etwas Ungesundes zu zwingen. Natürlich erhält der so Austeilende über diesen Weg genau das, was ihm zu fehlen scheint, nämlich reichlich Energie und Aufmerksamkeit, um sein eigenes energetisches Loch zu stopfen. Da ein Einzelner sich gegen solches Verhalten meist nicht wehren kann, ist es von großem Vorteil, nach Einzelsitzungen und den Quantensprung-Seminaren bei anschließenden Treffen solchem Fehlverhalten energisch entgegenzutreten. Zu leicht läuft der Einzelne sonst aus dem Ruder der Transformation. Wir stellen also Erlebnisse aus dem Alltag nach, die in der Kommunikation irgendwie einen faden Beigeschmack hinterlassen haben. Aber auch die im Austausch auftretenden Transformationsentgleisungen können sofort aufgedeckt und wieder auf Kurs gebracht werden. Immer wieder fallen wir auf die alten Mechanismen herein und nur mit größter Anstrengung und bei regem Gebrauch aller erlernter Hilfswerkzeuge gelingt es, konsequent auf der Evolutionsspirale voranzukommen.

Ich kann es gar nicht oft genug wiederholen: Die größte Unterstützung bietet dabei eine Gemeinschaft von Gleichgesinnten, die die Vereinbarung treffen, sich gegenseitig für ihr Wachstum einzusetzen und gemeinsam und mit meiner Unterstützung voranzuschreiten. Es gibt kein Oben und kein Unten, keine Gewinner und keine Verlierer, Bewusstseinsarbeit wird einfach verrichtet. Jeder Teilnehmer bringt seine höchste Form der Bewusstheit ein und stellt sich eben auch den auftretenden Schattenseiten.

In einer solch kleinen Gemeinschaft oder in einem ähnlichen Verbund von Wahrheitssuchenden, dem Sangha, bietet sich die Gelegenheit, die Wahrheit zu erfahren und wahrheitsgetreu weiterzureichen. In Zukunft werden wesentlich mehr Menschen die Entscheidung für ein aktives Weiterwachsen dieser Art treffen.

In der Weltgeschichte mussten sich die Meister schweren Herzens damit abfinden, dass lediglich ein verschwindend kleiner Teil der Menschheit offen war für ein dergleichen schnelles Vorankommen auf der Evolutionsspirale. So hieß es denn auch bei ihnen: Man könnte genauso gut Brillen in einer Stadt der Blinden verkaufen. Ein Hoffen ohne Hoffnung, unter einer Million vielleicht einer, der anspricht und in die Buddha-Natur findet.

Trotzdem ist ein Meister nicht enttäuscht oder fühlt sich verraten und allein gelassen. Das Wunder, warum er so viele Strapazen auf sich nimmt, ist auf die wenigen zurückzuführen, die in tiefer Liebe und Vertrauen auf dem Pfad der Erleuchtung weitergehen. Sie mögen den Meister nicht verstehen, aber sie haben den Ruf der Herausforderung vernommen.

In dieser Hoffnung arbeitet der Meister ein Leben lang mit den Suchenden. Wenn auch nur wenige Menschen in Richtung Erleuchtung und Gott aufbrechen, so fühlt sich der Meister doch erfüllt.

Der Hauptgrund dafür, dass das Endziel nicht erreicht wird, ist in der fehlenden Achtsamkeit gegenüber dem Eigenleben des Verstandes zu suchen. Nur weil wir ein paar Hürden auf dem Weg genommen haben, ist der Verstand keineswegs tot. Er hält sich nach außen hin brav an den ihm zugewiesenen Platz. Doch kaum wittert er eine Gelegenheit, ergreift er sofort die Initiative. Der langjährige Herr im Haus versteht sich meisterlich im Umgang mit dem Computersystem der Seele. Einem Hacker gleich, der in einen militärischen Großrechner eindringt, versucht er, sobald er über die Meditation abgemeldet ist, die Zugangscodes zu knacken. Die einzige Instanz, die diesem Treiben Einhalt gebieten kann, ist das Bewusstsein.

Nicht entleerter Verstandesrestmüll und Mahnmale der Lebensthemen werden vom Verstand als Schutzschilde benutzt, hinter denen sich der Gedankenapparat jetzt anschleicht. Als Nächstes wird er das Ruder der meditativen Selbstbestimmung des Seins an sich reißen. Dann geht alles blitzschnell wie in einem Krimi, die Wachsamkeit wird ausgeschaltet, die Wahrnehmung künstlich überbrückt. Auf dem inneren Bildschirm erscheint zwar weiterhin das Bild vom gesunden Handeln, aber in Wirklichkeit werden Intuition und innere Stimme überrumpelt und ausgeschaltet.

Wenn das gelungen ist, führt der Verstand als hervorragender Stratege die nächste Abwehrwaffe ins Spiel: Er schickt Bilder auf den inneren Bildschirm, die das für die Transformation wirklich Hilfreiche in ein schlechtes Licht rücken.

Das können die Werkzeuge sein, die irgendwie langweilig

werden und außerdem sowieso nichts bringen, oder der Therapeut erscheint in einem ungünstigen Licht. An diesem Punkt wirft auch so mancher Schüler eines Meisters gern mal das Handtuch. Der Verstand installiert nach diesen Erfolgen alle alten, schon transformierten Lebensthemenstrukturen, an die er sich noch erinnert, im System. Trotz mancher Ermahnung meint der Suchende mit seiner nun erstarkten »Wahrheit«, die absolut richtigen Entscheidungen zu treffen.

Jeden Tag manipuliert also nun der Verstand die Realität etwas stärker, bis dann der Suchende ein völlig neues, aber gänzlich falsches Bild von seiner Situation oder einem beratenden Therapeuten zeichnet. Dies verführt die jetzt völlig blinde Seele dauernd zu Fehlhandlungen. Handlungen, die in die Sackgasse führen und langer Aufarbeitungszeit bedürfen, bis diese Seele wieder den Sprung in die Wirklichkeit wagt.

Der Verstand siegt und hat das gesamte System übernommen. Der Suchende, das Wahre Sein, merkt von alledem nichts, er ist regelrecht kaltgestellt und meint sich in der Realität und mit allem in gesunden Handlungen verbunden. Das erzeugt wiederum auf der Lebensbühne einen Spannungsbogen, der die blinde Seele aufs Neue ins Aufwachen bringen soll. Der immense Druck, der dabei erzeugt wird, entlädt sich dann in den Dingen, die ins Aufwachen führen. Der Suchende dreht sich auf derselben Ebene der Evolutionsspirale ein weiteres Mal im Kreis.

Hiervor ist niemand gefeit. Auch Menschen, die in meinen Seminaren in hohem Maße Aufarbeitung betrieben haben, bedürfen gelegentlich eines Coachings, um in der Spur zu bleiben.

Wieder einmal ist an dieser Stelle der beobachtende Beobachter gefragt. Dieser mischt sich vorerst nicht ein, sondern reflektiert lediglich wie ein Spiegel das Geschehen. Er lässt sich nicht in irgendwelche Verstandesspiele hineinziehen. Die Dinge, die er erkennt, verweist er an die zuständigen Gremien. Restlebensthemen werden direkt zu der sich neu ordnenden transformatorischen Bewusstseinsebene weitergegeben, während gleichzeitig das Sein in die Meditationsecke geschickt wird, um mit dem Freiraum der Leere zu experimentieren.

Mit dem Freiraum der Leere ist einfach ein leerer Raum gemeint, den man sich über die Meditationstechniken schaffen kann. Dieser Raum hat ebenfalls einen direkten Draht zur Ebene der Buddha-Natur. Dadurch sind wir, wenn wir aus der Meditation heraus handeln, so nah an dieser Energie. Wenn wir uns bewusst in diesem Raum aufhalten, wirken wir dem Verstand entgegen, der unser Sein im Griff hat. Deswegen haben alle Meister den Pfad der Meditation propagiert, der uns direkt ins Einssein mit der Buddha-Natur führt und damit den Verstand überlistet.

Tatsächlich ist der Weg in den leeren Raum der Meditation der kürzeste Weg, um die unerledigten Lebensthemen zu transformieren. Nur lässt sich das im Alltag kaum auf Dauer realisieren. Daher sind wir zwar imstande, ein Satori im Erlebnisbereich vorzufinden, jedoch der ständige Aufenthalt im Meditationsraum gelingt nur wenigen. Während eines Satori sind wir zwar genauso auf der Erde anwesend wie sonst, aber der Unterschied besteht darin, dass die Identifikation mit der Persönlichkeit und mit dem Weg im Spannungsbogen der Lebensthemen wegfällt. Dadurch verwandelt sich das innere Sein sofort in einen hohlen Bambus, auf dem dann das reine göttliche Lied der Existenz spielen kann. Im selben Moment ist alles, was wir sagen und tun, von göttlicher Qualität, vom Göttlichen durchdrungen. Die Lebensthemen spielen überhaupt keine Rolle mehr.

Aber aufgepasst, nach dem Kurz-Satori ist vor dem Satori! Man sollte sich jetzt nicht blenden lassen, nur diejenigen, die tatsächlich mit dem Erwachen in Verbindung stehen, also den Long-run hinter sich haben, bereit sind für den großen, letzten Quantensprung, haben die Chance, wirklich aufzuwachen!

Der dort erwachsende freie Raum ist absolutes und totales Vertrauen in das göttliche Sein. Jegliche Sicherheiten oder

Sicherheitsnetze interessieren nicht mehr. Der hier Angekommene weiß um die Verbindung in seine innere Tiefe und sein Aufgehobensein im Göttlichen. Er weiß es nicht nur, er lebt es auch. Hier angekommen, verschmilzt dieser Raum mit der Buddha-Natur, ein neuer Buddha ist geboren.

Der letzte Schritt ist zwar ein Sprung, aber er wird innerhalb eines Prozesses vollzogen. Angefangen mit einem kleinen Satori bis hin zu immer längeren Meditationsphasen und dem Erfahren der Buddha-Natur, erleben wir immer wieder, wie Ängste, alte Befürchtungen, Misstrauen gegen die Tragfähigkeit des eigenen Weges und des kollektiven Energiemantels das Sein beeinflussen. Das ist ein natürliches Übergangssymptom, und es zeigt sich mal stärker, mal schwächer. Dem gilt es wiederum mit geistiger Disziplin zu begegnen. Man darf nicht zulassen, dass man das Gleichgewicht verliert und der Anziehung der alten Pfützen unterliegt. Wenn es dann doch passiert, bleibt das Sein einer geschulten Seele wie an einem Gummi klebend mit der Realität verbunden und wird von dem Gummi des Bewusstseins relativ schnell wieder zurückkatapultiert. Nur noch selten erfolgt auf dieser Ebene der völlige Zusammenbruch und damit eine längere Bewusstseinsauszeit.

Um das Erreichte zu prüfen, kann die Lebensbühne jederzeit mit einer Feuerprobe aufwarten. Anschließend kennen wir dann genau den Bewusstseinsstandpunkt. Die meisterliche Seele nimmt diese Herausforderungen gern an, lässt sich aber davon nicht mehr zu unbewussten Reaktionen verleiten. Das Vertrauen ist stärker als all die Feuerproben zusammen. Auch wenn es im Außen den Anschein hat, als würde sie verlieren, rückt sie keinen Millimeter von ihrer Bewusstheit ab.

Sehr genau sollten Therapeuten oder Berater bei der in diesen Dingen verwickelten Seele auf die Geschehnisse achten, denn nur mit einem geschulten Blick, der all die Feinheiten erfasst, kann eine wahrheitsgemäße Deutung und Beratung stattfinden. Wie schnell werden Menschen auf falsche Fährten gebracht und geraten dann, mit falschen Informationen ausgestattet, jahrelang immer wieder in irgendwelche Sackgassen. Wie auch immer aber Ihr Bewusstseinsstandpunkt aussieht, so sollten Sie nicht verzagen, die Entwicklungsreise geht weiter!

Auch fortgeschrittenen Seelen schlottern mal die Knie. Doch sie gehen möglichst meisterlich mit dieser Situation um. Die Suchenden, besser gesagt, die Finder auf dem Weg, die bereits mit der Buddha-Natur experimentieren, lassen sich ab einem bestimmten Punkt auf ihrer Evolutionsreise nichts mehr anmerken. Vielmehr erzeugen sie, sobald sie Ängste in ihrem Inneren und in der Aura bemerken, ein Energiefeld der Eigenunterstützung, des Gleichmuts, versetzt mit einem Schuss Humor.

Mit einem Wort, sie nehmen sich selbst in diesem Augenblick nicht allzu ernst, zwinkern sich quasi mit einem Auge zu, bleiben jetzt einfach gelassen und lassen keine Kraft entweichen. Sind bereit, ihren Weg fortzusetzen, egal was im nächsten Moment passiert. Mit dieser Haltung gelingt einem relativ leicht der weitere Aufenthalt in der transformierten Ebene. Sollte den Meisterschülern trotzdem einmal der Himmel auf den Kopf fallen, lassen sie sich von den Buddhas inspirieren. Erleuchtete Meister bleiben, egal was passiert, ein Beispiel an integrem Handeln.

Der meisterliche Schüler muss nicht unbedingt mit einem tatsächlichen Meister in einem Lehrer-/Schülerverhältnis stehen, das Leben selbst führt einen oft genug in diese Ebene. Schüler eines erleuchteten Meisters zu sein kann die Reise aber erheblich verkürzen. Jeder zur Meisterebene Aufgestiegene hat aber so oder so die Wirkungskraft und Bedeutung des inneren Beobachters kennen gelernt. Wenn der innere Beobachter nach vielen Experimenten nun endlich dauerhaft unabhängig vom Verstand funktioniert, betreten wir absolutes Neuland.

Der bewusste Beobachter vereinigt sich mit dem Wahren Sein und die Verbindung zur Seele steht deckungsgleich. Sie ist nicht aktiv und auch nicht inaktiv, sie reflektiert lediglich. Aus diesem inneren Platz die Welt zu betrachten, das ist die größte Entwicklung, die in uns stattfinden kann.

Wir sind uns jetzt der Seelenwanderschaft über Tod und Wiedergeburt hinaus bewusst. Dadurch verändert sich auch die Identifizierung mit dem Körper. Der Beobachter ist unbeteiligt, er ist vom Geschehen getrennt. Er fühlt sich nicht mehr wie in einer Einheit mit dem Körper verbunden, sobald eine Krankheit auftritt. Die Seele selbst kann nicht krank werden. Je nachdem, wie wir mit dieser Tatsache umgehen, können dadurch sogar körperliche Schmerzen ausgeblendet werden. Auch der Tod wird von dieser Ebene aus bewusst beobachtet, ohne dass die Seele in die Angst abgleiten muss. Ein solcher Mensch stirbt freudvoller, weiß er doch, dass er nicht wirklich sterben kann. Er spürt die andere Dimension bereits, die die Arme ausbreitet, um der gewachsenen Seele einen glorreichen Empfang zu bereiten.

Dem Spiegel der bewussten Beobachtung ist die Vergangenheit und die Zukunft nicht mehr wichtig, nur die Gegenwart zählt. Man ist in allem, was man tut, ebenso in der Buddha-Natur zu Hause wie in der Entspannung. Beides wird benutzt, um die Botschaft weiterzutragen. Der in der Buddha-Natur Angekommene inspiriert durch sein ganzes Tun automatisch diejenigen, die zu ihm finden. All sein Handeln und sein einfaches So-Sein, also Entspannung und Aktivitäten, tragen die Buddha-Natur in die Welt wie zwei Flügel eines Vogels.

Der Schlüssel dazu ist das Beobachten in allen Situationen. Auch wenn ich nur meinen Arm bewege, ist dieses Beobachten noch da und gleichzeitig entsteht eine nie dagewesene Anmut authentischer Bewegung. Das Beobachten des Körpers und in der Meditation bewirkt eine tief greifende Veränderung, die sich bis in die Aura bemerkbar macht, es verwandelt die Ausstrahlung.

Der Mensch, der diesen Zustand erreicht hat, sieht sein Umfeld nicht nur mit den normalen Augen an, sondern auch mit den inneren Augen des Beobachters und dem sagenumwobenen Dritten Auge des sechsten Chakras. Die inneren Augen des Beobachters können in das Gegenüber hineinsehen wie mit einem Röntgenblick, durch alle Zwiebelschalen hindurch bis in das innere Schatzkästchen, wo die Lebensthemen auf Erlösung warten. Ratschläge für deren Transformation kann der Suchende nun vertrauensvoll annehmen.

Wer die Welt mit den inneren Augen des Beobachters betrachtet, stellt fest, dass man erst jetzt die grandiose Schönheit der Welt richtig wahrnimmt, man ist endlich aus dem Gefängnis des Verstandes und dessen begrenzter Sicht ausgebrochen. Es entwickelt sich ein viel direkterer Kontakt zwischen Betrachter und Objekt. Mit der Natur werden wir gewissermaßen eins. Dadurch auch dieser erfrischende Vitalitätsschub, der bei der Meditation entsteht. Ein tiefes Durchatmen lässt die alten Sorgen jetzt einfach von einem abfallen.

Probieren Sie es aus, beobachten Sie! Dabei brauchen Sie nicht die Worte innerlich zu wiederholen, achten Sie lediglich darauf, mit den inneren Augen zu beobachten. Bei allem, was Sie tun, schauen Sie von innen her entspannt dabei zu.

Aber verwechseln Sie das nicht mit dem Verstandeszuschauen. Nach einiger Zeit erkennen Sie den Unterschied, bewusstes Einhaltgebieten wird Ihnen möglich. Sie bleiben permanent mit ihrem bewussten Sein, ihrer Seele, in der Entscheidungsgewalt. Das innere Zuschauen lässt keine Mogelpackung mehr zu. Die Abwehrmechanismen und auch das noch so gut versteckte Egogebaren sind mit diesem Bewusstseinswerkzeug erfolgreich ausgeschaltet!

Falls Sie schon eine spirituelle Heimat gefunden haben, sollten Sie darauf achten, dass dort keine absolute Ernsthaftigkeit herrscht. Wenn doch, gehen Sie noch einmal in sich und erforschen Sie Ihre Innenwelt, ob diese Gemeinschaft dem entspricht, wohin Sie wollen!

Der Gradmesser für wahre Meisterschaft ist, wenn der Humor nicht zu kurz kommt. Einen Meister wird man auch daran erkennen, dass er einen ausgeprägten Sinn für Humor zeigt. Der Meister, mit dem ich über Jahre verbunden war, Osho, streute in seine Diskurse auf wunderbare Art die unmöglichsten Witze, so dass sich alle Zuhörer vor Lachen bogen. Witze waren eine seiner liebsten Methoden, um das Unbewusste an den Angelhaken zu bekommen. Gelegentlich beantwortete er eine Frage mit einem Witz, ohne den Fragesteller bloßzustellen. Diesem wiederum gelang mit dem Witz als Antwort eventuell sogar ein Schritt in die Transformation.

Mit einfachen Methoden wird oft Großes erreicht. Gerade ein Witz lockert auf. Während man versucht, die Pointe zu verstehen, hält der mit irgendetwas beschäftigte Verstand mal kurz inne. Es eröffnet sich ein innerer Raum, der mit dem blitzartigen Verstehen der Pointe die Chance auf eine sofortige Transformation ermöglicht. Wie lange diese dann anhält, hängt vom Umgang mit dem Verstand ab. Auch schwer Errungenes versucht der Verstand in alte Verhaltensweisen zurückzudrängen.

Absolute Ernsthaftigkeit bedeutet jedenfalls keineswegs spirituelle Reife. Ernst, dogmatisch, verbissen zu sein entspricht eher einer psychischen Krankheit. Gesundes Gebaren ist vielmehr mit einem spielerischen Lachen verbunden und damit, es von Herzen zu meinen. In dem Moment, in dem man über einen guten Witz in ein herzhaftes Lachen ausbricht, verschwindet das Ego. Es bedarf keiner großartigen therapeutischen Hebel, wenn ein Witz das Thema genau trifft. Der Klient entspannt mit dem Lachen sein ganzes System, Psyche und Körper können endlich, nach so viel Druck von der Lebensbühne, mal wieder richtig loslassen.

In meinen Seminaren bietet dieser Moment, wenn sich die ganze Gruppe vor Lachen nicht mehr halten kann, die beste Grundlage für einen günstigen Transformationsschub. Die Bereitschaft, in die Lebensthemen und jeweiligen persönlichen Wachstumshindernisse einzusteigen, ist nach dieser intensiven Kurzentspannung bei jedem Einzelnen wesentlich größer. Der innere »Schweinehund« kann so überwunden werden und ein wichtiger Schritt zur Befreiung der Buddha-Natur gelingt.

Wer meint, der spirituelle Durchbruch muss ein an Dramatik nicht zu übertreffender Augenblick sein, irrt gewaltig. Mitunter ist es ein einfaches, sanftes Phänomen, ein Gleiten in einen neuen, unbekannten Zustand. Es ist etwas Zartes, von dem man, umso näher die Buddha-Natur rückt, ein wenig Ahnung bekommt. Einer leichten Brise ähnlich. Alle Sinne sind gespitzt.

Die Religionen, die Gesellschaft, das Umfeld und nicht zuletzt das Ego stellen den Erleuchtungsmoment als etwas weit Entferntes dar. Man sagt gern, dass nur wenigen Auserkorenen dieses Erlebnis zuteil wird, und dann höchstens in entfernten Gegenden, im Himalaya oder so, oder dass es halt in gewissen Jahrhunderten den Jesus oder Buddha etc. gab. Nein, das ist alles Unsinn. Der Erleuchtungsmoment ereignet sich überall und es trifft die unterschiedlichsten Menschen. Wir sind alle von Natur aus, von Geburt an Buddhas. Die Lebensthemen verhüllen den Buddha, wenn sie entfernt sind, zeigt sich die Buddha-Natur.

Man muss die Hintergründe verstehen, warum diese Hürde überall, auch von außen, so hoch gehalten wird. Ist der Buddha erst einmal befreit, ist man von dem Moment an unbeugsam, nicht zu manipulieren, jemand, der alles durchschaut und in Frage stellt, zur Veränderung mahnt und vor keiner noch so kniffligen Frage der gesellschaftlichen Entwicklung zurückschreckt. So einer wurde in den bestehenden Gesellschaften meist als Gefahr angesehen. Dabei ist es so wichtig, dass es Menschen gibt, die einfach Klartext reden. Meist wartet man, bis so einer stirbt, oder hilft gern ein wenig nach bei einer solch gereiften Seele, dann kann man getrost zur Heiligsprechung übergehen.

Die Präsenz eines Erleuchteten ist einem Feuer mit einer magnetischen Anziehung gleich. Sobald die Suchenden das Energiefeld betreten und dem Meister begegnen, fließen sie förmlich in ihre Verwandlung. Der Buddha ist dadurch die gefährlichste Person der Welt. Allein schon mit seiner Präsenz stellt er den Status quo in Frage. Dabei steht er über all dem, was den normalen Politiker und Bürger im Leben antreibt, jenseits von Machtspielen, finanziellen oder materiellen Interessen.

Nur der Scheinguru, der leider häufiger auf Erden anzutreffen ist, gibt sich gern hinter seinem Schein den zwielichtigen Genüssen hin und weicht auch nicht vor menschenunwürdigem Verhalten zurück. So etwas wäre dem erwachten Meister völlig unvorstellbar. Wer die Meisterebene erreicht, strahlt nur noch in Liebe und sein Anliegen ist es einzig und allein, das Erfahrene weiterzutragen. Doch die Masse Mensch wird unruhig, wird konfrontiert mit ihrer Unstimmigkeit, spürt die Wahrheit, aber auch die Angst der Konsequenz, und möchte das Bedrohliche am liebsten so schnell wie möglich loswerden.

Auch durch die Anbetung eines Buddha wird versucht, Abstand zu schaffen. Dabei gilt es Inspiration in Transformation umzusetzen. Aber der Mensch verweigert gern die Veränderung. Aus diesem Grund werden über erleuchtete Meister zu Lebzeiten nicht wahrheitsgemäße Geschichten und nach dem Ableben mit Vorliebe außergewöhnliche Geschichten erzählt, so entsteht Abstand.

Der Erleuchtete wird, sobald er den Körper verlassen hat, auf ein weit entferntes hohes Podest gestellt und somit für unerreichbar erklärt. Dann braucht man die Verantwortung für die eigene Transformation nicht mehr zu übernehmen, nach dem Motto »Was soll's, das schaffe ich sowieso nie!«. Ein normaler menschlicher Erleuchteter macht Angst, denn der Druck, es ihm gleichtun zu müssen, liegt wie ein schweres Gewicht auf den Schultern des zu Transformierenden.

Ein lebender Meister lässt keine Ausrede gelten. Er bombardiert den Zweifler mit Wahrheiten und innerhalb eines Sangha schafft er ein derart starkes Energiefeld, dass man kaum umhinkann, in irgendeiner Form, vielleicht sogar auf ganz simple Weise, im Zusammenspiel des Alltäglichen einen Transformationskick zu erhalten.

Wie erkenne ich nun einen erleuchteten Meister? Ohne sichtbare Merkmale ist es wie in all den Jahrhunderten zuvor schwierig, einen wahren Meister unter all den Möchtegernmeistern herauszufinden. Religionen haben zwar Erkennungsmerkmale vorgegeben, aber diese lassen bei genauer Betrachtung den Unsinn erkennen, den die Ehrerbietung aus völlig normalen Menschen gemacht hat. Es entsteht ein derart großer Unterschied zum Suchenden, dass ihm dieses Ziel beim besten Willen unerreichbar erscheint.

Ein weiterer Aspekt ist, dass den Religionen nichts an Erleuchtung in ihren eigenen Reihen liegt. Dann müsste man ja die Geschichte neu schreiben. Der Papst könnte seinen Thron nicht halten, wenn ein zweiter Jesus auf der Bildfläche erscheinen würde. Er würde wohl alles daransetzen, einen weiteren Jesus in einem Gerichtsverfahren abzuurteilen. Auch ein zweiter Mohammed wäre für den Islam undenkbar. Anders ist es bei den Tibetern: Hier wird die Seele des Erleuchteten sogar gesucht, um ihn zu inthronisieren. Aber auch dort ist der Zwang der Tradition sehr groß und der Erfolg in Richtung neue Buddhas mit einer völligen Umgestaltung der nicht mehr zeitgemäßen Tradition eher selten.

Die meisten Heiligengeschichten sind folglich aus bestimmten Gründen und der Realität zuwider in die Welt gesetzt worden. Gautama Buddha wurde nachgesagt, dass seine Mutter ihn unter einem Baum stehend gebar und er sofort nach der Geburt aufrecht sieben Schritte tat. Diese Geschichte hat lediglich symbolischen Charakter, aber keinen Bezug zur Realität.

Interessant dagegen sind die Erzählungen der Suchenden darüber, wie sie ihren jeweiligen Meister fanden. Jeder Schüler eines Erwachten hat seine eigene Geschichte, wie er auf die Fährte eines Meisters geriet. Wenn man sich von einem Meister angezogen fühlt, sollte eine langsame Annäherung stattfinden. Auch wenn man sich erst einmal nicht sicher ist, ob man einem Scharlatan aufsitzt, macht es dann manchmal einfach nur »Peng« und man weiß sofort: Hier bin ich richtig. Die Intuition hat entschieden.

Auch meine Begegnung mit Osho verlief langsam und allmählich. Bei Freunden lag eine Kassette mit den gesprochenen

Worten von ihm herum. Ich legte sie einfach in einen Kassettenrekorder und lauschte dieser ungewöhnlichen Stimme. Dann fiel mir ein Buch in die Hände, das ich begierig las, und ich war begeistert. Vieles deckte sich mit meinen Erfahrungen und bei anderen Dingen war ich bereit, sie zu erkunden. Einige Zeit später lief ein Kinofilm über den Ashram in Poona. Dadurch lernte ich die Gemeinschaft des Meditations- und Therapiezentrums kennen, die nicht weit entfernt auf dem Land ihre Arbeit im Sinne des Meisters verrichtete.

Ich überzeugte mich nach und nach von Oshos meisterlicher Ebene, bis ich 1981 schließlich sein Schüler wurde. In den vielen Jahren, die seitdem vergangen sind, habe ich meinen Schritt nie bereut, im Gegenteil, ich bin ihm bis heute in tiefster Dankbarkeit für die vielen Lernerfahrungen sehr verbunden.

Vor allem lehrte er mich die nur sehr kleine Entfernung von der Dunkelheit ins Licht, den Sprung vom Kopf ins Herz. Eine Entfernung, die ja nur wenige Zentimeter beträgt. Man muss den Kopf nur hinunterrollen lassen, dann ist man schon im Herzen zu Hause ...!

Der Sangha eines Meisters hat den Vorteil, dass wir nur einzutauchen brauchen, uns von der Liebe und Ekstase überschütten lassen können. Wer sich dem öffnet, erfährt sofort, wie sich Transformation anfühlt. Doch oft streiken das Ego oder die Abwehrmechanismen, sie stellen uns in die Ecke der Bockigkeit: Man will auf gar keinen Fall jemanden näher an sich heranlassen oder spielt lieber das kleine Kind, das sowieso immer zu kurz gekommen ist. Ebenfalls gern gewählt wird die »Jetzt will ich schon gar nicht«-Nummer. Die alte Angst davor, was man in der Kindheit nicht bekommen hat, die Angst vor dem liebevollen Verschmelzen hält uns zurück. Es ist so ähnlich wie die Geschichte von der Frau, die ständig jammert, sie bekomme keine Liebe, habe keinen Mann, die aber dann, als der Prinz endlich erscheint, sofort das Weite sucht.

Mit dem »Ich« des Egos kann die letzte Transformation nicht erfolgen. Wer sich hier noch dem Ego, dem inneren Tyrannen, hingibt, kommt nicht weiter. Man muss sich entscheiden: entweder Ego oder Transformation. Es bleibt keine Alternative.

Deshalb ist es so wichtig, sich in einem Sangha auf alles einzulassen: zu tanzen, zu lachen, Freude zu haben, ein menschliches Miteinander, Kommunikation von Herzen zu pflegen. Man übt das Einswerden, ohne dass sich der Verstand beteiligt. Dazu die Stimme des Erwachten, der immer wieder ermuntert und anmahnt: Mach mit, steig ein, stehe nicht allein in der Ecke, wage etwas! Werde ein Teil der Ekstase, ein Teil des Lachens.

Dabei behält man unentwegt den Verstand im inneren Auge. Hierin liegt das Lernen. Sobald nur ein winziger Aspekt der Lebensthematik auftaucht, wird dieser sofort in den Evolutionsreigen gebracht und dem Verstand wird standgehalten. Zu keiner Zeit wird ihm mehr die Übernahme erlaubt.

In Zukunft werden Erwachte einen Sangha anders strukturieren. Ähnlich wie in meinen Quantensprung-Seminaren erarbeitet man im Kreis mit dem Meister Stück für Stück die Transformation. Einem Coaching gleich werden die Eckpfeiler für das Platznehmen der Buddha-Natur erstellt. Mehr Meister denn je werden in unserem Dasein auftauchen und Hand in Hand arbeiten. Diese Bewusstseinskreise bilden ein einziges großes Kraftfeld, das wiederum eins wird mit dem morphogenetischen Feld aller Bewusstseinsarbeiter überall auf dem Globus.

Ein weiterer bedeutender Teil des Sangha kann die Stille darstellen. Eine Gemeinschaft, die Stille und Meditation praktiziert, erhält zumindest eine Ahnung von der Stille eines Meisters, ist dieser doch in seiner Meditation eins mit dem Universum.

In diesem Energiefeld legt man das Ego-Selbst am besten für eine Weile beiseite, was auch für den Zweifel gilt. Es ist ein Experimentierfeld, auf dem man die Palette des Seins erweitert. Nie gekannte Facetten des Seins traut man sich hier einmal auszuleben. Der Verschlossene wird zum Tanzenden, offenere Gesellen und der Pausenclown proben die stille Einkehr. Die Vitalkraft der Ekstase verbindet sich mit dem unglaublichen Raum der Meditation. Das Ego verliert seinen Einflussbereich, in den Menschen entsteht eine stille Präsenz ohne das altbekannte »Ich«.

Es bedarf keiner langen Reise, denn sie geht lediglich vom Kopf bis zum Herzen. Man muss auch nicht irgendwo hinauf, keinen der höchsten Gipfel der Welt erklimmen, das Herz ist das Ziel. Einzig und allein das Kleben am Verstand muss aufhören, denn hier regiert das Ego! Dann öffnet sich augenblicklich die Tür ins Wunderland des Seins.

Damit erlöst man auch den drängenden Traum von der Erleuchtung. Es gehört wiederum zur Ebene des Ego, unbedingt, mit allen Mitteln und vor allem schnell das Endziel zu erreichen. Die Klarheit über die Funktionsweise des Ego verrät den verqueren Eigensinn dieser Instanz. Es ist ihr nur daran gelegen, den Orden der Meisterschaft an die aufgeblähte Brust anzustecken, sich damit zu brüsten und ihn, wie alle anderen Orden, täglich frisch aufzupolieren.

Was wir in der Meditation finden, den inneren Raum, das ist der wirkliche Schatz. Die Hingabe an die Meditation bringt das Ego zum Erlöschen, die Idee vom Selbst verschwindet. Das »Ich« stirbt, um bei der Wiederauferstehung zu dem zu werden, was man wirklich ist, das Wahre Sein, das im inneren Raum der Meditation die Freiheit und Eingebundenheit in der göttlichen Existenz genießt. Das Erleben und die Handlungen im Außen können den inneren Raum nicht mehr tangieren. Die Seele erlebt sich im Einklang mit allem, was passiert. Das Werten hört auf. Aus diesem inneren Erwachen heraus kristallisiert sich eine Integrität, die sich auf keine faulen Kompromisse einlässt. Bange Zweifel werden abgewiesen, die innere Mitte bleibt unangetastet und klar. Man ist erfüllt von Vitalität und Lebenskraft.

Verzweiflung über unerfüllte Erwartungen gehört der Vergangenheit an. Visionen werden materialisiert, aber ohne dass ein Erfolgszwang dahinter steht. Wenn die Richtung plötzlich umschlägt, trägt der Lebensfluss einen dahin, wohin die Entwicklung führen soll. Akzeptanz, Demut, Liebe und Freude fließen in den liebevollen Umgang mit allem, was geschieht. Der Meisterschüler erlebt die prickelnd aufregende Stimmung des Abenteuers, des Sichüberlassens, das tiefe Eintauchen in den Lebensstrom.

Die Entwicklung konfrontiert uns aber auch auf allen Ebenen mit Seinszuständen, in denen wir uns miserabel fühlen. Obwohl die Lebensthemenspannung durch deren Transformation erlöst und somit erledigt ist, tritt gelegentlich eine dem Suchenden unverständliche Traurigkeit zutage. Gewohnheitsmäßig verliert sich die Psyche sporadisch in ein Gefühl der Traurigkeit. Die innere Leere erzeugt manchmal eine unerklärliche Traurigkeit, als ob man einen guten Freund verabschieden würde. Dem kann man dadurch entgegenwirken, dass man sich vor Augen führt, was diese Leere denn eigentlich bedeutet. Es ist wichtig, dieses Erleben richtig zu benennen. Es ist ein Raum, der in unserem Sein entsteht, dieser sollte dann auch so benannt, gespürt und freudig willkommen geheißen werden. Es ist der Tempel Gottes.

Die Stille sollte nicht mit Traurigkeit gefüllt werden. Da der Verstand auf Worte geeicht ist, gilt es die richtige Wortwahl zu treffen. Dieser neu entstandene Raum lädt das Unbekannte förmlich ein. Man ist zum Tempel geworden, die Buddha-Natur erwacht in diesem Raum.

In Japan arbeiten die Zen-Meister in ihren Tempeln mit der Schaffung dieser Art von Räumlichkeit. Das Tempelinnere enthält nichts. Umgeben von diesem Nichts, wird man in der Meditation davon förmlich angesteckt, man fühlt plötzlich den gleichen Raum in sich wachsen. Die Barrieren der Negativität und lebensthemenspezifischen Bedrängnis sind schlagartig verschwunden. Wir sind angekommen im inneren Himmelreich.

Ähnlich ist es, wenn man in eine Sangha-Gemeinschaft eintaucht, in die Liebe, das Mitgefühl und die Unterstützung der

Gleichgesinnten. Dies erweckt den Tänzer des Lebens, der voller Freude neue innere und äußere Räume entdeckt. Permanentes gegenseitiges Aufmerksammachen auf die Verstandesfallen, Abwehrmechanismen und das tyrannische Egogebaren hilft außerordentlich dabei, den Verstand zu überwinden. Ein Zurückfallen in alte Gewohnheiten wird vermieden. Daher ist die Bereitschaft und die Vereinbarung untereinander für stetiges Wachstum wichtig. Nur so können größere Quantensprünge vorbereitet werden.

Dabei wird der Verstand nicht über einen Kampf ausgeschaltet. Denn dann verliert man Energie und Kraft an den »Feind«. Wenn man also nicht kämpft, unterstützt man nicht den Verstand und begibt sich auch nicht auf die Ebene des Widersachers. Voller Negativität hat der Verstand ein außerordentlich großes Spielfeld, um sich auszutoben, im Zustand der Liebe und Ekstase dagegen findet er keine Angriffsfläche und zieht sich zurück.

Der Verstand war so lange der Herr im Haus, dass es ihm schwer fällt loszulassen. Wenn man sich auf einen Kampf gegen ihn einlässt, räumt man ihm erst recht einen besonderen Platz ein. Von dem lässt er sich dann natürlich nicht mehr so leicht vertreiben. Die einfachste Grundregel in der Auseinandersetzung mit dem Verstand lautet, ihn einfach zu ignorieren, sobald er sich rührt! Keinerlei Aufmerksamkeit sollte ihm eingeräumt werden. Das ist der Schlüssel, das Bewusstsein nimmt keine Notiz vom Verstand. Sobald dieser dann merkt, dass er keine Chance mehr hat, verabschiedet er sich allmählich. Der größte Moment ist gekommen, wenn er aufgibt und für immer verschwindet. Dieses Stadium der Verstandeslosigkeit bringt einen endgültig zum wirklichen Sein. Der Verstand hält einen beschäftigt, erlaubt es nicht, in die Tiefen der Innenwelt einzutauchen. Nun ist Schluss damit, sagen Sie ihm ganz bewusst für immer Adieu!

Trotzdem ist unaufhörliche Wachsamkeit nach wie vor angesagt. Im Anschluss an Einzelsitzungen und Seminare verstehen die Klienten und Teilnehmer diese Vorgaben und handeln auch danach, doch zu Hause, in den eigenen vier Wänden, fällt es überaus schwer, dies auch täglich umzusetzen. Jeder, der ernsthaft an sich weiterarbeiten möchte, nimmt das Angebot gern an, an weiteren Coachingsitzungen oder den Nachfolgetreffen der Seminare teilzunehmen. Die Gründung eines Kreises, einer Gruppierung, deren Hauptaugenmerk auf die eigene Transformation zur Buddha-Natur gerichtet ist, erlaubt ein wunderbares Voranschreiten auf diesem Weg.

Diese Realität verändert unsere Gesellschaft

Das Individuum begreift sich als Teil eines größeren Ganzen, das ihm dabei hilft, die eigene Nachlässigkeit im Umgang mit dem Verstand aufzudecken. Das in der heutigen Zeit oftmals isolierte, von seiner Umwelt abgeschnittene Individuum begreift, dass es durch die Vernetzung mit den anderen Teilnehmern eine größere Chance auf Wachheit und gegenseitige Unterstützung erhält.

Das bedrohliche Gefühl der Isolation und Einsamkeit kann so leichter ins All-Eins-Sein münden. Diese Wahl ermöglicht es, das Selbstbild über die Grenzen des eigenen Blickwinkels hinaus viel leichter zu erweitern und sich in der Gemeinschaft, in einer neuen Lebensform auszuprobieren.

In der Gesellschaft wird es einen großen Ruck geben, wenn die Tatsache der Seelenentwicklung allgemein anerkannt wird. Die gesellschaftliche Basis wird schon bald auf diese Realität hin neu ausgelegt werden. Damit erübrigen sich auch die oftmals katastrophalen Auflösungserscheinungen nach der Beendigung von Zweierbeziehungen. Es wird zur Normalität, nach der Verliebtheit auch das Entliebtsein gemeinsam erfolgreich umzusetzen. Damit können Menschen, die heutzutage eher voller Hass auseinander driften, im selben Umfeld und Freundeskreis weiter in Freude miteinander leben. Gerade für Kinder ist es ein großer Segen, wenn dann traumatische Trennungen seltener sind und neue Partner der Eltern sie ohne Probleme akzeptieren.

Auch therapeutische Gemeinschaften, die auf einem dorfähnlichen Anwesen ihrer spirituellen Entwicklung Raum geben, werden eine weit verbreitete Neuerung darstellen. Und Zentren, in denen erwachte Menschen ihre Sangha-Energie verbreiten, gelten dann als wichtige evolutionäre Zellen. In Zukunft wird all diesen Experimenten eine bedeutende Funktion für einen gesunden Strukturwandel zuteil werden. Die Weisheit und das Wissen um die Realität der Entwicklung der Seele werden von den Politikern gern in Anspruch genommen. Endlich werden diese erwachten Seelen noch zu Lebzeiten mit dem gebührenden Respekt behandelt.

Alte Religionszentren verlieren ihre Bedeutung, da dort das zeitgemäße Wissen nicht vermittelt wird. Die Trennung in Geschlechter wie in den Klöstern und ein aufgesetztes zölibatäres Gesetz haben als Wachstumsunterstützung längst ausgedient. Auch die Zeiten der heiligen Kriege sind endgültig vorbei. Für die Religiosität gelten nun andere Maßstäbe.

Die Menschheit erkennt in dieser kommenden goldenen Zeit die Wichtigkeit, ihren Ängsten, ihren Vermeidungsstrategien und vor allem dem Verstandesumtrieb genauestens ins verführerische Antlitz zu schauen, um ihre gesunden Transformationsentscheidungen nicht immer wieder neu zu hinterfragen, sondern sie zu bestätigen.

Der Verstand hatte nun mal jahrhundertelang den viel geehrten und respektierten Platz des Meisters im System Mensch inne. Dinge wurden gegen besseres Wissen des Herzens und der eigenen Natur entschieden. Bis in die heutige Zeit hält man immer noch an jeder Menge Unsinn fest, obwohl man es eigentlich besser weiß, und ein Großteil der Menschheit wird von Religionsführern und Politikern nach wie vor für dumm verkauft und mit Absicht niedergehalten.

Deswegen sind Enklaven der Wahrheit und des ganzheitlichen spirituellen Wachstums so wichtig. Selbst der Dalai Lama hat erkannt, dass der Buddhismus alter Schule vom heutigen Wissensstand und in Anbetracht der neuesten Transformationsmöglichkeiten längst überholt ist. Er macht daraus keinen Hehl und in seinen Vorträgen rät er der Jugend und auch den älteren Bürgern, nicht unbedingt in den Buddhismus einzusteigen. Das ist sehr ungewöhnlich, sind doch die meisten Religionsführer eher an einem wachsenden Strom neuer Mitglieder interessiert als daran, den Menschen die wirkliche Wahrheit Gottes zu vermitteln.

Immer mehr von denen, die ihre Buddha-Natur gefunden haben, bilden in Zukunft neue Gemeinschaften, die andere Suchende anziehen, um ihnen dort ebenfalls auf die Sprünge zu helfen. Man traut sich in solch einem vertrauten Raum viel eher, sich auf die Ekstase, auf die Liebe einzulassen. Wer immer in eine Sangha-Gemeinschaft eintritt, fühlt sich aufgefordert, von der Energie zu kosten, das Gefühl der Isolation im All-Eins-Sein aufzulösen und die damit frei werdende Kraft in sein weiteres Wachstum und in eine Kommunikation von Herz zu Herz mit den Sangha-Freunden umzuwandeln.

Für Menschen allerdings, die weiterhin im Verstand verweilen und sich damit dem inneren Tyrannen hingeben, wird es schwer sein, eine verbundene und erfüllte Zeit zu erleben. Der Kopf ist das Viele, das Herz ist das Eine. Der Kopf wälzt alles hin und her, und das Herz, mit dem Bauch, der Intuition, vereint, ist die optimale Verbindung mit dem Lebensfluss. Die Energie muss vom Kopf ins Herz und in den Bauch fließen. Von dort ist es lediglich ein kleiner Sprung zu unserer Kreativität, die in der inneren Kraftquelle des zweiten Chakras entspringt. Dann ist man noch stärker im Einklang mit der Energie der eigenen Mitte.

Die Atmosphäre des freudigen und aufdeckenden Miteinander wirkt hier Wunder. Zuerst springen, ausprobieren und dann fragen – so wird innerhalb der Bewusstseinsgemeinschaft verfahren. Und hinterher stellen sich die Fragen meist gar nicht mehr. Das Motto lautet: Installiere die Realität, erlöse deine Lebensthemen und trinke den energetischen Sekt, der hier ausgeschenkt wird, erwecke ihn in dir selbst, es ist purer, prickelnder Champagner. Die innere Reise wird nun tatsächlich zum Abenteuer.

Die so freigesetzte Energie wirkt, verbunden mit der Kraft, die aus den integrierten Entscheidungen, den neuen Handlungen erwächst, die also neben der Stille der Meditation und der Position der transformierten Lebensthemen vom Meditierenden ausgeht, wie eine Wolke, die um die Welt reist und ihre segensreichen Tropfen überall vergießt.

Es ist ein Dankeschön an die Existenz und ein Nichtfesthalten an persönlich erworbener Meditationspower. Dieser Schauer regnet auf alle herab, auch auf die ungeliebten Personen und sogar auf diejenigen, auf die man ehemals ein Feindbild projiziert hat, gerade diejenigen, für die man aus verständlichen persönlichen Gründen nichts mehr übrig hatte. Jesus sprach davon, seinen Nachbarn, seinen Feind wie sich selbst zu lieben! Damit ist kein grenzsetzungsloses Gehabe gemeint, sondern es geht gerade darum, stimmige Grenzen zu setzen und trotzdem sein Feindbild aufzugeben und auch diese »Widersacher« in der Liebe zu halten.

Umso höher der Geist steigt, desto weniger Gefühle der Wut empfindet man anderen gegenüber, auch wenn man im Recht ist. Wir wissen oft recht wenig über die Wirkungskraft der Gedanken und darüber, wie sie uns behindern oder unterstützen. Aber tatsächlich besteht ein immenser Unterschied darin, wie man über etwas denkt oder welche Gedanken man ausschickt. Sie verfehlen ihre Wirkung nicht!

Wir haben es hier mit Energiefeldern zu tun, die einmal losgeschickt ihr Eigenleben beginnen. Spätestens ab der ersten Erfahrung mit einem Satori beginnt die neue Auseinandersetzung mit dem Thema, wie reagiere ich auf Menschen und Situationen, die völlig daneben sind? Als Erstes gilt die Tatsache, dass die innere Wut auf solche Gestalten und Situationen abflaut und ein neues Phänomen den Platz einnimmt, das Mitgefühl für denjenigen, dessen Bewusstsein noch in einem Schlafzustand liegt. Natürlich dürfen Sie trotzdem beim Autofahren jederzeit mal hupen!

Und falls es aber gelegentlich einer wirklichen Kraftdemonstration bedarf, in der unbewussten Übergriffen Einhalt geboten werden muss, steht die natürliche Autorität des Bewusstseins in vollem Umfang sofort zur Verfügung. Dies hat nichts mit althergebrachtem Aggressionsverhalten zu tun, sondern entspricht einer der Maßnahmen, die auf der Palette der Handlungsweisen eines meisterlichen Wesens liegen. Bei Bedarf wird Grenzsetzung klar und eindeutig ausgeführt.

Man erfährt als Therapeut mit Sicherheit auch Anfeindungen, da man die Suchenden ja zum Aufwachen bringen möchte. Die Menschen sind in ihre Träume so vertieft, dass beim Aufwecken sogar Attacken auf den Therapeuten möglich sind. Über die Verrücktheiten der Klienten kann der Therapeut zwar manchmal innerlich lachen, doch hat er für sie großes Verständnis und Mitgefühl. Das Mitgefühl für die schlafenden Seelen lässt beim Therapeuten keinen aggressiven Widerwillen aufkommen, denn auf dem Weg zur Buddha-Natur erwächst das Mitgefühl ganz automatisch.

Trotzdem liegt es im Verantwortungsbereich des Therapeuten, für festgefahrene Seminarteilnehmer Situationen zu kreieren, in denen ein weiteres Wachstum geschehen kann. Wenn nötig, wird es auch einmal laut im Gruppenraum, die Abwehrmechanismen vereinzelter Teilnehmer dabei etwas zurechtgestutzt.

In meiner Arbeit mit den aufzuweckenden Seelen erlebe ich die ganze Spannbreite von den Abwehrmechanismen über wildes Egogebaren bis hin zu Verabschiedungen von Fällen, deren Bewusstseins-Bestmarke in diesem Augenblick schon am Limit fährt. Es verblüfft mich dabei immer wieder, wie von einem Moment auf den anderen der innere Computer vom Sucher absolut dicht machen kann. Alles, was eben noch so toll, klar und eindeutig mit viel Respekt angenommen und in Übungen auf Tauglichkeit erprobt wurde, verkehrt sich prompt ins genaue

Gegenteil. Als ob eine andere Person vor mir steht oder am Telefon spricht, die mit dem Moment der Einsicht überhaupt nichts zu tun hat. Und genauso ist es aber auch, anstelle des Wahren Seins, das dankbar eine Erweiterung im System erfährt, tritt ganz plötzlich der innere Tyrann in der Maske der Persona und sagt auf Nimmerwiedersehen goodby.

Dies geschieht zwar selten, aber wenn, dann meist nachdem eine Sitzung oder das Seminar beendet ist, der Klient tritt aus meinem Energiefeld oder der Gruppenenergie heraus und sofort fängt der Verstand die arme Seele ab, um dem Neuen den Garaus zu machen. Diese Klienten haben nicht genügend Bewusstseinskraft gespeichert um die Attacke abzuwehren. Dabei gaukeln die Abwehrmechanismen völlige Übereinstimmung mit den aus neuen Einsichten gewonnenen Ideen für neue Handlungsweisen vor. Der Angstfaktor vor den Konsequenzen der Entscheidungen spielt hier natürlich ebenfalls eine erhebliche Rolle.

Deswegen haben die alten Zen-Meister so viel Wert auf das Üben von Meditationstechniken und Bewusstseinswerkzeugen gelegt. In den Zen-Klöstern wurde jahrelang die Haltung zum bewussten Sein geprobt. Dafür rate ich meinen Klienten auch, die Quantensprung-Seminare zu absolvieren, da innerhalb von diesen Fünftagegruppen die Transformationsarbeit kennen gelernt und ihre Werkzeuge erlernt werden können. In Nachfolgetreffen, dem Einsteigen in den Bewusstseins-Kreis oder bei der Ausbildung zum Therapeuten ist genau diese Bewusstseinsarbeit weiterhin der wichtigste Faktor.

Wenn dann die Buddha-Natur nach den Jahren des Übens und der Transformation endlich aufsteigt, konfrontiert dies als Nächstes mit der Angst, die Kontrolle zu verlieren, nicht mehr in die »Normalität« zurückzufinden, sich gehen zu lassen. Ähnlich wie beim sexuellen Orgasmus existiert unter den Menschen eine große Angst, in einem totalen Orgasmus aus der Kurve zu fliegen. Diese Angst ist völlig unbegründet, da für einen himmlischen Orgasmus tatsächlich jede Art von Kontrolle aufgegeben werden muss und gleichzeitig ja gar nichts Bedrohliches passiert. Genügend tantrische Vorbereitungszeit lässt das Wagnis gelingen. Andererseits bedarf es nur eines kleinen Gedankens und der goldene Faden der Verbindung, der innere Raum der intimsten energetischen Liebesverschmelzung zwischen den Partnern und der aufsteigenden Kundalini-Energie reißt. Wenn man dann nicht blitzschnell wieder umschalten kann, endet die sexuelle Begegnung meist im Frust. Es gilt stückerlweise Vertrauen aufzubauen und im richtigen Moment mit dieser Kraft im Rücken zu springen.

Genauso bleibt uns nichts anders übrig, als in unserem Inneren ja zu sagen zur aufkeimenden Buddha-Natur. Die Angst vor dem Verrücktwerden entspricht nicht der Realität. Wir sprechen hier von einem Durchbruch und keinem Verunglücken. Jeder hat in dieser Phase Angst am Anfang. Es ist wie beim Schwimmenlernen, man muss in seichtem Wasser beginnen, dann ist es überhaupt nicht schwierig, es zu erlernen. Doch es ist völlig normal, im tiefen Wasser bei den ersten Versuchen etwas wild zu paddeln, das gibt sich nach einer Weile. Später kann man sogar in den tiefsten Gewässern des Ozeans baden.

Manche wollen den Schwimmkurs vermeiden, aber damit vermeiden sie auch das Leben. Andere wollen es ohne Schwimmkurs versuchen, der Frust holt sie spätestens dann ein, wenn sie nach etlichen Jahren bemerken, dass immer noch nicht viel mehr geht als ein paar Meter vorwärts und rückwärts. Also nicht lange gezaudert, auf geht's, schwimmen Sie sich frei, gewartet wurde lange genug. Sonst reiht man sich völlig unnötig bei denen ein, die ewig in der Vermeidung ausharren.

Es ist so herrlich, den Sprung zu wagen, die göttliche Trunkenheit hat eine solche Kraft, ist voller Vitalität, ungebundener Lebensfreude und Ekstase. Der Verstand ist ausgeblendet, nur das authentische Sein bleibt, und dies ist das lang ersehnte Gold, für das sich die Reise und all die Anstrengung lohnt.

Ohne Anhaftung, frei, immer das zu tun, was dem inneren Fluss des Lebens entspringt. Das authentische Sein ist wach, ohne Ego und Verstand und all dem alten Krempel. Dies ist die schönste Art, das Geschenk der Evolutionsreise an Gott zurückzugeben, sich in Einheit mit ihm wiederzufinden.

Je höher wir die Bewusstseinsleiter erklimmen, um so mehr ernten wir neue unglaubliche Früchte. Diese Leiter führt in die Unendlichkeit. Sprosse für Sprosse steigt man hinauf. Jede Ebene verspricht unerforschte Abenteuer. Ist dann die Buddha-Ebene auf Erden erreicht, reist die Seele weiter in den unendlichen Weiten des Universums.

Wer meint, ich bleibe lieber auf einer Sprosse stehen, denn nun ist ja alles Wünschenswerte erlangt, versucht das Lebensrad anzuhalten, es wird ihm nicht gelingen. Veränderung und Weiterentwicklung haben ihre eigenen automatischen Gesetze. Wer dem nicht folgen will, wird über die Lebensbühne trotzdem damit konfrontiert. Viele Paare, die es ein Leben lang miteinander ausgehalten haben, merken oft erst zum Ende ihrer Lebenszeit, wie viel Lebensqualität sie sich mit dem Ausharren in ihren Beziehungen genommen haben. Sicherheitsdenken und Feigheit als Ratgeber zu benutzen entwickelt einen ganz eigenen Lebensthemenspannungsbogen. Doch die mutigen Seelen, die an nichts festhalten, sondern wagemutig schon nach der nächsten Leitersprosse schielen, fahren dementsprechend jedes Mal ihr Ernte ein. Das meint aber nicht die schnellen Vermeider von Liebe, Intimität und Transformation, das wäre zu einfach. Denn andere Früchte erntet man erst auf der langen Straße des Verschmelzens und eben auch im Alleine-stehen-Können trotz des Miteinanderseins.

Wenn es dann tatsächlich ans Erwachen geht, sind die transformatorisch geschulten Pfadfinder im Vorteil, weil sie bereits stark genug sind, die hohe Energiefrequenz auch auszuhalten. Doch gleichzeitig sind die Menschen dann als die alten Personen nicht mehr existent. Die aufgesetzte, konditionierte Persona findet ein Ende. Alle Fangarme der Lebensthemen wurden erlöst und so rotiert die Energie frei um die innere Achse der Seele.

Man ist bereichert zurückgekehrt zur reinen Seelenenergie, die seit vielen Jahrtausenden und Lebzeiten ihren Evolutionsweg beschreitet. Dies hat nichts mehr mit dem Eingebundensein in Familienverbände zu tun. Daher erzählen alle Erleuchteten, dass sie mit ihren derzeitigen Erdfamilien nach dem Erleuchtungsmoment nicht mehr in dieser nahen Blutverbindung stehen. Die Liebe ist zwar nach wie vor da, aber sie hat sich verändert in eine Art Weggefährtenschaft der Seelenreisenden oder sie ist aus Ermangelung des Wissens seitens der Eltern unterbunden. Die alte Mami-, Papa- und Kindbeziehung ist jedenfalls vorbei.

Auf der Buddha-Ebene angelangt, steht man im direkten Draht mit der göttlichen Eingebung. Jeder Meister wird zum Überbringer, ist ein Sprachrohr der Existenz. Es kann nicht anders sein. Die zur Meisterebene Aufgestiegenen lehren alle dasselbe. Jeder Erleuchtete ist im Innersten gleich den anderen Erwachten. Es existiert nur eine Wahrheit, es ist immer dieselbe Message. Die Ausdrucksweisen unterscheiden sich, die Sprachen sind unterschiedlich, aber der eigentliche Kern der Aussagen ist ewig derselbe.

In den Jahrhunderten der Evolution hat sich der Lebensstil natürlich geändert und die Annäherung an die Realität läuft heute anders. Sogar vor dreißig Jahren galt es eher ein Bild von einem Meister zu zeichnen, wie es mein Meister Osho tat. Es passte damals genau in den Rahmen der endenden Hippie-Ära. Osho hat sich nach langen Jahren des Herumreisens und Vortrāgehaltens in einen Ashram in Indien zurückgezogen und trat dort nur noch zu Diskursen vor die Interessierten. Er wirkte sehr geheimnisvoll und anziehend auf die Menschen. Aus allen Teilen der Erde strömten sie nach Poona, um einem lebenden Meister zu begegnen. Wenn er für jeden ganz normal erreichbar gewesen wäre, hätte er sicherlich nicht so viel Aufmerksamkeit erregt. Vieles, wie er sich gegeben hat, war darauf ausgelegt, möglichst viele Menschen anzusprechen, damit sie auf die Suche nach dem Sinn des Lebens gelangen.

Die Wahrheit bleibt die Wahrheit, nur das Drumherum ändert sich. Man muss die Leute auch zeitgemäß ansprechen, damit sie sich angezogen fühlen. Wer den spirituellen Zeitgeist trifft, dem ist es vergönnt, eine große Welle der Meditation und Transformation zu initiieren. Ob kleine oder große Welle ist allerdings von der Qualität her vollkommen egal. Die Palette der Meister reicht von den Stillen bis zu den Lebhaften, andere haben beides, wieder andere wählen einen schamanischen Hintergrund, die Zen-Meister lieben das Put-Zen als Weg. So ist im Prinzip für jeden etwas dabei.

Wer das versteht, der wählt von Herzen. Die Liebe zu einem Erleuchteten gleicht der Liebe in einer Partnerschaft, bewegt sich aber auf einer anderen Ebene, in einer anderen Dimension. Ist die Entscheidung für einen Meister gefallen und hat man dann tatsächlich einen gewählt, der dem entspricht, wovon wir hier sprechen, dann kann sich der Wähler glücklich schätzen und vertrauensvoll die nächsten Schritte unter dieser Obhut tun.

Sobald ein Erleuchteter auf der Meisterebene präsent ist, macht er sich bereit, Informationen durchzulassen, die den Schülern helfen, schneller und effektiver in der Transformationsarbeit voranzukommen. Mit Hilfe eines Meisters wird innovativstes Wissen weitergereicht. Alle Erwachten stehen im absoluten Dienst der Evolution, der Existenz. Die Worte, die der Meister an seine Zuhörer wendet, kommen nicht aus der Überlegung seines Verstandes, sondern direkt aus der Intuition, der inneren Stimme, es sind die göttlichen Durchläufe, die göttlichen Eingebungen.

Und übrigens, auch der Meister hört die Weisungen oder Ratschläge, während er spricht zum ersten Mal. Die Existenz hat sich in der Menschheitsgeschichte Tausender von Sprachrohren bedient, Laotse, Buddha, Mahavir, Osho, der vielen Zen-Meister und der ungezählten unbekannten Mystiker. Alle wurden bildlich gesprochen zu hohlen Bambusflöten, auf denen die Existenz ihr Lied spielt.

Nach deren Anleitung erfahren die mutigen Teilnehmer den Weg in Meditation und Stille. Die aufkeimende Dankbarkeit für die Hilfestellung bei der Transformationsarbeit lenkt der Sucher am besten in Liebe zu sich selbst und andere, in die Freude am Ausdruck des Wahren Seins und in Tanz und Seligkeit, die in den Seminaren herausgekitzelt werden. Dankbarkeit sollte nicht nur durch Worte ausgedrückt werden, vor allem über die Körpersprache, die Gesten und die Augen zeigt sich das weiterentwickelte Sein. Auch in der Aura lässt sich eine Veränderung feststellen.

Im Osten erleben wir die alte Tradition, bei der die Schüler und Sucher aus Dankbarkeit und Respekt die Füße des Meisters berühren und dieser berührt behutsam deren Kopf, so wird der Energiekreislauf geschlossen. Der Schüler versucht in tiefer Stille präsent zu sein, dies ist genug. Die Grazie, mit der ein Meister den Kopf des Jüngers berührt, entspringt der gleichen Grazie, in der ein Vogel in den Sonnenuntergang fliegt, sie ist ein Teil der Existenz. Der Meister berührt das Chakra des dritten Auges und das siebte Chakra, das Verbindungstor zum Aufgehobensein in der göttlichen Einheit. Mit dem Berühren der Füße des Meisters steigt die Energie vom Wurzelchakra auf und über das siebte Chakra des Erwachten zum siebten Chakra des Schülers und dann über alle Chakren hinab zum Wurzelchakra. Dieser Energiekreislauf lässt den persönlichen Energielevel des Jüngers nach oben schnellen, es kommt zuweilen zur so genannten Blissattacke. Mit dieser Energieerhöhung erfährt der Schüler einen Lichtblick in die Buddha-Natur, den er nie wieder vergessen wird. Ab sofort ist er stärker motiviert als je zuvor.

Die Jünger erfahren dabei eine ungeahnte Glückseligkeit, die ihnen zuweilen die Tränen in die Augen treibt. Die meisten Menschen erfahren Tränen lediglich während der Trauer und negativer Emotionen. Tränen zeigen sich aber auch in den Momenten größter Berührtheit, wenn Freude, Liebe und Dankbarkeit einen übermannen. Wenn man Tränen nicht aus dem überschäumenden Glück heraus erfahren hat, fehlt eine wichtige Nuance der Ekstase. Ohne Worte zeigt sich hier die Sprache des Herzens. Die alten Herzwunden werden dabei geheilt.

Aus meinen Seminaren kann ich bestätigen, dass ein Verstecken der Wunden bloß zur Vergrößerung derselbigen führt. Ein Erfolg in den Seminaren hängt großteils davon ab, wie weit der Teilnehmer sich wirklich zeigt. Daher gilt, bei solch einer Gelegenheit keine Wunden zu verstecken!

Aus alten Verletzungen entsteht mitunter ein wilder, authentischer Tanz und plötzlich wird sogar gelacht. Die Knospen des Lebens gelangen zum Blühen. Das Verstehen des Ursprungs, die Wandlung in einen neuen Ausdruck, die Liebe und das Mitgefühl des Therapeuten und der Gruppe heilen die Wunden. Mit der in den Seminaren gelernten Selbstdisziplin und den Bewusstseinswerkzeugen transformiert der Zuversichtliche den Herzschmerz. Das Leben wird danach in vielen Momenten nicht mehr als Last empfunden, sondern als täglich erlebte Freude.

Der Erleuchtete lässt die Wahrheit und alles Existenzielle, das in dem Augenblick, wo es über seine Lippen kommt, ausgesprochen werden soll, einfach ungefiltert herausquellen. Der Meister entspannt sich ganz tief und das Sprechen geschieht wie von selbst. Aber nicht als Orakel, das individuell die Zukunft vorausschaut, sondern als freie Stimme des Göttlichen. Inwieweit der Schüler dem gesegneten Wort dann sein Gehör schenkt, Taten folgen lässt und damit in der Transformation voranschreitet, liegt allein in seiner Verantwortung. Auch die Konsequenz eines Ausbrechens muss man selbst tragen. Der Meister lässt zu jeder Zeit totale Freiheit für diese Entscheidungen zu, ebenfalls für das Verlassen des Sangha.

Mein Meister Osho hatte eine ganz eigene Art des Diskurses. Wenn er sprach, legte er sehr viel Wert auf die Pausen zwischen den Worten oder Satzteilen. Ihm lag sehr daran, dass seine Sannyasin, Schüler, die Bedeutung der stillen Phasen verstanden. Denn er vermittelte damit etwas jenseits der Worte, die Gegenwart der Buddha-Natur. »Worte können vom Verstand angegriffen werden, die Pausen vermitteln die stille Anwesenheit des Göttlichen«, sprach er mahnend immer wieder in die Runde.

Osho verglich die Weise, wie er sprach, mit der Art, wie die Bäume, Seen und die Sterne in der Meditation zum Meditierenden sprechen. Ein lautloses Berührtsein beim Anblick mit einem Nachhall der stillen Kommunikation.

Stille und Meditation lassen im Beisein eines Meisters alte Grenzen des Seins sprengen. Man explodiert schier vor Energie, die in wildem Tanz und ungebremster Lebensfreude mündet. Die angezogene Handbremse im Leben wird endlich gelockert! Aber es ist nicht der Meister, dem diese Kraft entspringt und die dann auf den Schüler übergeht, nein, es erwächst im Suchenden selbst, wie bei der Knospe einer Rose, die plötzlich erblüht. Der Meister bestellt lediglich das Beet, beseitigt Unrat, gibt etwas Dünger hinzu, schneidet an den richtigen Stellen und mit einem Mal erblüht eine wunderschöne Blume. Es scheint für den Glücklichen, als ob der Meister direkt an den inneren Schrauben gedreht hätte, dem ist nicht so, vielmehr entsteht eine Art Synchronizität.

In den ekstatischen Augenblicken verschwindet der Verstand, der uns so oft am Sprung ins Leben hindert. Wenn eine Situation entsteht, in der ein starker Impuls drängt, loszulegen, gilt die Aufmerksamkeit dem ersten inneren Anstoß. Der kommt meistens direkt aus der Intuition. Die Blase der halb gelebten Lebensenergie platzt und wir kosten vom köstlichen Nektar der totalen Verzücktheit. Bitte nicht verwechseln mit einer krankhaften Verrücktheit. Nutzen Sie den geschützten Raum eines Seminars oder des Bewusstseinskreises, um einmal richtig loszulegen.

Nicht immer ist es ratsam, dass die erfahrene Ekstase ungefiltert in die Öffentlichkeit getragen wird. Das transformierte Sein gilt es wohl dosiert im Umfeld auszudrücken, denn nicht alle Menschen verstehen diese dynamische, authentische, kraftvolle Unverrückbarkeit der erwachenden Seele. Es macht den Leuten Angst und dies entfacht leicht negative Gegenreaktionen.

Sogar im alten Freundeskreis wird man die neue direkte Art, die exakt in dem Moment mit allen sichtbaren und unsichtbaren Gedanken, Worten und Energien korrespondiert, eher ablehnen. Wahrheitssuche ist ein Ding, aber Wahrheit finden fühlt sich völlig anders an, und Wahrheit ausdrücken geschieht dann ziemlich automatisch! Davor haben die meisten Menschen die größte Angst, sowohl als Handelnde als auch als Zuschauer.

Oft denkt der vermeintliche, vom Verstand gesteuerte Wahrheitssuchende sogar von sich selbst, dass ihm dies das Wichtigste sei, doch sein Umgang mit der Wahrheit beweist seine Vermeidungsstrategie. Er schläft wieder friedlich ein, wähnt sich aber vermeintlich auf der Transformationsüberholspur. Der Versuch, hier aufzuwecken, kann für Ungeübte böse ins Auge gehen.

Deswegen wirkt ein Bewusstseinskreis so hilfreich, weil alle Interessierten in einer Abmachung stehen, die da heißt, Transformation ist das Wichtigste in meinem Leben. Der passende Zen-Spruch lautet: Verbündete erlauben, wohin man geht!

Eine andere alte Weisheit besagt: »Binde deine Transformationsergebnisse nicht gleich jedermann auf die Nase«. Demjenigen, der es nicht versteht und nicht danach fragt, ist mit einer Überschüttung von Weisheit und evolutionärem Wissen nicht geholfen. Er wäre damit überfordert. Man sollte die spirituellen Geheimnisse nur mit denen teilen, die darum bitten und Verständnis dafür zeigen. Es kann sonst Missverständnisse mit sich bringen, deren Konsequenzen wiederum in negativer Weise auf einen zurückfallen, den Überbringer der Wahrheit in irgendeiner Form beschädigen. Man muss bestimmte Dinge für sich behalten können. Manches braucht erst im Inneren und auch bei den Menschen im Äußeren eine gewisse Reife. Dann kann allerdings die segensreiche Wirkung verströmen, die Zeit ist gekommen, den Schatz weiterzureichen. Trotzdem aufpassen, das Kollektiv Mensch hinkt diesen Entwicklungen meist ein großes Stück hinterher und zieht nicht selten den, der sich aus ihrer Mitte erhebt, wieder zurück ins Glied der Unbewusstheit.

Der Same der Buddhaschaft, keimt erst tief im Inneren. Man lässt den Funken der Erleuchtung des Meisters in sich sinken, bis er eins wird mit dem Samen der Buddha-Natur. Die Zeit vergeht und auf einmal erscheint ein kleiner Spross. Mit diesem zarten Pflänzchen sollte man weiterhin vorsichtig umgehen. Die Pflanze wächst heran, eine Knospe öffnet sich und wird zur Blume. Weitere Blüten zeigen ihre Pracht, bis hin zum größten Crescendo. Jetzt fließt die Buddha-Energie über in eine formlose Form. Die Arbeit zum Wohle der Menschen kann beginnen.

Bis diese Entwicklung abgeschlossen ist, sollte der Erwachende bestimmte Aspekte seiner Buddha-Natur in die Privatsphäre zurückziehen, den Marktplatz damit meiden. Ein guter Platz für die stille Weiterentwicklung der Buddha-Energie ist die Natur, ohne Zwang reift die Blume zur Frucht, bis sie überquillt, bereit, ihren Samen auszustoßen. Das ist dann das definitive Zeichen für den Start, den Bewusstseinsfunken als Buddha auf dem Marktplatz anzubieten.

Anders als früher nutzen viel mehr Erwachte der neuen Kategorie das Lachen als ein Wunderwerkzeug für die Erweckung der Buddhas. Die Devise heißt, Lachen verbindet, das Ego verschwindet. Beim herzhaften Lachen verschiebt sich das Zentrum des Seins vom Verstand in die Herzebene. Der neue Standpunkt gewährt einen Einblick in das Wunder der ewigen Schönheit und Wahrheit der Existenz.

In der Gemeinschaft des Sangha darf und soll viel gelacht werden. Die Energie der Freude wird miteinander geteilt, man wird eins mit der humorvollen Energie des Meisters. Es kommt zu einem Verschmelzen in Liebe und die energetischen Grenzen der Individuen werden durchlässig.

Falls zwischendurch die alten Lebensthemen wieder von den Toten auferstehen, sollte man sie erlösen und die Restschatten als Mahnmale auf dem gewählten Weg nutzen, ihnen aber ansonsten keine gedankliche Beachtung schenken.

Wenn dem bewussten Beobachter dabei gewisse Egotätigkeiten auffallen, die nach wie vor das bewusste Sein antreiben, ist das besser sofort ernst zu nehmen, sonst unterstützt man unnötigerweise deren Ansinnen und damit gelingt ihnen eine erneute uneingeschränkte Einflussnahme. Geht man spielerisch mit den Überbleibseln um, kümmert sich das Bewusstsein der Buddha-Natur automatisch um eine gesunde Haltung. Das Licht der Bewusstheit hat ja schon Platz genommen und leuchtet, also verschwindet die Dunkelheit mit dem Erscheinen des Lichts. In dieser Auseinandersetzung sollte man locker und entspannt bleiben, dann geht alles wie von selbst!

Wohlwollende, freundliche Selbstbeobachtung sollte der innere Status derweil sein. Der beobachtende Beobachter, mit der Brille des Verstandes betrachtet, wird sonst von diesem unnötigerweise ins Ernste und dogmatisch Kleinliche manipuliert. Dann geht man innerlich aufgebracht in den Ärger und das hilft nicht weiter. Verbinden Sie den Beobachter lieber mit dem Werkzeug der spielerischen Qualität, so dass man in Momenten des Bewusstwerdens nachsichtig mit Selbstvorwürfen umgeht. Im Spielerischen steckt die Leichtigkeit, die es für die Verwaltung der Restschatten braucht. Mit einer Selbstverurteilung befindet man sich schon wieder in einem weiteren altbekannten realitätsfremden Film.

Die bewusste Handlung, erreichbar mit dem Bewusstseinsschalter, bringt einen zurück in die Realität, noch im selben Augenblick ist man wieder im gleichen glückseligen Gefühl, das sich bei den schrittweisen oder explosionsartig einsetzenden Transformations- oder Erleuchtungsmomenten einstellt. Die Gefahr, in der Sackgasse des Ego-Superhelden aufzuwachen, scheint vorerst gebannt.

Der Gewinn des Endziels liegt vielleicht noch in der Warteschleife, doch das erklommene Teilstück ist wirklich ein guter Grund zum Feiern. Also feiern Sie, wenn Ihnen Ähnliches widerfährt! Der Rest gelingt schon zur richtigen Zeit. Sie befinden sich schließlich im Lebensfluss und lassen sich auch weiterhin von ihm tragen. Das innere Schatzkästchen, Hüter der Lebensthemen mit den innewohnenden Zielvorstellungen, den Kreationen auf der Lebensbühne, und die göttliche Instanz tun im Zusammenspiel ihr Übriges. Achtsamkeit, Selbstvertrauen und Vertrauen in den eigenen Pfad lassen alle weiteren Hürden schrumpfen.

Ein idealer Ort für weiteres Wachstum ist natürlich der Bewusstseinskreis, dort existiert ein geschützter Raum, in dem man an Lebensthemen arbeitet. Ein Meister oder Therapeut übernehmen dabei die Schulung in neue Gefilde. Das Lernen, sich dem Lebensfluss vertrauensvoll hinzugeben oder entspannt fallen zu lassen und auf die göttlichen Mysterien zu vertrauen, entlässt aus der krankhaften Kontrolle über minutiöses tägliches Handeln nach Plan und der Angst vor den Folgen der Aufgabe von Kontrolle, der intuitiven Spontaneität.

Über die Aufgabe von Kontrollmechanismen erfährt man leichter seinen inneren Wesenskern, die oberflächliche Maske fällt. Permanentes Kontrollieren des eigenen gesellschaftskonformen Tuns birgt dagegen großen Stress und führt zwangsweise zu dem Krankheitsbild entsprechende Aussetzer. Das Burn-out-Syndrom zum Beispiel hält einen gefangen im alltäglichen Hamsterrad des guten, funktionierenden Bürgers, der es allen recht machen will und am liebsten von Papi oder Mami per energetischer Nabelschnur permanent versorgt werden würde. Lieber verzehrt man sich im Übereifer, als sein Lebensthema anzuschauen, viele ungebremst bis zum bitteren Ende!

Auf einer geläuterten, höheren Bewusstseinsstufe brauchen wir weder Hamsterräder noch Messlatten. Keiner muss toller, größer, besser als ein anderer sein. Natürlichkeit ist Trumpf, Einfachheit der Schlüssel. Man folgt nur noch seiner eigenen inneren Stimme.

Verrückt nennen die Mitbürger dieses authentische Verhalten. Sie ertragen kein Aus-der-Rolle-Fallen. In der Gesellschaft hat man lieber oberflächliche Heiligkeit als wunderbare nacheifernswerte Beispiele der Transformation. Ein Buddha, der nach seinen eigenen authentischen Regeln lebt, kann schlecht akzeptiert werden. Der Abstand zur normalen, aber eigentlich künstlichen Gesellschaft wird stetig größer. Am höchsten Punkt dieser Entwicklung hat man wahre Heiligkeit erlangt. Aber davor schreckt der normale Bürger zurück. Er hält seine möglichst traditionsreichen Regeln und Heiligen hoch, wer sie bricht, wird verurteilt.

Deswegen sollte man auf dem Marktplatz etwas Acht geben, gerade wenn man in die Buddha-Energie hineinwächst, ist man selbst und eventuell auch das Umfeld etwas sensibel. Ansonsten kommt es als Buddha-Anwärter nur darauf an, wie man sich in der Buddha-Energie selbst fühlt. Freude und Glückseligkeit brauchen hier keine Kontrolle. Kontrolle ist jetzt ein Zeichen von Angst, man erlaubt der eigenen Natur nicht den freien Lauf. Falsche Kontrolle durchschneidet hier den authentischen Handlungsfaden, sie zwängt in ein Korsett. Kontrolle gibt Struktur und Sicherheit, doch damit begegnet man dem Mysterium des Lebens an dieser Stelle nicht auf angemessene Weise.

Die Existenz, die Natur fügt die Dinge jetzt von ganz alleine in die Reihe ein. Entspannen und Loslassen lassen das Sein in stimmige Abläufe strömen. Es braucht keine Bedienungsanleitung, keinen Plan, kein festgestecktes Ziel, der Fluss fließt zum Ozean. Das Vertrauen und die Gewissheit in diese Realität ermöglicht ein freies Fließen ohne künstliche Anbindung. Wo immer es hinführt, fühlt man sich zu Hause, nimmt man die Bestimmung demütig an.

Währenddessen reinigen die Energiesysteme den Menschen. Bis zur Buddhaschaft erleben wir diese klärenden Turbulenzen. Diesem Weg entspringen Hochgefühle und manchmal auch kleine Abstürze. Das macht nichts, die energiereiche Zeit wird genossen, die fade Zeit wirkt ausgleichend. Berge und Täler unterstützen sich gegenseitig. Die Tiefe des Traurigseins lässt das Pendel Richtung Glückseligkeit schwingen. Auch Traurigkeit hat unendliche Schönheit. Am tiefsten Punkt heißt es loslassen, ab dieser Stelle wird Meditation leicht möglich, und das ist ein großer Pluspunkt.

Auf der anderen Seite, beim Höhenflug, entsteht eine quirlige Energiehöchstleistung, danach geht es wieder runter, man liegt wieder am Boden, schließt die Augen und meditiert. Ganz oben angekommen, erlebt man sich tanzend, auf einem Berg oder engagiert an einem Projekt arbeitend. Im Tal der Tränen wandelt sich Verzweiflung irgendwann in Ruhe, Meditation.

Bei diesem Auf und Ab wird alle festgehaltene Energie im Körper durcheinander gewirbelt. Der freie Fluss von gestauter Energie gleicht einem Raketenstart, danach Ruhe, Stille. Für einen völlig ausgelebten Energieschub winkt die Belohnung, die Meditation. Der Tanz der Energie befruchtet die Kreativität und das anschließende Energietal erlaubt eine ungestörte Meditation. Daher sind Bewegungsmeditationen, kombiniert mit stillen Phasen, so ungeheuer erfolgreich für die Ruhe des Verstandes und die Vitalität des Körpers. Und der anschließende Höhenflug so ergiebig für alle aktiven Vorhaben.

Die zwei Seiten dieser Bewegung haben in ihrer Mitte einen Bereich, in dem die Buddha-Natur sich erhebt. Absolutes Loslassen und totales Dafürgehen haben genau in der Mitte diesen Freiraum, die goldene Mitte. Hier ist man richtig, exakt diesen Platz sollte man halten, mehr ist nicht zu tun.

Alles, was jetzt geschehen soll, wird ohne aktive Einmischung einfach passieren. Die meisten Menschen können eher mit dem totalen Loslassen oder der zielstrebigen Aktivität etwas anfangen, mit dem Willen und der Kraft. Besser aber sollte man die goldene Mitte halten, als permanent in die beiden Extreme zu verfallen, kein Wählen der Seiten der »Medaille« ist nötig. In der Mitte bleiben, mehr ist nicht zu tun. Stille kommt auf und der innere Beobachter sieht zu, was auch immer stattfindet.

Die Existenz kümmert sich darum, sie findet ihren Weg, die Dinge in optimaler Weise zu gestalten. Tun würde hier Forcieren heißen, der andere, stille Teil würde dabei unterdrückt. Was immer man wählt, es ist nur die eine Seite. Später wird man die vermeintlich bessere Seite bevorzugen. Nur eine Hälfte schenkt nicht die komplette Befreiung. Die nicht gewählte Seite stört und neckt über den Verstand. »Wähle mich jetzt«, sagt sie andauernd. Bei Nichtbeachtung wird sie sich auf irgendeine Weise revanchieren.

Man braucht auf dieser Ebene nichts zu wählen. Die Devise heißt »Bleibe wahllos«. Einfach der Beobachter bleiben und in diesen Raum hinein entspannen. Das ist die Herausforderung auf dieser Stufe der Entwicklungsspirale. Bewusst, wahllos, das ist hier die Essenz des spirituellen Wachstums, automatisch geschieht das Stimmigste. Der Buddha bleibt wahllos und doch entscheidet die Intuition die Handlung, die innere Stimme, und die liegt immer richtig.

Bis der Sprung in die Buddha-Natur gelingt, brauchen wir beides, Geduld und das unglaubliche Feuer der Sehnsucht. Diese Sehnsucht ist keine Ungeduld, es ist ein starkes Vertrauen in das eigene Selbst, den richtigen Weg zu finden, gepaart mit dem innigsten Wunsch, in den Heimathafen der Buddha-Natur einzulaufen. Diese Sehnsucht wirkt wie einzementiert von den Wurzeln der Entwicklungsbasis bis in den Wipfel der höchsten Wachstumsmöglichkeit, ein weiterer roter Faden, der allen Entscheidungen und Handlungen zugrunde liegt.

Die Geduld wird belohnt, nach all den Mühen der Durchbruch, der Traum wird wahr. Egal wie lange sich die Zeit bis zum Frühlingserwachen hinzieht, es ist keine Passivität, die dies bewirkt, wir tragen es im Herzen, das Herz ruft Tag und Nacht. Der Ruf gleicht einem Magneten, der die Erfahrungen auf die Lebensbühne hervorlockt, in denen wir in den Zustand des Erwachens wachsen.

Ein Großteil der religiösen Menschen interpretiert die Worte der Erleuchteten einfach falsch. Ein Buddha sagt nicht, bleibe gelassen, alles geht wie von selbst, damit man alles fahren lässt, er meint damit nicht, dem Hamsterrad des Tuns anheim zu fallen. Das ändert aber nichts an der Tatsache, dass für das Weiterkommen natürlich etwas Wichtiges gebraucht wird, und das ist die innere Sehnsucht nach der Einswerdung, die aktiv nach vorne treibt.

Wenn man hier nicht genau aufpasst, landet man sonst in der Ecke des Fatalismus und Fatalismus ist eine regelrechte Krankheit unserer Zeit. Die Abwehrmechanismen und der innere Tyrann freuen sich kindlich über ein Wegschlafen. Doch erinnern Sie sich, jede gestrandete Seele muss auf einen erneuten Rundlauf.

Wer lange wartet, wird erst recht überdrüssig, und dies führt nicht selten in eine Lethargie. Man wird passiv, gesetzte Ziele, Ideen und Visionen geraten in Vergessenheit. Der Strudel des Alltäglichen kombiniert mit der Verweigerung, in die Konfrontation mit den Restlebensthemen zu gehen, rückt das Endziel in weite, sehr weite Ferne. Die Macht des Kollektivs spürt man außerdem sehr deutlich. Schaffe, werde einzigartig, mach etwas Besonderes aus dir, sind die kollektiven Gedanken.

Wie soll man da ohne hundertprozentige Überzeugung das Licht am Horizont erkennen und wie sollen wir für weitreichende Veränderungen rund um den Erdball sorgen, wenn dies alles nicht in den Schulen gelehrt wird? Nur wenn wir überall diese Realität lehren, kann der viel versprochene Quantensprung in eine lebenswertere Zukunft weltweit gelingen.

So kommt jeder, der seine Jahre der spirituellen Entwicklung widmet, gelegentlich an den Punkt des Zweifelns. Meditationserlebnisse zeugen zwar von der Tatsache der übergeordneten Realität, aber mit dem erneuten Einsetzen der Verstandestätigkeit wird alles immer wieder in Frage gestellt.

Jede Seele findet letztendlich ihren eigenen Ausweg mit Hilfe eines Meisters und manchmal auch ohne das leitende Licht in der Dunkelheit. Buddha ließ nach jahrelanger Anstrengung alle Pein und Selbstkasteiung fahren, entspannte sich und plopp, da geschah es schließlich. Ihm war klar geworden, entweder kommt der Erleuchtungsmoment jetzt, oder nicht. Wenn ja, wunderbar, wenn nein, dann ist jetzt genug. Der Druck, den man sich über diese Frage aufbaut, ist völlig unnötig, ja sogar schädlich. Gerade Buddha wollte mit aller Gewalt den Durchbruch erzwingen, was ihm allerdings nicht gelang. Dabei war er äußerst erfinderisch in der Wahl seiner »Waffen«. Aber alles, was bei seinen Bemühungen herauskam, war auf Selbstzerstörung ausgerichtet. Er unterzog seinen Körper und die Psyche jahrelangen Torturen. All dies nützte nichts. Erst als er an der Grenze zum Tod angelangt war, tat er das einzig Richtige, er ließ los.

Wie so oft bestimmt die Zeit dazwischen,vor dem Ankommen in der Buddha-Natur eine längere Phase, die sich anfühlt wie der Tanz auf des Messers Schneide. In keinem Fall sollte man sich aber dem Glauben an die Vergeblichkeit der Mühen dieses Wachstumsweges hingeben. Genügend Menschen werfen unglücklicherweise die Flinte ins Korn, weil ihnen dieser Pfad zuletzt als unergiebig erscheint. Doch Feuer- wie Geduldprobe oder scheinbares Scheitern gehören ebenfalls zum Lernpfad.

So ziemlich die ganze Welt verweilt deswegen im Zustand des Fatalismus. Mit verhältnismäßig wenig Erwachten versucht die Evolution ihr Glück. Und mit Verlaub, es wird dennoch gelingen. Buddhaschaft ist ein realer Faktor. Die Ablehnung erfolgt vielerorts übrigens in erster Linie aus religiösen Gründen. Die Situation der spirituellen Reise durch die Brille der Religionen betrachtet gilt als nichtexistent …!

Die Menschheit schläft den tiefen Schlaf der Unbewusstheit. Jeder, der an die Tür zur Buddha-Natur anklopft, ist auf sich allein gestellt, wenn er nicht gerade das Glück eines meisterlichen Begleiters hat. Nur mit einer starken visionären Fähigkeit kann er in Betracht ziehen, tatsächlich die Pforte des Erwachens aufzustemmen. Sogar in den Träumen erscheint dann das Bild der Bereitschaft für den letzten Sprung. Wenn es endlich so weit ist, kann man es erkennen und man weiß Bescheid, dass jetzt das Größte tatsächlich geschieht. Innerlich wächst eine absolute Gewissheit über das Platznehmen der Buddha-Natur. Es manifestiert sich auch im Außen die Klarheit über den inneren Zustand. Die Dinge kommen in die Reihe und die »Lehramtstätigkeit« eines Buddhas beginnt.

Wenn man sich aber bei den letzten Metern vor der Ziellinie überanstrengt, in das Hamsterrad der Sucht nach Erleuchtung gerät, fällt es schwer, den eigenen Standpunkt zu bestimmen. Also, immer wieder entspannen ist angesagt und lieber noch einmal die Lebensthemen abklopfen, bevor man sich in die eine oder andere Richtung versteigt. Der Moment des Erwachens ist nah und er wird kommen … Herzlichen Glückwunsch!

Der Tag ist nicht mehr fern, ein gewaltiges Verstehen breitet sich aus und mit einem nicht enden wollenden Lachen kündigt sich der Durchbruch an. Welch energetisches Loslassen und wie simpel die Wahrheit. Unglaublich, dermaßen anstrengend in der Vorbereitungszeit und doch so einfach in der Auflösung.

Lachen gilt als profan, doch es ist eines der heiligsten Phänomene auf Erden. Kein anderes Wesen ist imstande, etwas auch nur Ähnliches wie das Lachen hervorzubringen. Erst gewachsenes Bewusstsein erzeugt die Lachmöglichkeit. Natürlich unterscheidet das Lachen eines Erleuchteten sich vom Stammtischgelächter, auch höhnisches, Energie abschneidendes Gelächter ist hier nicht gemeint.

Die Qualität eines Buddhas, der lacht, hat etwas köstlich Erfrischendes, die Welt Umfassendes. Die ganze Wärme bricht aus seinem Herzen und der Bauchgegend in sein Umfeld hinaus. Es bewirkt im Betrachter eine unbekannte Leichtigkeit und ein Aufgehobensein wie in Gottes Schoß, es verströmt Herzensgüte und Zuversicht.

Dagegen hat das weit verbreitete Ernstsein oder eine krankhafte Ernsthaftigkeit etwas Lebloses, die Lebenssäfte werden nicht geehrt, sie versiegen. Das Krankheitsbild »Ernst« galt über Jahrhunderte als Galionsfigur für die Unterdrückung in der Gesellschaft. Ein prima Mittel, einigen wenigen die Herrschaft über die Mehrzahl in die Hände zu spielen. Falscher Ernst zwängt ein, Lachen befreit. Sprichwörter wie »Der hat nicht viel zu Lachen« oder »Jetzt beginnt der Ernst des Lebens« zeugen von der unglaublichen Kraft eines Lebensgefühls, das fremdbestimmt in einem Platz nimmt. Man darf nicht vergessen, es sind die Menschen, die jederzeit ihr Miteinander bestimmen. Lebensthemengemäß entwickelt sich das Kollektiv und erfährt dementsprechend sein Schicksal.

Die Irrungen und Wirrungen der Evolutionsreise bringen dauerhaft Missverstandenes und Unerlöstes, aber dennoch über Jahrhunderte Wirksames auf die Lebensbühne. Diejenigen, die an Unsinnigem festhalten, wissen allerdings zumeist, warum. Pfründe diverser Art lässt man halt nicht so gerne los. Dadurch stellt sich die Gesellschaft in mancherlei Thematik realitätsfremd und gesundheitsschädigend, aber nichtsdestotrotz hält man den Unsinn aufrecht. Man gibt sogar als Qualität aus, was nach alter Väter Sitte in Umlauf gelangt. Wiederum hat das Festhalten als weiterer Aspekt mit dem Greifen nach Sicherheit zu tun. Das, was man damit künstlich aufrechterhält, schneidet vom Tao, dem Lebensfluss ab. Daher das zähe Weiterwachsen des Kollektivs auf der Evolutionsspirale.

Die ernsthaften Leute sind ernsthaft, weil die Gesellschaft ihnen aus guten Gründen ihren Respekt erweist. Auch die Religionen nützen Ernsthaftigkeit zur Unterdrückung der Lebensimpulse, die zur Freiheit und in die Realität führen könnten. Es ist eine Frage der Macht und der Gedanken, ohne Macht nicht zu überleben. Der Mumpitz wird also über Generationen weitergetragen und die Menschen lassen sich für ein Quäntchen mehr an Respekt, für jeden, der sich daran hält, lieber unterdrücken.

Unkontrollierte Energie kann überall hinführen. Eindämmen und Beschneiden führt lediglich zur traurigen Ernsthaftigkeit. Passend dazu werden uns die Heiligenbildchen, Jesus am Kreuze und ein vielerorts niemals lachender Buddha vor die Nase gesetzt. Ernste, leidende Mienen sind Trumpf im religiösen Wettlauf um die Gunst der »Heiden«.

Allzu große Ernsthaftigkeit bringt unmenschliche Kälte, Lachen und Freude bringen Wärme und Mitgefühl. Alte Werturteile sind das Produkt ewig weitergereichter Prinzipien und Konditionierungen, sie hindern uns am wirklichen Hören und Verstehen der Offenbarung des Göttlichen. Nur wer den Käfig der Narretei verlässt, durchbricht die überflüssigen Schranken und findet in die Wahrheit seines eigenen Herzens.

Die Kategorie der Erwachten zeigt Wärme und Lachen gerne aus vollem Herzen. Stille und Meditation haben nichts mit einem ernsten Sein gemein. Die Stille ist voll des Lächelns und authentische Meditation fließt über vor Freude. Diese Energie führt in eine Ekstase, die irgendwann in schallendes Gelächter ausbrechen kann. Ein solches Lachen ist an dieser Stelle ein Teil des universellen Gesetzes, es bleibt einem gar nichts anderes übrig, als im Angesicht der Realität über die eigene Blindheit zu lachen.

Im Augenblick der Erleuchtung wird einfach klar, dass der letzte Schritt in das eigene Sein führt, es kann nicht im Außen gefunden werden. Man trägt es eigentlich immer in sich, doch schaut nie in diese Tiefe. Der Schatz liegt im Suchenden selbst vergraben. Das innere Schatzkästchen, das wir beim Erlösen der Lebensthemen kennen gelernt haben, ist nebenbei auch der Hüter des Grals. Nach der Transformation der Lebensthemen findet man hier seinen inneren Auftraggeber, den Urgrund des Transformationswillens. Die Quelle des Seins, man erschafft, was man ist, einen Buddha im Einklang, mit allem und sich selbst.

Viele Erleuchtete hielten ihr Lachen im Zaum, das war auch hier das Werk der Tradition, die da hieß, je bewusster man ist, desto ernster zeigt sich dies. Aus Hochachtung vor den Altvordern traten die Meister lange Zeit mit ernstem Ausdruck in die Reihe der Buddhas. Doch gerade das Lachen aus vollem Herzen zeugt von der unglaublichen Wahrheit.

Also auf geht's Richtung Buddhaschaft, auch der letzte Suchende wird dabei irgendwann einmal müde und begreift, man braucht nirgendwohinzugehen. Wo immer man gerade steht, begebe man sich in die Meditation, und los geht's zur inneren Mitte, in das Experimentieren mit der Buddha-Natur.

Nicht verzagen, wenn bis jetzt nichts Rechtes weitergegangen ist. Alle Wege führen zurück zu einem selbst, dort ist das Zuhause. Hier wohnt Gott und freut sich riesig, den neu Ankommenden gebührend, mit einem herzhaften Lachen zu empfangen. Aber man muss es ausprobieren, sonst bleibt es lediglich eine Glaubenssache.

Wer aber ankommt, beschwert sich nicht mehr über die harte Gangart des Weges, in aller Stille fährt das Boot in den Heimathafen. Dieses Erlebnis teilen viele Erwachte und manch andere folgen allmählich diesem Ruf ins Unbekannte.

Wer jetzt nicht heimkehrt und lieber von Ängsten erzählt, will letztendlich die Verantwortung für sein Dasein und jegliches dazugehörige Handeln immer noch nicht völlig übernehmen. Er benutzt die Ängste wegen der vermeintlichen Sicherheit, dort, wo er steht, kennt er sich aus, lieber so, als im Unbekannten sein Heil suchen. Doch es gibt kein Ausweichen mehr, an dieser Stelle gilt kein Ausweichmanöver. Volle Fahrt voraus, damit das Unmögliche gelingt. Wer jetzt die Angst wählt, verliert seine Seele. Fremdgesteuert, abhängig und ohne Kontrolle verliert man sich im Grau einer Scheinwelt.

Also, die letzte Hürde darf in Angriff genommen werden, ohne weitere Aufenthalte, erhobenen Hauptes, mit dem entsprechenden Applaus der göttliche Instanz, die im Ziel willkommen heißt. Nachdem das Feld bestellt wurde, geackert und gesät, darf man nun die glorreiche Ernte einfahren.

Wer hier die Verantwortung scheut, auf dem Weg stehen bleibt, verliert langsam seine bereits gewonnenen Früchte. Die Wurzeln faulen und der Baum kann nicht weiterwachsen. Man fällt aus erreichter Höhe um Stufen tiefer. Die Existenz überlässt die freie Wahl, man muss die richtige allerdings auch treffen.

Die Verantwortung für uns selbst beinhaltet ab einem gewissen Entwicklungsgrad, Inspirationen ins Umfeld abzugeben.

Wenn die Gesellschaft das Klima für evolutionäre Veränderung nicht genügend herstellt, geht es darum, Alternativen aufzuzeigen und ganz praktisch damit anzufangen, eine neue Welt zu schaffen. Falls wir nicht finden, was wir wollen, nehmen wir die Verantwortung in die Hände und krempeln die Ärmel hoch für die Umsetzung unserer Visionen. Dazu gehören Mut und Risikobereitschaft. Die Welt einfach so zu ertragen, kann man bei diesem Entwicklungsgrad nicht mehr als lebenswert akzeptieren.

Leben ist Veränderung, an der wir voll beteiligt sind. Wer diese Herausforderung nicht annimmt, hat auf der Ebene des Erwachens nichts verloren. Für Feiglinge ist der sicherste Platz das Grab, wo einem nichts mehr aus der Bahn werfen kann. Alles ist dort völlig sicher. Man hat gar keine Angst mehr, schließlich ist man schon tot. Doch das wäre zu billig, dafür sind wir nicht so weit gereist. Es gilt, aufzustehen und die Abenteuerreise in aller Verantwortlichkeit bis über die Zielmarke fortzusetzen. Das Erreichen der Buddha-Natur ist schließlich der Sinn der Evolution.

Der Weg nach innen inspiriert und beflügelt, tiefer in die eigene Realität vorzudringen. Eine Art der Pilgerschaft, bei der sich die Dinge entwickeln und der beobachtende Beobachter diesen Prozess als Zuschauer genießt. Geduldig und entspannt harrt er der Ankunft. Das U-Boot des »Tiefseetauchers« findet irgendwann den Schatz. Manchmal nützt nur Geduld, da ähnlich wie beim Patient im Krankenhaus die Heilung ihre Zeit braucht, auch der Schatz erst gefunden werden kann, wenn die Innenwelt so weit ist. Sonst fischt der Suchende auf Tauchstation ewig im Trüben.

Das Nach-innen-Wenden erzeugt Angst, weil die Untiefen Ungewissheit und unbekanntes Terrain bedeuten, aber das ist völlig normal. Deswegen umschiffen viele Suchende dieses Bermuda-Dreieck. Damit verzögert sich die Zieleinfahrt. Aber es ist auch verständlich, man ist ganz allein, niemand kann einen dorthin begleiten. Trotzdem spürt man diesen Drang in die Tiefe des Seins. Das innere Zentrum gleicht einem Magneten, es zieht einen förmlich an. Der Verstand fragt sich dabei, ob man wohl jemals zurückkommt, und drängt dem Sog, nicht nachzugeben.

Viele Menschen flüchten schon auf dem Beginnerlevel der Meditation aus Furcht vor den tiefen Abgründen. Doch ohne die Hingabe an den Lebensthemen-Spannungsbogen, der auch diese Ebene beinhaltet, findet kein weiteres Wachstum statt.

Man muss all seinen Mut zusammennehmen und der göttlichen Buddha-Ebene erlauben, einen in ihrem Blütenkelch aufzunehmen. Diese Blume wartet ja seit Anbeginn der Zeit darauf, die Seele in die Arme zu schließen. Doch der Verstand mit seinen Abwehrmechanismen vereitelt oft genug das Eintauchen.

Die Blüte schließt sich und die Verwandlung passiert. Danach ist man nie wieder derselbe. Eins mit der Existenz, fühlt man die Weite, die Unbegrenztheit der freien Seele. Alles ist eins und eins ist alles.

Man verliert nichts, wenn man das alte angebliche Selbst abstreift, im Gegenteil, man findet seinen wahren Schatz. Die Lebensthemenreise endet mit dem Auflösen der Persona, das Göttliche tritt in Erscheinung. Mit dem Göttlichen erwächst die meisterliche Spielfreude, die sich auf allen Ebenen der Kommunikation eines Erwachten ausdrückt.

Die Zen-Meister waren Paradebeispiele für ein Weitergeben des Wahrheitsstabes über den Humor, ihre witzige Art hallt heute noch in vielen Anekdoten. So schlossen sich einst drei Zen-Meister zusammen und zogen von Ort zu Ort, um auf den Marktplätzen in Gelächter auszubrechen. Damit erzeugten sie ein magnetisches Energiefeld des Lachens. Die Menschen konnten nicht anders, als auf den Marktplatz zu strömen und in das Lachen einzustimmen und anschließend fragte sich so mancher angesichts der erfahrenen Verwandlung, wie denn das jetzt geschehen sein mochte. Das Gelächter wirkte einer Energiedusche gleich, ob jung oder alt, alle fühlten sich gestärkt, verjüngt und erfrischt für neue Taten.

Wir sollten uns nicht an alte Vorstellungen von einem Buddha klammern. Ein versteinerter Buddha ist lediglich eine Statue, aber die Essenz der Erleuchtung hat viele verschiedene Gesichter. Das Phänomen der Buddha-Natur existiert rund um den Erdball, auch wenn man im hintersten Winkel von Uruguay vielleicht noch nichts von einem Buddha gehört hat. Dort arbeiten sicherlich auch diverse Schamanen auf dem gleichen Erleuchtungslevel.

Dieselbe Essenz mit unterschiedlichen Ausdrucksformen, das demonstriert die Individualität der Buddha-Natur. Der dogmatische, in die Pflicht genommene Anhänger von exakten Richtlinien und steifer Gebetshaltung ist meist noch Meilen von seiner integren Authentizität entfernt, er hat noch einiges zu lernen, um endgültig in diese aufzusteigen. Derartige Gesellen fallen eher über ihre Schriftgelehrtheit auf als über lockere Authentizität. In ernster Manier achten sie auf die Einhaltung jeglicher Vorgaben und millimetergenauer Bigotterie.

Der neu Erwachte dagegen tanzt, lacht, spielt mit den Kindern und wälzt sich auch mal spielerisch auf der Sommerwiese. Die Kleidung darf dabei ruhig ein paar Flecken abbekommen. Er zeichnet sich durch eine liebevolle Menschlichkeit aus, die eher Mitgefühl zeigt als penible Rechthaberei. Am Ende zählt nur die Wahrheit, wenn ein Buddha nicht fähig ist, zu lachen und zu tanzen, fehlt ein Quäntchen am Abschluss der Evolutionsreise.

Das Verstehen dieser Realität öffnet den Suchenden die Augen, die gerne den alten Attitüden der Buddhaschaft hinterherlaufen. Nicht alle Werkzeuge der Altvordern haben heute noch ihre uneingeschränkte Gültigkeit, Bedeutung oder Wirkungskraft. Einen Schlüssel dafür finden wir in unserem inneren Kind. Leben heißt Veränderung und damit müssen wir das Mysterium immer wieder neu betrachten. Sonst halten wir an etwas fest, können nicht in die entscheidenden höheren Bewusstseinsetagen aufsteigen. Dieses Kind, das wir damals vor vielen Jahren waren, verbringt die Zeit in einem bis ins hohe Alter. Normalerweise bleibt der Erwachsene bei seinen Lebensthemen so lange in einer kindlichen Nische traumatisiert hängen, bis er die Thematik erledigt hat. Das heißt, das Niveau, der Pegel des erwachsenen Umgangs mit der spirituellen Reise hängt davon ab. Suchende, die in der Nische hängen, können erst weiterwachsen, wenn sie bereit sind, das Erlebte in Verbindung mit dem Lebensthemen-Spannungsbogen einzuordnen und sich danach gestatten, hinter ihrem eisernen Vorhang hervorzutreten.

In jedem Fall verbringt das innere Kind die ganze Lebenszeit mit uns. Falls es uns gelingt, in die Buddhaschaft aufzusteigen, merken wir, wie spätestens dann sich das innere Kind und der Buddha versöhnen und die sprichwörtliche Kindlichkeit mit der höchsten Weisheit gepaart zu köstlichem Schabernack fähig ist. Ein Buddha muss nicht immer lachen, aber innerlich gickelt er doch öfters gewaltig. Da ein Buddha jenseits von moralischen oder gesellschaftskonformen Verhaltensweisen arbeitet, kann er eben auch mit den unmöglichsten Mitteln den Suchenden in sein Wachstum schubsen. Der fest strukturierte Mensch hört in einem Augenblick des Verdattertseins auf, über den Verstand sein Weltbild festzuhalten. Hier erweist sich eben der Humor oder die kindliche Art eines Erwachten als sehr hilfreich.

Die Gesellschaft liebt den ernsten Menschen, die Lenker erlauben sich, dessen Anlehnungsbedürftigkeit an Strukturen für den Erhalt unsinniger Werte auszunützen. Spielerisch bedeutet immer auch Mut, sich der persönlichen Thematik zu stellen, es gestattet dem Ego keine selbstherrlichen Alleingänge.

Übrigens, wenn das Ego lacht, dann nur im Zusammenhang mit Energieraub. Es kann nur auf Kosten anderer lachen, ein Erwachter lacht aus übervollem Herzen. Dieses Lachen ist voller Liebe und Unterstützung.

Der ernste Mensch stirbt innerlich schon, bevor seine Lebensuhr abgelaufen ist. Dagegen verlängert ein energetisches, aufgewecktes Sein die Zeitreise. Tanzen, Springen aus nicht egobezogenen Gründen macht lebendig, vital und glücklich. Dazu ist das Leben da, hierhin gelangen wir nach Erledigung der Lebensthemen. Das Leben ist so eine wertvolle Möglichkeit, sie sollte nicht verschwendet werden. Allzu viele Menschen stehen bedauerlicherweise in der Warteschlange vor dieser Hürde. Reihen Sie sich hier nicht ein!

Das gesunde Motto lautet: *Lebe richtig, aus vollen Zügen, denn es gibt eine Zeit zu leben und eine Zeit zu sterben.* Ist die Lebenszeit im Einklang, gelingt auch das Sterben. Dann geschieht beides in Totalität. Der Lebenszeitfaktor ist zu kostbar, als dass er mit Unsinn voll gestopft werden sollte.

Wenn man die Buddhaschaft erreicht, bleibt oder wird man zum ganz »normalen« Menschen. Egoextravaganzen verschwinden. Es ist außerdem nicht mehr nötig, stundenweise in Meditation zu sitzen, Meditation regiert längst das Herz und das Handeln. Dem Verstandessalat fehlt mittlerweile die Würze, man kümmert sich nicht mehr um ihn. Er ist auf seinen angestammten Platz reduziert. Die Chefrolle steht außer Frage. Man hat gefunden, was man finden wollte. Jetzt ist es an der Zeit, sich darüber zu freuen und ordentlich zu feiern. Wo könnte das besser passieren als mitten unter Freunden und aufgeschlossenen Menschen. Die Tage der Auseinandersetzung mit den inneren Geschehnissen sind vorbei, es ist klar, was vor sich gegangen ist. Meditation und die Transformation der Lebensthemen sind vollzogen, nun wird getanzt und gefeiert, zum Beispiel in der Disco oder bei einer guten Flasche Wein, einem Erleuchtungsfest mit Lampions und Tanzboden, also mitten auf dem Marktplatz.

Wer jetzt denkt, ja wunderbar, aber bei mir funktioniert das bestimmt nicht, hier noch einmal zur Erinnerung: Wir sind die Schöpfer des Lebens, was immer wir wählen. Etwas nicht Stimmiges wollen lässt einen die Berge raufquälen, Stimmiges funktioniert, fließt mit dem Tao. Gegen den Strom schwimmen funktioniert nicht. Man wird müde, frustriert und am Ende deprimiert. Diesen Zustand kennen die vielen, die ihre Lebensthemen nicht erlösen wollen. Die Lebensbühne kommt ins Schwanken.

Die goldene Reise auf dem Lebensfluss dagegen lässt einen alles genießen, die Sonne, den blauen Himmel, die Vögel und die vorüberziehenden Landschaften bei einer Tour durchs Voralpenland. Die Energie ist offen und nicht eingesperrt in unsinnige Ideen, der Kampf mit dem Lebensfluss frisst unnötig Lebensenergie. Es gilt, loszulassen und nach Erledigung aller »Hausaufgaben« einfach nur in Stille zu genießen.

Der Strom des Lebens wird zum Ozean gelangen, kein Fluss kann den Ozean verfehlen, dies liegt in der Natur der Sache. Wenn man dem Leben erlaubt, einen mitzunehmen, feiert man früher oder später die Ankunft im Tempel Gottes. Falls allerdings das Lebensgefühl einem steten Kampf ähnelt, sollte man eine neue, gesunde Entscheidung treffen, für einen Start in die Veränderung.

Wenn wir von den Geschehnissen der Lebensbühne wie erdrückt in Krankheit ausweichen, um anschließend durch diese Lernerfahrung geläutert wieder gesundet aufzustehen, ist unser wahres Glück, dass sich etwas in unserem Bewusstsein zu unseren Gunsten verändert hat. Es ist uns etwas klar geworden, eine kleine Entscheidung zu Gunsten des inneren Wachstums ist getroffen. Wir sind nicht mehr dieselben wie vor der Krankheit. Mütter können das bestätigen, gerade die Sprösslinge verbuchen während der typischen Kinderkrankheiten extreme Wachstumsschübe. Wer dieses Geheimnis des Lebens entdeckt, bei dem hält der Erfolg der Transformation Einzug, man braucht nicht mehr über Krankheiten in weitere Erlösung zu steigen.

Wenn wir ins Bewusstsein springen und das Bewusstsein in uns hineinspringt, erleben wir dies mit dem installierten inneren Beobachter. Etwas Größeres geschieht in uns, eine Systemüberflutung, Bewusstsein breitet sich aus. Nach diesem Satori-Erlebnis fühlt man sich leicht etwas eigenartig. Seltsam, wie sich das ohne Ego und Kontrolle anfühlt. Doch das gestärkte Bewusstsein breitet die Flügel aus und ohne die Ketten der Lebensthemenhintergründe spürt man den stetigen Flug der göttlichen Funken. Es erwachsen einem bildlich Flügel, den Engelwesen gleich, man fühlt sich gehalten, aufgehoben trotz freien Funkenfluges, die Seele kommt nach Hause.

Wieder sei hier vor der Egofalle gewarnt. Nach jedem Bewusstseinsschub versucht das Ego, den Raum zurückzugewinnen, es tarnt sich gerne hinter der Maske des realen Seins. Aber die Seele fühlt jetzt ihre Stärke und bleibt Chef im Haus. Sind alle Masken erkannt, fällt die Egoumklammerung einfach ab. Das, was teilweise Jahrzehnte in Atem gehalten hat, findet tatsächlich ein Ende, angefangen von den Konsequenzen von Erfahrungen der Seele aus früheren Leben bis hin zu den lebensthemenbegründeten Konditionierungen der Jugend, die das Ego kontinuierlich aufblähten. Als Crescendo nun die endgültige Erlösung, die eigentliche Realität der Seele tritt in Erscheinung.

Dieser Wachstumsschub gelingt deutlich einfacher in der Präsenz eines Erwachten, in einem Buddha-Feld. In Vorträgen, Einzelsitzungen, Seminaren und Übungen wird man dort ständig mit der Realität konfrontiert. Wenn die Realität im Menschen Platz nimmt, entwickelt das Sein totale Authentizität auf allen Lebensebenen. Jede Handlung, jedes Wort kommt nun aus der Tiefe des entfalteten Seins. Der Duft der erblühten Knospe ist einzigartig.

Reife Seelen und Suchende mit einer guten Nase erkennen also die hier möglichen Quantensprünge, sie stellen sich in die Nähe des Erwachten, Wachstum geschieht. Eine feine Nase findet und atmet diesen Duft, lässt sich vertrauensvoll in die neue Richtung bewegen. Die Augen verraten dann dem Meister den jeweiligen Stand der spirituellen Entwicklung der Suchenden. An der Gestik, der Aura und vor allem an den Augen kann der Erfahrene den Transformationsgrad ablesen.

Sobald die hohen Bewusstseinsmomente häufiger auftreten, heißt es nach wie vor Ruhe zu bewahren und für das nächste Satori nicht übermäßig in eine Erwartungshaltung zu verfallen. Dies ist definitiv kein Hamsterrad. Ungeduldige Erwartung forciert lediglich die alte Egoebene. Demut, Geduld und ein stetes inneres Ja helfen die Durststrecke zum nächsten Erleuchtungsmoment zu überwinden. Wie an einer Perlenkette aufgereiht, entwickelt der Suchende Satori für Satori seine Buddha-Natur. Irgendwann gibt es dann keinerlei Unterbrechungen mehr. Dafür müssen die restlichen Teile der Lebensthemen abgelegt werden, die ein Versagen auf der Zielgeraden herausfordern.

Die Buddha-Natur gleicht einer zweiten Geburt, sie ist die wichtigste Geburt der Seelenreise. Etwas Neues auf die Welt zu bringen ähnelt tatsächlich einer Geburt, da ist ersteinmal die Befruchtung, dann muss man geduldig warten und irgendwann beginnen dann die Wehen, oft mit Schmerzen verbunden, manchmal sogar tagelang. Doch plötzlich ist das Neugeborene da und verzückt uns mit seiner Anwesenheit. Von dieser »Geburt« an verändert sich das Leben komplett.

Solange wir aber mit Problemen verhaftet sind, werden uns die wirklich großen Wachstumssprünge versagt bleiben. Daher der ewig gleiche Kreislauf, der es ermöglicht, irgendwann einmal aufzuwachen und eine neue gesunde Handlung auszuführen. Im Augenblick der wiederkehrenden negativen Gefühle lernen wir allmählich, auf allen Ebenen ähnlich zu handeln wie ein Spiegel, er spiegelt wider, ist aber vom Geschehen her unbeteiligt. Wir lassen uns in dieser Phase der Auseinandersetzung mit den Restlebensthemen nicht mehr aus der Spur werfen. Ob Angst, ungerechtes Behandeltwerden, geringes Selbstwertgefühl oder andere Möglichkeiten des Verdrusses prallen an der neu geschaffenen inneren Haltung ab.

Wenn wir uns allerdings derart den Problemen hingeben, dass wir am Ende schaudernd vor dem Leben zurückweichen, merken wir vielleicht bei irgendeiner Gelegenheit die Dummheit, die hinter diesem Sich-gehen-Lassen steckt. Wen Stimmungen und Probleme übermannen, begreift hoffentlich bald, wie dieser Kreislauf die Dinge potenziert. Das Sein als Chef im eigenen Haus erlaubt kein weiteres Sich-gehen-Lassen!

Nehmen wir das Leben besser leicht, genießen wir die verstandeslose Zeit, anstatt künstlich Probleme anzuhäufen. Unsinnige Vermeidung des Aufräumens der Lebensthemen akkumuliert zusätzlich Schwierigkeiten. Das Festhalten an gewohnheitsmäßigem Problemleben gilt es komplett abzuschalten. Ein Fachmann für gordische Knoten wirkt hier Wunder und Vertrauen, haben wir Vertrauen, tiefes Vertrauen in das Aufgehobensein im Mysterium des Lebens.

Doch was könnten weitere Hinderungsgründe auf der Evolutionsspirale bedeuten? Die Konditionierung gegen alles, was angenehm ist, spielt ebenfalls oftmals eine Rolle beim Abwürgen einer wunderbaren Energieeinheit. Misstrauen gegen die tragende Kraft der Transformation lässt den Bewusstseinsschalter nicht selten wieder auf die Position Angst rücken. Damit ist es augenblicklich vorbei mit der hohen Liebesfrequenz und der wunderbaren, gerade noch greifbaren Möglichkeit des Quantensprungs.

Diese verständliche Tateinheit führt zurück in die Vergangenheit, wo über Jahrhunderte hinweg Angenehmes und Erfreuliches verteufelt wurden. Viele Menschen haben sich trotz Verbote den ausschweifenden Sinnenfreuden hingegeben, doch alte Gesetze und blinde Moralbegriffe unterstützten Untersagung und Strafe für eine natürlich gelebte Lebensfreude, sie schob diese in eine Ecke der Perversion und des verrückten Auslebens. Rund um den Erdball treiben vor allem religiöse Konditionierungen noch ihr Unheil in den Köpfen der Menschen, die dann letztendlich zu wirklich perversen Übergriffen und menschenverachtenden Handlungen führen.

Aber ich meine hier in erster Linie die Energiebahn in unserem Inneren, deren aufsteigende Kraft wir uns manchmal aus individuellen Gründen versagen. Sogar nach einem köstlichen Satori-Erlebnis passiert es häufig, dass im Inneren ein Energieschafott die Energiebahn durchtrennt. Schlagartig verfällt man in alte Schuld- und Sühnemuster. Das Alte erlaubt keine freie Fahrt in die göttlichen Momente. Dazu schleichen auch noch andere Emotionen neben diesem Energiebrecher in das System. Der »Luftikus« wird dann auf allen Ebenen von den Abwehrmechanismen heruntergeholt und zurechtgestutzt. Man macht sich selbst nieder und damit kann kein Quantensprung stattfinden.

Wir sind also mit unserer Bewusstseinsentwicklung, die über die Verstandes-, Seelen- und Körperebene läuft, bis zum endgültigen Erwachen intensiv beschäftigt. Die Herausforderung heißt, ständig auf der Hut zu sein, auf der bewussten Seite zu bleiben. Sonst erscheint und wird alles Handeln und Sein halbherzig, man driftet in negative Emotionen ab. Halbherzigkeit bedeutet lauwarmes Handeln, Impulse werden zurückgehalten. Gerade Langstreckensuchende kennen die ernsten Schwierigkeiten mit diesen Feuerproben für inneres Wachstum.

Angehäuftes Wissen, spirituelle Erfahrungen und wehleidiges Schielen nach Anerkennung in der Gesellschaft bilden einen weiteren Cocktail, der die Suchenden in eine gewisse Starre treibt. Halsstarrigkeit heißt das Krankheitsbild, man verharrt lieber angstvoll, als noch einmal alles und vor allem sich selbst über die Lebensthematik in Frage zu stellen. Daher die vielen Halbstreckengeher, die wie die Kaninchen vor der Flinte schnell noch versuchen, ihr »Ding« zu machen. Freude wird in dieser Phase äußerst verhalten ausgedrückt oder gar nicht gelebt. Lebhaftes Feiern und wildes Tanzen oder einfach nur Glücklichsein ist nicht möglich.

Die Intuition, die Liebe, die Freude, die eigentliche Gewissheit über die Richtigkeit des Weges kämpfen mit dem konditionierten Verstand um die Vorherrschaft. Sünde und ewige Verdammnis sprechen die Gedanken, doch die Wahrheit spricht eine andere Sprache. Gesundung und Wachstum verlangen den Bewusstseinssiegertyp ohne Furcht und Tadel.

Dauerndes Hin und Her zwischen innerer Stimme und Verstandesvorgaben verschleißt Lebensenergie, führt in psychische und physische Krankheit. Erlöste Lebensthemen, Lebensfreude, gutes Essen und eine natürlich ausgelebte Sexualität führen in die Transformationshöhen. Die Religionsfesthalter und Fanatiker fordern dagegen ein ernstes Sein, möglichst ohne Sex,

Spaß und Tollerei. Seelisch verkrüppelt, eingetrocknet wie eine Pflaume und mit fieser Gutmenschenausstrahlung versehen, darben diese bigotten Genossen.

Das Bewusstsein kann unter diesen Umständen nicht wachsen, es sind die wartenden Lebensthemen dieser unaufgeklärten Menschen, die sie in einem so fragwürdigen Verhalten belassen. Ohne Erlösung kein wirkliches Halleluja. Und sie belasten das morphogenetische Energiefeld der Evolution mit ihren großen dunklen Flecken in höchstem Maße.

Dazu versucht jede dieser armseligen Gestalten, andere Seelen in der jeweils individuell speziellen Weise auf ihre Seite zu locken und ordentlich auszuweiden. Ihre Aura stürzt sich förmlich auf lebensfrohe oder bereits scheiternde Menschen, sie zapfen ihnen über die Energieebene Kraft ab. Derartige Energieräuber leben von der Kraft anderer, dies ist ihre einzige Freude. Sie hinterlassen bewusstseinsleere Hüllen, leblose Roboter mit gebrochenem Blick anstatt lebensfrohe, in ihrer authentischen Kraft stehende Menschen. Der so Behandelte reiht sich ebenfalls ein auf die dunkle Seite der Macht.

Ein weiterer Hinderungsgrund ist der Kampf um die religiöse Vormachtstellung jedweder Kirchen. Auch wenn man Missionaren ein ernst zu nehmendes Bekenntnis der Hilfe für die Armen abnimmt, schwappt unterschwellig doch seit Jahrhunderten eine riesige Konditionierungswelle auf die geschundenen Seelen dort ein, wo immer man ihnen habhaft wird.

Die Zeit ist gekommen, nicht mehr die Augen vor der Realität in all diesen bedeutenden Dingen der Menschheit auf Erden zu verschließen. Das, was wahr und real ist, gehört gepredigt. Eine Ära der Aufklärung sollte auch die Kirchenverantwortlichen erreichen. Sie dürften keinerlei Macht mehr besitzen, Unwahrheiten als Wahrheiten in die Köpfe der Menschen zu installieren. Wahrheiten, auf die sie ihr System stützen, wodurch sie sich ihren Lebensthemen verweigern. Es muss Schluss sein mit dem Hochhalten von altem unbrauchbarem Unrat. Die Menschheit sitzt auch gerade deswegen in der evolutionären Sackgasse.

Sagen Sie jetzt nicht, das ginge Sie nichts an oder dafür wären Sie nicht verantwortlich oder zuständig. Wir alle tragen die Verantwortung für den Lauf der Dinge. Nur ein einziges Wegdrehen von der Realität unterstützt die faschistische Neigungen im Verhalten der Unbewussten.

Und was dabei herauskommt, wissen wir zu Genüge. Vermiedene Transformation fließt als Energie eben dann in dunkle Kanäle. Und dieser Wahnsinn kennt kein Ende. Von der Dunkelziffer der Tateinheiten gar nicht zu reden! Das Schlimmste ist dabei, dass die Mehrheit der Gesellschaft diese makabre Situation nicht in Frage stellt.

Alte Konditionierungen können den natürlichen Fluss zwar nicht endgültig unterdrücken, doch noch einmal sei gesagt, dass die Herausforderung für alle Seiten hierbei die Erlösung der Lebensthemen bedeutet. So gesehen können Konditionierungen lediglich vergiften, für Entwicklungswillige aber kein übergroßes Hindernis sein. Und mich wundert doch, wie eisern man an Dingen festhält, die einen in einer schrecklichen Umlaufbahn halten, wo doch das göttliche Füllhorn einen nur so überschüttet, wenn man sein kleines Erlösungshüpferl tut.

Ja, innerliches Wohlfühlen nach der Transformation, wie köstlich! Wohlfühlen dieser Art strahlt aus, die Mitmenschen sind sichtlich berührt. Also, auf geht's, die Konditionierungen als erledigt abhaken und die Seele ihren Freudentanz drehen lassen. Dies tut niemandem weh, sondern wirkt hilfreich und heilend für alle Weggefährten und das weitere Energiefeld.

Strecken wir uns der Sonne entgegen wie die Bäume, Gräser oder wie die Vögel, die bei Sonnenaufgang ein Liedchen trällern, sich hingegebend in Meditation. Einmal erlöst und gereinigt, erlauben wir niemandem mehr, unser System zu verunreinigen, und erst recht nicht uns selbst. Wir bleiben in der Energie der Realität und unterstützen beizeiten die Ahnungslosen und Blinden. Aber auch hier sollte man es nicht missverstehen, keine Beschäftigungstiraden für die Befreiung der anderen sind jetzt angesagt, denn die große Kunst, aus jeglicher Hamsterradparade auszusteigen, fällt immens schwer. Lernen Sie abzuschalten, als Belohnung werden Sie glücklich die innere Stille genießen.

Ob allein, mit dem Partner oder unter Freunden, erlauben Sie allen, mit Ihrem Vorbild den Raum der Stille und Meditation zu betreten, ihn kennen zu lernen. Damit vermeidet man auch das ewige Schielen nach dem eigenen Tun und dem Tun des anderen. Eine neue Qualität des Miteinanderseins wird in der Meditation spürbar. Plappernde Energieverschwendung legt man nach dem Erleben der köstlichen andersartigen Begegnungsform einfach ab. Kommunikation erfährt man nun als etwas Taufrisches.

Spielerisch tanzend, voller ausgelassener Freude sollte die tägliche Meditation aussehen. Neben der stillen Phase empfehlen sich immer auch Feiern und Tanzen als weitere Teile der Meditation. Die von Osho entwickelte Kundalini-Meditation ist hierfür ein schönes Beispiel.

Wenn dann doch ein energieabwürgender Gedanke daherschleicht, wird er kurzerhand des Feldes verwiesen. Besser ist noch, diese Energie als Antriebsfeder in das freudige Feiern des Momentes einzubauen. Herzhaftes Lachen über diesen Coup erhöht weiterhin den Energielevel.

Alle erkennbar herunterziehende Schatten kann man noch im selben Augenblick verabschieden. Einfach die Entscheidung treffen und danach ist Schluss. Die Schatten werden mit all ihren Begleitutensilien aus dem System gefeuert, möglichst für immer verabschiedet. Die Schattenwesen der Lebensthemen-Spannungsbogen sind lediglich Gäste, nach Erledigung der Themen gehört es zur Chefsache, die Säuberungsaktion komplett durchzuführen. Langjährige Gäste fangen an zu stinken, sie entwickeln sich zu Monstern, bis man es nicht mehr aushält oder in Krankheit versinkt. Deshalb, raus damit!

Die auf unserer Welt herrschenden Gesellschaftsformen unterstützen leider nicht das Bewusstsein, sie schüren mit ihrer kollektiven Unbewusstheit völlig veraltete Vorstellungen. Die Realität dagegen formt das Paradies, größere Evolutionsschritte sind längst überfällig. Deswegen die Wichtigkeit des Verbreitens der Realität, des neuesten Wissensstandards.

Machen wir uns selbst das Geschenk der Zelebration eines göttlichen Lebens. Experimentieren wir mit der Buddha-Natur, den ganzen Tag lang sind wir, üben wir den Buddha in allen Handlungen, Begegnungen. Probleme sind nicht Teil des natürlichen Seins der Seele, sie haben lediglich die Aufgabe, die Transformation vorzubereiten. Falls beim Üben Probleme auftauchen werden die Wachstumswerkzeuge angewendet. Manchmal geht es um Gedeih und Verderb, Leben oder Tod. Damit wir kapieren, wo es langgeht, zwingt uns die Lebensbühne entweder in den Abgrund oder wir schaffen den Durchbruch. Hier setzt der Mutige alles auf eine Karte und gewinnt!

Als Weiteres klärt man die Ebene des kollektiven Unterbewusstseins und Bewusstseins. Nicht ohne Grund werden Menschen in bestimmten Ländern wiedergeboren. In jedem Land ist unterschwellig ein kollektives Bewusstsein und Unterbewusstsein vorhanden. Von Deutschland aus konnte Adolf Hitler nur deswegen so erfolgreich Millionen Menschen töten, weil er damit auch seinen Minderwertigkeitskomplex befriedigte und der kollektive Geist der Deutschen nach dem ersten Weltkrieg einen Minderwertigkeitskomplex entwickelt hatte.

So erfährt jedes Land, jede Region, jeder Kontinent seine Wachstumshürden, bei denen das Klima des Kollektivs eine Rolle spielt. Die Seelen reinkarnieren in diversen Zeitebenen, in denen veränderte kollektive Stimmungen das Ruder halten. Und noch einmal gesagt: Jede Seele reinkarniert immer und zu aller Zeit völlig stimmig!

Um unsere Lebensthemen voll und ganz zu verstehen, müssen wir den jeweiligen Zeitgeist mit in Betracht ziehen. Genaues Beobachten ist hier vonnöten. Der innen installierte ewige Beobachter achtet darauf, was da geschieht. Er nimmt wahr, was für eine überspannte Rolle der Verstand hier spielt. Der kollektive Minderwertigkeitskomplex zum Beispiel ist nichts anderes als ein Gedanke, und wir sind nun mal nicht unsere Gedanken, sondern das Sein, das beobachtet. Das Sein der Seele kennt keine Unterlegenheit oder Überlegenheit, es gibt keinen Wettstreit. Was für die einzelne Seele gilt, entspricht auch der jeweiligen Seelengemeinschaft. Dies steht natürlich, wie schon erwähnt, in Beziehung zu den Lebensthemen.

Die Identifikation mit den Gedanken zeigt sich als Hürde bis in ungeahnte Tiefen. Die Seelen sind alle einzigartig, die eine so, die andere so. Blüten lassen sich nicht vergleichen, der Duft, die Farben, die Formen, alle unterschiedlich, doch jede eine Pracht für sich. Jeder ist allein für sich selbst. Der Schlüssel liegt in der Einzigartigkeit eines jeden. Dasselbe gilt für die Transformationswerkzeuge. Dem einen hilft dies, dem nächsten etwas anderes. Überlegenheitsklamauk hat sich erledigt!

Je tiefer wir in die innere Welt einsteigen, umso eher begegnen uns die persönlichen und kollektiven Prägungen in Form von verbindungsbereiten Computerprogrammen. Doch der herangewachsene innere Spiegel lässt keinerlei Umklammerung oder Einklinken der Programme mehr zu, er reflektiert bloß das Programm. Die Beteiligung hat aufgehört. Der Spiegel ist nicht mit Unsicherheit, Angst oder Unterlegenheitsgefühl identifiziert. Einfach klar, still und leer präsentiert er seinen Aggregatzustand. In der Meditation bemerkt man die Realität des Seins und nach Erledigung der Themen erfährt man diese Realität des reflektierenden Spiegels. Die Dinge tangieren nicht mehr in der bisher erfahrenen Weise.

Irgendwann ist es tatsächlich geschafft. Auch wenn vielleicht noch nicht alles Gold ist, was glänzt, nimmt der Buddha in uns Platz. Die Satori-Energie hält an. Da es hierfür keine allgemein gültigen Parameter gibt, können wir nur auf die göttliche Kraft vertrauen und unseren bewussten Beobachter aktiv halten. Bei bewusster Innenschau lässt sich eine Veränderung wahrnehmen, die mit der alten Persona nicht mehr das Geringste zu tun hat.

Etwas Außergewöhnliches umschleicht das Sein. Es wirkt wie ein Puffer zwischen dem Sein und der Umgebung. Wie ein Wattebausch, nur durchsichtig. In der Aura macht sich eine Art bewusster Freiraum breit, der dann Stück für Stück ins Körperinnere übergreift und gleichzeitig fühlt es sich an, als ob das Bewusstsein von innen nach außen quellen würde.

Als es mir passierte, fühlte ich mich irgendwie hohl und doch voller Energie. Wenn man sich dieses Phänomens bewusst wird, es praktisch vor und in den eigenen Augen erfährt, kann man leicht erschrecken, da es sich erstmal befremdlich anfühlt. Mit dem Zustand vertrauter nach dem einen oder anderen Satori, wirkt es immer kräftiger von innen nach außen, man spürt seine dreidimensionale räumliche Ausdehnung, sogar eine vierte Dimension, die Einswerdung mit der universellen Existenz kommt hinzu. Die Kommunikation mit der Außenwelt verändert sich von einem Tag auf den anderen. Bei mir sprach die innere Stimme plötzlich durch mich hindurch, mir wurde klar, das göttliche Lied spielt hier gerade auf dem hohlen Bambus. Sehr vorsichtig ließ ich die Kommunikation in den nächsten Wochen mit der Außenwelt angehen. Doch die Menschen antworteten fast allerorts auf mein Erscheinen mit einem erhellten Ausdruck auf den Gesichtern.

Ob ich nun Einzelsitzungen gebe oder Seminare halte, im Supermarkt einkaufe oder mit Freunden zusammen bin, in mir fließt seit dem größtenteils dieselbe hohe Bewusstseinsenergie. Die Qualität der Beratung oder die therapeutische Aufräumung meiner Klienten hat sich seitdem durch die mir widerfahrende Einsicht über das dritte Auge vervielfacht, sie bestätigt und unterstreicht meine bisherigen Entdeckungen, Therapieerfolge und meine anschließende weitere Forschungsarbeit.

In nachfolgenden Monaten konnte das eventuelle Restego lediglich beiseite treten und der entfesselten Energie des Göttlichen freien Lauf lassen. Etwas anderes als die göttliche Einheit war in meinem System nicht mehr möglich. Dank jahrelanger Meditationsübungen, der Energie und der Worte meines Meisters Osho, der Informationen über dies wunderbare Geschehen und eines unbeugsamen Vertrauens in das, was passiert, konnte ich dem Unfassbaren in mir, ohne den Versuch des Eingreifens seitens des Verstandes, Raum geben und es geschehen lassen. Gleichzeitig hatte ich aber das Bedürfnis, mich aus der Welt zurückzuziehen. Dies unterstützte die göttliche Fügung just in dieser Phase mit dem Auftrag, ein neues Buch über die Erfolge meiner Forschungsarbeit zu schreiben.

Wenn wir den Entwicklungsweg hin zur Buddhaschaft voranschreiten, bedeutet das nicht unbedingt, wie in vielen Schriften erwähnt, dass wir die Liebe einschließlich der wunderbaren Sexualität mit einem Partner nicht mehr leben dürfen. Doch es zeigt sich, dass die Transformationsarbeit mit einem noch nicht Angekommenen im Alltäglichen nicht immer leicht fällt. Trotzdem gehört es zum neuen Sein, dass dieses Miteinander gewagt wird.

Für den normalen Suchenden bleibt nach Seminaren, Vorträgen oder Einzelsitzungen genügend Zeit, sich in unbewusste Ecken entspannt zurückzuziehen. Bei einem ständigen Zusammensein mit einem Meister bleiben wenig Gelegenheiten, etwas zu verstecken, man sitzt auf der Bewusstseinspräsentierplatte vierundzwanzig Stunden am Tag.

All meine Ausbildungsjahre, die Erlösung meiner Lebensthemen – gemeint sind hier alle positiven und negativen Erfahrungen während meiner Kindheit und Jugend und das Verstehen der Zusammenhänge mit meiner Lebensthematik und deren Auflösung, dazu die Jahre mit meinem Meister, die Erfahrungen bei jeglichen Arbeiten, die ich mein Leben lang ausgeübt habe, die Beziehungen mit den Lebensabschnittsgefährtinnen, Freunden, das Miteinander mit Kindern, die Erfahrungen mit meinem Sohn, mit Nachbarn, Bekannten und Begegnungen mit nahen und fremden Menschen, meine Beschlüsse und Handlungen zeit meines Lebens, mein Versagen, meine Durchbrüche, meine Fehler, meine Inspiration für andere – führten mich tatsächlich in die letztendliche Transformation, in die Bewusstseinshöhe des Erwachens.

Vertrauen fließt, das Aufgehobensein im Ganzen ist Realität, es bleibt die Freiheit der Wahl, doch die Hamsterräder stehen still. Nichts muss sein, was immer kommen will, geschehe. Aus dieser Seinshaltung ergießt sich automatisch mein nächster Weg.

Natürlich treffe ich dabei Entscheidungen, doch die entspringen meiner inneren Stimme, keinerlei Ego vernebelt den hohlen Bambus. Einerseits entsteht ein Frieden mit allem, was ist, auch wenn Unangenehmes oder Zerstörerisches auftaucht, andererseits bleibt die Unabhängigkeit von allem, was wunderbare Fügung oder totales Gelingen anzeigt. Der innere Frieden, die meditative Stille und die Wahrheit der Realität sind eins mit dem wissenden Sein, es ist die absolute Freiheit der Seele im Ozean des Göttlichen.

Trotzdem bin ich kein Supermann, springe nicht am Seil dreißig Meter in die Tiefe, wandere zwar gerne, bin aber nicht an den glatten Felswänden zu Hause, bin auch kein Marathonmann, habe eher einige Kilos zu viel auf den Rippen. Auch gibt es Zeiten, in denen ich auf schleichende Autofahrer schimpfe und gerne Apfelkuchen mit Schlagsahne verdrücke, es dürfen auch mit Vergnügen mal zwei Stücke sein.

Ein Buddha ist nichts Besonderes, ein ganz normaler Mensch eben, aber mit der Tiefe des Bewusstseins und der Aufgehobenheit in der göttlichen Einheit. Er dient der Menschheit als Weckdienst und leuchtendes Bewusstseinsbeispiel. Meine Tätigkeit erfüllt mich mit Freude und tiefer Dankbarkeit der Existenz gegenüber.

Die Kraft der Satsang-Energie

Das Mysterium der Seelenmeisterschaft wurde zu allen Zeiten nach der Erleuchtungserfahrung der Meisterseelen in individuelle Schulungskonzepte für die Suchenden gegossen – so, wie Jesus seine Jüngerschaft, die ZEN-Meister ihre ZEN-Klöster, Schamanen ihre Zauberpfade, Osho seinen Sannyasweg und viele Erwachte, die zurzeit in Form von Satsang das Erreichte weitergeben.

Das Wort Satsang kommt übrigens aus dem indischen Sanskrit. Es besteht aus zwei Teilen: »Sat«, die Wahrheit, und »Sangha«, die Gemeinschaft. Die Bedeutung von Satsang lautet also Zusammensein in Wahrheit. Es wird davon ausgegangen, dass der Erleuchtungsfunke im gemeinsamen Meditationserlebnis leichter überspringt. Satsang ist an keine Religion, Weltanschauung oder Philosophie gebunden.

Gerade die Meister des Ostens gaben ihre Erfahrungen der Buddha-Ebene in Form dieses Zusammenseins an Suchende weiter. So strömte die Wahrheit ständig in das Sein der Menschen. Die Auragrenzen fließen dabei ineinander und ob es denjenigen bewusst ist oder nicht, sie mischen ihre Aura mit dem Energiefeld des Meisters.

Den idealen Einklang von heute ermöglicht erst die Kombination aus Satsang und dem Erlösen der Lebensthemen. Denn auch wenn wir in der Energie der Sangha völlig aufgehen, besteht die Gefahr, aus der erhöhten Energiezufuhr und dem Einschwingen der eigenen Energie auf diese Ebene in die spirituelle Falle zu geraten.

Dies kann einerseits eine gewisse Selbstüberschätzung, anderseits die Abhängigkeit vom Energiefeld bedeuten, mit Sicherheit gilt es aber, die Energie in der eigenen Quelle zu erzeugen. Denn die Menschen müssen fähig sein, auf eigenen Füßen zu stehen, damit die Buddha-Natur in ihnen wachsen kann. Das Individuum wird also immer wieder auf sich selbst zurückgeworfen und gelangt damit Schritt für Schritt oder Leben für Leben in die Meisterschaft. Es bedarf dabei einer steten Selbstprüfung, um die Wachstumssprünge nicht zu verpassen. In diesem Kapitel möchte ich den Weg der spirituellen Entwicklung für die Suchenden von heute darstellen.

So, wie die Therapiemethoden immer effizienter werden, kommen auch mit jeder Generation andere Seelen mit gelegentlich evolutionär höher postierten Lebensthemen und Bewusstseinshintergrund auf die Erde. Der Lauf der Geschichte bedeutet Veränderung, und Seelen, die bereits eine Wegstrecke über den Zyklus Leben und Tod auf der Evolutionsspirale zurückgelegt haben, brauchen eventuell andere Lebenssituationen und Antworten als vorhergehende Generationen. Genauso greifen in der heutigen Zeit Therapie- und Satsang-Modelle aus der Vergangenheit nicht mehr stark genug, so dass auch die Übertragung von Wahrheit und die Transformation der individuellen Themen neue Möglichkeiten, neue Realitätstechniken benötigen.

Wenn die beiden wichtigen Komponenten, neu formierter Satsang und Erlösung der Lebensthemen, zusammenspielen, ermöglicht dies eine unglaubliche Welle der Erweckung der Buddha-Natur bei vielen reifen Seelen. Es braucht dann lediglich kleinere, leichte Anstöße, Verstehen durch Transparenz von Zusammenhängen, permanente Möglichkeit von Informationsaustausch und den Einklang der Meditation. Anders als in den letzten Jahrzehnten fällt es den kommenden Generationen wesentlich leichter, den Transformationsweg zu beschreiten. Mit der Kraft der positiven Unterstützung so vieler Gleichgesinnter werden die Bemühungen von Erfolg gekrönt. Und neue Paradigmastrukturen innerhalb der Gesellschaft fördern die Menschen von klein auf, ebnen ihnen ganz selbstverständlich den Bewusstseinspfad.

Das Treffen eines Meisters, als Hilfe auf dem Weg, ist dabei ein unglaubliches Geschenk. Doch die neuen Lichtträger arbeiten in Zukunft mit einem eher unkonventionellen Stil. Unspektakulär, in freundschaftlicher Weise, ohne Podest oder anbetungswürdiger Erhöhung findet der Energie- und Wissensaustausch statt. Die neuen Kirchen werden Begegnungsstätten, Häuser der Wahrheit sein, in denen alle im Kreis sitzen, miteinander die Energie erhöhen und mit Respekt, der Autorität der spirituellen Kompetenz, ohne Machtmissbrauch sowie Egogebaren die Energie erhöhen und miteinander in spirituelle Gipfelregionen aufbrechen.

Gerade deswegen wird dort auch der Basisarbeit viel Raum gelassen, in dem die Menschen ihre Lebensthematik beleuchten. Außerdem stellen diese Zentren und Gemeinschaftseinrichtungen Gelegenheiten her, neue gesellschaftliche Lebensstrukturen auszuprobieren. Sie dienen als Modelleinrichtungen für spirituelles Wachstum, neue Familien- und Partnerschaftsmodelle und Lebensformen sowie als ökologisch und ökonomisch ausgerichtete Versuchsstationen. Hier leben und arbeiten zum einen Menschen und zum anderen kommen Besucher, um zu lernen und das Erfahrene dann zu Hause oder in ihrer Heimat umzusetzen.

Da Meditation schon seit frühesten Kindertagen und auch in Schulungseinrichtungen gelehrt werden wird, lernen die Kinder von klein auf die wunderbare Art der Stille als Werkzeug für ihren Wachstumsprozess. Dem Hören der inneren Stimme und dem Fühlen der authentischen Mitte als Intuitionswegweiser misst man sehr viel Gewicht bei. Jahrzehntelanges Tapsen in Lebensthemen-Spannungsbogen wird dadurch vermieden. Wer in frühen Jahren seine Entwicklungssprünge macht, gehört zu den Glücklichen der Welt. Die Unterstützung eines Meisters macht sich zusätzlich bemerkbar. Natürlich entlässt dies keinesfalls aus der Eigenverantwortung und vor allem nicht aus der intensiven persönlichen Arbeit an den Transformationsaufgaben.

Stellen Sie sich einmal vor, als Kind in einem System aufzuwachsen, in dem das Gewicht der Ausbildung auf das persönliche Erwachen, unter Einbeziehung der im Einklang lebenden Menschen, ausgerichtet ist. Tatsächlich können dadurch die individuell gewählten Lebensthemen sehr früh aufgearbeitet werden, so dass die restliche Zeit auf Erden der Berufung und den Visionen gewidmet werden kann. Dies bedeutet, dass das schon lange prophezeite und sehnsüchtig erwartete Phänomen des »Neuen Menschen« tatsächlich Wirklichkeit werden kann. Die Ausbildung zum »Neuen Menschen« ist mit die wichtigste Aufgabe einer zukünftigen Gesellschaft.

Rund um den Globus verstärken derzeit die Lichtarbeiter ihre Bemühungen. Im Sog dieser Energiefelder wachsen die Einsichten, und Verantwortliche aller Gesellschaftsschichten, aus Wirtschaft, Medien, Politik, Religion und Ausbildungseinrichtungen sowie die Bürger selbst, fahren ihre Bewusstseinsantennen aus und verbinden ihre Anstrengungen. Diese führen in ein synergetisches Netz grenzüberschreitender Maßnahmen, wie etwa das Experimentieren mit neuen Lebensformen, ein anders gestaltetes Wirtschaftssystem, gleichmäßige Ressourcen- und Gewinnverteilung, Gleichberechtigung, einheitliche Menschenrechte, Freiheit, Geburtenkontrolle, ökologisch einwandfreie Nahrung, genügend sauberes Trinkwasser für alle und die Sichtweise der Einheit des ganzen Planeten. Daraus resultiert ein Genug an materiellem Reichtum für alle Menschen.

Wenn erst einmal die Grundbedürfnisse gestillt sind, öffnen automatisch die höheren Chakra-Ebenen ihre Pforten zugunsten der geistigen Dimension. Als Erstes wird es sich in den Großstädten bemerkbar machen, danach erreicht dieser Segen auch die Landbevölkerung.

Eine neue Sorte von Politiker wird an die Macht geschwemmt. Das Wort Macht bekommt jetzt eine völlig andere Bedeutung. Dank der Energie des Einklangs mit den universellen Gesetzen und persönlich transformierter Lebensthematik öffnet sich der Weg für die politischen Erneuerer. Im Bewusstsein hoch stehende Zeitgenossen ermöglichen also den Paradigmenwechsel.

Da die Satsang-Energie überall ihre Kreise zieht, wacht die Menschheit regelrecht aus ihrem Tiefschlaf auf. Wie der Regen, der fällt, und das Wasser, das vor keiner Ritze Halt macht, schwappt die Welle der geistigen Erneuerung in alle Erdteile. Die neuen Erkenntnisse über die Evolutionsreise der Seele verbreiten sich wie ein Lauffeuer.

Nachdem die Regierungen der Welt jedem den Zugang zu diesem bis dahin wissenschaftlich erwiesenen Wissen und dessen spiritueller Realität von Kindheit an gestatten, greift sogar nach einiger Zeit der Versuch, die Wertestandards aller Länder auf dem höchsten Level einzupendeln. Dies führt zur Offenheit für das neueste Wissen bis in den letzten Winkel. Die Vernetzung per Computer und Internet übernimmt dabei eine Schlüsselrolle.

Als Weiteres erheben die Menschen eine komplett veränderte Medienlandschaft. Keine Negativschlagzeilen bringen mehr die Quote, der Fokus dreht sich um die erfolgreichen Erfahrungen, die gemacht werden, man berichtet über die gegenseitige Unterstützung für ein wahrhaft glückliches Miteinander.

Mit der Jahrtausendwende spürten viele Menschen bereits die Anfänge einer solch globalen Bewusstseinsveränderung. Gerade der Jugend gebührt mittels kraftvollen Installierens dieser Werte eine Schlüsselstellung. Neue Schulungspraktiken bringen dann den erwünschten Erfolg.

Damit ging eine Epoche der Arbeit am Erwachen der menschlichen Rasse zu Ende, in der hauptsächlich Einzelpersonen für die Übertragung des Lichts der Erleuchtung zuständig waren. Jetzt gilt es, die kritische Masse für eine beschleunigte geistig-spirituelle Entwicklung auf Erden zu fördern, damit beginnt die Zeit, in der der hier besprochene Transformationsprozess in einer neuen Weise stattfindet. Sobald die Erwachsenen auf allen Kontinenten ihrer Nachkommenschaft mit den neuesten Erkenntnissen den Startschuss ins Leben bereiten, erleben wir eine wunderbare Beschleunigung in der Kette der Quantensprünge.

Festhalten an Altem und Überholtem aus Angst weicht einem begeisterten, vertrauensvollen Öffnen zur Hingabe an den Fluss der Veränderung. Die Menschen lassen sich nicht mehr von der

Furcht leiten, sondern vom Willen zum Besseren, zur Transformation. Je höher dann das Kollektiv Mensch auf der Evolutionsspirale vorankommt, desto klarer und eindeutiger gelingen die Wachstumssprünge. Es wird für alle Menschen weithin sichtbar.

Die nächsten Generationen revolutionieren das gesellschaftliche System, sie entwickeln eine völlig neue Lebensbasis. Dazu gehört, dass man in Zukunft erleuchtete Seelen zu Lebzeiten stärker ehrt und respektiert als in der Vergangenheit oder heutzutage. Gleichzeitig wird das Phänomen aber auch etwas Gewöhnliches, da viele Seelen den Sprung in diese Ebene schaffen.

In den Ausbildungsstätten aller Art hat die Schulung zur Transformation in Zukunft mit den wichtigsten Rang inne. Das Erwachen, die neuartige Erziehung von klein auf und der gelebte Beweis, dass es tatsächlich klappt, inspiriert weltweit zugunsten des Versuchs, das goldene Zeitalter zu schaffen.

Im gesellschaftlichen Miteinander erübrigen sich damit sogar weitgehend strafrechtliche Maßnahmen, da es kriminelle Machenschaften so gut wie gar nicht mehr geben wird. Denn ab einem bestimmten Bewusstseinslevel verliert der Mensch ganz einfach jegliches Interesse an egomanischem oder tyrannischem Benehmen.

Ein gewachsenes Bewusstsein sorgt dabei für aufmerksames Verhalten und nuancierte Wahrnehmung. Über persönliche Quantensprünge hinweg tief verankerte Liebe für den eigenen Entwicklungsweg, die Existenz, die Umwelt, zur Lebensgemeinschaft, für Freunde und Bekannte, den Partner, die Kinder und sich selbst gibt die Kraft frei, Berufung und Vision in Leichtigkeit und mit in jedem Alter jugendlicher Frische zu gestalten. Das Erdenleben macht kurzum richtig Spaß!

Die Intelligenz des bewussten Seins interessiert sich einfach nicht mehr für Machtmissbrauch und egomanisches Verhalten. Mit der Transformation der Lebensthemen kann man alte Handlungsweisen fahren lassen und neu entstandenes Vertrauen ins Leben lässt krampfhaftes Festhalten an Sicherheiten und Anhäufen ebenfalls verblassen. Überlebenskämpfe münden nun in ein kreatives Herstellen von Überfluss. Die Menschen haben das Gefühl, sie können von Herzen geben, da jeder genügend materiellen Reichtum besitzt.

Die frühzeitige Arbeit an den Lebensthemen schützt also jeden Einzelnen und die Menschheit insgesamt vor jahrelangen Umwegen. Mit jeder Transformation gelangen der Einzelne und das Kollektiv sofort ans jeweilige Ziel!

Aber was heißt schon Ziel, am höchsten geistigen Ort angekommen, erprobt die Seele den Raum der inneren Buddha-Natur. Hier erfahren wir weitere ungewöhnliche Facetten des Seins und eins ist sicher, auch das Experimentieren mit der Satsang-Energie eröffnet immer wieder neue, unbekannte Räume und Erfahrungen, die Reise geht also weiter ...!

Wenn Sie meinen, ich schreibe hier von Utopia, mitnichten, vielleicht gehören Sie ja zu den Seelen, denen dieser paradiesische Zustand bereits in diesem Leben vergönnt ist.

Mit der Zeit der Reife darf und soll das Licht jedes Einzelnen in die Welt strahlen. Wir sind sogar aufgefordert, uns zu zeigen. Manchmal fällt der Glaube an die Vervollkommnung der Seelenreise jedoch extrem schwer. Transformatorisch ist alles erledigt und doch schleicht sich so mancher Gedanke in die meditative Stille, bin ich o. k.? Oder nur auf einem weiteren Trip? Ist Misstrauen mir selbst gegenüber gerechtfertigt oder ebenfalls nur ein Trip? Wann ist die Zeit gekommen, mit dem Erfahrenen andere zu »belästigen«?

Nicht jeder hat das Glück eines meisterlichen Freundes in seiner Nähe und muss dann allein durch die Selbstzweifel und Feuerproben, um herauszufinden, wie viele der Quantensprünge wirklich integriert sind. Aber das macht nichts, da, ist man an diesem Punkt angekommen, so viel persönliche Kraft bereits angesammelt wurde, dass die nächste Wegstrecke für die Seele einem holprigen »Kinderspiel« gleicht.

Selbstverständlich sind wir verpflichtet, die eigene seelische

Entwicklung auf allen Prüfsteinen für Feuerproben willkommen zu heißen. Was bei zögerlichem Verhalten, natürlich auch ohne unsere aktive Mithilfe, von der Lebensbühne erledigt wird. Ob Geduld, Erfolg, Misserfolg etc., die Seele wird weitere Male herausgefordert, in Gleichmut und Gelassenheit die gewonnene Reife zu halten.

Nur allzu gerne schleicht sich dazu das Ego wieder aus dem Hinterhalt an, um dann verdeckt zuzuschlagen. Da das Ego die Macht des Zugriffs auf alle Sinnesorgane des Systems Mensch besitzt, kämpft es gelegentlich auch mit den Mitteln der Imagination und der Halluzination, um den Status quo zu halten und spirituelle Reife vorzugaukeln. Dies kann von aufgeblasenem Gurugebaren bis zur Einbildung der blutenden Wundmale Christi reichen. Aber auch das Erklettern von weiteren so genannten spirituellen Scheinebenen gehört dazu. Ohne eine gefestigte Basis hebt man leicht ab in den Esoterikhimmel. Gerade in der Esoszene trifft man ja leider häufig diese Art Märchenerzähler der Neuzeit.

Auch in Zukunft wird es natürlich die Schulung per altgedienter Satsang-Weise geben, allerdings in erster Linie für »Anfängerseelen«. Ein geistig Erfahrener versucht, über Energie und Sprachvermittlung das Wissen, die Realität, die Wahrheit weiterzugeben. Er nutzt hierbei die Satsang-Energie in Form des Buddha-Feldes, in dem er auf energetischer und materieller Basis einen Raum schafft und über das gemeinsame Sitzen in Stille und Meditation, Fragen und Antworten und dem intuitiven Sprechen aus dem Moment heraus findet die Übertragung dann statt. In diesem Stadium geschieht es relativ oft, dass Zuhörer spirituell einfach nicht vom Fleck kommen. Die Gefahr ist dabei groß, über den Verstand die Transformationsreise anzupacken.

Der Mind-Mensch lässt sich, da ihm die Worte bekannt vorkommen, von einem Meister oder meisterlichen Büchern zwar in den Bann schlagen, aber selbstverliebt, wie er nun mal sehr oft ist, akzeptiert er nur das ihm Bekannte und sonnt sich gelegentlich damit im Gefühl der Überlegenheit. Er sagt ja zum Erlesenen oder setzt sich in den Satsang eines Erwachten. Doch da seine Kommunikation nur über den Verstand läuft, bleibt er vom Verschmelzen im Satsang-Energiefeld abgeschottet. Auch Aussagen über seinen Horizont hinaus wiegt er lieber hin und her, als sie experimentell zu überprüfen. Er kann nicht über seine Kopfgrenzen hinauswachsen. Ein typisches Merkmal für den Kopfmenschen ist, dass er sich von der Liebesfähigkeit und dem Vertrauen wie abgeschnürt fühlt. Er spiegelt sich im Meisterlehrer lediglich über den Verstand und kann dabei nicht auf die wichtigere Herzebene gelangen. Satsang-Energie entwickelt sich aber über das Herz, es ist eine Liebesverbindung. Vom Herzen aus kann die Energie erst ins Sein gelangen und die anderen Chakren und Themen berühren.

Da der westliche Mensch verstandesmäßig geschult und trainiert ist und ihm eingetrichtert wurde, sich mit jedem Gedanken zu identifizieren, gelingt es relativ wenigen Verstandesmenschen, ihr geistiges Wachstum zu vollenden. Viele Fälle sind belegt, in denen Suchende mehr als zehn Jahre und länger umsonst mit einem Erwachten verbrachten, sie vergeudeten wichtige Jahre, in denen sie bei intensiverem Engagement ganz andere Erfolge hätten verbucht haben können.

Der Mind-Mensch geht dabei bewusst und unbewusst äußerst trickreich vor, mit Verschleierungstaktik und schauspielerischer Kunst. Er versucht, sein schlaues, kalkulierendes Selbst hinter verschiedenen Masken zu verbergen. Ein Meister durchschaut derartiges Gebaren zwar, aber um des nötigen Quantensprungs in seinem Schülerwillen beachtet er diesen überhaupt nicht. Bis dieser einfach nicht mehr anders kann und in seinen eigenen Verstrickungen, die er im Außen mit aller Kraft aufrechterhält, zusammenbricht. Der Meister entscheidet dabei, ob er direkt eingreift, um die Leidenszeit zu verkürzen, oder ob er gewähren lässt, um den Prozess im Suchenden, in dessen eigenem Zeitraster, ablaufen zu lassen.

Verstandesmenschen zeigen zwar offensichtlich Liebe, Offenheit und Vertrauen, aber das sind alles Verstandesspiele. Dem Betroffenen macht der Erwachte klar, dass er nie jemanden wirklich von Herzen liebt, mit Ausnahme sich selbst, und das auch nicht wahrhaftig, sonst würde er diese Extrarunden auf der Evolutionsspirale nicht weiter drehen wollen.

Liebe ist ein Geburtsrecht, aber man muss es manchmal auch einfordern oder erarbeiten. Der Weg geht über das Herz ins Sein. Das Herz ist nicht das Ziel, das Ziel ist das Sein. Das innere Konzept muss in die richtige Anordnung gebracht werden. Das mag wehtun, aber jeder chirurgische Eingriff ist nun mal schmerzhaft. Durch diese Schocks kann Veränderung und Gesundung erst stattfinden.

Bei erfolgreichem Abschluss hat dies auf allen Ebenen wunderbare Folgen. Der Mensch stellt sich nachher völlig anders in sein Leben. Sogar in der Liebe wird er, wenn ihm das ein Bedürfnis ist, endlich das Ersehnte, die Verschmelzung, erfahren. Ebenso werden auf der Arbeits- und Berufungsebene die Dinge ins Lot rücken und – wenn sie stimmig sind – gewaltige Schritte vorwärts möglich. Damit sind wir wieder bei der Wichtigkeit der Erlösung der Lebensthemen angelangt. In allen Evolutionsetagen, bis zum Erringen der Buddhaschaft, begegnen wir daher der Transformationsarbeit.

Aus Erfahrung kann ich berichten, dass nicht selten die Lebenspartner der an der Satsang-Energie Interessierten ebenfalls in den Kreis eintreten und es dabei gelegentlich zu Konkurrenzverhalten kommt. Der Konkurrenz zwischen Suchenden gilt es mit aller Eigendisziplin unbedingt Einhalt zu gebieten. Der Wettlauf um Erleuchtung ist Unsinn. Jeglicher Wettstreit auf diesem Gebiet führt in eine Sackgasse und der Weg dort hinaus dauert bekanntlich lange. Jede Seele darf ihre eigene Zeit brauchen. Doch sollte man unnötigen Zeitaufschub vermeiden. Von Vermeidungsstrategien über Jahrzehnte hinweg ganz zu schweigen.

Aber es ist nichts Falsches daran, wenn man nach zehn Jahren vielleicht doch bemerkt, dass endlich etwas in die Transformation führt. Das Schlimmste im Leben sind falsche Gefühle und diese ewig nicht als Transformationsthemen wahrzunehmen. Die Wahrheit findet dann einfach keinen Raum. Oberstes Gebot für den Suchenden ist, sich von den falschen Emotionen zu verabschieden, sie zu erledigen oder auf dem Amboss der Transformation zu zerstören. Dies öffnet den inneren Raum für Wahrheit und Realität. Am Ende der Entwicklung kann in aller Stille und Frieden der lang ersehnte Gast hereingebeten werden, die Buddha-Natur.

Ohne Anstrengung für den Suchenden aber auch für den Buddha, steht er da einfach vor der Tür, wer weiß, wie lange schon, er wartet ja nur darauf, dass ihm die Tür geöffnet wird. Nun schließlich wird Einlass gewährt, die Sonne, der Wind, der Regen finden herein, denn Gott kommt mit der Sonne, dem Regen und dem Wind. Der Suchende öffnet den Raum in sich selbst, er braucht nichts anderes zu tun, denn es geschieht mit einem Mal alles wie von selbst! Jetzt werden die Gegebenheiten klar, man weiß plötzlich, was Liebe, Stille und Vertrauen ausmacht. Es sind die größten Schätze des Lebens.

Eine weitere Herausforderung stellt sich, wir erfahren den Unterschied zwischen »Tun« und »Nichttun – dem Sein«. »Tun« bedeutet das Hamsterrad, in das wir alle so gerne springen, um uns beschäftigt zu halten. Wenn nicht die Arbeitsmühle, dann muss sofort etwas anderes Aufregendes passieren. Es hat etwas Gehetztes, Unruhiges. Das ist der Normalzustand im Leben, aus dem Verstand schöpfen.

Ganz anders das Handeln aus dem Sein. Es entspringt der inneren Leere und ist voller Ruhe, aber trotzdem total ekstatisch. Kein langes Nachdenken geht voraus, die Intuition und die Verbindung zum höheren Selbst, der Einklang mit dem Göttlichen lassen geschehen, geben den Weg frei. Das ist gelebte Authentizität aus der inneren Mitte.

Ein Mensch des Seins handelt in einer ganz eigenen Art der Schönheit. Die Aura des Wissens und der Kraft umringt ihn. Es ist die Transformation in etwas Heiliges. Für diesen Menschen bedeutet »Sein oder nicht Sein« keine Frage der Wahl, sondern eine Grundsatzentscheidung, die bereits getroffen wurde.

Keine Angst, das »Sein« zerstört nicht das »Tun«, es versöhnt zum Gebet an die Existenz. Jeder Akt wird zur Kunst, zur Andacht. Es wird zum regelrechten Muss für den Handelnden, sonst ärgert ihn das »Tun« irgendwann dermaßen, dass er frustriert in Unlust und Lähmung verfällt. Das »Tun« erlangt im »Sein« einen gänzlich anderen Duft. Denn das Sein bringt eine vorher unbekannte Tiefe ins Leben. Wie in der Liebe können wir mehr an der Oberfläche oder in die Tiefe genießen.

Wer also ins Ziel des Erwachens vordringen möchte, muss über das Herz ins Sein gelangen, die Qualität dieses Zustandes erlaubt aus der goldenen Mitte heraus, immer am richtigen Ort zur stimmigen Zeit das anzupacken, was die innere Stimme eingibt. Der Mensch schließt sich damit an den unendlichen Pool der göttlichen Liebe an.

Ohne Liebe keine wirkliche Veränderung in die Transformation. Damit auch keine revolutionären Quantensprünge. Das, was evolutionär auf Erden ansteht, kann nur in tiefer Liebe geschehen. Viele Revolutionen sind daran gescheitert, weil die Liebe füreinander gefehlt hat. Ohne diese Liebe gelangten die Akteure auch nicht im Geringsten an den Zustand des Seins heran. Die Geschichte ist voll davon, weil es immer aus dem Tun heraus geschah und nicht aus dem Sein. Marx, Lenin oder Mao zum Beispiel waren unaufgeräumte Zeitgenossen und ihre Revolutionsgedanken entstanden nicht aus den bewussten Wurzeln des Seins.

Erst mit dem Eintritt in die Buddha-Natur kann die wesentliche, die wirkliche Revolution entfacht werden. Erst dann wird die Welt die wahre Revolution erfahren! Diese Revolution kommt aus dem tiefsten Sein des Buddha. Und es ist in Wirklichkeit gar keine Revolution, es ist die Evolution von Bewusstsein!

Die Transformation gelangt dabei von der Erwartung, dass ewig etwas Aufregendes und Außergewöhnliches passieren muss, in den Zustand des Einfachen, in die Ekstase des Handelns aus der Stille der Meditation. Wenn wir etwas verändern wollen, müssen wir zum Sein, weil man sonst nicht einmal weiß, wer man wirklich ist. Wenn wir unser eigenes Zentrum ignorieren, führt das letztendlich immer wieder in die Destruktion anstatt in die Kreativität.

Falls wir uns für Veränderungen im gesellschaftlichen Bereich einsetzen, gelingen uns größere und nachhaltigere Schritte erst, wenn wir aus der meditativen Grundhaltung des authentischen Seins heraus agieren. Nur ein meditativer Mensch, der im Sein verankert ist, darf, wenn es an der Zeit ist, auch mal mit aller Deutlichkeit vorgehen.

Wie Jesus, der die Schacherer aus der Kirche vertrieb, lassen wir uns dann von der Kraft der Wahrheit leiten. Manchmal ist es wichtig, auch Dinge tun zu können, die zwar nicht dem entsprechen, was man als Werte anstrebt, aber aus Transformationsgründen nicht anders gehandhabt werden können. Grenzsetzungen erfordern diese innere Stärke, gerade bei Kindern oder Menschen, die etwas aus dem Ruder laufen. Die Kraft des Seins kreiert jedenfalls immer die Energie, die alles in Gold verwandelt, es entsteht im Endeffekt eine Ganzheit in sämtlichen Dimensionen.

Erst beim Meditierenden entspringt also das, was er tut, dem Sein. Die Welt wird nicht verletzt oder zerstört von diesem Menschen, sondern harmonisiert und verschönert und gleichzeitig ist es die einzige Art der Dankbarkeit, die wir der Existenz zeigen können. Wir hinterlassen die Welt etwas humaner, schöner und liebevoller, als wir sie bei der Geburt vorgefunden haben. Das Sein in Meditation verwandelt alles via Transformation, was es berührt, ohne dies ist alles normal, es fehlt der tiefere Sinn im Leben. Wenn man nicht aufpasst, zerpflückt, verhindert und suggeriert der Verstand dabei sogar ein völlig realitätsfremdes Crescendo, man fühlt sich trotzdem abgespalten und einsam.

Wichtig ist, sich dessen immer bewusst zu sein, dass Liebe,

Vertrauen und das totale Sein im Hier und Jetzt ins Einssein führen. Also gilt es, voll und ganz im Moment und ohne Anhaftung an die alten Lebensthemen Richtung Buddha-Natur aufzubrechen, der rote Faden der Meditation dient dem Bewusstsein als fortwährende Antenne auf dem Weg.

Tatsächlich ist es dann irgendwann geschafft. Auch wenn vielleicht noch nicht alles Gold ist, was glänzt, der Buddha nimmt in uns Platz. Da es hierfür keine allgemein gültigen Parameter gibt, können wir nur unseren bewussten Beobachter aktiviert lassen und auf die göttliche Kraft vertrauen. Bei bewusster Innenschau lässt sich eine Veränderung wahrnehmen, die mit der alten Persona nicht das Geringste mehr zu tun hat. Man fühlt sich irgendwie hohl und doch voller Energie. Die Kommunikation mit der Außenwelt verändert sich abrupt, weder Ego noch Verstand liegen nun mehr als Barriere zwischen der Begegnung von Seele zu Seele. Das ist es, was die Menschen sagen, wenn sie einer erwachten Seele begegnen, sie fühlen sich durchschaut, wie mit Röntgenaugen durchleuchtet.

Man hat das Gefühl, nackt vor einem Sehenden zu stehen. Aber die Seelen spüren ebenfalls die Liebe, die von einem Erwachten ausströmt, es tut ihnen in ihrem Herzen gut. Danach fühlen sie sich zwar etwas verwirrt, so als hätten sie einen schönen Traum gehabt, an den sie sich allerdings nicht mehr richtig erinnern können, dazu aber auch genährt und vor allem irgendwie glücklich.

Die Mitmenschen werden von der inneren Verwandlung berührt. Manche, vor allem alte Bekannte, können zwar eher ablehnend reagieren, aber eine derartige Transformation wird die Menschheit in Zukunft wesentlich selbstverständlicher begrüßen, da ein häufig auftretendes Phänomen halt keines mehr ist. Im Gegenteil, blühende »spirituelle Blumen« ermuntern das Umfeld geradezu, es wirkt animierend. Gleichgesinnte finden sich wesentlich öfter und bilden für Jung und Alt weitere Enklaven der Transformation.

Die Entwicklung führt also aus den alten Erziehungsschemen heraus. Auch auf der spirituellen Ebene verändert sich das Auftreten der geistigen Größen. Nicht mehr ein Mensch leitet von einer erhöhten Position aus, nein, die Entwicklung zeigt die spirituellen Leuchten im Kreise viele Menschen gemeinsam diese Erfahrung teilen und alle aus einem neuen Bewusstsein heraus handeln.

Die Zeit der traditionellen, etwas verknöcherten Mysterienschulen wandelt sich in die Bereitschaft eines jeden, das Leben als Lehrer anzunehmen und durch die Lektionen, die es für uns bereithält, zu wachsen. Die Erkenntnisse aus den Lebensthemen und dem daraus resultierenden Lebensthemen-Spannungsbogen ermöglichen einen relativ leichten Bewusstseinswandel, den jeder für sich erarbeiten kann.

Von Kindheit an wird in Zukunft bei Bedarf eine zeitweilige Hilfe von außen durch kompetente Begleiter bereitgestellt. Außerdem können zu jeder Zeit Wissen und nötige Detailinformationen über Computer oder Berater abgerufen werden. Die Selbstverständlichkeit des Evolutionsweges und die Chance schrittweiser oder sprunghafter Transformation hat im Kollektiv Mensch endlich Platz genommen. Keinerlei kindliche Abhängigkeit im alten Sinne wird mehr gefördert.

Alle Informationen stehen zur freien Verfügung und die wichtigen Grundelemente, Werkzeuge für eine erfolgreiche Evolutionsreise, sind bereits im Kindesalter Teil der Ausbildung. So wird jeder im Lauf der Zeit sein eigener Lehrer und Meister des inneren Weges. Das Unglaubliche, die erhabenste Vision, wird durch unsere Schöpferkraft, Entscheidungen und Handlungen ermöglicht.

Aber auch heute schon sind wir aufgerufen, uns in das spirituelle Spiel mit vollem Einsatz des Körpers, des Geistes und der Seele einzulassen. Der Prozess der Selbstfindung mündet in die Erschaffung des göttlichen Selbst. Dies bedarf einer absolut bewussten Entscheidungsfrequenz, die Sekunde für Sekunde an jedem Tag im Jahr immer die Transformation, die bewusste

Entwicklung wählt. So erschaffen wir uns bewusst und achtsam in die bestimmte Richtung.

Die Individualität jedes Menschen bringt dann eine jeweils einzigartige Blüte der Buddha-Natur hervor. Diese gründet auf der Transformation der Lebensthemen, der Meditation, der erworbenen Urteilsfähigkeit und der Entscheidungskraft des Einsseins mit der göttlichen Schöpferkraft. Das unabhängige, geläuterte, authentische Selbst ist die Geburtsstunde des göttlichen Menschen. Ab jetzt wird der Lichtträger den Erleuchtungsfunken überall hintragen und, wo immer er Resonanz findet, seine Wahrheit mit allen teilen.

Am Scheidepunkt der gesellschaftlichen Schwierigkeiten trifft schon heute ein großer Teil der Bevölkerung die verantwortungsvolle Entscheidung für ein gesundes Handeln, für den Quantensprung in die evolutionäre Transformation. Es finden sich die Gleichgesinnten im Geiste und mitten unter ihnen werden viele Lichtträger zugegen sein. In diesem Energiefeld wirkt die verwandelnde Kraft der Wahrheit ohne große Widerstände, wir erleben eine Welle der Transformation. Die Menschen fassen sich bei der Hand und wagen einen großen Schritt nach vorne.

In diesem Energiefeld spüren sie den göttlichen Funken wachsen, sie werden durchstrahlt von der Gewissheit, dem Willen der Götter zu folgen. Ihre Tatkraft macht sie zu Herolden des neuen, des goldenen Zeitalters.

Ein altes Sprichwort sagt: Klopfe und dir wird aufgetan. Oder: Sprich und dir wird gegeben. Aber wir brauchen nicht zu klopfen, die Türen stehen weit offen. Wir brauchen nicht erst auszusprechen, um zu bekommen, die göttliche Energie strömt ewig auf uns herab. Es gilt lediglich, aufzuwachen und den Segen wahr- und anzunehmen. Wohin wir uns dann auch wenden, nach Ost oder West, Süd oder Nord, das Erwachte gibt Zeugnis, der Funke erstrahlt immer in seiner authentischen inneren Mitte.

Die Anzahl derer, die diese Wahrheit stetig leben, steigt ständig. Sie inspirieren viele noch zögerliche Seelen, die Wahrheiten des Lebens in die Werte des Alltags umzusetzen. Denn wir sind alle die Erschaffer und souveränen, meisterlichen Gestalter unseres Schicksals.

Das Phänomen der Meisterschaft und Erleuchtung wird im goldenen Zeitalter zu einer selbstverständlichen Eigenschaft der menschlichen Rasse. Wahrheit schöpft man aus dem Moment. Neuestes Wissen ist allen Menschen gleichsam zugänglich. Die Konversation mit Gott erfährt jede dafür offene Seele.

In den Sanghas der neuen Zeitrechnung gelten nach wie vor dieselben universalen Gesetze. Die Wirkungskraft der Buddha-Feldenergie bleibt immer die Gleiche. In Anwesenheit der von der Buddha-Natur Gesegneten kann der Aufnahmebereite einen Hauch von dem erspüren, was ihn erwartet. In freudigem Öffnen seiner fünf Sinne und einer meditativen Grundhaltung wird die Erleuchtung des Meisters für den Schüler erfahrbar.

Stille hat dabei ihren eigenen Wohlgeruch, Glückseligkeit ihren eigenen Duft, Liebe, wie viele bestätigen können, einen süßlichen Geschmack. Man kann sie nicht essen, aber man weiß, wie köstlich Liebe schmeckt. »Ich hab dich zum Fressen gern«, ein Sprichwort aus dem Volksmund drückt dies wunderbar aus.

Das in dem Sangha wirkende Bewusstsein des Meisters kann vom Suchenden mit allen Sinnen erfasst werden. Man sieht es in den Augen, an seiner Präsenz und in der Grazie seiner Gesten. Wie bei einer leichten Brise wird es sogar hörbar, einem leisen Flüstern gleich. Ein sehr subtiles, aber mit absoluter Gewissheit erfahrbares Energiephänomen. Eine Übertragung von Energie findet statt. Die Auren der Schüler saugen die Informationen des Meisters auf allen Sinnesebenen auf. Bis in die materiellen Zellen und Poren findet die Energie ihren Weg. Dabei wird das System des Schülers gleichzeitig gereinigt, eine Satori-Erfahrung möglich.

Der Energielevel steigt in diesen Momenten auf die Höhe der Christusenergie. Fortgeschrittene Schüler sind imstande, dieses

Geschehen bei sich bewusst wahrzunehmen. In der Begegnung mit dem Meister passiert es wie ein warmer Schauer der Liebe. Dies wirkt auch noch, wenn der Buddha den Raum längst verlassen hat. Sogar nach dem Tod des Meisters findet Energieübertragung noch statt. In bestimmtem Stein wie Marmor akkumuliert die Energie, speichert automatisch und gibt sie über viele Jahre wieder an die Umwelt ab. Offene, bereitwillige Seelen finden in der Meditation den Zugang zu dieser Energie und tragen den wunderbaren Nutzen davon.

Die Energie eines Erleuchteten wird mit dem inneren Bewusstsein, dem dritten Auge (sechsten Chakra) und den fünf Sinnen wahrgenommen. Der noch heute sehr bekannte Meister Gautama Buddha schickte damals zu Lebzeiten fünf Mann starke Teams durch die Lande, um die frohe Kunde der Transformationsmöglichkeit bekannt zu geben. Jeder der fünf erwarb vorher hohe Kompetenz und Sensibilität in einem der fünf Sinne. In der spirituellen Reife fortgeschritten, konnte, wie bei einem Radio, die Sende- und Empfangsfrequenz eines jeden optimal justiert werden und als Überbringer von Buddhas Energie dienen. Buddha versprach seinen Jüngern, dass, wenn fünf von ihnen in seinem Namen meditativ versammelt seien, er mitten unter ihnen sei. Damit konnte die göttliche Stimme relativ unverfälscht durch diese fünf mit Menschen in Kontakt treten. Nach seinem Tod hielten die Buddhisten so über lange Zeit Buddhas Bewusstsein lebendig.

Die Schulung in einem Sangha erlaubt den Teilnehmern mit ähnlicher Sensibilität, die Präsenz des inneren Buddhas aufzuwecken. Die geläuterte Liebe spielt hierbei eine große Rolle. Je mehr wirkliche Liebe für das eigene Sein, die Umwelt, die Verbindung mit der universellen Kraft, die Präsenz erweckt wird, umso eher erlöst dies die Distanz zu allem Existierenden. Der Einklang und die Stimmigkeit eines jeden Moments in Liebe mit allem, was einen umgibt, befreien auch von altem angstvollem Fluchtgebaren. Da erleuchtete Wahrheit immer dieselbe ist, folgt man automatisch der eigenen erwachenden Buddha-Natur im

Inneren, eventuell gekoppelt mit der Energie des Meisters und dem nun erfahrbaren steten Fluss der göttlichen Eingebung.

Mein Meister Osho versprach am Ende seiner Tage, immer bei seinen Schülern zu sein, auch wenn sie allein wären. Dies kann ich heute, nach vierzehn Jahren seines Verlassens des Körpers, nur bestätigen. Aber es gehört die Sensibilität des offenen siebten Chakras dazu, und diese Energie ist nicht mit den esoterischen Scheinraketen, die Richtung Himmel krachen, zu verwechseln.

Von esoteren Luftballons fühlen sich die Engelein eher gestört als wahrhaft gesehen. Lediglich dem wahren spirituellen Fortschritt aufgeschlossene Seelen entwickeln die Öffnung des siebten Chakras hin zur Verbindung in das Göttliche.

Wenn Sie diese Worte erregen, hier mein Tipp: Zurück zur Basisarbeit, die Lebensthemen betrachten, am besten mit einem geschulten Therapeuten. Wer hier an der Realität vorbeischrammt, landet leicht voller Wut auf den Autor in der Ecke des Nichtverstehens. Doch nur die Liebe zur Transformation öffnet die Barrieren des Verstehens. Also, nur Mut für neue Experimente.

Die Menschen des Sangha ernten vielleicht nicht so viel Geld, aber sie ernten ein Mehr an Sein, eine größere Sensitivität, mehr spirituelles Wachstum, und finden schließlich zu Gott, der Buddha-Natur. Genau dies, und nur dies, nimmt man mit in die andere Dimension, das Wachstum auf der Evolutionsspirale. Wenn man in einer Sangha-Schule einige Monate verbringt, öffnet das im Inneren neue Türen.

Jede Menge lebendige Leute, die in einer freudigen Welle der Meditation vereint ihre Transformationen feiern, wirkt wie ein Düsenantrieb auf alle Neuankömmlinge, die, gepeinigt von der Gesellschaft und ihren Lebensthemen, wieder die Freiheit und Leichtigkeit des Seins probieren wollen. Der nun kommende Transformationsschub fühlt sich an wie eine deftige Neugeburt.

In einer wirklichen Bewusstseinsgemeinschaft sind alle Teilnehmer total frei. Das Bindeglied, die Entscheidung für Transformation, steht dem Entwicklungsprozess zur Seite, erlaubt damit die Draufsicht auf die Lebensthematik. Selbstverständlich wird man dort bei der Problemlösung in Einzelsitzungen oder Gruppentherapie begleitet. Die Bewusstseinsarbeit läuft den ganzen Tag, sogar in Partnerschaften versucht man, gegenseitig die Restschatten aufzudecken, der Transformationswillige macht so erheblich leichter Fortschritte.

Für die Fortgeschrittenen in der Sangha-Schule spielt das sehnlichste Anhäufen von Geld und materiellen Gütern keine derartig große Rolle mehr. Es sind andere Werte, die nun Wichtigkeit erlangen. Geld ist wunderbar, sollte aber nicht zum Selbstzweck werden. Es geht hier um den höchsten Wert, den der Mensch erringt, die Buddha-Natur – das erwachte Bewusstsein.

Die konditionierten Menschen des Kollektivs Menschheit sind dermaßen verschult, dass sie sich gegen neue Einsichten lieber wehren, statt diese als Befreiung zu feiern. Politiker und Religionen wissen genau um die manipulierende Macht ihrer Worte. Das ist mit ein Hauptgrund für den lahmenden evolutionären Fortschritt in der Welt. Gesellschaftlich ziehen nicht alle Kräfte am selben Strick für das Wohlergehen von Mensch, Tier und Umwelt. Das Nicht-verstehen-Wollen und Verschleiern der Realität bringt die Menschheit immer wieder an den Rand des Abgrundes. Eigennutz aus nicht erlösten Themen verleitet viele Leute zum egoistisch übertriebenen Eigenbedarf.

Die Aufgabe besteht nun darin, alle Menschen auf ihre Transformationsthemen aufmerksam zu machen, so dass rund um den Erdball mehr bewusstes Handeln entsteht. Keiner sollte Angst haben müssen. Es geht um das Wohl aller Seelen. Ein feiges Verstecken von Wunden des Lebensthemen-Spannungsbogens führt nicht zum angestrebten Ziel und ist außerdem in keiner Weise wirklich zeitgemäß. Auch ein Stoppen von Entwicklung ist doch auf Dauer völlig langweilig. Auftretende Fragen gehören als Vision-Quest in das Lebensregal, es sind Aufforderungen zu weiteren Transformationserfahrungen.

Wer sich auf den Bewusstseinskreis einlässt hat eine wichtige Entscheidung für den persönlichen Fortschritt getroffen. Es geht um die Wahrheits- und Realitätsfindung, die in die Erleuchtung führt. Natürlich leben Menschen in einer Bewusstseinsschule auch ganz normal ihre Partnerschaften und Freundschaften, aber man versucht in der Liebe, mit Freunden und den Arbeitskollegen die Kommunikation auf einem hohen Bewusstseinslevel. Der weiter Fortgeschrittene wird dem zögernden Gegenüber den Wachstumskick schmackhaft machen. Hierbei gehen alle Beteiligten vorsichtig, respekt- und liebevoll miteinander um.

Der Evolutionsweg ist für jede Seele wichtig, aber man muss sich, wenn man ihn bewusster gehen möchte, wirklich auf ihn einlassen. Sonst sagt man innerlich nur ja, ja und widmet sich dann lieber den alten, gewohnten Pfaden. Nach einem gelungenen gemeinsamen therapeutischen Wachstumsweg in der Partnerschaft danken es die vorher vielleicht etwas langsameren Partner tausendfach. Es tut allen gut, zu sehen, wie man ebenfalls zu zweit, innerhalb einer Beziehung, miteinander auf der Evolutionsspirale wandert. Man braucht in jedem Fall sehr viel Fingerspitzengefühl.

Wen immer man liebt, man sollte zumindest versuchen, ihn in die Umsetzung von neuen Offenbarungen miteinzubeziehen, Partner, Kinder, Freunde, Kollegen. Sie sollten von der Transformationsreise der Seele und der Erlösung der Lebensthemen erfahren. Damit hat man seine Verantwortung eingehalten, das meint wirkliche Liebe. Die Suche nach der Wahrheit ist für alle eine Einladung in die Realität.

Der Beginn der Selbstfindung, angestoßen von einem Partner oder Freund, führt in verschiedenen Phasen auf den individuellen Weg.

Der Evolutionär, ein spiritueller Rebell

Rebellion gegen alles Erlernte und Aufgesetzte ist angesagt. Was gehört zur Lebensthematik, was kann an gesellschaftlichen, kulturellen oder religiösen Konditionierungen abgelöst werden?

Alles gestern Gültige ist für den Suchenden ab jetzt nicht mehr automatisch relevant. Er versucht, dass ihn dies bei der Entscheidungsfindung nicht weiter tangiert. Die bewusst transformierte Individualität, der neue Lebensstil der Authentizität, beendet das Hamsterrad des konditionierten, konformen Bewegens in der Gesellschaft. Als organische Einheit bestimmt niemand außer ihm selbst nunmehr die nächsten Schritte seines Lebens. Die Intelligenz des eigenen Herzens geleitet ihn dabei in den erhofften Frieden, die Liebe und die Freiheit.

Leider verhalten sich die meisten Menschen eher wie Schafe in der Herde. Nach dem Motto: Wer in der Masse schwimmt, für den wird's nicht so gefährlich. Man schaut lieber bei Chips und Bier zu den Promis aus Sport, Film und Fernsehen, bewundert gerne das Unerreichbare und dadurch Ungefährliche, aber landet selber eher im alltäglichen Wahnsinn.

Über Jahrhunderte galt das Widersprechen gewisser Traditionen als unschicklich. Selten durchbrachen mutige Seelen die Schranken des »guten Geschmacks«. Meistens brachte aber gerade dies gewaltige Umwälzungen und Fortschritte in der Geschichte.

Ob auf geistiger oder materieller Ebene, das waren die Erneuerer, die Evolutionäre. Sokrates oder der Erfinder des Rades, sie waren alle ihrer Zeit weit voraus und doch zu Lebzeiten wenig geehrt. Die größten Heilsbringer wurden vom Mob sogar umgebracht. Trotzdem hat sich die Wahrheit durchgesetzt!

Auf klare Individualität legte man wenig Wert. Gehorsam, Obrigkeitshörigkeit oder Sprüche wie »Denk nicht, folge!«

machten die Runde. Ein Rebell dagegen folgt nur seinen eigenen Gesetzen und ein spiritueller Rebell nichts anderem als seinem eigenen Licht. Er riskiert alles für seine Vision.

Ein Rebell lebt voll und ganz im Hier und Jetzt. Keinerlei Ängste können ihn erschüttern. Wenn ein Mensch an diesen Punkt gelangt, lebt er eine nie gekannte Authentizität. Schon lange können ihn Rentenversicherungen, ein gebautes Haus oder eine völlig unstimmige Ehe nicht mehr im Zaum halten. Die Energie der absoluten Freiheit, gepaart mit dem erwachenden Buddha-Bewusstsein, wird noch dazu vom Lebensfluss wunderbar getragen. Wo immer dieser ihn hinbringt, stellt er sich unerschrocken den Herausforderungen, die da sind. So gesehen existiert keine Wahl und doch tut er wahllos in jedem Moment das authentisch Stimmige.

Der spirituelle Rebell beugt sich keinen alten Schriften oder überholten Moralvorstellungen, er entscheidet aus seiner Kompetenz, verbunden mit der universellen Kraft, Augenblick für Augenblick, er ist ein absolut gegenwärtiger Zeitgenosse auf seinem Weg in die Buddha-Natur.

Die Vergangenheit betrachtet der Evolutionär mit dem freien Blick der in der Transformation begriffenen Seele. Der geschärften Sicht entgeht dabei keine noch so versteckte Wachstumsbarriere. Er erkennt gegenwärtig und zukünftig die fiesen Machenschaften der Transformationsverweigerer.

Tatsächlich regieren ja ein Großteil der Erde Transformationsverweigerer mit wenig lebendigen Konzepten und Überzeugungen im Sinne des Wohlergehens aller Erdenbürger. Und doch dominieren sie damit so gerne für das eigene, private Wohlergehen und natürlich das ihrer »Freunde«.

Totes wird von den evolutionären Rebellen aber weder akzeptiert noch in ihrem Umfeld geduldet. Sie nehmen ihr Leben in die eigenen Hände, im vollen Bewusstsein, vielleicht sogar völlig alleine dazustehen, und haben dank der Bewusstseinswerkzeuge sogar jede Menge Spaß beim Aufräumen und Anprangern. Unbeugsame Bewusstseinsgesellen ecken oft damit an, doch es wird ihnen gelegentlich auch Respekt und Applaus gezollt für ihre Vorbildfunktion.

Das Kollektiv, die Masse Mensch bezeugt eine falsche Sicherheit auf Kosten ihrer Seelenreife. Ähnlich der diktatorischen Unterdrückung sind dabei feste Verhaltensregeln vorgegeben. Exakte Richtlinien sollen den Alltag »erleichtern«. Ein Kodex ist errichtet. Überall auf der Welt finden wir ähnliches Gebaren. Doch alles Festhalten kann das Mysterium des Lebens nicht bezwingen und erst recht nicht ergründen.

Die Zukunft bringt etwas völlig Konträres. Das goldene Zeitalter, ein anderes Bewusstsein gibt dann den Ton an. Die spirituellen Evolutionäre sind die Vorreiter für diese bessere Welt. Das alte System kann schwerlich verbessert aus der Krise gelangen, etwas Neues wird benötigt. Das Dasein ist nun mal ein Mysterium und keine Sicherheitszone. Stellen wir uns dem auf angemessene Weise?!

Aus der Sicht der alten Gesellschaftsform passen funktionierende Robotermenschen natürlich am besten ins Bild. Mit etwas Selbstbestimmung schon, aber immer überschaubar, kalkulierbar. Jeder Politiker und religiöse Führer hat seine eigene Lebensthematik mit seiner »Berufung« verknüpft, die eigentlich besagt, ein Mehr an Bewusstheit in bessere Entscheidungen zu tragen. Doch gerade daran mangelt es leider. Die Transformationsschritte fallen bei dem Innehaben großer Machtbefugnisse überall fast völlig unter den Tisch.

Der Evolutionär lebt dagegen jeden Moment authentisch, nur dem inneren Licht verpflichtet. Er kreiert seinen Pfad, indem er ihn beschreitet. Er handelt nach den erkannten Werten. Die kollektive Autobahn ist verlassen. Sicherheitsdenken weicht der Lust auf Abenteuer. Gefahr heißt Leben pur, er folgt der Herausforderung des Unbekannten und er weiß um den permanenten Prozess.

Die Begegnung mit dem Hier und Jetzt verlangt, nicht aus der Prägung der Vergangenheit der Gegenwart zu begegnen, sondern im Gewahrsein des Lebensthemen-Spannungsbogens über diesen hinausgehend dem Augenblick ins Angesicht zu schauen. Die Kraft steckt einzig und allein im Zeitpunkt des Jetzt, und aufgemerkt, es ist die einzig handhabbare Zeiteinheit. Alles andere ist nicht existent.

Für den Evolutionär bedeutet dies, jeden vorbeiziehenden Moment sofort für immer zu verabschieden, damit er dem nächsten Moment frei, ohne Anhaftung entgegentritt. Wer sich diesen Prozess als statisch begrenzte Zeiteinheit vorstellt, irrt, es ist ein kontinuierlicher Prozess, eine brodelnde Energiequelle, die bis zum letzten Atemzug die Buddha-Natur nährt.

Der Evolutionär hat nichts mit dem Revolutionär im alten Verständnis gemein. Die unerlösten Lebensthemen spielten seitens der Revolutionäre alter Zeit die wichtigste Rolle. Alle einigte eine wechselseitige lebensthemenbedingte Konditionierung mit ihren Gegnern, nicht die transformierte Präsenz.

Wer aber dem Evolutionär, dem angehenden Buddha, begegnet, spürt die innewohnende Kraftquelle, seine jugendliche Vitalität, die ihn bis ins hohe Alter auszeichnet. Die freie Seele ist auch befreit von den in die Vergreisung führenden Bandagen der Lebensthemen. Die Authentizität der inneren Mitte erlaubt keine Umwölkung, kein Abgleiten in Vergangenheitsschatten. Dies ist die wahre Religiosität. Im Gegensatz zur neuen freien, dem Christusbewusstsein zuströmenden Gesellschaft haben auch die Religionen aller Couleurs zu allen Zeiten ihre Anhänger eher versklavt, als dem Himmlischen näher gebracht.

In meinen Seminaren und Einzelsitzungen muss ich immer wieder feststellen, wie die Klienten mit der religiösen Konditionierung kämpfen. Zusätzlich festgehalten werden vom Schuld- und Sühnekomplex, entstanden im Elternhaus, in der Religionsstunde oder in der Kirche. Wir schwer es den Menschen mit ihrer Lebensthementransformation hier fällt und wie tief das Aufgesetzte eingebrannt in ihrem System verweilt, glaubt man kaum.

Die Lebensimpulse werden davon fehlgeleitet. Es umschließt die Seele wie einen Kokon mit fester, dicker Schale. Wissenschaftlich wurde nachgewiesen, wie nachhaltig diese Schädigungen bestimmte Teile des Gehirns beeinflussen, dabei funktionieren dann einige Zentren nur noch äußerst eingeschränkt. Konditionierungen jeglicher Art machen aus den Menschen ferngesteuerte Roboter. Ähnlich den zu Kampfmaschinen gepolten Soldaten. Nur unter größter Willensanstrengung und möglichst mit den richtigen Informationen gestärkt, können die Betroffenen ihre Transformation bewerkstelligen.

Dazu muss der Evolutionär auch noch gegen die im Körper stationierten tierischen Befehlsstrukturen Konzepte entwickeln, damit auch diese Schatten keine Wirkungskraft mehr an den Tag legen. Der Futterneid auf diversen Ebenen, das Kämpfen um den Platz des Stärksten und das Sich-selbst-am-nächsten-Stehen, mit allen für das Umfeld unangenehmen Folgen, lässt er nicht mehr durchgehen. Konkurrenz und Egoverhalten beendet man für eine Weiterentwicklung besser spätestens jetzt. Den von diesem System ausgehenden Übergriffen der Vergangenheit ist damit die Grundlage entzogen.

Der Evolutionär ist der Verwandler und Hoffnungsträger für die Zukunft der Menschheit. Viele dieser in die Buddha-Natur transformierten Seelen werden bald im Verbund kraftvoll ihren Beitrag leisten, damit überkommene Vorstellungen, Traditionen und Gesellschaftssysteme verwandelt werden.

Wir haben die Pflicht, endlich mit dem Blick in Richtung Wahrheit und Realität und das allumfassende globale Weltbild vor Augen, was dem Wohl der Menschheit schadet, abzuschaffen. Rassen, Nationen, Religionen sind unzeitgemäße Machtstrukturen der Vergangenheit. Sie verhindern, neuestes Wissen, Bewusstseinserfahrungen, neue Lebensformen, das Beenden von Kriegen, die Umstrukturierung von Rüstungsausgaben in Wohlstand für alle Erdenbürger, gerechte Recourcenverteilung auf allen Ebenen in Gang zu setzen.

Alte Seilschaften verhindern derweil erfolgreich die Evolution. Es ist an der Zeit, dass die Menschheit aufwacht, jede Person ist verantwortlich für ihre persönliche Evolutionsreise und auch für die kollektive Weiterentwicklung. Alle Menschen dürfen ihre Transformationsblüten in den Himmel strecken. Die Schafe verwandeln sich in rebellische Löwen. Es braucht dabei keine Führer oder Gewalt, jede Seele hört den inneren Weckruf zur Verantwortung und findet eine geeignete Tätigkeit, um eine bessere Welt mitzugestalten. Wir müssen uns alle als Teil der Menschenfamilie betrachten. Damit sind die Probleme eines jeden auch automatisch die Probleme aller.

Von Einzelnen ausgehend, wird die Welle einer neuen Weltsicht über die Kontinente schwappen. Regierende, die sich plagen, sollten ein Einsehen haben, dass es im System nicht nur kriselt und man die Löcher stopft, sondern dass es etwas völlig Neues bedarf, eines komplett neuen Modells der Weltgemeinschaft. Der alte Anzug passt einfach nicht mehr. Veränderung und Experimentieren ist angesagt, dazu sollten wir alle Politiker der Welt auffordern, ja sie daran messen, bevor wie sie wiederwählen.

Eine radikale Abkehr von der heutigen Weltsicht ist die einzig richtige Lösung. Die fähigsten Köpfe sollten, mit dem neuesten Wissen ausgestattet, Entwürfe für eine neue Gesellschaftsordnung erarbeiten. Die Staatengemeinschaft wird einem neuen gerechteren Miteinander mit Sicherheit allmählich zustimmen. Alle Werte, alle Ebenen, von menschenwürdigen Verhältnissen bis ökologisch gesunden Verhaltensweisen, werden bei der Neuorientierung selbstverständlich berücksichtigt.

Die Grenzen verschwinden und die ehemaligen Einzelstaaten bilden nunmehr einen Weltrat. Dabei steht immer das Interesse aller im Mittelpunkt. Gegenwärtig schreiten die USA als Weltpolizei vor allem in den Staaten ein, wo sie ihre eigenen Nutznießerinteressen als gefährdet erachten. In Afghanistan und im Irak wird einmarschiert, die Übergriffe Chinas in Tibet werden aber aus Ermangelung der Eigeninteressen seit über fünfzig Jahren ignoriert. Die Verwüstung, Zerstörung, Misshandlung, Mord, Vergewaltigung, Gehirnwäsche, Mönche, die sich gegenseitig erschießen mussten, und andere Greueltaten, die in Tibet verübt wurden, brauchen den Vergleich mit Nazideutschland nicht zu scheuen. Ein Dalai Lama bekommt den Nobelpreis zugesprochen, doch die Weltpolizei sieht die Geschehnisse in Tibet als die inneren Angelegenheiten einer anderen Großmacht. Dieser Weltpolizei muss sehr genau auf die Finger geschaut werden. Ein achtsamer Weltrat mit einer eigenen Schutzmacht wäre bereits heute wesentlich effektiver.

Der Einsatz der Truppen im Irak baut auf einer Lüge des Geheimdienstes, viele Staaten wurden vor den Karren gespannt, immer vorneweg das Grasbüschel der angeblich humanitären Hilfe. Der Blickwinkel galt aber nicht nur den unterdrückten Völkern, sondern in erster Linie den eigenen Interessen oder dem privaten Rachefeldzug einer Präsidentendynastie.

Der Zusammenschluss aller Nationen führt dazu, dass sich die Menschheit als eine Familie fühlt. Damit werden die Interessen des einen auch zum Interesse der anderen. Der Evolutionär, der neue Mensch, arbeitet automatisch daran, die neue Vision in irgendeiner oder ganz bestimmter Weise umzusetzen. Er kann gar nicht anders, als hundert Prozent zu geben, es ist sein »way of life«. Das Egogebaren ist auf der Strecke geblieben, es findet keinerlei weitere Wirkungsstätte. Der Evolutionär achtet und verehrt das Leben, die Menschen, alles, was erwächst oder einfach existiert. Der Buddha-Natur entsprechend markiert er nicht den Superheiligen, er ist mitten unter den Menschen, mit ihnen in Liebe verbunden. Er weist ihnen auf egolose Weise den Weg in die Freiheit der Buddha-Natur.

Das, was ihn unterscheidet, ist sein unnachgiebiger Mut für den Transformationsweg. Wer in diese Höhen vorstoßen will, muss die gleiche Beherztheit entwickeln. Der Evolutionär rettet nicht, er unterstützt die Reife für weitere Entwicklungssprünge. Viele Male wird man vom Weg abkommen, doch dies stärkt letztendlich und bringt Courage und Zuversicht. Automatisch werden dabei die inneren Werte verändert. Das ist gelebte Menschlichkeit und Religiosität. Das eigene Bewusstsein wächst, dabei passieren zwar ein ums andere Mal Missgeschicke, aber man steht wieder auf und geht weiter, ohne selbigen Fehler zu wiederholen. Dies ist der einzige Weg des Lernens.

Jegliche Mittler zum Göttlichen, ähnlich einem katholischen Priester, der Vergebung und Sühnehandlungen ver- und bespricht, werden nicht gebraucht, erzeugen höchstens ungesunde Abhängigkeit, der Suchende wird an Dritte gebunden.

Ein Meister dagegen ermöglicht selbstständige Quantensprünge, bei denen jeder am Ende völlig alleine springen muss. Höchstens bis zur Absprungmarke steht er nahebei, dann der Sprung und die anschließende Erlösung und Erfüllung darf der Suchende in Ruhe genießen

Wo immer die Herausforderungen des Lebens hinführen, es gilt, sie anzunehmen und mit dem eigenen inneren Führer zu bewältigen. Man wird sein eigener Meister, der rebellische Evolutionär. Mit dieser gelebten Authentizität erfahren die Ankommenden ihre nachahmenswerte Vorbildfunktion. Auf der Meisterebene angekommen, beginnt der Erwachte seine Erfahrungen mitzuteilen und infiziert so die Interessierten mit dem Keim der evolutionären Rebellion. Er produziert dabei aber keine Kopien, sondern regt lediglich die Suche nach dem eigenen Kern, dem eigenen Weg an.

Der neue Mensch löst die von religiösen Stellen so gerne gepriesene Imitation von Heiligenfiguren wie Jesus, Buddha völlig auf. Ein größeres Verständnis der Zusammenhänge wächst über das traditionelle Wissen hinaus. Damit findet die Verabschiedung des Alten statt. Die Herolde des neuen Wissens, erwachte Seelen, interessierte Menschen, Zeitungen, Bücher, Bild und Tonträger verbreiten die frohe Kunde. Die Erkenntnis der freien Weggestaltung setzt sich durch, denn jede Knospe blüht auf ganz individuelle Weise.

Die Traditionen sind verständlich, war doch die Versuchung groß, nach einem erfolgreich beschrittenen Pfad dieselbe Spur lauthals anzupreisen. Zusätzlich pflegten die Anhänger über Jahrhunderte, ihre eigenen unerleuchteten Sichtweisen dem hinzuzufügen.

Tatsächlich existieren Hilfen und Werkzeuge, die jeder Suchende individuell wählt und damit an der Verwirklichung arbeitet. Geschieht der Durchbruch, erlebt der Gesegnete zwar dieselbe Realität aller Meister vorher, allerdings ebenfalls die Individualität seines eigenen Ausdrucks.

Der Kreis der neuen Meister versucht in erster Linie, aufzuwecken, das Drängen in altbackene Traditionen gehört nicht dazu. Sie greifen dabei mit allen Tricks unter die Arme. Wenn es sein muss, auch einmal mit einem »Zen-Schlag« oder einem Eimer eiskalten Wassers. Nur eines ist unerwünscht, die Nachahmung des meisterlichen Vorbildes. Jeder Mensch stellt ein Unikat dar. Jede weitere Blüte des Erwachens zeigt eine Innovation, sie ist höchstens ähnlich und doch einzigartig auf dieser Welt.

Über Seminare und das Leben in einer Gruppierung, die um die letzten Hürden ringt, kreieren alle miteinander einen Raum, in dem, ausgelöst durch bestimmte Situationen, der Funke des Aufwachens überspringt. Ohne Diktate oder einen Katalog von Verhaltensmaßregeln entstehen Momente, in denen die Lebensthemen verstanden, transformiert und dann die neuen Entschlüsse und Handlungsweisen in täglichen Feuerproben getestet werden. Damit erarbeiten wir den freien Weg für das Durchstarten in die Buddha-Natur.

Genauso wie bei einer brennenden Kerze, wenn ein zweiter Kerzendocht in die Nähe gebracht wird, springt das Feuer irgendwann vom Meister auf den Suchenden über. Dies erhöht die Energie im Buddha-Feld für weitere Quantensprünge bei den anderen Suchenden. Es passiert und keine Erklärungen sind mehr notwendig, es ist ein Energiephänomen.

In der Sangha-Schule der neuen Zeit tritt man als Freunde gegenüber, in der Absicht der gegenseitigen Unterstützung hin zu diesem Energieüberspringen. Dabei wird, dank des gesteigerten Bewusstseins, eine Struktur von Gesetzen und Regeln immer unwichtiger. Eine Reise entsteht, die den Beteiligten weit nach vorne katapultieren kann. Es führt den Reisenden in sein essentielles Potenzial des authentischen Seins.

Unterdessen geben die Erwachten ihre Liebe, Weisheit und Erfahrungen weiter in die Runde, Versklavung oder Gehirnwäsche ist hier nicht zu Hause. Je mehr der Suchende während dieser Zeit dem Meister geistig näher rückt, desto eher verinnerlicht er die Informationen. Das Wunder des Aufwachens kann geschehen. Die innere Leere, geschaffen mit der Hilfe der Meditation und anderen Bewusstseinswerkzeugen, bleibt leer, die transformierte Seele der Chef im Haus. Verstandestätigkeiten sind auf ein Minimum beschränkt und spielen eine ihrem Platz entsprechend untergeordnete Rolle. Kein Erwachter programmiert etwas in den Schüler. Er weckt die Stille, die Leere, den weiten unbeschriebenen Raum. Dies macht Platz für das authentische Sein, immer und jeden Moment kreierend, egal was aus diesem Sein entspringt, findet der Suchende seine Erfüllung, entfaltet seine Flügel und fliegt frei, wohin es ihn trägt. Der Meister begleitet ihn noch ein Stück weit, damit die unerprobten Flügel nicht zurückschrecken, sondern mutig ihre Bahnen ziehen.

In der neuen Bewusstseinsschule wird niemand angebetet, es ist ein lebendiger Ort, an dem alle zusammen als Orchester das Feuer des Bewusstseins entfachen und weitertragen. Die einzelnen Blüten, alle Stimmen und individuellen Instrumente des Orchesters erschaffen die göttlichen Klänge. Niemand sondert sich ab, alle rutschen im starken Einklang an ihren definitiv richtigen Platz. Vergleichbar mit einem bunten Regenbogen, der insgesamt das weiße Licht gebiert. Die erwachten Seelen reihen sich ein und geben ihre Kraft. Automatisch stehen sie an der stimmigsten Stelle, um das kollektive Bewusstsein anzufachen.

Falls der Gedankenapperat während der meditativen Tageshaltung weiterhin Gedanken wälzt, bleibt der Evolutionär ruhig und gelassen, er beobachtet die Gedankentätigkeit lediglich auf dem inneren Bildschirm. Am Anfang vergisst man schneller und gerne, springt wegen der Abwehrmechanismen wieder in die Gedankenwelt, doch im Moment des Erinnerns erteilt man keine Schuldzuweisung, sondern findet zurück zum Beobachten. Manipulation oder ähnliches Gehabe innerhalb der spirituellen Schule wird dabei frühzeitig aufgedeckt und als Teil des Lebensthemas entlarvt.

Die Abstinenz der meditativen Stille wird währenddessen immer kürzer. Das Hin und Her hilft, den bewussten Beobachter stärker zu installieren. Die inneren Schätze können alle geborgen werden. Es entsteht eine Leere und Weite voller Glückseligkeit, als ob der Frühling Einzug halten würde, mit all seinen Blumen. Das ist das Ziel all derer, die sich in einer Sangha-Schule eingefunden haben. Die Lichterfahrung der aufgehenden Buddha-Natur. Die Göttlichkeit ist erreicht, das Leben erfüllt.

Die Sangha-Schule – das ewig innovative Buddha-Feld

Die Aura eines Meisters spürt man in einem weiten Umkreis. Wir kennen dieses Phänomen von Heiligenbildern, Darstellungen, in denen die Aura in Form von einem Heiligenschein gezeigt wird. Es ist ein den Meister umgebendes Energiefeld.

Von jeher lag es nah, dieses Feld für Suchende nutzbar zu machen. Nun gibt es Unterschiede, wie die Meister das Energiefeld von Wahrheit und Gemeinschaft anwenden. Jesus war ein Meister, der umherreiste, ohne ein statisches Buddha-Feld zu kreieren. Auch Gautama Buddha zog durch die Lande und half bis zu zehntausend Schülern in Form eines fortbewegten Buddha-Feldes. Andere Meister wie Osho gründeten Plätze, an denen ein feststehendes Energiefeld durch ihre permanente Anwesenheit am selben Ort entstand. Für die heutige Zeit bieten sich beide Lösungen erfolgversprechend an. Ein erleuchteter Meister wählt seine Variante aus dem Überfluss seiner sprudelnden Buddhaenergiequelle.

Den spirituellen Suchenden bringt es sehr viel, wenn derartige Meister auf Reisen gehen und über Bewusstseinskreise, Vorträge oder Einzelsitzungen und Seminare den Menschen die

Möglichkeit anbieten, ihnen zu begegnen. Ebenso sollten viele Buddha-Feld-Enklaven von einem neuen spirituellen Bewusstsein übersprudeln, damit an Wachstum Interessierte für eine Weile die Gelegenheit des Wandels dort erfahren.

Die wichtigste Funktion eines Sangha oder einer Mysterienschule ist, dass hier alle alten Wunden gezeigt werden dürfen. Mutig legt der Jünger sein Inneres vor das geistige Auge des Meisters. Die Präsenz des Meisters heilt diese Wunden auf verschiedenen Ebenen sehr schnell und, wenn der Schüler sich wirklich darauf einlässt, auch endgültig! Auf den Ebenen betrachtet er die Lebensthemen jedes Einzelnen. Mit Rat und Tat führt er den Suchenden an die Schwelle seiner Transformation. Außerdem hilft die immerwährend fließende Liebe des Meisters dem Schüler, vertrauensvoll endlich die Arme zu öffnen und mit einem großen Ja über jegliche Schwellen zu gleiten.

Alleine lässt sich schwerlich eine Idee von Erleuchtung entwickeln, aber im Beisein eines Meisters transportiert etwas von Herz zu Herz, von Wahrem Sein zu Wahrem Sein. Wenn man seiner kleinen Flamme des Bewusstseins in diesen Momenten freien Lauf lässt, verbündet sie sich mit der enorm kräftigen Flamme des Erwachten. Die kleine Flamme geht in der großen auf und man erfährt Höhen, von denen man nicht im Entferntesten geträumt hat. Man könnte aber genauso sagen, dass die große Flamme in der kleinen aufgeht. In jedem Fall kommt es zu einer Vermischung und dabei zu einem regen Informations- und Bewusstseinsaustausch.

In der heutigen Zeit und vor allem in der Zukunft wird das Phänomen der Übertragung der Bewusstseinsflamme in eine neue Form gegossen. Sogar Wissenschaftler nähern sich aus ihrer Forschungsecke plötzlich dem Mysterium Leben mit anderen Augen und erfahren eine spirituelle Kraft, die in allem steckt. Sie interessieren sich auf einmal für spirituelle Meister, da diese Erklärungen der Phänomene bereitstellen, die ihre Testergebnisse unterstreichen.

Aus der politischen Ecke mahnen Wirtschaftskrise, Arbeitslosigkeit und die Auflösung der alten Familienverbände zum Hinschauen und die Politiker öffnen dabei aus Geldmangel ebenso ihren Blickwinkel für neue Erkenntnisse, die eventuell Lösungen der Probleme bereitstellen. Die Menschen verharren nicht mehr starr in alten Religionstraditionen, sie suchen nach einer erlebbaren Religiosität. Psychologie ist kein Fremdwort und Firmen-Coaching durchaus auch in Deutschland üblich. Der Verbund von triftigen Gründen öffnet überall einen Spalt im festgefahrenen Weltbild, so dass tatsächlich eine Chance entsteht für lang überfällige Reformen. Der Paradigmenwechsel hat bereits begonnen!

Nun brauchen wir Begegnungsstätten der Wahrheit, an denen die neuesten Erkenntnisse gelehrt werden. Gleichzeitig sollte dort eine Gemeinschaft von Wissenden und Suchenden, auch für längere Zeiträume, in einen Entwicklungsprozess gehen können. Dieser Platz wird von Privatpersonen, Therapeuten, Forschungsgruppen, Firmenangehörigen, Jugendlichen und Politikern frequentiert. Alle Menschen sind eingeladen, für ihre Weiterbildung am Angebot teilzunehmen.

Ein Platz mit Dorfcharakter, an dem die Gäste, Therapeuten, Trainer, Mitarbeiter, Bewusstseinsträger, ähnlich einem Vorzeigeprojekt zum Nachahmen, miteinander leben und arbeiten und ihren Spaß haben. Diese Projekte könnten Bewusstseinsschule oder Paradigma-Schmiede heißen.

Anders als in den Sanghas alter Couleur treten alle in einen Energiekreis ein, in dem sie ihren bewussten Teil zum Gelingen beisteuern. Neues Wissen und die daraus resultierenden Werte setzt man sofort in neu entschiedene Handlungsweisen um. Damit wird die Lernphase optimal verkürzt und Reife entsteht für gewaltige Quantensprünge. Das, was man in diesen Bewusstseinsschulen lernt, nehmen die Menschen mit in ihre Beziehungen, Freundschaften, Familien, Betriebe und hauptsächlich für ihre persönliche Weiterentwicklung. Man kann also die eigene Lebensthematik dort erlösen und zugleich ein neues Miteinander ausprobieren.

Bewusstseinsschulen werden für ihren Einsatz im Bereich der Evolution zu Recht von der Gesellschaft als Vorreiter für erlöste Kommunikation und Handlungsweisen respektiert und geehrt. Auch die Arbeits- und Lebensgemeinschaft findet dort rege Anerkennung. Das Beispiel macht Schule, im Lauf der Jahre entwickeln die Erdenbürger rund um den Globus nach diesen Vorbildern ebenfalls derartige Institutionen.

Vom Anfänger bis zum Fortgeschrittenen, alle finden ihr Zuhause in dem Sangha der Neuzeit, es ist für Jung und Alt der richtige Platz zum Lernen, bis hin in die Buddha-Natur. Alle Teilnehmer scheinen ein wenig verrückt zu sein, da fällt es leicht, sich einzureihen. Die einen probieren bereits das Loslassen der alten Persona-Begrenzung. Sie tanzen und springen während der Seminare den Kindern ähnlich, haben ihren Spaß beim Loslassen alter Grenzen. Die Neuankömmlinge hadern noch mit der von der Gesellschaft aufgedrückten Verrücktheit im Sinne der Lebensthemen.

Dies gibt sich mit der Zeit, Meditation, Therapie und die Einordnung des Seins in den Lebensthemen-Spannungsbogen hilft, die beklemmende Energie der bisherigen Grenzen der Lebensfreude hinauszuschleudern. Dabei erwacht eine nie gekannte Kraft im Inneren. Einerseits fühlt man das Leben neu pulsieren und andererseits bereitet das wilde Ausleben der Lebensimpulse den Boden für das einfache Springen in die Meditation. In der richtigen Zeit, im richtigen Moment fällt dann Meditation ganz leicht.

Wer glaubt, dass er in einer Bewusstseinsgemeinschaft eine einfache Lösung seiner Probleme erfährt, hat einerseits Recht und andererseits kommt es halt auch auf seine Quantensprungkräfte an. Denn es hilft nicht viel, wenn ein Therapeut oder ein Erwachter den Klienten an den Händen packt und ihn aus dem Schlamassel zieht. Auch ein einfaches Händehalten und dabei Transformationsenergie überschwappen lassen bringt nicht unbedingt gleich den angestrebten Erfolg. Ein Sangha ist dafür da, dass die Leute tiefer gehen, nach innen. Der Meister schubst seine Pappenheimer in die unbekannten Tiefen der Seelenwanderung. Jetzt liegt die Hauptarbeit beim Suchenden. Aller Erfolg hängt vom eigenen Engagement ab. In all den Zeiten, in denen Sanghas existierten, gab es immer einige Transformationswillige, die zwar numerisch einen großen Teil des Sangha darstellten, aber sich vor dem tatkräftigen Umsetzen der Tipps des Meisters drückten und so ihre tatsächlichen Quantensprünge versäumten. Doch wer springt, wer sich wirklich traut, wird reich belohnt!

Der Gedankenwust, das Auftauchen der Verrücktheiten im Kopf, ist dabei wie immer ein Teil der zu erlösenden Lebensthematik und gleichzeitig aber auch das weitergegebene Erbe der Gesellschaft, der Kultur, der Religionen und der Eltern. Dies Umfeld kann aber nur wenig dafür, denn was geschieht, ist die generationsübergreifende Weitergabe von jeder Menge Müll.

Doch mit den Transformationswerkzeugen können wir in Richtung Freude, Frieden und Visionsfindung gegenhalten und sogar den geistigen Müll entleeren. Nach der Lebensthemenerlösung gilt es, den alten Restschatten in diesem hier gemeinten Sinn keinerlei Aufmerksamkeit mehr zu schenken. Man kann sie nur ignorieren, denn mit Aufmerksamkeit gefüttert, würde man sie lediglich noch stärken. Alle nährenden Kräfte werden besser in die Meditation, Freude und Ekstase geleitet, nichts geht dabei in den Kopf. An anderer Stelle im System ist es wichtig, die Restschatten als Mahnmale im Hintergrund zu belassen, um sie, sobald sie erneut auftauchen, rechtzeitig mit der Erinnerung an die einmal getroffene Wahl, abzuschmettern.

Aufgepasst auf die Verstandestätigkeit, die Abwehrmechanismen lassen gerne ihr letztes Aufgebot an Gedankenkreisel durch die Hirnwindungen ziehen, um den Meditierenden aus der Reserve zu locken oder ihn, mit der Kraft des inneren Tyrannen, in die Verrücktheit abzudrängen.

Ver-rücktheit wird dabei aber niemals zur Realität, auch nicht, indem man sie anerkennt und lieber unter ihrem Schirm Platz nimmt, als um sein Leben zu kämpfen. Ver-rücktheit ist und bleibt verrückt! Man muss sie einfach links liegen lassen und wann immer das Verrücktsein auftaucht, ist es nicht zu beachten, mit keinem Wimpernschlag. Man tut so, als ob da gar nichts wäre. Der verrückte Teil des Verstandes wird dadurch zurückweichen und sich auflösen.

Mit einem Mehr an Aufmerksamkeit und angstvollem Zaudern allerdings gewinnt die Verrücktheit nur an Raum. Die westliche Psychologie hat viele Namen für die daraus entstehenden Krankheitsbilder und doch letztendlich damit die größten Heilungsschwierigkeiten!

Der östliche Ansatz ist dagegen völlig anders und dabei so gesund! Neurosen, Psychosen, Schizophrenie heißen die Schlagworte der westlichen Psychologie. Der Osten unterstützt einfach den gesunden Teil im Menschen, den freudvollen, spirituellen Teil. Sie lassen die andere Seite ohne nährende Zuwendung und so verschwindet diese langsam.

In den alten Zen-Klöstern zum Beispiel experimentierte man sehr erfolgreich mit der Energie der Bäume. Je nach Grad der Störung setzte man Patienten täglich für eine bestimmte Zeit unter diverse Baumarten. Man ließ die Ausstrahlung der Pflanzenaura auf die Menschen wirken. Nach geraumer Zeit waren diese dann bereit, die Arbeit an ihrer Lebensthematik ohne den verrückten Teil anzugehen. Und das brachte sie wiederum zurück in ihre meditative Mitte.

Der dann in der Meditation Fortgeschrittene fühlt sich in erster Linie über das siebte Chakra mit allem, was existiert, verbunden. Die Energie der Liebe strömt ebenfalls aus dem Herz-Chakra und alle restlichen Chakren sind ebenso als Energiestrang mit der Umwelt verbunden. Die Bäume, Tiere, Flüsse und Berge spüren und genießen die in der Meditation erzeugte Energie, sie geben sie sogar wie ein Spiegel, und zwar noch potenziert, an den Meditierenden zurück. Natürlich spüren die wesentlich sensibleren Menschen im Umfeld eines Meditierenden ebenfalls eine andere, erhellte Stimmung oder dessen aufgeladenes positives Energiefeld.

Auf dieser Ebene fängt es an, dass der Ankommende sich verströmen will. Er fühlt sich irgendwie unwohl, wenn keine Bienen zum Nektar seiner Blume aufbrechen. Beim Aufstieg in das Leben eines Mystikers erscheint dem Aufsteigenden das Bild, sogar von den entferntesten Sternen gebraucht zu werden. Doch noch heißt es ruhig bleiben, eine wichtige Lektion ist eben, genau das Verströmen ohne Publikum auszuhalten.

Doch wenn es so weit ist, er seine Feuerproben besteht, wirkt seine Zuwendung an die Gleichgesinnten Wunder. Er verbreitet in einem Sangha der neuen Kategorie einen Wind der Liebe ohne Wettkampf. Wie in einem Garten fangen bei seinem liebevollen Umgang die Pflanzen an sich zu entspannen, Vertrauen wächst, man kann endlich in Ruhe durchatmen. Sich zu Hause fühlen in Frieden und dabei total angenommen sein. In dem Sangha bedarf die Transformation einer weniger starken Anstrengung als im Alleinsein. Natürlich gilt die dringende Empfehlung auch dort, die Bewusstseinswerkzeuge bei Bedarf immer eigenverantwortlich anzuwenden. Den Verrücktheiten eines nicht erlösten Lebensthemen-Spannungsbogens muss nicht selten eine totale Abfuhr erteilt werden. Es besteht keine Kompromissmöglichkeit, Unsinn gehört einfach ignoriert. Dann kann die eigentliche Transformationsarbeit beginnen. Ja, so einfach ist das, und doch scheint der Wachstumsweg manchmal fast nicht durchführbar.

In einem Sangha lernt man Moment für Moment zu leben, transformiert und erfrischt. Man bleibt entweder für länger oder eine gewisse Zeitspanne, in jedem Fall so lange, bis wichtige Wachstumserfahrungen gemeistert sind. Danach geht man dorthin, wo einen der Lebensmittelpunkt hintreibt. Man verbreitet dabei ganz automatisch die erfahrene Liebe, Freude, Fröhlichkeit und den spielerischen Umgang mit der Transformation der Lebensthemen. Der Wahrheitsstab wird mit authentisch gelebten Werten vorbildhaft weitergereicht.

Wir lernen Vertrauen in die Existenz, unser Zuhause. Die Natur, Bäume und Seen sind keine Feinde, sondern unsere Verbündeten. Das ganze Universum ist erfüllt von Liebe und wir sind in tiefer Freundschaft damit verbunden. Das, was wir als Kampf mit den Gewalten erleben, müssen wir als Teil des Lebensthemenbogens verstehen. Sobald wir den Einklang herbeiführen, fügt sich alles auf wunderbare Weise.

Die traditionellen und authentischen Buddhas Indiens, die Begründer ihrer Bewegung, bestimmten jeweils die Richtlinien innerhalb der Sangha-Gemeinschaft. Sie leiteten diese aus ihren eigenen Erfahrungen ab. Doch dabei wurde trotz Erleuchtung etwas Wichtiges übersehen und das ist ihre Ausgangsbasis. Wie Buddha selbst entstammten sie meist einer herrschaftlichen, königlichen Familie, sie wuchsen in unvorstellbarem Reichtum auf. Der Luxus bringt für die spätere Entwicklung des Erwachens Einzigartiges als Voraussetzung. Der Stand in der Gesellschaft ist außergewöhnlich. Geld gibt es im Überfluss und auch die sexuellen Ausschweifungen kannten wenig Grenzen. Doch gerade diese Art des Lebens hat eben doch ihre Begrenzung und zwar den Verdruss, die Langeweile, der schal gewordene Kamasutrasex und auch überreiches Essensangebot kann man irgendwann nicht mehr riechen.

Letztlich tagtäglich dasselbe Prozedere führt irgendwann zwangsläufig zum Überdruss. Quillt das Fass über, fällt es relativ leicht, diese Erfahrungswelt zu verlassen. Das Naheliegende ist der Ausbruch in die Einsamkeit der Seen, Wälder und Berge. Aus diesem Geschehen leiten sich ganz natürlich bestimmte Gesetzmäßigkeiten ab. Der Grundsatz, der Welt ade sagen zu müssen, um dem Göttlichen zu begegnen, beispielsweise. Es ist ein ausgesprochen menschliches Handeln, ab dem Moment, in dem einem ein Licht aufgeht, wird gerne verallgemeinert.

Selbiges passierte auch Gautama Buddha, der aus seiner Erfahrung das Leitbild für nachfolgende Buddha-Anwärter aufstellte, nur aus der materiellen Armut könne man das Glorreiche schaffen. Doch das Verabschieden aus der Luxusklasse machte Gautama Buddha nicht automatisch auch zum Bettler der Bettlerkaste. Er hatte ja völlig verschiedene Erlebnisse in der

Jugend bis zum Mannesalter. Kein armer Mensch hat in dieser Zeit Ähnliches aufzuweisen. Buddha tanzte, hatte ausschweifende sexuelle und kulinarische Genüsse, einen anderen Hintergrund zum freiwilligen Experimentieren mit der Erfahrung des Besitzlosen. Er konnte nach dem Leben im Überfluss diesen loslassen. Ein normaler Bettler muss seine Wünsche unterdrücken, da ihm der Aufstieg unmöglich scheint.

Gautama Buddha erwachte, weil er neunundzwanzig Jahre im Luxus geschwelgt hatte, aber nicht, weil er diesem Leben abschwörte. Doch in ihm machte sich der Eindruck breit, dass nur ein Aufgeben des Wohlstandes dem Menschen gestattet, Richtung Buddha-Ebene aufzubrechen. Es war seine persönliche Geschichte als Nachfolger des Königs, die ihn prägte und zur Kehrtwende inspirierte. So geschah es, dass aus einer persönlichen Lebensthemengeschichte ein religiöses Gesetz entstand, welches Millionen von Suchenden seitdem in Ketten legt.

Die Erleuchtungserfahrung zeigt sich bei jedem Anwärter sehr individuell. Und das erst, wenn wir das Leben auf allen Ebenen genossen haben, der so wichtige Spalt für den Quantensprung entsteht. Missverständnisse und Machtansprüche aber verleiten die Religionen allerorts zum Missbrauch und halten dabei die Menschheit auf einer niedrigen Stufe der Evolution.

Wenn wir hundertprozentig leben, alle Genüsse genießen, bereitet uns genau das auf die höchste Evolutionsetage vor. Das Verabschieden aus der Welt ist dagegen keine Hilfe, diese Gedanken entstammen der Furcht vor der totalen Verantwortung. Mitten im Leben zu stehen jedoch lässt die Flügel für das Finden der Buddha-Natur entfalten.

Seit Gautama Buddha sind fünfundzwanzig Jahrhunderte einhergegangen, damit entstehen auch andere Methoden der Transformation. Neues Wissen manifestiert sich auf der Erde, kein Grund, an altbackenen Traditionen und heiligen Büchern festzuhalten.

Die Erleuchteten von einst hatten eine gewisse Anfängermentalität, entsprechend ihrem Umfeld. Heute dürfen wir zusammen, jeder auf seine Weise, die authentische Buddha-Natur feiern. Wir brauchen nichts zurückzuhalten und können dabei im selben Umfeld, Haus und Partnerschaft verbleiben. Wir kümmern uns selbstverantwortlich um unsere täglichen Bedürfnisse und geben uns nicht der Versuchung hin, der gesamten Lebenssituation zu entfliehen. Wir fühlen uns wohl, ob wir nun Reichtum oder weniger Materielles angehäuft haben. Gleichzeitig hängen wir weder an der Fülle noch am geringeren Einkommen. Allerdings möchte ich hier noch einmal feststellen, Armut ist nicht der springende Punkt auf dem Weg in die Buddha-Natur. Sie ist ein deutliches Zeichen dafür, die Lebensthematik zu erkunden. Wer das nicht glaubt, sollte genau hinsehen und berichten, wie viele Buddhas aus der Armut heraus ihre Entwicklung vollbrachten.

Die religiösen Vergangenheitstentakel müssen abgeschnitten werden. Die Menschheit muss dem Unsinn vergangener Tage ins Auge schauen, um heutzutage auf Erden zu überleben. Das, was sich hinter offenen Glaubensfragen und Glaubenskriegen verbirgt, sind die Ängste der Lebensthemen und das Einsetzen für die vermeintliche Sicherheit und die Ausbreitung der Gruppierung. Außerdem hängen die Religionen dem Irrglauben an, dass irgendeine Religion besser wäre als andere. Im Gegenteil, alle Religionen sollten auf den Prüfstand des heutigen Wissens, Altes wird verabschiedet und Neues integriert. Göttliche Inspiration ist zu jeder Zeit, an jedem Ort der Welt das freie Geburtsrecht eines jeden Menschen. Damit erübrigen sich Religionen, die dem alten Machtdenken verhaftet sind. Jedes menschliche Wesen findet seinen eigenen erhabenen Kontakt zur Göttlichkeit und auf der höchsten Erfüllung der Evolutionsreise wird die Seele dann zum Sprachrohr Gottes.

Doch die Religionen impfen der Menschheit fortwährend ein, diese erwachte Ebene sei nur den Altvordern bestimmt gewesen, heilige Worte finde man ja nur in jahrtausendealten Schriften. Dass bloß keine Möglichkeit offen steht, die neuen Herolde Gottes willkommen zu heißen.

Diese auf den Konditionierungen der Religionen und anderen Gesellschaftsebenen aufgebaute Denkart unterminiert, boykottiert und verhindert den so dringend gebrauchten Fortschritt der Evolution, sie macht ihn fast zunichte. Permanent bombardiert diese Einstellung die Innovationen. Man klammert sich mit aller Kraft an Dinge, die bereits in der Vergangenheit nichts Positives bewirkt haben.

Bis die Geschehnisse auf der Lebensbühne sich dermaßen verdichten, dass die Menschheit von diesen Schandtaten wider besseren Wissen eingeholt werden. Dann ist das Gejammer groß. Die Erde wehrt sich jetzt schon, Umweltkatastrophen, Überschwemmungen oder Dürreperioden, Wirbelstürme, Brände und die kollektiven und persönlichen Schicksalsschläge zeugen von den unterlassenen Transformationsentscheidungen. Ja, alles ist tatsächlich miteinander verbunden und hilft letztendlich in unglaublicher Totalität der Menschheit in ihre Evolution.

Es ist an der Zeit, uns einzugestehen, dass bestimmte Dinge einfach nicht dorthin führen, wohin wir wollen. Also müssen wir unsere Einstellung dazu ändern und nach der neuen Einstellung handeln. Auch wenn noch so viele nichts ändern wollen, gilt es, aufzustehen und für die neue Einstellung einzustehen. Die neue Einstellung zu einer Sache verändert die alte Verhaltensweise. Alte Überzeugungen werden in Frage gestellt und mit dem neuesten Wissen angereichert. Damit erfährt der Mensch einen inneren Wandel und handelt ab jetzt nach den neuen Überzeugungen.

Dinge können nicht mit einem besseren Verhalten verändert werden, es ist keine Frage des Tuns, sondern eine Frage des Seins. Die Gotteskrieger der Moslems von heute sind in ihrem Glauben missbraucht, aber eben auch geschickt über die Gedankenwelt programmiert. Deswegen laufen sie begeistert in den Tod mit der Gewissheit des Paradieses im Himmelreich. Das Programm heißt, du bist ein Krieger Gottes, ein Handlanger seines Auftrages, es ist der Wille Gottes. Damit ist der Eigenwille so gut wie ausgeschaltet. Und der tatsächliche Wille

Gottes spielt für diese Verblendeten überhaupt keine Rolle. Nicht Verurteilen, Abschotten, Vernichten nach der Vorgabe und Interpretation irgendeiner der alten »heiligen Schriften«, sondern Akzeptanz, Freiheit, Freude, zusammenfließende Synergie und die allumfassende Liebe sind die Positionen der göttlichen Existenz.

Wie kann man dem nun wirkungsvoll begegnen? Es ist keine Frage des »Verhalte dich anders«, sondern eine Frage der Motivation. Nur mit einer veränderten Überzeugung verändert der Mensch seine Verhaltensweisen. Das ist deckungsgleich mit der Transformation der Lebensthemen, man verändert sich über das Wissen und Einordnen der Thematik in den transformierten Zustand. Man muss also auch wie bei der von der Lebensthematik ferngesteuerten Seele mit der erarbeiteten Transformation, den neuen Überzeugungen, das Verhalten ändern. Jetzt deckt sich die innere Wahrheit mit der Realität. Die Realität ist zur Unsichtbarkeit verdammt, wenn die Menschen ihren nicht erlösten Lebensthemen hingeben!

Trotz der oft unangenehmen Auswirkungen dieses Verhaltens bleibt die Realität die ewige Wahrheit. Die transformierten Lebensthemen führen automatisch in die Realität und damit in die Harmonie und den Frieden.

Ich kann nur wiederholen, wie wichtig dabei die Erziehung der Kinder und Jugend ist. Wer hier beginnt, kann den kollektiven Quantensprung initiieren. Bis heute werden die Kinder überall auf der Welt kaum der Realität entsprechend erzogen. Alte Vorstellungen der Kindererziehung reicht man über Generationen unbekümmert weiter. An dieser Stelle gilt tatkräftiges Einschreiten, um den Weg für die Weitergabe der Realität in den Schulen freizuschaufeln. Auch die Elternschaft und die Kindergärten dürfen von ihrer Verantwortung dafür nicht ausgenommen werden.

Die Buddhas der Vergangenheit hatten wenig Interesse an gesellschaftlichen Erneuerungen. Ihnen ging es vor allem um die persönliche Weiterentwicklung.

Der heutige Buddha visiert überdies den existentiellen, materiellen und den Teil der inneren Werte an, der sich um ein Fortkommen im Verständnis der liebevollen Einheit auf unserem Planeten kümmert. Das Debakel Auflösung der Konditionierungen hilft, beim Überwinden der Armut dem Einfluss der Religionen und der Nationen nicht weiter untergeordnet zu sein. Den fähigsten Köpfen und erwachten Bewusstseinsträgern wird zukünftig genügend Vertrauen entgegengebracht, es wird Neues gewagt. Neue Ideen und deren überzeugende Wirkungskraft überbrücken ängstliches Gebaren. Dabei geht es nicht um ein Unterpflügen kultureller Reichhaltigkeit in den verschiedenen Gegenden unserer Erde, das Lernen der Einheit aller menschlichen Wesen, die ihr Äußeres und Inneres miteinander teilen, als spirituelle Schwestern und Brüder, steht auf dem Programm. Und für den Buddha-Weg sind beide Seiten wichtig, das Innere und das Äußere, nichts muss verabschiedet werden. Alle Erfahrungen gehören zusammen, man braucht sie für den heiligen Weg der Seele.

Bis zum Erleuchtungsmoment arbeitet man je nach Bewusstsein auch schon an der Verbesserung der Lebensqualität, danach beginnt die definitive Arbeit an der Transformation des Einzelnen und des Miteinander. Mit den Jahren finden viele Menschen zum selben Licht, Millionen von Suchenden entflammen für ihre Vision, der Traum vom neuen Menschen wird wahr.

Keine Unterdrückung, Diskriminierung, Kriege mehr, wir teilen das innere und äußere Wissen. Es entsteht ein Ozean des Bewusstseins. Gemeinsam gehen wir die brauchbaren Ideen an und verabschieden uns von der Vergangenheit. Hierfür lernen wir in Seminaren oder den Bewusstseinsschulen die nötigen Voraussetzungen. Es wird zwar noch etwas dauern, bis im Mainstream dieses Wissen angstfrei verankert ist, doch dürfen die mutigen Erdenbürger dann bei gegebener Zeit auch die Früchte ihrer Bemühungen einfahren. Vor allem die nachwachsenden Generationen werden nicht glauben können, dass die Welt einmal derart am Abgrund entlangsegelte.

Die tiefsten Hintergründe offenbaren uns nur die spirituell Erwachten, die Boten Gottes. Gerade deswegen sollten wir diese Möglichkeit des Wachstums freudig begrüßen. Spirituelle Schulungszentren, die auch die gesellschaftliche Fortbildung auf ihre Fahnen schreiben, sind die kommenden Hilfszentren der Erdenbürger. Über das Internet und die Computervernetzung können aus allen Erdteilen Fragen gestellt und natürlich in alle Richtungen Antworten gegeben werden.

Die meistgestellte Frage diesbezüglich lautet: Was ist eigentlich ein Meister? Ein Meister ist ein bewusstes göttliches Wesen und ein Freund zugleich. Das Bewusstsein und die Liebe haben in ihm den höchsten Stand erreicht. Wenn wir später allein unseren Weg beschreiten sollten, bleibt der einst gewählte Meister mit seiner Liebe weiterhin in uns präsent. Sogar nach dem Tode seines Körpers bleibt er energetisch jederzeit spürbar.

Allein einen Meister zu wählen erhöht immens die Chance des Aufwachens. Die Präsenz des Meisters stärkt das Rückgrat, es weht eine frische Brise ins Energiefeld des Suchenden. Das im Sangha übermittelte und in Handlungen integrierte Wissen und die Übertragungen auf energetischer Ebene nennt man spirituelle Erfahrung. Es hat nichts zu tun mit den Vorstellungen und Dogmen der institutionalisierten Religionen. Spiritualität lädt dazu ein, die persönlichen Erfahrungen im Spiegel der Bewusstseinsschule schrittweise auf dem Weg umzusetzen, frei von religiösen Gesetzen und Doktrinen. Auch die Illusion von einem strafenden, rachsüchtigen und nur über eine bestimmte Religion erreichbaren Gott spielt hier keine Rolle. Und der Kampf um das authentischste Gotteshaus – Kirche, Synagoge, Moschee – findet ebenfalls auf einer weiter unten stehenden Ebene von religiösem Verständnis statt. Diese Religionen führen nicht dorthin, zur höchsten Bewusstseinserfahrung. Man wird verbogen, geknebelt und missbraucht im Namen Gottes. Das ist zwar gang und gäbe, hat aber mit der Realität der Göttlichkeit nichts zu tun. Im Gegenteil, es behindert sie auf allen Ebenen.

Der Sangha ist eine spirituelle Gemeinschaft, in der immer die neuesten Offenbarungen Eingang finden, sie werden von den Suchenden ausprobiert und neue gesündere Handlungen modifizieren den Pfad. Jeder, der interessiert eine Bewusstseinsschule besucht, hat seine Gründe, nach etwas Neuartigem Ausschau zu halten. Als Erstes wird er mit seinen Lebensthemen konfrontiert. Nach dem Erledigen der Lebensthemen-Hausaufgaben ist der Grundstock für das Erklimmen der höheren Bewusstseinsstufen gelegt. Vorsicht gilt jetzt dem Erleuchtungswunsch als Hamsterrad. In weiteren Kursen erfährt man den leichteren Umgang mit dem Bewusstsein, um entspannt und gelassen dem Erwachen entgegenzuwachsen.

Derjenige, der lediglich einen Sangha besucht, um schnellstens die Erleuchtung zu kassieren, hat es schwer, denn er hat keine Ahnung von der Magie der sich entwickelnden Liebe, sie wirkt als Transmitter. Einen Erleuchteten wie einen Fahrscheinautomaten zu benutzen funktioniert kaum. Erst in der Hingabe löst sich das Ego im Energiekreis des Meisters.

Irgendwann, ohne Vorwarnung, stellt sich dann die Buddha-Natur ein. Lange nähert man sich an, doch am Ende ist sie ganz plötzlich da. Die letzten Reste der Persona sind verschwunden, nur eine reine Präsenz verbleibt.

Es gilt, sich kontinuierlich im Energiefeld des Meisters zu öffnen, die Persona-Angelegenheiten der Lebensthemen abzuhaken und das Innere dem Labsal in Form der Meditation, einer Blume gleich, die sich der Sonne hinwendet, entgegenzustrecken. Ansonsten sollte man jeden Moment achtsam feiern und glückselig und ohne Gedankenwust im täglichen Tun handeln und dabei öfters vor Freude tanzen. Von Zeit zu Zeit wenden wir uns den inneren Schätzen zu, weiten den Raum der Meditation, erfühlen das ultimative Sein. Gerade in einer Bewusstseinsschule kann man das hochkarätige Energiefeld spüren. Es hilft, die köstlichen, unendlichen Weiten des Seins wahrzunehmen. Die Göttlichkeit tritt ein. Ohne innerlich an einem Fixpunkt zu stoppen, baden wir in der universellen Weite. Genießen wir die Welt der meditativen Stille und des Friedens ebenso wie die schönsten Sonnenuntergänge und herrliche Ausblicke in die Natur. Beide Seiten gehören zum Spiel des Lebens, die äußere Existenz und die innere Verbindung zum göttlichen Ganzen.

Bevor wir im Sangha Erfolge feiern, werden wir immer wieder mit dem Prozess der Eigenständigkeit konfrontiert. Erst wenn wir auf eigenen Füßen im Leben stehen, werden wir bereit für die höheren Stufen der Spiritualität. Ausflüchte und krampfhaftes Umgeben mit Freunden, dem Partner oder der Familie helfen keineswegs, es befriedigt nicht und die Menschen merken sehr schnell, dass sie nicht in Liebe behandelt werden. Zumeist ergeben sich aber gegenseitig abhängige Gespanne, so dass keinem wirklich daran liegt, dieses Krankheitsbild aufzudecken oder aufzugeben.

Eltern kennen das Problem, wenn die Kinder reif sind für das Experiment Selbständigkeit. Jetzt ist es wichtig, loszulassen und eventuell sogar Zeit für einen kleinen Schubs. Weitere Fixierungen auf Vater oder Mutter entsprechen einem dringend zu erlösenden Lebensthema. Nur das Aushalten und verantwortungsvolle Genießen des totalen Auf-sich-selbst-gestellt-Seins zeigt eine spirituelle Reife und Gesundheit.

Wer in der Bewusstseinsschule diese Lebensthementransformation wieder nicht anpackt, wird in angebotenen Seminaren oder Einzelsitzungen in die Gesundheit gestoßen. Abhängigkeiten in Richtung Mitmenschen gilt es aufzulösen. Mit der in diesem Thema gebundenen und nun frei werdenden Kraft kann endlich der schöpferische Teil auf allen Ebenen explodieren. Was immer einen interessiert, kreiert man nun im Bewusstsein des glücklichen Alleinseins. Elternprobleme, Mutter- oder Vaterfixierung, haben keine Chance für den weiteren Missbrauch als Projektion. Auch nicht auf den Therapeuten oder die erwachten Seelen des Sangha.

In vielen Religionen wird dieses Problem eher gefördert, Priester lassen sich Vater nennen, der Papst wird allgemein

Papa genannt. Gewiefte Altvordern wussten sehr genau, wie sie die Energie der Religionsabhängigen weiter ködern konnten. Doch auf dem Weg, den viele Menschen jetzt einschlagen, kann lediglich der lebensthemengeläuterte, gesunde Suchende sein spirituelles Sein bis zum Höhepunkt erforschen.

Der »kranke« Mensch ist noch zu sehr involviert in das Erkennen und Aufräumen seiner Lebensthemen. Kranken Ideen wird noch gefrönt oder sie beeinflussen in unerwünschten Nischen. Wenn man in totaler Abhängigkeit mit den Eltern steht, wird vielleicht erst deren Tod ein hilfreiches Abgrenzen von Nabelschnüren herbeiführen. Etwas mehr Intelligenz, Mut, Selbstvertrauen und Vertrauen in den eigenen Entwicklungsweg bedeuten in diesem Geschehen, die Energietentakel des Aneinanderklebens deutlich wahrzunehmen und mit dem geschärften Zen-Schwert abzuschlagen. Die Verbindung war keine Beziehung aus reiner Liebe, man gebrauchte sich gegenseitig als Energiespender. In diesen Fällen hält der Vater oder die Mutter das Kind in der Weise, dass sie es jederzeit energetisch melken können, eine oft unerkannte Art des Missbrauchs. Im Heute läuft dieser Mensch dann ewig auf allen Ebenen Mami und Papi hinterher, kann sein Glück nicht finden.

Der erste Schritt der Selbsterfahrung ist das Erlernen des Alleinseins. Dies bedarf nicht die Verabschiedung aller Freunde und Familienangehörigen, nur man raubt niemandem mehr Energie und man erlaubt niemandem mehr die Energiebereicherung am eigenen Energiefeld. Die Eigenheit des Energieabzapfens ist weiter verbreitet, als man denkt. Überall liegen sich die Leute im Nacken um Energie.

Die Lektion heißt: Habe Freude am Miteinander, aber werde auch reif für die Glückseligkeit im All-eins-Sein. Diese lernen wir auf dem Pfad der Meditation. Kurz gesagt, wir wenden uns nach innen, lassen alles andere im Außen und finden unser authentisches Sein. Die Einsamkeit verwandelt sich ins Alleinsein, Transformation geschieht. Wann immer wir dieses Bewusstseinswerkzeug für diese Erfahrung herholen, gelingt sie ganz leicht.

Das ist ein wichtiger Zirkel in der Bewusstseinsschule. Wer sein All-eins-Sein findet, hat einen entscheidenden Schritt auf der Evolutionsleiter getan. Je höher man steigt, desto klarer wird das All-eins-Sein, die Lebensthemen verschwinden, man wird zum Fels in der Brandung. Nichts muss beschützt werden, es offenbart sich das Geheimnis von Leben und Tod, Sicherheiten spielen keine weitere Rolle, es erwächst eine unendlich vertrauensvolle Liebe in uns selbst und zur Existenz, wir werden fähig, freudig diese Liebe zu verströmen. Eine neue Qualität erwächst im Leben!

Es beginnt damit, herauszufinden, wer man wirklich ist. Die Verwirklichung führt dabei durch das Nadelöhr des All-eins-Sein. Kein Mensch bleibt vor dieser Erfahrung verschont. Man setzt sich damit bewusst oder unbewusst auseinander. Bewusstes Wahrnehmen verändert sofort die negativen Gefühle, unbewusst werden diese dagegen um ein Vielfaches verstärkt. Die Menschen wollen dergleichen Realität vielfach Vermeiden und enden dadurch wiederholt in bitteren Sackgassen.

Man möge beachten, Einsamkeit ist eine Krankheit, All-eins-Sein die Transformation. Keine Fixierung, kein Anhängen an irgendetwas ist mehr von Belang. Das, was in einem passiert, die Transformation, ist sich selbst genug. Angekommen im Seelenhaus, muss man die Tentakel der immer wiederkehrenden Andockversuche mit dem Ritual des inneren Zen-Schwertes abschlagen. Den altbekannten Abwehrmechanismen ist der Zugang ins Seelenhaus nun versperrt. Mit diesem einfachen Bewusstseinswerkzeug des imaginären Zen-Schwertes trägt das Bewusstsein den Sieg davon.

Auch von materiellen Dingen lässt man sich nicht mehr verführen, man benützt dankbar, aber hält an nichts fest. Der spirituell Reife ist ein ganz einfacher Mensch. Er liebt die simplen Dinge, macht aber auch vor Kostbarkeiten nicht Halt. Materielles kommt und geht, aber der Meister bleibt davon unberührt. Verschüttete Milch ist nicht mehr trinkbar, was vorbei ist, ist vorbei. Auf der anderen Seite sollte man die Dinge genießen, die auf dem Weg liegen oder die man sich kreiert. Man muss aber nicht alles bis ans Lebensende besitzen und wenn etwas definitiv nicht mehr der Authentizität entspricht, kann man leicht darauf verzichten. Falls das Schicksal losschlägt, bleibt man ebenfalls gelassen.

Alleinsein ist ein tiefgreifendes Experimentieren mit dem Bewusstsein, mit der Seele. Dort findet sich nicht einmal ein Schatten der an der Oberfläche brodelnden Ärgernisse, Lebensthemengeschehnissen, Wut, Angst oder Schmerzen. Dort wohnt die reine Seligkeit. Ein großer Segen ist es, an jenem Ort zu verweilen. Schafft man dies für längere Zeitabschnitte, trägt die Verbindung mit dem Göttlichen unübersehbare Früchte, man fühlt sich wie mit Goldstaub bedeckt. Für dieses Erleben braucht man den Pfad in die Stille, das All-eins-Sein. Das ist der einzige Weg in die Wahrheit der Göttlichkeit.

Die Verknüpfung mit den Abhängigkeiten ist den Lebensthemen zugeordnet. Unglaublich, wie oft bei Klienten das Erkennen der Zusammenhänge mitsamt einiger deftiger Rituale die in diesen Geschichten eingefrorene Lebenskraft in kürzester Zeit wieder zur Verfügung stellt. Schon in der ersten Therapiestunde kehrt oftmals der Glanz der erloschenen Lebenskraft in ihre Augen zurück. Nach meinen Forschungsergebnissen haben wir mit der Therapie der Erlösung der Lebensthemen ein Instrument, das wahre Wunder bewirkt. Geradezu erholsam wirkt die Befreiung von Altlasten.

Jede Seele ist der Evolution verpflichtet, dem Sinn des Lebens zu folgen und dieser Aufgabe eine gehörige Portion Zeit zu widmen. Einer Aufgabe des Kennenlernens des eigentlichen Selbst. Damit ist nicht das Ego gemeint, sondern die Seele, das Bewusstsein. Sobald das Selbst erreicht ist, hat das Ego Pause. Der innere Kern kann nur entdeckt und real erlebt werden, wenn das, was man von der Person als Realität erachtet hat, verschwindet, das Ego. Das, was man ein Leben lang als vermeintlich abgekapselt von der Existenz, dem Göttlichen erlebt. Man wird zur reinen Präsenz. Das Ego ist synonym mit der

Persona, dem inneren Tyrann, und die Präsenz synonym mit der Seele, damit in Einklang und Einheit mit Gott.

Im Sangha, in der Meditation bekommt man Eindrücke von dieser wunderbaren Ebene. In der Folgezeit inspiriert die Aussicht auf dieses Eintauchen in den Ozean des Bewusstseins. Das alte Selbst gilt es zurückzulassen.

Die Zen-Meister verlangten von den Schülern das authentische Sein. Sobald die Persona, das Ego, der Verstand, sich die Oberhand erschlich, gab es einen Schlag mit dem Zen-Stock. Er traf sie genau in dem Augenblick, in dem der Gedankenapparat anfing, das komplette System zurückzuerobern. Mit dem Schmerz wurde der Unaufmerksame deftig ins Hier und Jetzt, in sein Bewusstsein zurückgeholt. Ab dem Moment, in dem der Schüler das Bewusstsein dann fortwährend halten konnte, umarmte ihn der Meister mit unendlicher Liebe, um ihn zu beglückwünschen.

Die Bewusstseinsschule erleichtert den Prozess des Erwachens ungemein. Auch als kurzzeitiger Gast kann man für die Bewältigung der Lebensthemen jede Menge Inspiration und Übungen für den Alltag mitnehmen. Die Sichtweise vom Leben auf der Erde ändert sich mit der Wissenserweiterung kolossal. Der Sangha von morgen lehrt die Werte und den Umgang für das gemeinschaftliche Miteinander, das in der Zukunft auf unserem Planeten selbstverständlich sein wird. In der Egolosigkeit liegt dabei der Schlüssel und quasi als Nebenprodukt führt diese Entwicklung ins Erwachen.

Man wird sich der Realität bewusst und begreift sofort, dass dieser Einblick die Wahrheit bedeutet. Es ist der rote Bewusstseinsfaden, der in allen Vorleben bis hin zur Buddha-Natur als Wegweiser leuchtet. Und doch verlangt der Eintritt in den Raum des Bewusstseins, aktiv in das Unbekannte aufzubrechen. Niemand hat vorher diesen persönlichen, individuellen Ort betreten. Für jedes große Abenteuer bekommt man irgendeinen Schatz, dies ist das größtmögliche Abenteuer und natürlich auch mit gewissen Risiken behaftet. Vor allem das Tal der Angst sei hier benannt. Doch die Herausforderung erweckt neue Kräfte, mit denen man der Oberflächlichkeit begegnet. Wer seine eigenen Tiefen ergründen möchte, wird das Nichtssagende meiden. Alle Bewusstseinswerkzeuge werden jetzt benötigt. So bepackt, macht man sich auf den weiteren Weg. Man traut sich in das Unbekannte und riskiert alles weil man mit nichts weniger zufrieden ist als mit der Buddha-Natur. Auch wenn das Schlimmste erwartet wird, der Untergang droht, man trotzt den tosenden Wogen.

Entweder die Forschungsreise führt zu den goldenen Früchten oder wer weiß wohin. Jedenfalls lässt man nicht locker, bis das Ziel in die Nähe rückt. Aller Anfang ist der erste Schritt, alle weiteren bringen einen ans Ufer der Glückseligkeit. Natürlich will der Mensch dabei die Lebensthemenhürden mit geringstem Kraftaufwand meistern, doch für diese Überfahrt muss er alles auf eine Karte setzen. Mit weniger Energieaufwand wird er sich verzetteln und auf der Strecke bleiben.

Keine Sorge aber, die Mutigen, die in allen Ecken gesucht haben, finden die entscheidenden Schleusentore zum goldenen Gral. Die spirituelle Suche hat ein Ende.

Wer nun in Richtung Erwachen aufbricht, merkt irgendwann, dass Lügen ihn umgeben. Fragt man nach dem warum, kommt die Antwort, weil die Menschen so komfortabel damit leben! Trotzdem begibt man sich auf die Suche nach der Wahrheit. Wann immer man sie dann herausfindet, gerät man schnell in Schwierigkeiten. Wer die Wahrheit aber vermeidet, bei dem kollabiert das Leben oftmals, da die nicht erlösten Lebensthemen die Geschehnisse auf der Lebensbühne verdichten. Die Chance bleibt, mit der Wahrheit zu wachsen. Ohne das Herausfinden und Betrachten der Realität geht nichts mehr vorwärts. Mit extrem großer Anstrengung erreicht man die Erlösung und muss bemerken, dass nun im Außen die Probleme beginnen. Was macht man mit der Wahrheit, wenn die Leute vor ihr davonlaufen? Bleibt man bei der Wahrheit, verändert sich aber automatisch das Umfeld. Die Buddha-Natur entfacht nun eine völlig eigene Anziehungskraft, die reife Seelen einfach anzieht.

Teamgeist, Spiritualität und neue Werte

Individuell und für das Kollektiv verändert der Mensch sein Verhalten nach dem Quantensprung. Eigeninteressen münden in den Lebensfluss und der ist nun der Boss. Was sich zeigen möchte, darf geschehen. In jedem Fall kreiert die höchste Ebene der Spiritualität eines Meisters für die Suchenden ein Energiefeld, in dem Wahrheit, Teamgeist von hoher Qualität und neue Werte für das menschliche Miteinander auf höchstem Niveau gelehrt und gelebt werden, eine Bewusstseinsschule. Auf jeder Ebene der Entwicklungsspirale gilt es, für Werte einzustehen, die uns beflügeln.

Nur hat der Mensch nun einmal die Tendenz, nach dem er sich in der Jugend mit ideellen Ideen eventuell öfters den Kopf anstieß und mit Innovationen vielleicht den einen oder anderen Schiffbruch erlitt, die Flinte zu früh ins Korn zu werfen. In der Gesellschaft wird obendrein Innovation nicht mit Freude begrüßt, sondern in alter Angst- und Sicherheitsmanier lieber in Frage gestellt und zerrupft. Nach dem Motto »Entfachen wir doch besser einen ordentlichen Konkurrenzdruck, dann bekommen wir die Ergebnisse, die wie gewohnt ausfallen«.

Es besteht wenig Raum für Neues. Wer sagt denn, dass nicht die wertvollsten Köpfe mit dieser Auswahlmethode durch das Raster fallen. Linienförmige Elite hat nicht zwingend den höchsten Intelligenzquotient, praktische Intelligenz, die aus dem Bauch strahlt, ist etwas ganz anderes, vielleicht ein wichtiger Aspekt für die Zukunft. So im Alten hockend, verbaut man sich jedenfalls auf diversen Ebenen eine glorreiche Weiterentwicklung des Miteinanderseins.

Die Angst ums Überleben und der Kampf um den Arbeitsplatz behindern als Weiteres, weil dies ein Energiefeld entfacht, in dem jeder zum Einzelkämpfer mutiert. Der Teufelskreis geht seinen Lauf, denn alles ist schließlich miteinander verknüpft. Ob Wirtschaft, Staat oder der Mittelstand und die Kleinstfirmen, alle denken in den gleichen Bahnen. Je schlechter die Wirtschaft dann läuft, je enger es wird, umso höher steigt der Druck. Mit dem Ergebnis, dass das Leben weniger lebenswert erscheint.

Lassen wir einmal die individuelle Lebensthematik außen vor, diesen Krisen kann nur mit neuen Konzepten aus einem anderen Bewusstseinsstand geholfen werden. Dafür muss man allerdings Grundsätzliches in Frage stellen.

Es bedeutet ganz einfach, wir sitzen in einer Sackgasse! Die Entwicklung zeigt an: So geht es nicht weiter!

Was ist nun die Rettung? Der Ausweg ist der neue Mensch! Genau der Zeitgenosse, der hier im Buch beschrieben wird. Die Basis dafür ist das Aufräumen der Lebensthematik und das Wachsen in die Buddha-Natur. Was sich heute lediglich vereinzelt zeigt, erscheint morgen mit Gewissheit relativ oft auf der Bildfläche. Ein Phänomen wird zur kollektiven Kraft. Die Menschen verbinden sich in Kreisen und achten mit ihren im Inneren installierten bewussten Beobachtern für sich selbst und gegenseitig auf weitere zu erlösende Bewusstseinsschatten. Ohne dass einer deswegen über oder unter dem anderen steht, geht es bei dieser Auseinandersetzung immer wieder lediglich um Bewusstwerdung und nicht um Gewinner oder Verlierer, irgendwelche Machtpositionen oder Verlust von Respekt.

Teamgeist, Spiritualität und neue Werte entfachen ein vielfach freudig befriedigtes Gefühl unter den Menschen. Arbeit bedeutet in Zukunft ganz allgemein Glücksgefühl und Spaß mit der Berufung. Wer kann da noch übel gelaunt in der Ecke sitzen? Dem neuen Menschen ist die Tatsache bewusst, dass das Leben Veränderung ausdrückt, er heißt alle Stufen seiner Entwicklung stets willkommen. Wachstum bedeutet ganz selbstverständlich nicht unbedingt, ein und denselben Job jahrzehntelang auszuüben. Er stürzt sich täglich mit Begeisterung in den Lebensfluss, der ihn rechtzeitig in die nächste Berufung geleitet.

Die Bereitschaft für das Aufdecken von Restlebensthemen hat keinen Bezug zum Alter, es gilt als normal und wird auch so gehandhabt, alle Menschen stellen sich dieser Herausforderung, dem Sinn des Lebens. Was vorher auf der Lebensbühne größtenteils unbewusst geschah, betreibt der neue Mensch in vollem Gewahrsein und solange er auf Erden weilt. Ein Drücken vor Selbstverantwortung wählt kein Mensch mehr als ernst zu nehmende Handlung.

Einmal jährlich erfährt man beim Check-up den kompletten Gesundheitsstand und bekommt danach die entsprechenden Übungen oder Diätvorschläge, um den bestmöglichen Gesundheitszustand wiederherzustellen. Ein weiterer wichtiger Check-up stellt der Stimmigkeitstest für die gewählten Dinge im Leben dar. Arbeitsbereich, Partnerschaft, Freundeskreis, die Umsetzungen von Ideen und Visionen und die Selbstfindung während dieses Prozesses werden auf den Prüfstand gehoben und nach Lebensthemen abgeklopft, dann mit einer Beratung die Schritte für das nächste Jahr vorbereitet. Spätestens alle sieben Jahre stellt sich der Verantwortungsbewusste einer großen Innenschau, bei dieser Art Vision Quest weicht man nicht vom Transformationspfad ab. Damit entsteht eine optimale Verarbeitung des letzten und die Vorbereitung auf den jeweilig nächsten Lebensabschnitt.

Menschen dieser Bewusstseinsetage drücken sich nicht mehr vor Unangenehmen oder Angstmachendem oder halten sich durch Anhäufen unnötiger Reichtümer in Lebensthemen-Spannungsbogen gefangen. Es sind mutige Zeitgenossen, die begriffen haben, dass ihre Weise der Begegnung und des Umgangs mit dem Mysterium des Lebens genau die richtige Antwort auf die Evolutionsreise der Seele darstellt.

Mit dieser Haltung und Seinsweise bestellt man vorbildlich den Acker für die Synergie des gemeinschaftlichen Wachstums in Richtung »Shambala«, das gelobte Land der Tibeter, in dem Milch und Honig fließen und die Menschheit den Himmel auf Erden erschafft.

Man lebt voll und ganz die neuen Werte und daraus entwickelt sich wie von selbst ein wunderbarer Teamgeist, in Liebe, Freundschaft und Freiheit, es entsteht die höchste Form der Spiritualität, eine Gemeinschaft von Buddhas.

Liebe, Freundschaft, Freiheit

Wenn wir in höhere Sphären der Spiritualität aufsteigen, transformiert sich das komplette Energiefeld. Liebe, Freundschaft in Freiheit, die Werte entsprechen absolut ihren stimmigen Plätzen. Die Handlungen entsprechen zu hundert Prozent dem Sein. Fehl- und Übergriffe gehören der Vergangenheit an. Reife Menschen, die wir berühren, spüren sofort den Unterschied und öffnen sich.

Tritt man in den Dunstkreis einer derart gewachsenen, mitfühlenden Person, fühlt man die nährende Aura, es fallen Sorgen und Probleme einfach ab. Gleichzeitig wird das eigene Energiefeld unterstützt. Der innere Druck, aus Angst zu handeln, lässt nach. Man kann sich die Hände reichen, umarmen und freundschaftlich von Herz zu Herz kommunizieren. Die kalkulierende Liebe existiert auf diesem Level nicht mehr. Wir erfahren liebevolle Freundschaft und stehen trotzdem in Freiheit. Keiner muss dominieren, Machtspiele wirken fehl am Platz.

Doch der Anfänger oder leicht Fortgeschrittene fällt so oft auf die Halluzinationen seines Verstandes herein. Ein typisches Gebaren gerade in der spirituellen Esoterikszene, in der gerne gegenseitig beäugt und knallhart eingestuft wird. Wenn Sie Erfahrungen mit den Satsang-Gebern gesammelt haben, fällt Ihnen sicher auf, wie heftig die Teilnehmer um den ersten Platz in der Anerkennung des Meisters buhlen. Interessanterweise führt sich genau derjenige mit dem inbrünstigsten Drang nach vorne beim Anstehen an der Essensausgabe oder beim Einlass kurz vor dem Platzwettlauf dann gerne eher teuflisch auf.

Überhaupt irrt man gewaltig, wenn man glaubt, dass bei dieser Art Treffen die Liebe und das freundschaftliche Miteinander einen hohen Stellenwert einnehmen. Oft geht es bei Kaffeekränzchen des Srickkurses oder bei Vereinstreffen des Kegelclubs herzlicher zu.

Genau hier sollte der meisterliche Erwachte ansetzen, denn in der Transformation dieser aus dem Krankheitsbild der unerlösten Lebensthemen entstehenden Handlungsweise liegt die Erlösung. Erst dieser Schlüssel entlässt in die Eigenständigkeit, verbunden mit den wesentlichsten Wachstumsschritten zur Buddha-Natur. Dem egolosen befreiten Sein entspringt dann, der inneren Quelle gleich, die freundschaftliche Liebe von ganz allein.

Doch genau hier liegt oftmals der Fehler. Meditation im Beisein eines Meisters kann die Energie des unerfüllten Menschen, einem Satori ähnlich, zwar von einer Sekunde auf die nächste in die Buddha-Natur katapultieren, doch der Suchende kann diese Energieebene nur in den seltensten Fällen auch noch nach dem Zusammentreffen halten. Daher muss das Augenmerk der neuen Garde der Erleuchteten unbedingt auf der Transformation der Lebensthemen bei den Suchenden liegen, erst dadurch bekommen wir eine größere Anzahl an Buddhas auf Erden.

Eine weitere Gefahr für echte Freundschaft in Liebe und Freiheit sind die Übereifrigen, die total Liebenden, die alle umarmen und alle ach so schrecklich lieb haben, so dass man den Klauen dieser »Heiligen« kaum entkommt. Sie gehören zur Gattung der Gutmenschen, Vorsicht ist geboten! Hier gilt dasselbe wie oben, eine inbrünstigste Innenschau ist dringend angesagt. Nicht dass diese Verhaltensformen total tragisch wären, nein, aber leider gerade dann, wenn die wichtigste Transformation ansteht, hindern sie derart, dass ein Quantensprung überhaupt nicht in Frage kommt.

Nur wenige Menschen wachsen in die Stille, Transformation, erfreuen sich der meisterlichen Einsichten und Satoris. Die meisten lassen sich von der Einbildung, den Abwehrmechanismen und dem inneren Tyrann regieren und merken nicht mehr, welch eine Plage sie für ihre Umwelt darstellen.

Wenn dann alle Stricke reißen und die Lebensbühne genötigt wird, dem zur Transformation anstehenden Lebensthema Raum zu gewähren, und damit aus dem inneren Schatzkästchen die

Katastrophe vorprogrammiert wird, ist das Geschrei groß, aber es bleibt meist beim Unverständnis. Lediglich schwere Erschütterungen können den Fehlgeleiteten nun für dieses Leben noch retten.

Manche Menschen, die vor dieser Hürde der Entwicklung stehen, spüren ein Abgetrenntsein vom Umfeld, fühlen sich wie eine Insel. Obwohl vielleicht sogar jahrelange Therapie- und Meditationserfahrung auf dem Buckel, fühlen sie erstarrte Selbstüberschätzung und Kälte in ihrem Inneren und finden keinen Ausweg. Irgendetwas ist schief gelaufen.

Sie haben ein Faktum unterdrückt, ihre entscheidenden Lebensthemen völlig verdrängt. Wirklicher Meditationserfahrung und dem Aufräumen der Lebensthematik folgt automatisch ein Finden in übergreifende Liebe und Mitgefühl. Nochmalige Bechäftigung mit den Lebensthemen ist deswegen dringend erforderlich!

Freiheit ist gleichzusetzen mit unabhängigem All-eins-Sein. Deswegen werden wir alle irgendwann auf der Lebensbühne in diesen Erfahrungsbereich gedrängt. Alle Bedürfnisse fallen ab, vor allem das Bedürfnis, gebraucht zu werden. Auch die partnerschaftliche Liebe verändert ihr Gesicht. Nur ein Buddha kann wirklich lieben, aus seiner Mitte entspringt die Liebe und fließt ringsumher einfach über. Das Ego dagegen will geliebt werden, es braucht diese Nahrung zum Überleben. Schon Jesus sagte: »Wer alleine stehen kann, wird ins Königreich eingehen, woher er kam.« Es ist für das Überleben der Menschheit dringend nötig, dass möglichst viele Suchende in diese Freiheit vordringen. Endlich erschaffen wir dadurch das, wonach wir uns alle unterschwellig so sehr sehnen.

Evolutionsthemen – Verantwortung für Politik und Medien

Der spirituelle Mensch zeigt sich auch für die Politik verantwortlich. Spiritualität heißt Leben. Leben heißt Verantwortung tragen. Dies klammert nichts aus. Vielmehr durchdringt die Verantwortung alle Lebensbereiche.

In den meisten Ländern der Welt ist das Recht auf Freiheit und ein glückliches Leben in der Verfassung fest verankert. Gewisse Grundrechte gelten für alle. Die Regierungssysteme haben einen gewissen Evolutionsgrad erreicht und versuchen, in Selbstverwaltungssystemen diese Rechte zu garantieren, und zwar kultur- und gesellschaftsübergreifend. Obwohl die Ausführungen unterschiedlich gestaltet werden, haben alle dasselbe im Sinn.

Es geht darum, dass mit der Politik das Leben für alle garantiert wird. Der politische Standpunkt spiegelt dabei die spirituelle Entwicklung. Es geht also darum, mehr Spiritualität in die Politik zu bringen. Die Bemühung, immer wiederkehrende Kreisläufe mit immer denselben Konsequenzen zu durchbrechen, zeugt nicht von großer Intelligenz. Neues Wissen zu installieren sollte einen ehrenhaften Platz in der Menschheitsfamilie einnehmen. Den Medien gehört hier eine Schlüsselposition. Die Wertemaßstäbe der Quotenzocke haben wir hoffentlich bald hinter uns gelassen, so dass wir in ein Fahrwasser geraten, das mehr dem entspricht, wofür das Fernsehen äußerst nützlich wäre.

Einige wenige Sendeplätze sind tatsächlich mit nach vorne weisenden Informationen bestückt, hier könnte man vermehrt ansetzen. Die Recherchen der Redakteure finden mit etwas Forschungswillen sicherlich relativ einfach Erkenntnisse, die evolutionär der Menschheit helfen.

Die Forschungsergebnisse über die Tatsache der Lebensthemen auf individueller und eben auch auf kollektiver Ebene sollten Konsequenzen erwecken, die mit der behutsamen Vorstellung in der Öffentlichkeit inspirieren und den Bürgern Mut machen für die persönliche Aufarbeitung ihrer Vergangenheit und die Einordnung der Geschehnisse auf der Lebensbühne in den Lebensthemen-Spannungsbogen.

Die engagierten Vorreiter rund um den Erdball müssen mit Gegenwind rechnen und lernen damit fürs Erste, völlig alleine dazustehen. Leichter haben es die Suchenden, die in der Bewusstseinsschule ihre Ausbildung absolvieren. Das fördernde Umfeld gibt ihnen Rückendeckung. Jeder, der bei sich aufräumt und diesen Ausbildungsweg beschreitet, wird in seinem Gesichtskreis damit konfrontiert, dass eine neue gesunde Position nicht unbedingt bedeutet, dass alle sich darüber freuen. Ängste, Neid und Missgunst oder aber einfaches Abstempeln in die Spinnerecke sind häufig die Folgen in der normalen Welt. Doch die Kraft der Erlösung stattet diese Voranschreitenden mit der Fähigkeit aus, auf liebevolle Weise die Rechtmäßigkeit ihres Handelns klar zu machen. Das, was im Umfeld an Aufklärungsarbeit anfällt, gilt auch auf überregionalem Gebiet.

Im größeren Maße, auf Landesebene, finden wir Evolutionsthemen, die ebenfalls in der Transformation ihre Bestimmung finden. Rund um den Globus verlangen die Krisengebiete die Aufmerksamkeit der Weltgemeinschaft. Je nach Interessenlage werden außer Kontrolle geratene faschistische Tendenzen im Zaum gehalten oder mit Waffengewalt zur Umkehr in ein friedliches Miteinander gezwungen.

Dass heutzutage hier einerseits die uninteressanten Gebiete der Erde bei den Mächtigen der Welt unter den Tisch fallen und andererseits ohne ein genaues Betrachten der Situationen, mit den Werten, die wir anstreben, keine gesunde Veränderung eintritt, wird gerne vernebelt. Doch genau das drängt in den ewigen Kreislauf weiterer Katastrophen. Davon haben wir genug auf dem Erdball, Afghanistan, Tibet, Irak, Palästina, Afrika, Indien, Pakistan etc. Auch der Missbrauch der Waffen produzierenden Länder mit den Ländern der Dritten Welt führt in dieses Chaos.

Ohne auf die Einzelheiten einzugehen, bilden diese Probleme für alle Beteiligten die so genannten Evolutionsthemen der Länder. Jeder Einzelne und das Kollektiv, der Missbrauchende oder der Missbrauchte, bilden auf der Lebensbühne miteinander die Verwicklung im kollektiven Lebensthemen-Spannungsbogen, um in der Transformation den Ausweg für alle zu schaffen. Wir sollten aus der Geschichte lernen, sie sollte uns als Mahnmal dienen, nicht wieder dieselben Fehler ständig zu wiederholen. Die normale Evolutionszeit dauert halt einige Jahrhunderte, was soll man da machen?

Deutschland wäre heute vielleicht nicht so friedlich gesinnt, wenn im letzten Jahrhundert nicht Millionen von Menschen durch die Hände der Deutschen gestorben wären. Es braucht also alles seine Zeit?

Nein, man kann wie in der persönlichen Aufarbeitung über das Herausfinden des Transformationsauftrages den zerstörerischen Bereich abkürzen oder sogar völlig auflösen. Im individuellen Bereich reagiert das System Mensch bei Nichtver stehen mit körperlicher Krankheit, Schicksalsschlägen oder psychischer Erkrankung. Auf Länderebene haben wir es mit der kollektiven Lebensthematik zu tun, die Folgen der Transformationsverweigerung kennen wir alle.

Natürlich kann man jetzt sagen, nach der hier aufgeführten Theorie braucht halt jeder sein Amageddon, um aufzuwachen. Aber die Realität des Gelingens der Erlösung der Länderlebensthemen in der Praxis zeigt, wie stimmig diese Erkenntnisse angewendet werden können. Es gilt nun, für alle weiterdenkenden Menschen neuestes Wissen zur Weiterentwicklung des Friedens und der Liebe auf der Welt heranzuziehen, es auszuprobieren. Gelungene Experimente werden den Pfad erleuchten!

Da drängt sich die Frage der grundsätzlichen Neuordnung der Basis der Weltfamilie auf, und tatsächlich ist es genau das, worauf die Transformation hinausläuft. Ein Weltrat, der sich des Wissens der bewusstesten Menschen bedient, sollte versuchen, Altes, wo es stimmig ist, beizubehalten und das Neue mit Hilfe der neuesten Erkenntnisse zu materialisieren. Auch wenn der Weg dorthin endlos erscheint, lasst uns die ersten Schritte wagen!

Aus der Not der Ratlosigkeit über die weltweit gesellschaftlichen Sackgassen öffnen viele Politiker mittlerweile ihr Herz für neue Ideen. Was seit Generationen den Menschen eingetrichtert wurde, aber nicht in einen glücklichen Austausch geführt hat und auch nicht der Realität entsprach, wird als Lügengebäude entlarvt. Dass das Alte nicht mehr funktioniert, weisen die Konsequenzen aus. Krisenmanagement kann das alte System nicht länger halten. Die neuen Ideen werden von einzelnen Politikern, die sich damit beschäftigen, erst privat genutzt und dann findet die Realität Eingang in die Parlamente.

Allerdings gehört eine Art Aufklärungsprogramm bis in die hintersten Winkel der Erde getragen, gleichzeitig gehören die wirklichen Gründe der Krisenherde erlöst, damit kann niemand mehr religiöse, politische oder materielle Gründe vortäuschen. Während sich die Bevölkerung unseres Planeten ehedem vielfältig mischt, kann auch in den ersten und zweiten Weltländern die Aufklärung sofort beginnen. Dafür brauchen wir aber auch Politiker von aufgeklärter Authentizität. Die werden erscheinen, weil nur so das Vertrauen in diese Gilde wieder wachsen kann. Die Menschen haben genug von den Gräben zwischen Schein und Sein!

Da den meisten Menschen über religiöse Vorstellungen der Begriff vom Bewusstsein eines Meisters wie Buddha oder Jesus nicht fremd ist, setzt man sich vermehrt mit diesem Thema auseinander. Diese Erwachten haben immer neue Informationen über die Realität in die Welt gebracht und wurden dafür über Jahrtausende geehrt. Doch die Welt und die Evolution drehen sich weiter und die Menschheit benötigt aufs Neue Informationen. Diese in der heutigen Flut von esoterischen Artikeln herauszufinden, dauert vielleicht etwas, aber dafür existieren ja Leute, deren Kompetenz weiterhilft.

Im Inneren der zur Meisterschaft vorgedrungenen Seele hat der Frieden stattgefunden. Niemals vorher im Leben fühlte man sich dermaßen entspannt und im Einklang. Eine nie gekannte Stärke entspringt dem Entwicklungsweg. Es ist eine Stärke, an der sich die Suchenden aufrichten. Die gehobenen Schätze der Wahrheit strahlen in der ihnen eigenen Dynamik. Die Kraft und die Stärke bahnen den Weg, der erwachte Meister kreiert sein Leben entsprechend dem inneren Licht. Was immer daraus entsteht, bringt auch bei so genannten Fehlschlägen oder gesellschaftlichen Angriffen das Licht nicht ins Wanken. Wer in der Wahrheit steht, hat eine solch große Kraft, dass sie die Lügen der Gegner aufdeckt. Die eigene Unwahrheit zu erkennen und dennoch in dieser weiterzuleben ist die schlimmste Verletzung, die man sich selbst beibringen kann. Als Antwort möchte das Ego des Selbstverletzten den Aufdeckenden am liebsten in Stücke reißen, ihn ausgrenzen, mit einem Bann belegen.

Der Vorreiter hat nun mal die unliebsame Aufgabe, Unsinniges und Überholtes klar und deutlich zu benennen. Aber das Unterdrücken der Wahrheit war schon immer eine gern gewählte Abwehrreaktion, denken wir nur an die Erkenntnis, dass die Erde rund ist und keine Scheibe. Dieses neue Wissen durfte unter Androhung der Todesstrafe nicht in die Welt getragen werden. Die katholische Kirche sprach wie so oft ein »weises« Urteil.

Positive Innovationen sollte das Kollektiv heutzutage dankbar aufnehmen. Die Geschichte erzählt, wie oft erst Zusammenbrüche, Kriege, Krankheiten den Boden bereiteten für tiefgreifende Veränderungen. Genauso wie die Lebensthemen des Einzelnen hat das Kollektiv seine Evolutionsthemen. Das Gesündeste ist, ihnen mit Wachheit entgegenzutreten und Transformation zuzulassen. Bei genauer Betrachtung lassen sich die Kollektivthemen der Länder, Völker und Kontinente am jeweiligen Gesamtzustand sehr schön ablesen.

Für die in die Buddha-Natur aufsteigende Seele gelten bestimmte universale Gesetze. In der Wahrheit kann Lüge nicht bestehen, das erworbene Licht vertreibt die Dunkelheit. Diese kleine Flamme lässt sich nicht von der Unwahrheit und Dunkelheit unseres Planeten korrumpieren. Doch »die dunkle Seite der Macht« gewöhnte sich im Verlauf ihrer zweifelhaften Erfolge an die Wirkungskraft ihrer Machenschaften. Weil diese darin verwickelten Menschen die andere Seite nicht kennen, meinen sie, es gehe ihnen gut. Doch was das Licht und die Wahrheit zu bieten haben, können sich diese Leute gar nicht vorstellen. Sie haben Angst vor Veränderung, denn mit jeder Veränderung muss man ja das Leben neu entdecken. Es ist wie bei einer erneuten Geburt, das alte Weltbild hat ausgedient, doch man zittert in Angst vor dem Ungewissen.

Viele Menschen verweigern den Weg ins Licht und enden am Ende ihrer Tage in der Sackgasse der Verzweiflung, Krankheit oder geistigen Umnachtung. Ihre Abwehrmechanismen versuchen dabei, die Dunkelheit ins Licht zu schleudern, und das mit aller Kraft. Doch der Mensch der Wahrheit geht dem nicht aus dem Weg, er stellt sich seinen eigenen und den dunklen Beweggründen anderer. Das innere Licht gibt ihm Stärke und Standhaftigkeit. Auch wenn es sich am Anfang für ihn ungewöhnlich traurig und sogar schmerzhaft anfühlt, bleibt der Lichtträger allein stehen ohne die Süße der Masse, er wärmt sich am eigenen inneren Feuer, ist sich selbst genug, genährt von der Kraft der Wahrheit. Man ist an der Quelle des Lebens angekommen und diese durchströmt alle Dimensionen. Der Zeitabschnitt eines Lebens wird als Reise auf dem Evolutionskarussell deutlich. Die Lebensbühne aller Wesen, unser Planet Erde, ist dabei ein Spielgrund der Transformation.

Unruhiges Meer bei Wind, Blitz und Donner gehören zum Leben. Deswegen sollte man die unruhige See nicht scheuen. Die Menschen sorgen sich über Veränderungen, die ihr Weltbild ins Wanken bringen, in Frage stellen. Sie wollen lieber in ruhigen Gewässern dümpeln. Aus diesem Grund vermeiden Millionen von Erdenbürgern die Auseinandersetzung mit der

Wahrheit. Sie fühlen sich in der blinden Masse aufgehoben und sicher. Man bleibt lieber auf dem bekannten Level, als sich aus dem Kollektiv zu erheben. Trotzdem ist jedes Mitglied der Gesellschaft aufgerufen, alte gewohnheitsmäßige Selbsteinordnungen neu zu überdenken und eben doch eine Rolle beim Erschaffen einer besseren Welt mitzuspielen.

Wir leben in einer speziellen Zeit, sollten wir die anstehenden Veränderungen nicht angehen, müssen wir dem Untergang ins Auge schauen. Das, was wir heute als Sackgasse erleben, wird schon bald gar nicht mehr funktionieren. Flickschusterei kann nicht die Antwort auf unsere Gegenwart sein.

Die Politiker aller Länder sollten einen Rat bilden, in dem die Zukunftsforscher und unabhängigen Bewusstseinsexperten an einem Strick ziehen. Danach werden die Regierungen mit deren Vorstellungen konfrontiert. In einem abgesteckten Zeitrahmen treffen alle Regierungen die wichtigen Entscheidungen für eine bessere Welt. Anschließend stehen sofort die Handlungen im neuen Sinne auf dem Programm. Die ersten Länder, die damit beginnen, spielen die Vorreiterrolle, indem sie die Einsichten in ihrem Hoheitsgebiet installieren. Damit liegen schon bald Ergebnisse auf dem Tisch, vor denen die Weltgemeinschaft nicht die Augen verschließen kann. Land für Land öffnet dann den Erkenntnissen ihre Pforten. Leider passiert dieser Prozess in erster Linie wegen des wirtschaftlichen Drucks, erst dann fangen Regierungen an, mit Neuerungen zu experimentieren. Deswegen verdichten sich auf der Lebensbühne die Verhältnisse immer wieder, doch die evolutionären Lebensthemen drängen die Weltbevölkerung in ihre Transformation.

Die Nationen werden in ein größeres Ganzes aufgehen, Nordamerika und Europa können da beispielgebend sein. Religionen verlassen den Schatten der Macht, Dinge, die nicht der Realität entsprechen, werden fallen gelassen, Kastenwesen oder Rassendiskriminierung finden als überholte Gesetze auch in den Köpfen der Beteiligten ein Ende. Jeder Kontinent findet seine spezifischen Themen, erst im kleinen und dann im großen Stil passiert die Umwälzung. Diese Veränderungen gelten nicht nur als überlebensnotwendig für die Menschenwesen, sie sind es!

Gesellschaft im Wandel

Gesellschaftliche Veränderungen sind ein Teil der Evolution. Die Antwort auf Wirtschaftsprobleme, Terrorismus, Hungersnot, Aids, Überbevölkerung, Umweltprobleme und Kriegsgefahr kann nur von den innovativsten Kräften gegeben werden. Spezialisten aus allen Gebieten, inklusive der spirituellen Koryphäen, sollten am runden Tisch sitzen. Über ihren Köpfen sollte ein Spruch hängen: Gott ist Leben und Leben ist Veränderung! Das meint, Entwicklung hört nie auf und somit können wir nicht auf die Richtigkeit ewig gültiger Grundsätze und Glaubenssätze beharren. Ein goldenes Merkmal der lebendigen Gesellschaft ist nun mal der Wandel und zum Wandel gehört eine Offenheit gegenüber innovativer Neuerungen, aber auch, dass Erkenntnisse, wenn sie sich als nicht mehr tragend erweisen, durch wiederum neue Forschungsergebnisse, abgelöst werden.

Das derzeitige Modell vom globalen Zusammenspiel der Länder und Nationen braucht nicht nur eine Renovierung. Die Tatsache, dass wir nicht erreichen, wohin wir als humane Menschheit wollen, muss zur Einsicht und zum Entschluss führen, eine aktuelle Modellvorstellung der Menschheit im Einklang herauszuarbeiten. Die Welt von heute ist in der Krise, weil wir Generation um Generation überholtes Wissen einimpfen. Nur mit einem aktualisierten Wissen von klein auf kann die uns innewohnende Schöpferkraft frei fließen und wir können alle im Kreis der Menschenwürde mit gegenseitigem Respekt, Liebe und Unterstützung Platz nehmen. Ob Lederhose, Sari oder Bastrock, jede Gegend der Erde hat ihre individuelle Blume des Ausdrucks, doch innen im Herzen wollen wir alle dasselbe. Jeder Mensch möchte ein Dach über dem Kopf, genug zu essen, Freundschaft und Liebe leben, die Kinder würdig aufziehen, und jeder Einzelne erlöst dabei seine Lebensthemen. Dafür erschaffen wir nun die Grundlage. Wir sind mitfühlende Wesen und wollen im Prinzip alle, dass es uns gut geht. Dabei müssen wir auch der Tatsache ins Auge schauen, dass wir alle nach einigen Jahren sterben, und über die Schwelle des Todes können wir lediglich das erworbene Bewusstsein mitnehmen. Genau das aber sollte uns anspornen!

Ein Anhäufen für die Nachkommenschaft muss in Zukunft ebenfalls nicht sein, da alle Seelen ähnlichere Voraussetzungen und wesentlich früher geläuterte Eltern und weitere Erziehungsberechtigte haben werden. Also hat das Horten ein Ende und die Bewusstseinshürde der Gleichheit und Brüderlichkeit wird erklommen. Mit dem Wissen über die Realität des Mysteriums Leben bleibt nur der Weg über eine Neugestaltung der Welt. Die grenzenlose Freude, das Glück und die Liebe untereinander spüren dann alle Erdenbürger, niemand ist mehr ausgegrenzt.

Dasselbe gilt für die Religionen, die ebenfalls über das Horten von Seelen ihre Größe definieren. Sie zeichnen ein Bild Gottes, das mit der Realität nichts zu tun hat. Es entspricht dem von Menschen kreierten Glauben über die Eigenschaften eines Gottes. Doch Gott, hat keine Bedürfnisse, wir sind auch nicht von ihm abgespalten, er verlangt nichts von uns, es gibt auch keinen richtenden Gott, der unterscheidet in Hölle und Himmel.

Das, was real ist, sind die Teile von Gott, die Menschen, die über die Tropfenwerdung wieder in die Einheit finden, dabei Erfahrungen und Evolutionsschritte vollführend in den Ozean der Einheit zurückkehren. Diese Realität ist der Schlüssel in eine göttliche Zukunft auf Erden.

Der Planet Erde verfügt über genügend Rohstoffe, Platz und die Menschen im Prinzip über genügend Intelligenz, das goldene Zeitalter kreativ herbeizumanövrieren. Es wird ihnen immer bewusster, dass niemand eine Insel ist, die Menschheit ist eine Einheit. Alles kann so miteinander geteilt werden, dass alle glücklich sind. Machtstreben und Konkurrenzverhalten fallen endlich ab. Wir sind alle gleiche Wesen, die auf der Evolutionsspirale voranschreiten.

Die Buddha-Natur ist unser definitives Ziel. Um dort als Erster anzukommen, brauchen wir uns nicht gegenseitig zu zerfleischen, wir finden alle unseren persönlichen Pfad in die Göttlichkeit.

Diese Wahrheit gilt es jetzt zu verinnerlichen, die bestehenden Verhältnisse rütteln die Suchenden wach und mit der Konsequenz der Transformation gelingt die anstehende Heilung für die Menschheit und den Planeten. Die Worte vom Frieden auf Erden verwirklichen die Finder der Buddha-Natur. Der Funke springt im morphogenetischen Feld des Sangha von einer Seele zur anderen und von jedem Einzelnen in sein persönliches Umfeld, von wo aus die Verbreitung sich potenziert.

Die Menschheit schafft eine neue Art der Religiosität, politische Strukturen, die ihren Zweck erfüllen, Wirtschaftssysteme, die den Menschen, Tieren und der Umwelt gerecht werden, und Erziehungs- und Ausbildungsprogramme, die wirklich funktionieren. Angelehnt an der Wirklichkeit, spiegelt der Erfolg das richtige Handeln in Richtung Realität wider.

Nur können wir nicht warten, bis irgendwer die Veränderungen in die Hände nimmt, jetzt gilt es zu handeln! Die Lebensthemen aufräumen und das Bewusstsein nach oben schrauben – so heißt die Devise! Wer an dieser Stelle denkt, ach ja, wird schon werden, vergisst den Faktor Zeit, denn dieser ist von entscheidender Bedeutung. So schnell vergehen die nächsten zehn Jahre und man wartet immer noch auf »Godot«. Aber der liebe Gott sind wir, durch unsere Hände geschehen die Veränderungen. Wir finden unsere inneren Kraftquellen, lassen uns von dieser Schöpferkraft tragen und zeigen uns in der Welt als Vorreiter des neuen Zeitalters. Indem wir für diese Werte einstehen, bekommen auch andere Menschen plötzlich das Quäntchen Mut, um ihr Leben zu meistern und sich vom Lebensstrom in die Buddha-Natur tragen zu lassen.

Der Meister kann dabei nur bis zu einem bestimmten Punkt begleiten, mit seinem Licht den Weg weisen. Danach erforscht der Wissenshungrige allein in die Tiefen seines Seins. All-eins fährt er wie in einem Tauchboot hinab in das innere Mysterium. Er ist tatsächlich auf Schatzsuche unterwegs. Je tiefer die Reise geht, umso entspannter fühlt sich das für ihn an.

Die Energietentakel der Abhängigkeit in die Gesellschaft lässt er weit hinter sich, alles, was im Leben eine so immense Wichtigkeit hatte. Diese Reise steht allen Suchenden offen. Die Tickets gibt's am Bewusstseinsschalter. Lediglich dieser kleine Schritt in die Innenwelt, und man ist in einer völlig neuen Umgebung!

Die intellektuell Interessierten durchforsten gerne den Dschungel der alten Schriften, doch auch die Kreuzfahrer mussten sich irgendwann eingestehen, dass der heilige Gral nur in ihrem eigenen Inneren gefunden werden kann. Man braucht sich also nicht einmal von der Stelle zu bewegen. Die vielen Worte bringen einen nur unnötigerweise zurück in den Kopf, die Welt der Gedanken. Alle möglichen Systeme werden gewälzt, die oftmals lediglich auf willkürlichen Ideen basieren, ohne triftigen Hintergrund. Bücher bringen einen nicht zum Tanzen, in die Veränderung. Wenigen Ausnahmen gelingt es, authentische Wahrheit so rüberzubringen, dass Menschen, inspiriert davon mit wirkungsvollen Experimenten anfangen.

Noch einmal möchte ich hier erwähnen, dass angesammeltes Wissen ohne das praktische Sicheinlassen auf Übungen überhaupt nichts bringt. Das Königreich Gottes verbirgt sich in unserem Inneren, wir müssen den Schatz nur irgendwie heben und in Handlungen ausagieren.

Doch die Angst, Gott wirklich zu begegnen und damit in die Ekstase eintauchen zu müssen, lässt viele zurückschrecken. Angst vor Glückseligkeit und Liebe lassen scharenweise Suchende davonrennen und ihr Glück lieber in kärgeren Zonen suchen. Genauso wie bei den Liebeshungrigen, die zwar den Prinzen wünschen, aber wenn er dann kommt, die Beine in die Hand nehmen und verschwinden. Wenn wir uns aber trauen und den Bereich des Trauerkloßes verlassen, treten wir in einen Energiebereich, in dem plötzlich eine strahlende Helle entsteht. Der Puls erhöht die Schlagzahl, das Feuer der Lebendigkeit lodert und züngelt in uns vor Vergnügen. Hier entsteht die Meditation, das Bewusstsein, die Erlösung, die Freude und Liebe, der Tanz, das Feiern, die Glückseligkeit.

Jeder möchte in diesem köstlichen Zustand leben, doch ab einer bestimmten Hürde lässt Angst die Lebensimpulse eingefrieren.

Erinnern Sie sich an Ihre eigene Liebesfähigkeit, wo liegen bei Ihnen die Grenzen? Liebe strömt dermaßen über, dass man meint, die Kontrolle zu verlieren, und sich lieber zurückzieht. Lässt man sich ein, weiß man nie ob man den Weg zurückfindet. Deswegen haben wir weltweit diese zwischenmenschlichen Probleme und halten uns mit Energieblockaden gegenseitig in Schach oder auf einem niedrigen Energielevel. Das Dumme ist nur, was im Kleinen so gehandhabt wird, läuft auch im Großen nach denselben Gesetzmäßigkeiten.

Doch gerade der häufig vermiedene hochpotente Energiebereich lässt das Ego auf angenehme Weise schmelzen. Lieber aber kämpft das Ego gegen die Einschmelzung mit allen zur Verfügung stehenden Mitteln. Es kommt also für dieses Pseudoprodukt Ego gar nicht in Frage, die Energie zuzulassen, nach dem Motto »Nur über meine Leiche«. Dafür hat es zu lange an einem Ehrenplatz gebastelt. Doch letztlich hat man für das Ego einfach nur Jahrzehnte des Lebens verschleudert. Aufgepasst, auch für spirituell Weitgereiste gilt es, auf die Gefahr zu achten, die darin liegt, dass ein dominantes Ego sogar die Intuition missbraucht und mit Schlangenzungen die innere Stimme nachahmt.

Wenn wir uns auf diese Energieebene einlassen und ein wenig experimentieren, gelingt der Durchbruch nur über das Ausschalten des kontrollierenden Ich. Um in die göttliche Ekstase einzusteigen, muss man die Persona und das Ego ablegen. Der Verstand suggeriert hier gerne ein Stopp, allerdings sollte man genau jetzt darüber hinauswachsen! Die Intuition sagt: Wage alles, dann wird dein Gewinn unglaublich, davon kann man sich wunderbar führen lassen.

Sobald die Gedanken verstummen, erscheint vor dem inneren Auge der Tunnel nach innen. Jetzt bloß nicht angstvoll zurückweichen, sondern Stück für Stück, wie in einem kleinen Lastenaufzug, die Fahrt genießen. Langsam, aber sicher arbeitet man sich voran mit einem mutigen Herzen.

Jeder Suchende meint, er könne sich irgendwie dafür vorbereiten, aber wenn es so weit ist, im Innersten anzukommen, muss man alle Pläne und Vorstellungen freigeben und sich vom Unbekannten tragen lassen. Also, an der Hürde etwas Anlauf nehmen und los.

Die Buddha-Natur ist keine Ausnahme, wir können sie alle erreichen. An den richtigen Stellen gilt es, zu springen. In diesem Superenergiebereich flüstert der Verstand gerne von der Grenze des Verrücktwerdens, keine Angst, dies ist nicht der Fall. Erst im totalen Loslassen kann das wahre Sein Fuß fassen und pure Lebensenergie erfrischt und vitalisiert den gesamten Organismus bis hinein in die Aura. Ein untrügliches Zeichen, man kommt an.

Die Existenz wählt erwachte Seelen als Vorreiter. Der Vorreiter dient als Überbringer wichtiger Botschaften, die gerade jetzt dringend erforderlich sind. Dabei rücken auch frühere Botschaften ins Visier, die von den selbst ernannten Statthaltern Gottes in ihrem Sinn verfälscht wurden. Eine der wichtigsten Aufgaben der Übermittler ist, Nichtfunktionierendes aufzudecken, anzusprechen, die Realität zu erklären und Mut und Unterstützung auszustrahlen.

Diese Ebene der Informationsübertragung hat es immer gegeben, die machtvollen Statthalter der Macht und Religionen allerdings verschlossen aus Eigeninteresse meist ihre Ohren. Lieber versuchten sie, mit viel Erfolg allerdings, die Sprachrohre zum Verstummen zu bringen. Doch das Verteufeln der Übertragung von Botschaften im Heute ist gänzlich unangebracht.

Die alten religiösen Traditionalisten haben damals ganze Arbeit geleistet. Man muss leider sagen, dass die großen Religionen der Erde die gewaltigsten Hemmschuhe einer glücklichen Entwicklung der Menschheit sind. Überall machen wir Fortschritte, in der Technologie und Wissenschaft, bei den Musikklängen, in der Therapie, nur die direkte Begegnung mit dem Göttlichen ist wie abgeschnitten, in nichtssagende Rituale abgerutscht.

Die Konditionierungen über Generationen hinweg haben in uns Dinge eingebrannt, die, geschickt eingefädelt, immer noch wirken. Sogar Atheisten rühren nicht an eventuell doch richtigen Dingen. Denn wenn es den Teufel ja dennoch gibt, landet der Atheist vielleicht in der Hölle. So tief sind wir im Namen der Religion missbraucht worden, dass es kaum eine wirkliche Erforschung dieser Thematik gibt. Im Namen der institutionalisierten Religionen werden auch heute noch viele Menschen an der Nase herumgeführt oder umgebracht und heilige Kriege geführt. In den alten heiligen Büchern stehen leider jede Menge zur Gewalt aufrufende Texte. Ob nun gegen religiös Andersdenkende oder als Hilfe bei der Verbreitung der eigenen Religion über alle Grenzen hinaus, die Schlacht und Abschlachtung wurden vielerorts als höchste Gottesverehrung dargestellt.

Den Ungläubigen oder Anhängern anderer religiöser Vorstellung begegnete man mit brutalster Härte. Kriegszüge mit rohester Gewalt, Abschlachtung von unschuldigen Menschen, Vergewaltigung und Mord werden in den großen heiligen Büchern, Bibel, Koran, Bhagavad Gita, Thora, als heilige, gottesfürchtige Tugenden gepriesen. Auch das gesellschaftliche Leben untersteht in den verschiedenen Ländern festen Maßregeln, deren Missachtung zum Teil drakonische Strafen nach sich zieht. Vom Abhacken der Hände bei Diebstahl bis zur Steinigung nach der Hochzeitsnacht, wenn die Braut ihre Jungfräulichkeit schon vorab verloren hatte, ist hier die Rede. Es werden den Gottkriegern jeweils unzählige Jungfrauen im Himmelreich versprochen, wenn sie sich im heiligen Kampf opfern …!

Wir meinen heute, dass wären alles mittelalterliche Auswüchse, leider nicht, dieselben heiligen Bücher dienen den Menschen heute noch als Richtungsweiser zu Gott. Einige Religionen bestehen nach wie vor auf die wörtliche Auslegung der Texte, andere tun so, als hätte es die Taten und die Textstellen nicht so recht gegeben. Doch wenn es hart auf hart kommt, nützt man genau diese Textstellen, um altbackenes Recht und Unmenschliches gesellschaftsfähig zu machen.

Es ist ein Grundbedürfnis der Menschen, Gott nahe zu sein, leider reicht man in den Schulen den Kindern altes Wissen weiter und fördert damit das Unselbständige, die Abhängigkeit von überholten Religionen.

Bereits untergegangene so genannte Weltreiche erbauten gewaltige Gotteshäuser und predigten von dort die Einzigartigkeit ihres heiligen Pfades, die Verankerung gottgerechten Handelns in der Welt. Die Verknüpfung von weltlichem Anspruch mit göttlicher Untermalung spielte immer die stärkste Rolle. Die Hochblüte einer Epoche scheiterte dann meist am Hegemoniestreben der eigenen oder einen fremden Macht.

Doch was jetzt, es besteht ein spirituelles Vakuum, wo soll man denn die neuen religiösen Werte finden? Genau in diesem Augenblick werden die neuen spirituellen Offenbarungen benötigt! Dieses Buch reiht sich ein unter die im Anhang von mir empfohlenen schriftlichen Offenbarungen für eine gesündere und bessere Welt.

Die Weltgemeinschaft sollte diese Bücher nicht ausklammern, Gott sei Dank bestimmt vor allem der Leser die Weiterverbreitung der göttlichen Eingebungen. Viele im Anhang erwähnte Schriften sind bereits in dutzende Sprachen übersetzt worden. Ganz herzlich möchte ich bei dieser Gelegenheit noch einmal meinem Meister Osho danken, der bereits in den siebziger Jahren des letzten Jahrhunderts unerschütterlich für die

Werte einstand, die im Heute eine so große und wichtige Rolle spielen. Nicht nur, dass er sich mit allen Politikern und Religionen auseinander setzte und anlegte, er versuchte auch, eine Alternative zur gesellschaftlichen Norm, eine größere Lebensgemeinschaft, ins Leben zu rufen. Es gelang ihm die Gründung einer neuen Lebensform in einigen abgeschiedenen Tälern von Oregon, USA. Der starke Druck der Politik und der christlichen Fundamentalisten und der innerhalb der Gruppierung entstandene Machtmissbrauch zerstörte allerdings dieses wunderbare Projekt. Eine wichtige Gelegenheit der Auswertung eines Experiments wurde verhindert.

Derartige Unterbindungen neuer Wege können wir uns heute nicht mehr leisten. Es bleibt uns in der jetzigen Situation gar nichts anderes übrig, als Neues auszuprobieren. Wer soll sich denn wovon ein Beispiel nehmen?

Alle, die an diese Grenze gelangen, müssen den Mut zusammennehmen und neue Einsichten und Erkenntnisse ausprobieren. Wenn sie funktionieren und mit der inneren Wahrheit übereinstimmen, gilt es, deren Integration und ein Weiterwachsen durch wiederum neue Experimente voranzutreiben. Forscher und mutige Mitstreiter der spirituellen Transformation sind aufgerufen, in einer synergetischen Verbindung unglaublich klingende Wagnisse einzugehen. Weitermachen wie bisher scheint dagegen wirklich unintelligent und langweilig. Der Pfeffer des Lebens ist das Abenteuer, nur die Abenteurer können vom Gold ihrer Erlebnisse erzählen!

Wir müssen eigene Erfahrungen sammeln und nicht nur von den Erfahrungen anderer zehren. Die Eigenverantwortlichkeit für den Erfahrungsschatz führt in die Schöpferkraft und den Einklang mit dem Göttlichen. Es gilt nicht, den Göttern zu huldigen, sondern das Göttliche in uns zu manifestieren. Dann gehören wir in den Kreis der Botschafter Gottes, der Manifestation der Buddha-Natur.

Hüte dich vor den großen Posaunern der höchsten spirituellen Gesetze, die, vermeintlich gewachsen, lediglich ihr Ego aufbauschen und in einer grandiosen Selbstverehrungsorgie ihr Heil predigen. Der authentische Botschaftsüberbringer hat seine Persona und sein Ego längst erledigt. Damit hat sich auch das in diesem Leben gekannte Selbst als Sohn oder Tochter von Eltern XY verabschiedet. Man entspricht der reinen Seele, dem unendlichen Teil in uns, der beim Tanz auf der Evolutionsspirale Bewusstsein anhäuft. Das reine göttliche Selbst kann lediglich durch einen Menschen sprechen, dem sein persönliches Selbst nicht mehr in der alten Weise tickt.

Entgegen aller Hoffnungen und der teils desolaten Verhältnisse auf dem Globus verkünden die Sprachrohre der Existenz, dass der Aufenthalt der Menschheit am Abgrund der totalen Zerstörung die Erdenbürger aufweckt und sie in die goldene Zeit der Buddha-Natur aufbrechen lässt.

Für das Knacken der inneren Nuss brauchen wir unseren sechsten Sinn, die Intuition. Hiermit können wir um ein Vielfaches besser wahrnehmen als mit den restlichen fünf Sinnen zusammen. Über diese Ebene wird Erfahren leichter. Rätselhaftes entschlüsselt sich von ganz allein. Das Geheimnis des Lebens, die Realität, entdeckt, wer hier Wachheit erfährt. Zu den Sinnen des Kreierens gesellt sich der sechste Sinn, den wir effektiv brauchen für unsere Visionen. Wir können die neue Welt nur bauen, indem wir genügend Einblick, Weitblick und das Gespür für den stimmigen Weg entwickeln. Der Welt unserer Träume entspricht die Gemeinschaft der Zukunft. Der sechste Sinn, das sechste Chakra und das siebte Chakra fungieren dabei als Verbindung zu Gott und zur Manifestation. Ist diese Ebene erst einmal geläutert, sind wir mit dem ewig Stimmigen verbunden. Von nun an leiten uns die göttlichen Eingebungen. Ein nie gekanntes Gottvertrauen setzt ein. Spirituelle Offenbarungen flüstert uns die innere Stimme und mit der befreiten Kraft der Lebensthemen gelingt uns deren Umsetzung. Die weltweit größten Religionen können ihren Anhängern diese hohe spirituelle Stufe nicht vermitteln. Schon in den unteren Regionen sind sie mit ihrem Latein am Ende.

Entweder die Erdenbürger schaffen den Sprung in die Veränderung oder wir werden im Chaos versinken. Da aber bereits Millionen von weitgereisten Seelen auf der Erde weilen, steigt die Chance für den Quantensprung in eine neue Menschlichkeit. Der Wille zu leben lässt hoffentlich spätestens am Punkt, von dem keine Rückkehr mehr möglich ist, eine Entscheidung für ein Weiterleben erwachsen. Leider lernen die Seelen nur allzu langsam und selbst wer schon einmal Kriegswirren, Tod und Zerstörung mitgemacht hat, tritt heute nur bedingt für ein anderes Miteinander ein.

Der Spielplatz Erde ist zu schön, als dass wir in den Kinderschuhen hocken bleiben und lieber alles kaputtmachen. Werden wir erwachsen und übernehmen wir alle Verantwortung. Wenn wir den dritten Weltkrieg vermeiden, werden wichtige Bewusstseinssprünge stattgefunden haben. Auch die Aufteilung in gegenseitig ausgrenzende Religionen wird einer neuen spirituellen Religiosität Platz machen und egal welcher Nation man heute angehört, in Zukunft gibt es nur noch einen, den Erdenbürger.

Ist das Bewusstsein der Menschheit etwas angehoben, erzeugt dies automatisch den Wegfall von jeder Menge Unsinn. Intelligente Konzepte kommen zum Tragen und dank der Auflösung der Lebensthemen braucht niemand unnötig an etwas festzuhalten, sondern jeder gibt gerne aus seinem inneren und äußeren Überfluss. Der Nachbar wird als Bruder und Schwester wahrgenommen. Alle nicht mehr stimmigen Grenzen im Kleinen wie im Großen verschwinden. Es beginnt im eigenen Umfeld und gilt ebenso rund um den Globus. Es ist unsere Erde und wir haben zu entscheiden, wie wir leben wollen. Also, tun wir's!

Dafür müssen wir aber auch unser Verhältnis zum Göttlichen neu ordnen. Die jahrhundertelange Bevormundung seitens der Religionen und deren Spuren gilt es über Bord zu werfen. Erkunden wir unsere wichtigste Beziehung aufs Neue.

Die alten Religionen haben uns eingebleut, dass wir Gott dienen müssen, dass er dies braucht, und weil wir in den Apfel der

Erkenntnis gebissen haben, wurden wir aus dem Paradies vertrieben. Wir wurden vom Göttlichen getrennt, weil wir ihm den Dienst quittierten. Dabei gar nicht aus böser Absicht, sondern der Erkundung willen. Wir werden also abgestraft, wenn wir nicht brav sind. Sünder werden als Höchststrafe ausradiert und schmoren auf ewig in der Hölle, so lauten die Vorgaben.

Dies sind alles erfundene Geschichten, um die Menschheit im Zaum der Religionen, in der Gewalt zu halten. Dieses Gebaren konnte die Erdbevölkerung versklaven. Schwierig dabei ist, dass Glaubensvorstellungen tatsächlich wirken und bestätigendes Geschehen auf der Lebensbühne erzeugen. Jetzt müssen wir das auf der Lebensbühne Erzeugte als lebensthemenspezifisch erkennen und in die Transformation führen. Sonst merken wir nicht, wie diese Verhaltensmuster nach alter Sitte uns abermals in den Abgrund von Gewalt und Krieg drängen. Das Schlimme an den alten Glaubensvorstellungen sind die Folgen für unseren gegenseitigen Umgang. Es schlägt sich sogar in den persönlichsten Beziehungen nieder. Hinter dem Dienen eines strafenden Gottes können wir leicht anmaßend übergreifendes Verhalten unseren Mitmenschen gegenüber verstecken. Dann sind wir wieder genau am Anfang, beim Fehlverhalten im Namen Gottes.

Gott will und braucht nichts von uns, im Gegenteil, er unterstützt unsere Bewusstseinserweiterung auf der Bewusstseinsspirale, um uns nach jedem noch so kleinen Transformationsschritt voller Liebe in die Arme zu schließen. In der Entwicklungsarbeit der Seelen arbeitet er mit jeder Seele, die gerade in ihrer Erdenzeit existiert. Alle Geschehnisse stehen somit im Einklang mit der Transformationsarbeit. Was aber für ein Weltbild, wenn diese einen neuen Quantensprung erzeugen.

Jeder Mensch darf natürlich auch weiterhin in alter Weise Kommunikation mit seinen Göttern betreiben, lediglich gewisse missverstandene oder im Nachhinein eingebrachte Absätze in den heiligen Büchern sollten im neuen Kontext in eine Verwandlung gebracht werden.

Wenn Sie immer noch meinen, dass einer allein dabei nichts ausrichtet, möchte ich daran erinnern, wie viele Einzelne Unglaubliches bewirken konnten, und Sie sind ja nicht allein. So viele Menschen haben in derselben Zeit ähnliche Gedanken, das Klima der Veränderung liegt in der Luft!

Wo immer Sie sich aufhalten, auf dem Land, in der Stadt, fangen Sie an, teilen Sie mit Ihren Mitbürgern Ihre Erkenntnisse. Sie werden staunen, wie schnell sich Gleichgesinnte finden. Immer fängt irgendwo jemand an, sich mitzuteilen, und rüttelt andere damit wach. Personen, denen Sie aus dem Herzen sprechen, finden sich ein, Inspiration und Intuition erstellen ein Energiefeld, in dem neue Ideen viele Menschen bewegen. Joschka Fischer hätte sich sicherlich niemals träumen lassen, einmal dem Bundestag anzugehören, geschweige denn als erster grüner Außenminister in die Geschichte einzugehen. Ergo nehmen wir uns ein Beispiel an Menschen, die etwas bewegt haben, und packen es an!

In der Argumentation können wir den Skeptikern mit Verständnis und Mitgefühl gegenübertreten. Wir gehen ja tatsächlich alle durch ähnliche Lernthemen, daher fällt das Verstehen ihrer Gefühle leicht. Anregungen setzen Samen, die einmal gepflanzt, auch erblühen. Ist die Konversation erstmal in Gang gebracht, können wir auf die Eigendynamik bauen. Wenn man mit Gruppierungen diskutiert, die eher mit Stammtischparolen auf Andersdenkende losgeht, sollte man jeden Einzelnen persönlich einmal ansprechen und ihm diese Frage stellen: Was hat man dir angetan, dass du so zurückschlagen musst, um dich besser zu fühlen? Danach sollte man sich verständnisvoll die Antwort anhören, ohne kampfbereit die rhetorischen Messer zu schleifen. Manchmal hilft an dieser Stelle auch eine Pause. Ein anderes Mal ist der Acker dann bestellt, so dass nun darauf aufgebaut werden kann. Jetzt gilt es, Verständnis auszusprechen und die aufkommenden Gefühle beim Gegenüber zu akzeptieren. Gleichzeitig wird sie oder er aber auch bereit sein, sich neuen Argumenten zu öffnen.

Dies zeugt dann von beginnendem Vertrauen und die Gefahr könnte aufkommen, dass nicht ganz ausgereifte Therapeuten aus ihrem Lebensthemenmanko heraus wiederum den Wissensdurstigen so stellen, dass sie ihn energetisch und materiell in die Abhängigkeit drängen. Also bitte nicht in den Missbrauch von Macht abrutschen.

Das Störendste für das Wachsen in die Buddha-Natur ist der Wille zur Macht über andere. Nichts wird davon ausgeschlossen, Freund, Partner, Kollegen, und die Gefahr beim Therapeuten besteht, Menschen gerne nach ihrer Pfeife tanzen zu lassen. Man wird leicht zum Guru und blind für die eigene Lebensthematik. Gleichzeitig schmerzt dieses Handeln aber auch im Inneren des Ausführenden. Es tut weh, doch der Wille zur Macht ist stärker als der Wille, in gesunde Handlungsweisen aufzusteigen.

Es ist wichtig, mit diesem Thema selbst einen kompetenten Therapeuten aufzusuchen, er kann die tief im Inneren liegende Wunde ans Licht der Heilung bringen. Der hier wirkende Minderwertigkeitskomplex drängt in das Hamsterrad des stetigen Vergleichs mit Außenstehenden. Man ist nur zufrieden, wenn dem Gegenüber gezeigt wird, dass man der Bessere ist. Man will zu den Auserkorenen, den besonderen Menschen gehören. Das Oben und Unten in der Welt wird hier willkommen geheißen, unterstützt von Religion und Politik, die im Laufe der Geschichte aus Machtgründen diese Struktur von den Ober- und Untermenschen formten.

Doch wir sind alle einzigartige Seelen auf ihrer Evolutionsreise. Je nach gewählter Lebensthematik befinden wir uns halt an einem Platz des Systems, auf dem wir unsere Lernerfahrungen machen. Ob schwarz oder weiß, Frau oder Mann, dies gehört zum Lebensthemenprogramm und ist kein Ausdruck von Ober- oder Untermensch.

Meditation und Erkennen, wohin die Lebensthemen führen, sind der Schlüssel, um Machtmissbrauch abzubauen. Den weltweit tätigen Therapeuten sei ans Herz gelegt, ihre eigene Thematik und erst recht den Grund, warum sie Therapeuten geworden sind, nicht unaufgeräumt in einer Ecke lagernd zu vergessen.

Jeder Mensch ist einzigartig und steigt in seiner Geschwindigkeit die Evolutionsspirale hinauf. Ich brauche nicht wertend abzuspalten, sondern kann liebevoll verbinden. Auch das Werten des eigenen Selbst im Kreis der Mitmenschen sollte nun losgelassen werden. Der eigene Wert ist stets vorhanden. Das Erkennen der Einzigartigkeit ohne Egohöhenflug vertreibt die Minderwertigkeitsgefühle jeglicher Art.

Wofür wir uns auch immer entscheiden, Halbherzigkeit leitet nirgendwo hin. Authentisch und mit ganzem Herzen wird ab sofort gehandelt. Damit stehen wir in der Kraft und vertändeln nicht unsere Energie. Alles, was zählt, ist intensivste Totalität unter absolut bewusstem Betrachten, ob bei noch so kleinen Entscheidungen, bei der Arbeit, in der Liebe, beim Essen und Tanzen. Es zählt dabei nicht, was man macht, es zählt, wie man es macht! Meditativ in der vollen Lebenskraft stehend, manifestieren sich so die angestrebten Dinge.

Falls wir es nicht schaffen und immer wieder auf uns selbst reinfallen, probieren wir weiter die gesunden Handlungsweisen, es ist nie zu spät für einen Quantensprung. Sogar wenn das Leben vergeudet wurde und erst in letzter Sekunde der Groschen fällt, genügt dies für einen Sprung auf der Evolutionsspirale.

In der Bewusstseinsschule verbleibt man als Weggefährten eine Zeit lang und wenn der Lernende genug hat, verlässt er die Schule. Manche Auszubildende bleiben bis zur Reife der Buddha-Natur, andere nur so lange, wie sie wollen. Jeder ist frei, keiner wird aufgehalten. Die Meisterin, der Meister oder die Meister verabschieden alle mit den besten Wünschen.

Es kommt jedoch auch vor, dass der Meister einem Schüler die Tür weist, gerade wenn dieser sich nämlich im höchsten Grade uneinsichtig zeigt und meint, sein persönliches Themenbild in der egoistischen Selbsteinschätzung nicht aufzugeben.

Er bleibt etwa als geschlagenes Kleinkind hinter dem Vorhang des Opfers stehen und weigert sich, ohne größtmögliche Bereicherung und selbstverständlich von allen im Umfeld mit Energie versorgt, vor dem Vorhang in die Erwachsenenwelt der Eigenverantwortung aufzutauchen. Seine Unterernährtheit treibt den Betroffenen in die unbewusste Haltung, den Fehlglauben, dass sämtliche Situationen und Begegnungen mit Menschen hauptsächlich der persönlichen Energiebereicherung dienen. Davon sind dann alle Bereiche, Partnerschaft, Arbeit, Familie etc., betroffen. Der innere Tyrann will das Feld einfach nicht räumen, er ist schließlich ein Leben lang schlecht behandelt worden. Doch da im Leben Transformation trumpft, kann sich für diesen Zeitgenossen kein erfülltes Sein einstellen. Er wird ewig hadern, den Absprung verpassen und andere ganz selbstverständlich weiterhin mit seiner Tyrannei belasten.

Der Kreis des Erwachens jedoch gestattet niemandem mehr, in Billiglösungen abzugleiten. Und Vorsicht vor Scheintransformierten, gemeint sind spirituelle Finder, die trotz einer erheblichen Zeit in der Ausbildung des Bewusstseins kaum ihre wahren Lebensthemen aufräumen. Werden ihre Themen entdeckt und der heilende Finger in die Wunde gelegt, kommen zumeist explosionsartig Abwehrmechanismen zum Vorschein. Die Seele wird abgeschottet vor einem vermeintlichen Angriff. Der Gedankenapparat ist nun bereit, bis zum letzten »Blutstropfen« die Stellung zu wahren. Völlig fehl am Platz kämpft der in diese Egofalle geratene Verstand gegen die Möglichkeit, endlich Erlösung zu finden. Der Suchende speit Gift und Galle, um den Therapeuten vom Gegenteil der wahrhaftigen Anamnese zu überzeugen. Dann flüchtet er schimpfend und fluchend und baut durch diese Handlungsweise noch ein paar Zinnen mehr auf seine Abwehrmauern. Manche dieser hier Erwähnten sind leider hoffnungslose Fälle, man muss sich von ihnen verabschieden und sogar vor ihren schwarzen Energiefeldern Schutz suchen.

Nehmen Sie sich in Acht vor derartigen Freunden, Kollegen

oder Liebhabern. Zwecklos bis aussichtslos, so heißt die Erkenntnis an diesem Punkt. Die freie Entscheidung der Seele, nicht zu transformieren, muss respektiert werden, auch wenn man darüber trauert, loslassen und entlassen ist angesagt.

In meiner therapeutischen Arbeit erlebe ich Ähnliches, Fragende kommen, machen eine gewisse Entwicklung und verabschieden sich wieder. Hier tut es mir zwar manchmal in der Seele weh, wenn der Absprung zu früh erfolgt, aber Therapeutsein bedeutet eben auch, loslassen zu können, und zwar an jedem Punkt der Therapie. Es existieren zwar Therapieziele, aber keinesfalls Erwartungen, die sich erfüllen müssen. Auch Frustration als Nebenprodukt kommt nicht mehr auf. Über die Jahre begeben sich so viele Suchende auf den Pfad, arbeiten an ihrer Entwicklung und gehen wieder ihrer Wege. Manchmal ist es lediglich schade, wenn Leute kurz vor ihren Durchbrüchen die Bewusstseinsschulung quittieren. Aber das gehört dazu. Manche Klienten verweigern aber auch den Blick hinter ihre Kulissen, der Schmerz wäre zu groß oder aber man könnte mit dem gewonnenen Wissen nicht mehr die alte, irgendwie lieb gewonnene Position besetzt halten. Doch um es geradeheraus auszusprechen, diese Scheinsucher sind für den Sinn ihres Lebens einfach zu feige.

Ähnlich beim großen Weltgeschehen, dem Gesellschaftswandel fehlt im Augenblick die weltweite Auseinandersetzung mit dem Sinn des Lebens. Der eigentliche Grund der Seelenreise wird verkannt. Doch wenn wir der Lebensthematik größere Beachtung schenken, gelingt es, bestimmte Verhaltensweisen fallen zu lassen, und wir werden damit alle ein noch glücklicheres Dasein erfahren.

Im Jahre 2003 gaben der Schamane, Friedensstifter und Meister der Gitarre Carlos Santana und seine phantastische Band in München in der Olympiahalle ein Konzert. Gemeinsam fackelten sie ein Feuerwerk der lateinamerikanischen Rhythmen ab. Die wichtigste Message, die Carlos freilich mitbrachte, ist genau der hier beschriebene wichtige Blick hinter die Kulissen.

Er stellte sich als Weltbürger vor, der in Deutschland Deutscher und in Schweden Schwede ist. Chinesen, Amerikaner, Afghanen, Israelis, Tibeter, Engländer, Franzosen, Palästinenser, Italiener etc., sie alle gehören einzigartig zur Einheit der Familie der Erdenbürger. Die spirituelle Haltung der Seelen auf ihrem Transformationspfad sollte in dieser Realität des Weltbürgers stehen.

Santana demonstrierte seine Herzlichkeit mit der wiederholt von Herzen gesendeten Geste der Liebe in Richtung Zuschauer. Bei der Vorstellung seiner Bandmitglieder am Ende der Show verabschiedete er diese einzeln mit einer kurzen Umarmung, man konnte deutlich sehen: Dieser Mann lebt seine Werte!

Zum Schluss verbeugte sich Carlos Santana vor dem Publikum auf den Knien mit dem indischen Gruß der gefalteten Hände, Namaste, über dem Kopf, was so viel bedeutet wie, mein Göttliches grüßt das Göttliche in dir, in euch! Er forderte das Auditorium auf, Verantwortung für das Geschehen auf Erden zu übernehmen, und mahnte an, dass wir allein schon unseren Kindern verpflichtet sind …

Betrachten wir als Nächstes das Phänomen Reichtum und Armut. Armut entsteht im Schatten und aus dem Krankheitsbild des Reichtumanhäufens. Das Lebensthema heißt hier, das aus der Jugendzeit gewachsene Bedürfnis nach Wärme, Nahrung und Sicherheit so zu verwandeln, dass man bemerkt, in der Einfachheit, dem Alleinstehenkönnen mit etwas zu essen, zu trinken, einer Decke, einem Dach über dem Kopf etc. liegt der Schlüssel zur Glückseligkeit, man braucht eigentlich wenige Dinge. Die Menschen, die sich mit übermäßigem Reichtum umgeben, erbauen gleichzeitig Mauern zur Welt und sitzen dann in ihrem goldenen Käfig. Darin findet man nicht zum authentischen Sein. Um diesen Pseudostand trotzdem aufrechtzuerhalten, spaltet man das Leben ab.

Hierbei meine ich nicht, dass einem das Kreieren von Wohlstand und Überfluss aus der Bahn des Aufstiegs in die Buddha-

Natur katapultiert, im Gegenteil, wir alle sollten im inneren und äußeren Reichtum Platz nehmen.

Gemeint sind an dieser Stelle die Zurückhalter, die den Lebensfluss stauen, dies auf Kosten der Mitmenschen. Es sind Leute, die von der Energie der Menschen leben, auch, um sich haushoch über sie zu stellen. Ein kleiner Teil der Erdenbürger lebt so auf dem Rücken der Mehrzahl, melkt sie energetisch und materiell.

Was immer die Gesellschaft produziert, gehört eigentlich allen Erdenbürgern. Rohstoffe sind Teil der Erde, warum darf also ein Gast, der für einige Jahrzehnte das Gastrecht genießt, jahrtausendealte Rohstoffe für sich beanspruchen? Die Armen produzieren und die Reichen genießen den wie immer gearteten Erfolg. Die Arbeiter, die in der Dritten Welt Konsumartikel herstellen, schuften für Hungerlöhne. Der Verdienst lässt die Menschen gerade mal überleben. Es werden Bedingungen geschaffen, durch die die Einheimischen nicht in die Unabhängigkeit aufsteigen, sondern ganz bewusst gesteuert bleiben sie in sklavenartiger Abhängigkeit. Die Gesetze schützen dabei die Ausbeuter. Entwicklungshilfe wird benutzt, um die »Kühe melkfertig zu servieren«, den Profit fährt man nun auf dem Rücken der Arbeiter ein.

Das vermeintlich wunderbare kapitalistische System ist einfach nicht das Ende der Fahnenstange. Wir müssen neue Systeme erschaffen, die eine allseits gerechtere Lösung bringen.

Dass der weltweite Terrorismus genauso mit den Ungerechtigkeiten in der Welt zu tun hat, liegt ja wohl auf der Hand! Aus einem etwas abgewandelten Krankheitsbild eröffnet das alte System kriminellen Machenschaften Tür und Tor. Weltweit agieren unzählige Banden im Schatten des offiziellen Systems. Das krampfhafte Festhalten an dem System hält alle krankhaft in ihren Schranken.

Dieses Gebaren zeigt die Auswirkung der Ambitionen nicht transformierter Leute. Der Unterernährte mit seinem ewigen Krankheitsbild ergötzt sich an der Scheintransformation des

Reichtums, und diese ist weit entfernt von der Transformation in die Realität.

Ein Mensch, der Geld anhäuft und dabei zusieht, dass so viele Menschen darunter leiden, ist weder gesund noch menschlich, spirituell oder religiös. Vor allem haben Zukunftsforscher und inspirierte Seelen herausgefunden, wie es auch anders gehen könnte, ein Leben in Wohlstand für alle Weltbürger ist tatsächlich in Reichweite.

Almosen sind nicht von Vorteil, besser funktioniert das Erkennen der persönlichen Lebensthemen, dies ermöglicht den weitsichtigen Erdenbürgern, ihre Transformationsreise anzutreten. Im Übrigen hat Armut nur bedingt mit Karma oder üblen Machenschaften aus einem Vorleben zu tun. Das Lebensthema heißt meist, vom Minderwert in die authentische Größe einer geläuterten Seele und mit der Transformation in die Fülle aufzubrechen. Es beinhaltet aber auch das Sicheinsetzen der Menschen hier und dort, gemeinsam, für eine bessere Welt.

Die Gesellschaft lebt nach uralten Überzeugungen, die so viele derartige Unmenschlichkeiten zulassen. Das Verstehen der Hintergründe für Armut bringt die revolutionäre Veränderung ins Rollen. Bestimmten Krankheitsbildern muss der Weg in die Gesundung gewiesen werden. Wir dürfen nicht mehr zulassen, dass Machtgebaren andere Seelen ausnützt. Wir haben die Pflicht, dem Einhalt zu gebieten. Wie im Kleinen, so im Großen. In einer Liebesbeziehung lässt ein gesunder Partner auch nicht einfach zu, wenn der Gefährte versucht, seine krankhaften Machtspiele auszuüben. Der Gesunde trennt sich eher, als sich unter den Despoten einzureihen.

Es wird kein Gewaltakt sein: Die in der Überzahl auf diesem Planeten anwesenden ärmeren Menschen werden aufwachen und hoffentlich über die politische Wahl der Demokratie die Dinge in die Genesung bringen. Eine klassenlose Gesellschaft befriedigt die Bedürfnisse aller.

Ein weiteres Krankheitsbild, die Gier, kann nicht erfüllt, zufrieden gestellt werden, wie schwarze Löcher im Universum verschluckt es alles, was in seine Nähe kommt. Nur eine Transformation dieses Lebensthemas birgt die Hoffnung auf einen Evolutionssprung.

Es kann nicht angehen, dass auch in Zukunft die Menschen unter den unmenschlichen Auswirkungen bestimmter Krankheitsbilder leiden müssen. Verkürzen wir die Leidenszeit, erfüllen wir unsere Lebensthemen ebenso wie die, die am Reichtum kleben. Almosen zu geben ist bei diesem Thema keine Lösung. Lediglich irgendwie zu überleben unter den Augen der Weltöffentlichkeit zeigt nur das Debakel der Menschlichkeit auf unserem Erdboden.

Die Religionen versorgen dabei die Unterdrückten mit Hoffnungen auf ein besseres Leben im Jenseits, sie verbünden sich mit der politischen Macht, damit sie als Staatsreligion auch etwas Energie vom Machtkuchen auf ihre Seite bringen. Die Bevölkerung ködert und befriedigt man lediglich mit Versprechungen und scheinbarer Unterstützung. Eine wirkliche Verbesserung für die Einwohner findet selten statt.

Die Bewusstseinsschulen lehren, genau hinzusehen, wie die Dinge verquickt sind. Außerdem existiert dort eine sehr große Liebe zwischen den Teilnehmern, die entschlossen nicht mehr die Augen vor der Wahrheit verschließen. Wir sind aufgefordert, als Träger des Wissens über die Realität des Erdenlebens für eine Verbreitung der Wahrheit bis in den letzten Winkel, den entferntesten Ort der Erde zu sorgen, damit wirkliche Transformation endlich geschieht. Sonst hat die Weltbevölkerung kaum eine Chance auf eine bessere Welt.

Schulwissen allein hilft nicht weiter, die neuesten Offenbarungen zum Thema Seelenentwicklung sind das, was wir dringend brauchen. Die Ausbildung zum Akademiker, Ingenieur, Doktor oder Professor beinhaltet in keinster Weise die Einsichten, die der Seele in die Buddha-Natur helfen. Stattdessen stopft man einseitiges Wissen und überholte Funktionsweisen in den Gedankenapparat.

Die neue Vision bedeutet die Klärung der Lebensthemen und

die Erfahrung der Meditation. Das übliche Wissen wird erstmal zur Nebensache. Meditation ist dann die wichtigste Lernerfahrung. Bevor man nicht mit sich selbst im Reinen ist und weiß, wohin das Schiff steuert, macht das Überstülpen von haufenweise Wissen keinen Sinn. Tatsächlich können die Lebensthemen schon bei Kindern wahrgenommen werden, verknüpft mit Meditation, können Berufung und Vision wesentlich früher beginnen. Wofür auch immer sich der Jugendliche im Leben einsetzen möchte, er kann nun ohne größere Umwege starten.

Die Wurzeln in der Realität sind ausschlaggebend, damit in der Ausbildung keine Scheingröße entsteht, die als aufgeblähtes Ego lediglich ein kleinkariertes narzisstisches Leben führt. Die Tiefe im Sein, die Basis der Evolution der Seele, bringt den authentischen inneren Raum, verbunden mit der göttlichen Intuition, zum Scheinen, was erst dann ein wirklich wertvolles und glückliches Dasein gestattet.

Bevor der junge Mensch in die Lüfte seines Lebens abheben kann, braucht er eben beide Flügel des Wissens, sonst erweist sich der Flug als Rohrkrepierer. In unseren heutigen Ausbildungszentren fehlt der wichtigere Flügel, die Wahrheit über die Seelenreise. Warum dieser wahrhaftige Flügel komplett fehlt, hat wieder mit dem Thema Macht und Fügungsgewalt über Menschen zu tun. Und da Demokratie immer von der Mehrheit abhängt und genau diese Mehrheit meist vor großen Veränderungen angstvoll zurückweicht, ist es so schwer, die neuen Paradigmen einzuführen. Lieber investiert man in überholte Systeme.

In Wahrheit brauchen wir keine Kirchen und andere Gotteshäuser, weil wir sowieso in ständiger Verbindung mit Gott stehen. Wir müssen diesen heißen Draht nur begreifen und zu gebrauchen wissen. Damit stehen wir in dieser direktesten Verbindung zum Göttlichen. Das fördert die Freiheit und Unabhängigkeit, damit können keinerlei äußere Instanzen mehr den Menschen von der Verbindung zu Gott abschneiden. Im eigenen Herzen erleben wir den Kontakt mit der Existenz und damit benötigen wir keine Religion als Mittler.

In den Ausbildungszentren der Welt brauchen wir Abteilungen für Meditation und Lebensthemenanalyse, in der Grundschule, Berufsschule und in den Universitäten, überall! Jugendliche brauchen zuerst das Wissen um die Realität, die Werte für ein glorreiches Miteinander. Dann machen ihre spezifischen Themenaufarbeitungen zum Beispiel bei den Entscheidungen der Berufswahl wesentlich mehr Sinn.

Die Frage »Wer bin ich?«, bringt als Antwort die Standfestigkeit für einen gesunden Start in die Berufung. Wer sich selbst kennt und seine Transformationsaufgaben, unterliegt nicht länger der Versuchung, die Ausbildung für das Ego befriedigende Dinge zu missbrauchen. Krankheitsbilder, die Kriege heraufbeschwören, gehören schon bald der Vergangenheit an. Die Evolutionssackgassen der Religionen werden ebenfalls erkannt und gebannt.

Die Konsequenz daraus ist die mutige Beseitigung von allem, was nicht funktioniert. Diese Schritte müssen gewagt und vollzogen werden, da sonst die Übermacht des religiösen Missbrauchs und deren heutige Statthalter noch jahrhundertelang die eigenen Anhänger in Verwirrung, Tod und Verderben schickt.

Im Moment des Erreichens des inneren Zentrums erwacht in uns eine nie dagewesene Klarheit über die Probleme der Welt und gleichzeitig steigen über die Intuition Bilder von Lösungen auf. Man beendet selber die Versuchung, das Gift des eigenen Lebensthemen-Spannungsbogens in die Welt zu verschütten.

Genau in diesem Augenblick fängt man stattdessen an, seine Einsichten und die Vision für eine bessere Welt mit anderen zu teilen. Auch wenn wir das vielleicht nicht glauben und wahrhaben wollen, alle Probleme der Weltgemeinschaft werden von den Menschen selbst geschaffen. Kein Außerirdischer oder sonstiges intelligentes Tier trägt dafür Verantwortung. So muss auch der Mensch dafür sorgen, dass der Unsinn aufhört.

Die Ignoranz hat die Menschheit an diesen Punkt gebracht und nur über die Bewusstseinsarbeit entsteht der Raum für den hier entscheidenden Quantensprung.

Wenn wir den neuen Rahmen nicht in kreative Handlungen umsetzen, fressen uns die alten Krankheitsbilder auf, und zwar auf allen Ebenen, psychisch, körperlich, umweltmäßig, und die gegenseitige Zerstörung tut ihr Übriges.

Schluss also mit der Symptombekämpfung! In den Ursachen liegen die Schlüssel der Transformation. Die Dinge müssen ans Licht, erst dann geschieht Heilung.

Viele Krankheiten der Welt haben mit der Unterdrückung der Transformationsaufgabe zu tun. Dieses Fehlgebaren verkürzt mitunter auch die Lebensdauer eines Menschen. Die Lebensbühne verstärkt nämlich den Druck bei der Weigerung von Basisarbeit. Dabei müssen wir einsehen, dass der Weg der steten Verweigerung die Gesellschaft schwer belastet. Denn wenn Krankheit, Unfall oder der Zusammenbruch auf materieller Ebene viele Menschen in die Transformation schickt, verstehen das leider die wenigsten.

Diesen Patienten fehlt das Wissen, wie die Geschehnisse ineinander greifen und warum es so funktioniert. Viele haben zwar eine Ahnung, möchten aber lieber wie bisher weitermachen. Dies erzeugt immense Kosten für Krankenhäuser bis hin zu den Sozialdiensten. Bei meiner Arbeit im Krankenhaus begegneten mir etwa 70 % Uneinsichtige, die lieber an ihren alten Mustern festhielten. Weitere 25 % fielen nach kurzer Versuchsphase zurück in alte Gewohnheiten. Nur etwa 5 % gingen in die Gesundung und Transformation. Dies ist das Ergebnis in einer über die Realität unaufgeklärten Gesellschaft.

Wer jetzt noch nach alter Manier mit dem Kopf durch die Wand will, liegt später vorzugsweise eher im Krankenhaus, als in die verantwortungsvolle Eigenständigkeit aufzustehen. Das ihm unbewusste Lebensthemenbild lässt aber nicht locker, bis es im Bewusstsein langsam dämmert oder aber er über die letzte Kante in die andere Dimension abstürzt.

Die Kosten für diese Art der Gesunderhaltung belaufen sich auf solch hohem Niveau, dass wichtige Gelder für den Fortschritt auf allen Gebieten fehlen. In Amerika zum Beispiel macht das Problem Übergewicht einen hohen Anteil an den Kosten im Krankenwesen aus. Das Essen, das hier zu viel konsumiert wird, die Kosten für die Rückführung in gesunde Normen und für die Krankenhausmitarbeiter, vom Doktor bis zum Pflegepersonal, werden in Beschlag genommen, doch haufenweise Fastfood ist nach wie vor der Renner.

Ein anderes Problem ist die Überbevölkerung wie etwa in Indien. Diese kann aus religiösen Gründen nicht in den Griff bekommen werden. Anstatt die Pille zu verabreichen oder eine Sterilisation bei Mann oder Frau vorzunehmen, fehlt vielfach sogar sauberes Trinkwasser für die Kinder.

Politiker trauen sich nicht, hier konsequent aufzuklären oder entsprechende Gesetze zu verabschieden, denn neben ihren Pfründen werden auch die religiösen Missverständnisse wegen der wahltaktischen Vorausschau nicht abgeändert. Die neuen Offenbarungen können aber lediglich dann richtig greifen, wenn alle Menschen davon wissen. Deswegen ist die Verbreitung in sämtliche Richtungen so dringend notwendig. Die Chance für ein selbstverantwortliches Umgehen mit anstehender Veränderung ist jetzt gegeben. Auch das Argument der karmabedingten Armut zieht nicht mehr, da wir bloß die Umgestaltung vornehmen zu brauchen, um gewisse Lebensthematiken zu erlösen. Also Schuld und Sühne sind nicht angesagt, sondern ein herzhaftes Anpacken.

Wenn die Demokratie hier nicht weiterhilft, da der Großteil der Wähler sich weigert, alte Handlungsweisen aufzugeben, ist ein Weltrat vonnöten, der im Wissen der Realität versucht, Neues einmal auszuprobieren und wenn Besserung eintritt, es für alle sichtbar nachzuweisen und damit ein Willkommen herzustellen. Auch in Deutschland haben wir das Problem der machthungrigen Politiker, die zu wenig über die Realität Bescheid wissen. Machthunger hat kein Interesse an wirklicher

Aufklärung, sondern will in erster Linie diesen krankhaften Trieb befriedigen. Von einer höheren Warte aus sollten Regierungen Neues wagen. Unsere Zeit benötigt dringend mutige Voranschreiter, die sich dem Ganzen widmen, gerade auf der politischen Etage.

Alles Handeln zeigt sofortige Konsequenzen, auch wenn diese nicht gleich sichtbar sind. Wer kein Interesse an Werten zeigt, die Liebe und Bewusstsein steigern, spürt doch irgendwo, dass etwas nicht stimmig läuft. Energetische oder materielle Blockaden in der Aura, im Körper oder in der Außenwelt treten in Erscheinung, konfrontieren.

Trotz strebsam gestalteten Reichtums verschließt sich etwas, verstopfen die Poren des Lebensflusses, wenn man die Augen vor seinem Krankheitsbild verschließt. Das wirkliche Lebensthema ist noch bei weitem nicht erlöst. Eine völlig andere Energie verspürt der in der Liebe Stehende, für den krampfhaftes Grapschen nach Geld und Macht kein Thema mehr darstellt. Ohne Sicherheitsgriffe genießt er die Reise auf dem Fluss des Lebens.

Armut auf allen Ebenen erzeugen vor allem habgierige Menschen, die sich aus ihrem Krankheitsbild nicht transformieren und damit wie die Sammler ausnahmslos festhalten, was ihnen unter die Finger gerät. Die Gesetze vom Besitz eines Erdteils inklusive Rohstoffe spült Reichtum in die Hände weniger, wie bei den Ölvorkommen in der arabischen Welt.

Dafür stirbt in Afrika die arbeitsfähige Bevölkerung wie die Fliegen an Aids. 42 Millionen Infizierte, hauptsächlich in der Dritten Welt. Dadurch verblasst das Interesse der Industrieländer zusehends. Die Weltgemeinschaft lässt bis heute nur begrenzt zu, dass preiswerte Medikamente das Desaster lindern. Ein Erdteil wie Afrika wird von der Seuche regelrecht entvölkert. Die tragende Gemeinschaft der Familien zerfällt. Neue Überlebensstrategien für die Kinder und die Alten müssen zwangsweise aus dieser Situation geboren werden. Die Weltgemeinschaft steht in der Pflicht!

Diese Tragik ermöglicht quasi als Chance, in neuen Großfamilien oder Kommunen, den aus der Not geborenen Dorfgemeinschaften, das Überleben zu garantieren. So aufzuwachsen kann für die afrikanischen Menschen bedeuten, dass aus der Not eine Tugend erwächst. Der Weg aus der Krise erzeugt nebenbei eventuell ein neues Modell als Vorbildfunktion für den Rest der Welt. Nur gemeinsam, mit aller Kraft und der Unterstützung der Erdengemeinschaft kann diese Herausforderung bewältigt werden.

Besitz ist also sehr relativ. Eine höhere Warte besagt, wir Erdenbürger sind lediglich für ein paar Jahre Gäste auf diesem Planeten und deshalb sollte sich das Sein in dieser Welt etwas demütiger abspielen. Die alte Anordnung beschert das, was jetzt schon und auch in Zukunft nicht mehr funktioniert. Fortschritt bedeutet weder Sklaverei noch Armut, aber auch nicht übergroßen Reichtum und Hochmut, treffen wir uns doch in der Mitte, wo es allen Menschen gut geht.

Lebensstile werden in Asien heute noch gutem oder schlechtem Karma zugeordnet. Wir haben uns an diese Aufteilung Reich oder Arm in der Welt, dank der Konditionierung der Jugendzeit, längst gewöhnt. Doch in Indien bedeutet das eine Aufspaltung in wenige Superreiche und den Rest, der mehr oder weniger gleichmütig in äußerst »bescheidenen« Verhältnissen lebt. Man sagt uns in der Schulzeit, dies oder jenes ist das beste System, also haben wir dem zu folgen. Was dann die weit entfernten, völlig andersgearteten Wesen tun, geht uns einfach nichts an. Oder jedenfalls nur so viel, dass unsere Interessen gewahrt sind. So oder so müssen wir uns die eigene Beschränktheit allerdings irgendwann eingestehen. Ob wir wollen oder nicht, es gibt nur eine Menschheit und niemand ist davon ausgeschlossen. Im UN-Sicherheitsrat versprechen zwar bestimmte Staaten, Rohstoffe für die Finanzierung der Überwindung und das Halbieren der Armut innerhalb von wenigen Jahren bereitzustellen, doch leider sind das meist nur Lippenbekenntnisse.

In der Ausbildung zählen beide Flügel des Wissens, die Realität, das, was so ist, und die Meditation. Wer meint, eine Seite sei genug, dem wird in Zukunft der Aufstieg in den Berufswunsch dadurch erschwert. Der Abschluss in Meditation zählt gleichermaßen. Offene Schulklassen gestatten auch Interessierten den Einblick in eine über Meditation geschulte gesunde Lebensführung.

In meiner Zeit im Krankenhaus habe ich es sehr vermisst, dass es dort keine Räumlichkeit und Weiterbildung in Meditation gab. Auch einem Gesunden hilft es, in sich zu gehen und als Weiteres dabei gleichfalls Informationen über seine bei nicht Beachtung in die Krankheit führende Lebensthematik zu erhalten. Was für ein Aha-Effekt und wie erfolgreich dieser nach dem Überwinden von Krankheit für neue Handlungsweisen sorgt.

In der Sterbehilfe sollte Meditation ebenfalls fest eingebunden sein. Bevor der dem Sterben Nahe seinen Körper verlässt, ist es eine riesige Erleichterung für ihn, während der Meditation zu erfahren, dass er vom Körper unabhängig als ewig weiterlebende Seele existiert. Dann kann er, wenn es so weit ist, leichter in Frieden und freudvoll in die andere Dimension wechseln. Diese Art der Weitergabe der Meditationsrealität ist der größte Akt der Nächstenliebe, den wir vermitteln können.

In der Bewusstseinsschule, dem Vorläufermodell einer in allen Ausbildungsmodulen selbstverständlichen Weitergabe von Wissen über die Realität, kreieren die Teilnehmer einen energetischen Raum, in dem Meditation geübt wird. Diese Vorläufer überzeugen durch ihre beispielhafte Funktion für ein entspanntes Lernen und ein wesentlich umgänglicheres Miteinander. Und plötzlich kommen auch Politiker nicht mehr an diesen Wahrheiten vorbei.

Da die Entwicklung der Politiker ebenso über den Lebensthemen-Spannungsbogen läuft, klopft hin und wieder einmal die Transformation an und mit kleinen Sprüngen gelingt es ihnen im Privatleben, aber auch im politischen Geschehen, etwas voranzutreiben. In der Öffentlichkeit tun sich die politisch Engagierten eher schwer, doch in privaten Runden wird schon mal Tacheles geredet und neue Positionen bezogen. Man ist sich in den verschiedenen Gruppierungen eigentlich einig, dass manches religiöse geschriebene Wort heutzutage als nicht ganz stimmig entlarvt ist. Dazu kommt, dass man manches schlicht nicht versteht, es aber gerne verstünde. Mit der Bereitschaft, für neue Erkenntnisse und Zusammenhänge im göttlichen Spiel offen zu sein, hapert es dennoch ein wenig. Vieles Innovative, was man so hört, klingt zwar interessant, aber man möchte sich als Politiker ja nichts verscherzen. Doch mutige Leute experimentieren mit dem Gehörten, und was wirklich wirkt, wird von ihnen auch deutlich ausgesprochen. Dazu kommen die Visionäre, die dieses aufgreifen und anfangen, in der politischen Diskussion Stellung zu beziehen.

In den Sangha treten die meisten Menschen mit dem Verlangen nach dem Wissen, das hinter die Kulissen des Mysteriums Leben führt. Zunächst studieren sie mit dem Intellekt, danach reifen sie zur nächsten Stufe, sie rücken dem Erwachten innerlich näher. Nun interessiert sie nicht mehr das Anhäufen von Wissen, sie wollen die innere Mitte der Authentizität finden. Wenn die Selbstfindung prächtig gedeiht, bestimmt Meditation vermehrt den Alltag. Allerdings nicht länger in Form von Übungen, sondern ganz automatisch aus dem entwickelten Bewusstsein. Größeres Bewusstsein ist also nun der alltägliche Zustand.

Auf diesem Weg legt der Fortgeschrittene Stück für Stück seine Persona ab und gedeiht zur Blume der puren Präsenz. Der Drang nach dem Erwachen schwindet kurz vor dem Moment, wenn es tatsächlich passiert. Es war das letzte Hindernis, danach ein kurzes entspanntes, gelassenes Warten, voller Licht, Liebe und Freude, dann der Augenblick des Erwachens – der Funken der Glückseligkeit breitet sich aus!

Der gerade Erwachte steht nun in derselben Einheit des Bewusstseins mit dem Meister, der Kreis ist geschlossen, das Bewusstsein allumfassend. Die Teilung hat ein Ende. Körperlich zwar nach wie vor getrennt, energetisch aber im Leuchten des Bewusstseins eins, so stellt sich der erreichte Zustand dar. Mit dem Erwachen verschwinden die geistigen Unterschiede. Der sehnlichste Wunsch nach Erleuchtung verschwand im richtigen Augenblick, als das Ich sich auflösend sein Dasein verlor.

Im Kreis der Bewusstseinsschule weht ein Klima der Bereitschaft für Wachstum. Die Anwesenheit eines Erwachten nährt zusätzlich das Energiefeld. Der Bewusstseinsfunke springt in einem Buddha-Feld wesentlich leichter über. Nach dem Erwachen, ohne das alte Ich, die Persona, wirkt die göttliche Kraft direkt und ohne Filter, Handlungen werden zu direkten Offenbarungen zum Wohle der Menschheit.

Im Ozean der Buddha-Natur sind wir alle zu Hause. Je mehr Funken überall überspringen, desto einfacher lassen sich die anstehenden Probleme lösen. Sie werden in die Transformation gebracht und damit geschieht die Formung einer neuen Welt. Keine Angst, das Erwachen ist solch ein Feuer, dass alles Falsche und Egorestgebaren wie Wasser bei Hitze verzischt, und übrig bleibt reines Gold.

Bevor zum Schluss die entscheidendsten Quantensprünge gelingen, meldet sich der Verstand oftmals ungefragt und redet dem Suchenden ein, Wichtiges sei bereits transformiert. Meist gelingt es dem erfahrenen Suchenden, diese Worte abzuwehren.

Doch es gibt Zeiten, da gewinnt der Verstand bei Anfängern wie Fortgeschrittenen die Oberhand, und es verselbständigt sich etwas, der Gedanke, die Weiterbildung auszusetzen oder aber in den persönlichen Widerstreit und Machtkampf mit dem Therapeuten abzudriften. Der Therapeut oder auch der Erwachte hat in diesem Moment kaum eine Chance, das Gegenüber wirklich noch zu erreichen. Der Suchende verabschiedet sich innerlich und lässt keine andere Position außer seiner unbemerkten Verstandesposition mehr gelten.

An diesem Punkt angelangt, ist es müßig, an einem weiteren gemeinsamen Weg festzuhalten. Die Tipps des Therapeuten dringen nicht mehr bis zum Wesen des Suchenden vor. Wenn im Einzelgespräch oder Gruppenprozess die Sprache darauf kommt, wird der Therapeut gelegentlich die Initiative ergreifen und dem Verweigerer die Tür weisen oder aber wie die alten Meister des Zen mit einem aus dem Rahmen fallenden Akt den Verstand stoppen.

Damit hilft er dem Suchenden, das Spiel um Scheintransformation nicht weiter in diesem Kontext spielen zu können. Dieser wird komplett auf sich selbst zurückgeworfen. Er kocht zwar vielleicht erst einmal vor Wut oder zeichnet sich durch Ignoranz aus. Der Aussteiger wird diesen Therapeuten dann wahrscheinlich in Zukunft meiden, aber sonst versucht er, statt zu wachsen, bei einem Verbleib die Energie abzusaugen oder den energetischen Raum zu zerstören.

Der einsichtige Therapeut setzt der Verstandessteuerung für einen Moment ein Ende, indem er dem Suchenden mitteilt, für eine Zeit nicht mehr weiter mit ihm zu arbeiten. Der Uneinsichtige hat den Raum zu verlassen. Denn ein Sicheinlassen auf Verstandesebene würde bedeuten, in einen Kampf um Energie und Machtspiele einzusteigen. Das ist aber nicht Sinn der Begegnung. Das alte Lebensthemenmuster wird sonst lediglich auf dieser Wachstumsebene raumgreifend Platz nehmen und eine weitere Erlösungsmöglichkeit missbrauchen. Wenn man mit dieser Situation nicht klar und eindeutig umgeht, wird die Verstandesebene ewig versuchen, mit ganzer Macht den Kampf gegen Veränderung weiterzuführen.

In meinen Therapiegesprächen erlebe ich hin und wieder, wie Klienten aus Angst vor wichtiger Umgestaltung für eine gesunde Zukunft die Weiterarbeit aus fadenscheinigen Gründen boykottieren. Lug und Selbstbetrug werden der Wahrheit vorgezogen. Oder sie möchten in wichtige Teilbereiche nicht schauen, lieber werden ein paar unbedeutende Kleinigkeiten hergenommen für vermeintlich therapeutische Großtaten und dann wird lieber auf diesen ausgeruht, um ja nicht die schon so lange anstehende Bewusstseinswende anzukurbeln. Lieber so tun, als ob, nach dem Motto »Ein bisserl etwas geht allerwei!« Damit ist auch das Vertrauen in den Therapeuten verschwunden, der eben noch so wertvolle Tipps geben konnte, jetzt empfindet man alles, was er sagt, als nicht stimmig, und was man selber denkt, regelrecht als eine Offenbarung. So vermeidet man mit Bravour die Erlösung wichtiger Lebensthemen und muss sich, zwar kurzzeitig guter Dinge, dennoch im Reigen der Transformation wieder ganz hinten einordnen.

Wie schon öfters bemerkt, ist der Mensch eine freie Seele und kann machen, was er will, doch ein Therapeut oder erwachter Meister muss auch nicht mit jedem, der das eben mal wünscht, arbeiten!

In der Abwehr dieser Verweigerer hilft der Therapeut am ehesten dem Menschen auf einem Bewusstseinsweg zurück. Ablehnung erzeugt Kraft, die man entweder für Wachstum nutzt oder mit der man dem Ego die Fahrt in den Abgrund ermöglicht, jeder ist seines Glückes Schmied!

Dazu kommt, dass wir im Zeitfenster für das persönliche, aber auch für das kollektive Wachstum eben keineswegs die ewig zeitlose Möglichkeitsschiene besitzen. Man merkt es ja im privaten Bereich, wie lange es braucht, bei einmal nicht genutzter Gelegenheit auf der Lebensbühne, bis wieder ein Moment von Sprungqualität bereitsteht, und wie oft wir diesen wieder sausen lassen. Dementsprechend schaut es auch auf der Weltbühne aus, fast aussichtslos …

Fassen wir uns also ein Herz und beginnen die bewusste Reise ins Nirwana auf Erden. Als Grundvoraussetzung gilt es, den uneingeschränkten Willen in die Transformation aufzubrechen. Vertrauen in den Therapeuten der Lebensthemen, gepaart mit der Liebe zu der Seele, die in höherer spiritueller Dimension beheimatet ist, kennt keine unnötigen Zweifel. Das Vertrauen in die Gewissheit für den richtigen Ort und den optimal passenden spirituellen Wegbereiter lässt Zweifel und Angst weit hinter sich. Das Vertrauen öffnet für tieferes Vertrauen, dieses für noch tieferes Vertrauen, Vertrauen in die göttliche Essenz.

Hier ist keine Annäherung vom Kopf her gemeint oder möglich, dies Vertrauen kommt aus dem Herzen und der Intuition. Die innere Stimme ruft: Ja, du bist genau richtig! Wer allerdings der Verstandesstimme gehorcht, prüft die Kompetenz des Meisters mit Hilfe des Gedankenapparates, kann aber damit keine wirklich stimmige Einsicht erhalten. Was man dann mit dem Verstand nicht versteht, bezweifelt man lieber, als über eine tiefer blickende Ebene in die Wahrheit einzutreten.

Auf jeden Fall gibt es über den Kopf nicht die geringste Chance, festzustellen, was der Transformation dienlich ist. Die rein intellektuelle Verbindung hat sehr wenig Wert, jederzeit droht der Verstand abzukippen, sich loszusagen.

So lange der Erwachte Dinge sagt, die sich mit der Einstellung und Philosophie des Suchenden decken, entstehen keine Probleme. Erst wenn der Meister Klartext spricht, flüchtet der Verstandesmensch.

Der Schlüssel ist die Liebe. Wenn man bereit ist, von der Herzebene dem Meister näher zu treten, ist es keine Frage mehr, was der Meister dem Suchenden mitteilt, alles wird akzeptiert und Neues ausprobiert. Der Meister spricht immer aus demselben Bewusstsein, da existieren keine niederen Dinge, warum er dieses oder jenes übermittelt. Der ungeschulte Zuhörer verwechselt meist die Ebenen und fällt leicht auf seinen äußerst schlauen Verstand herein.

Und vergessen Sie nicht, jeden Tipp versuchen die Abwehrmechanismen auf den »Transformationsschlachtfeldern« abzuwehren. Einmal abgewehrt, tut sich dieselbe Wahrheit wirklich schwer, wieder ein ordentliches Transformationspaket auf der Lebensbühne für diesen Genossen zu schnüren. Doch als Gegenmittel bleibt der tiefe innere Drang ins Zurückfinden der Einheit, mit Hilfe der Liebe zur göttlichen Essenz können wir die Fahrt auf den Abwehrmeeren heil nach Hause schaffen.

Die Liebe, die ein Meister in Richtung Schüler strahlt, entspricht weder der Liebe zwischen Mann und Frau noch der von

Mutter und Vater, sie entspricht viel eher der göttlichen Liebe. Wenn es einen Gott gibt, dann schaut und strahlt er aus den Augen und dem Sein des erleuchteten Meisters.

Eine gefundene Liebe von Essenz zur Essenz, Präsenz zur Präsenz, auch wenn die eine in voller Blüte und die andere erst als Same besteht. Die Verbindung entsteht aus dem Raum des Herzens. Der aus dem Intellekt Liebende begleitet die Sangha-Begebenheiten, solange sein Verstand Parallelen zu seinen Erkenntnissen wahrnimmt, doch er ist sich seiner halbherzigen Art der Verbundenheit nicht bewusst. Sobald der Verstand nicht gleichlaufende Realitäten wittert, verabschiedet er sich und bleibt in seinem konditionierten Weltbild gefangen.

Beim Suchenden zerbricht das Gefühl einer liebevollen Annäherung hin zur Ausstrahlung des Erwachten an der Selbstüberschätzung und Selbstüberzeugung der Richtigkeit eigener Wahrnehmungsfähigkeit. Man fühlt sich auf ähnlich hoher Stufe und merkt dabei vor lauter Selbstverzücktheit nicht, wie nah man am Abgrund entlangtingelt.

Die Lebensbühne erschafft, den Lebensthemen gemäß aus dem inneren Schatzkästchen, nicht viele solcher hochkarätigen Wachstumschancen während der Erdentage. Sind diese vergeigt, wird es für den Suchenden noch wesentlich schwieriger, wenn es ein nächstes Mal überhaupt gibt. Der Gedankenapparat versucht klugerweise, am Anfang ein hohes Maß an Übereinstimmung mit der erwachten Seele herzustellen, vom Meister ein deutliches Ja in Empfang zu nehmen, sitzt dabei aber bereits in der Egofalle und ist mit einem Bein schon längst wieder auf der Flucht vor realer Erlösung.

Viele Menschen kommen zur Bewusstseinsschule, doch auch eine beträchtliche Anzahl Interessierter steigt unverrichteter Dinge vorzeitig wieder aus. Je nachdem, wie weit ihre Verstandesgrenzen Transformation zulassen. Das ist verständlich, da ein Meister immer frisch und spontan aus seiner Authentizität heraus agiert. Er kann mit dem Verstand nicht festgenagelt werden. Ihm geht es auch nicht um ein verstandesmäßiges

Verstehen, sondern um Wachstumssprünge und diese gelingen nicht, indem man sie vorher berechnend taxiert.

Der Meister ist keine statische Person, eher ein Fluss. Wer mit dem Fließen klarkommt, wird weit in Richtung Ozean, die Buddha-Natur, getragen. Wer eher etwas Festes, Unverrückbares, immer Gleiches sucht, ist bei einem Meister am falschen Platz.

Diese Positionen bekleiden die heutigen Religionen in ihrer festgefahrenen, statischen Form. Der Meister passt sich nicht dem Suchenden an, der Schüler orientiert sich dankbar am Erwachten. Keinerlei Kuhhandel oder Kompromisse aus irgendeinem Grund stimmt er zu. Lediglich Menschen, die diese großartige und erfolgreiche Form der Weiterentwicklung als die ihre betrachten, gehen den Pfad gemeinsam mit dem Meister. Es ist eine Frage der Liebe zu dieser göttlichen Präsenz, man bittet vertrauensvoll um die Aufnahme in den Kreis der Bewusstseinsarbeiter. Diese Suchenden wissen von der spirituellen Reife des Erleuchteten und bleiben ewig in Verbindung. Ohne Ängste und Sorgen werden sie sich den Veränderungen und Biegungen des Flusses hingeben. Es ist gleichzeitig das Erleben und Lernen der Bewegung, die authentische Lebendigkeit heißt.

Ein weiterer Vorteil bringt die Tatsache, dass der Meister den Suchenden sieht, ihn quasi durchschaut. Er erkennt genau den Punkt auf der Evolutionsskala, an dem der Wissensdurstige steht. Über die Jahre der Aus- und Weiterbildung in der Gemeinschaft der Bewusstseinsschule erinnert er sich sehr genau bei Fragen oder Erklärungen, wie sich der Schüler seiner Wachstumsthematik gegenüberstellt, auch wenn der Fragende im Nachhinein keine Erinnerung daran hat und sich vermeintlich im Einklang wähnt. Daran wird dann mit der im Moment optimalsten Antwort angeknüpft, ein Fingerzeig auf den inneren Kern der Wahrheit gegeben.

Im Kern, in diesem Zentrum sind wir alle gleich, an der Peripherie ist jeder für sich allein. Im Bewusstseinszentrum finden wir dieselbe Energie der Ahnenreihe aller Erwachten. Wir treffen praktisch auf die Energie eines Osho, Buddha, Laotse, Jesus oder der Zen-Meister. Es ist derselbe Duft dieser einzigartigen Blüten des Erwachens. Im Bewusstsein sind wir alle eins, nur der Zwischenraum von der Einheit in die Einheit spinnt unterschiedliche Fäden an der Peripherie. Beenden wir also bald erfolgreich die Reise zum inneren Kern, damit wir die Buddha-Natur ausgelassen feiern können.

Nach einem Satori bleibt die Erinnerung und auf einmal bemerkt man dann irgendwann, dass etwas Ähnliches dauerhaft in der Luft liegt. Man begreift, dass das Unglaubliche geschieht. Keine Angst, man kann jetzt die Wahrheit nicht wieder verlieren, einmal gefunden, bleibt sie ein Leben lang. Auch wenn man die Bewusstseinsschule verlässt, bleibt das Erkannte in Form von Bewusstheit. Falls es aber verschwindet, merkt man sehr deutlich, dass es eine Fata Morgana war, eine Illusion. Wer aber den Stein der Weisen gefunden hat, verliert dieses Bewusstsein keinesfalls, nicht einmal, wenn er wollte.

Das Vertiefen und Weiten der Energie, die man Buddha-Natur nennt, geschieht, indem man sie in das Umfeld der Freunde und Bekannte teilt und verbreitet, das Mitteilen und Ringen mit den Mitmenschen schärft den Einblick in diese und die Kraft der Worte, das Erlebte uneingeschränkt weiterzugeben.

Von großer Wichtigkeit ist jetzt, dass man sich Raum und Umfeld schafft, die die Weiterentwicklung stärken. Vertrauen in den eigenen Weg und in die Kraft der göttlichen Fügung unterstützt als Weiteres. Unsere zarte Pflanze darf in Frieden wachsen. Der bewusste innere Beobachter achtet währenddessen darauf, dass keine Restegobarrieren dazwischenfunken. Dies ist der Startschuss, um mit der Buddha-Natur zu experimentieren. Man erfährt dabei nach all der Vorbereitung, es stimmt und stimmt und stimmt und stimmt!

Alles fühlt sich normal an und doch ist etwas anders. Nach wie vor schmeckt unser Essen, die alltäglichen Dinge werden bewältigt. Das Besondere sind die Meditation, die Gedankenruhe und die fühlbare Verbundenheit mit dem göttlichen Ganzen.

Die Begegnung mit Menschen läuft jetzt direkt, klar und deutlich, ohne Kompromisse. Liebevoll, aber in demselben Maße authentisch, begegnet man den Leuten im Umfeld, dem Partner, Freunden, Bekannten. Viel Triviales wird dabei über Bord gespült, Klartext gesprochen, aber Spiel und Spaß sind ebenfalls ein Teil davon. Vorsichtig dosiert erzählt man einzelnen Vertrauten von den inneren Prozessen, wenige bleiben offen für das Erkennen der ausbreitenden Buddha-Natur des Freundes. Was immer man vor diesem Erleben gearbeitet und getan hat, jetzt beginnt die intensive Zuwendung an die Transformationsarbeit mit daran interessierten Suchenden.

Das Teilen der transformierten Energie darf alle erreichen, die es wert erscheinen und ebenso die, die eher im Zwielicht stehen. Denn jeder Seele ist es gegeben, aus egal welcher Position einen großen Sprung auf der Evolutionsskala voranzukommen.

Lediglich wenn sich erweist, dass in der therapeutischen Arbeit die im Geiste begriffenen Wachstumshandlungen nicht die alten Verhaltensmuster ersetzen, der Suchende den Abwehrmechanismen und dem Gedankenapparat mehr traut als dem erwiesenen neuen Handlungsbedarf und damit in den Umweg gleitet, so dass krankes Absaugen der Gemeinschaftsenergie fortgesetzt wird, muss derjenige für unbestimmte Zeit des Energiefeldes verwiesen werden!

Die Seele ist frei, jedwede Entscheidung zu treffen, trägt aber allein die Konsequenz, wenn sie aus Angst oder anderen Gründen Erlösung verweigert und permanent im Umfeld Energie raubt. Ob ihr Verhalten nun in Krankheit, Anfeindungen oder Beschimpfungen mündet, in allen Fällen versucht sie, Umstehende mit ihrer dunklen, energetischen Macht auszumelken. Damit stockt der Verweigerer dann sein Krankheitsbild und vor allem seine Abwehrmauern weiterhin unnötig auf.

Hier als Außenstehender mit einem »Ai, Ai« oder »Du Armer, du kannst ja nichts dafür« das Abwehrverhalten zu dulden, gibt dem Gegenüber die oben beschriebene Machtposition in die Hände. Nur durch ein klares, lautes und deutliches »Nein«

können wir derartige energetische Fangarme abschlagen. Damit ist der Uneinsichtige auf sich selbst zurückgedrängt, kann machen, was er will, man hat hiermit nichts mehr am Hut. Mit dieser Anwort handelt der Therapeut oder Erwachte in der größtmöglichen Liebe und Verantwortung.

Erst die Konsequenzen eines sich Nicht-Verwandeln-Wollens oder Nichtkönnens werden den Unerlösten irgendwann, wenn die Egoabwehrschlacht zusammenbricht, den weiteren Evolutionsweg beschreiten lassen.

Dann aber hat das erneute Ansetzen auf die Fährte der Transformation eventuell eine weitere Hürde, die Schuldgefühle der verpassten Wachstumschancen. Sie paaren sich gerne mit dem über viele Generationen weitergereichten Begriff und dem daraus entstehenden Energiefeld der Ursünde. Schuld ist aber nicht der Mensch, der jetzt die stimmige Reaktion auf einen Fehler erfasst und aus höherem Bewusstsein entschieden handelt, es hat mit der gesellschaftlichen Konditionierung der Lebensthemen zu tun, und diese entsteht gleichfalls aus der religiösen Vorstellung der Sünde, der in den heiligen Büchern verbreiteten Ansicht, dass mit der Geburt auch die Erbsünde erwächst.

Diese noch auf den normalen Kreuzweg der Seele aufgepfropfte Erbsünde bindet das Kleinkind zusätzlich in ein Energiefeld von Schuld und Sühne. Schon als Baby wird unterschwellig dieser Unsinn aus der Bibel mit unglaublichem Druck, wie beim Imprägnieren von Holz, eingeimpft. Lassen wir es nicht weiter zu, dass Unstimmiges ewig weiterverbreitet wird!

Wer den Weg findet und die Stille und Meditation in sich ergründet hat, strahlt etwas aus, was andere Menschen berührt und sie ebenfalls in Schwingung versetzt. Damit wird der Sender dieser Energie und Bewusstheit zur Quelle, zur Oase in dieser Welt. Da diese Kraft unsichtbar ist, nimmt die materiell eingestellte Welt diese nur indirekt wahr. Der Anstoß bringt Schwingung in die Aura, dort wirkt sie und hellt auf. Von diesem Neuen leicht irritiert, erlebt der Neugierige den beginnenden Einstieg in eine weitere Bewusstseinsebene.

Das Leben ist nicht nur zweckgebunden. Inneres Bewusstsein, die Präsenz, sprudelt als Quelle kreative, meditative Energie bis ins Umfeld, vor allem im Nichttun der Meditation gestaltet sich ein unsichtbarer Raum, der das Eintreten von Inspiration und Wachstum ermöglicht. Eine Rose erblüht und duftet, verströmt sich. Transformation heißt spielerische, kindliche Spontaneität, einfach aus Freude.

Die Lebensenergie will sich ziellos verströmen. Alles andere ergibt sich nebenher. Kreative Kraft erzeugt Überfluss, ergießt sich automatisch in individuellen Ausdruck, Tanz, Musik, Kunst, Kultur, berufliche Aufgaben. Die Energie teilt aus Freude und Glückseligkeit, was immer sie dabei hervorbringt, sie verströmt ihren Duft und ihre Farben. Eine Welt in Beton gegossen, ohne die Blüten der Kreativität ist es nicht wert, darin zu existieren. Der Einklang zwischen Broterwerb und kreativem Blütenzauber hebt den Menschen in höhere Sphären, dafür lohnt es sich zu leben. Dies will als wahre Herausforderung entdeckt werden.

Das Grauen vor einem tristen Werktag ist der kleinste Lebenspegel und eine meditative, stille Ansammlung von Energie ist der höchste Level, daraus entsteht die Schönheit in der Welt, ob dies nun in der Stille des Nichttun geschieht oder beim Entwurf einer Seminargruppe oder wenn man bei Handwerksarbeiten ordentlich zupackt.

Die schwerste Aufgabe für einen Erwachten liegt darin, Seelen aufzuwecken, die hundert mal hundert Leben in eingeschlafenem Zustand verbrachten. Sobald die Abwehrmechanismen davon Wind bekommen, ziehen sie alle Register, alle Abwehrfäden zusammen und starten eine Großoffensive.

Die Schlacht um die Realität dauert meist nur recht kurz. Das zarte Pflänzchen der Courage, des Einblicks und der neuen Handlung wird dauerhaft niedergemäht. Erschossen im Kugelhagel des Abwehrfeuers. Der so Umgedrehte mutiert wieder zum Roboter der Verstandesfäden. Jegliche Transformation wird zurückgeschraubt auf unbedeutend kleine Errungenschaften. Nach einigen Tagen werden auch diese nicht mehr weiter beachtet. Aber nicht nur im Inneren wirken die Verteidigungsmechanismen mit verheerenden Folgen, der Wahrheitsbringer wird ebenfalls attackiert!

Schon im Seminar oder in der Einzelsitzung versucht der in die Sackgasse Geratene, die Dinge, die sich nicht bewährt haben, vor dem Therapeuten in der Weise darzustellen, dass dieser von den alten Handlungsweisen überzeugt wird: Praktisch möchte der Klient eigentlich genauso weiter seine ungesunden Dinge handhaben, nur mit größerem Erfolg, und dabei möglichst die Konsequenzen seiner Sackgasse nicht spüren müssen, sondern freies Geleit für ein Nichttransformieren der spezifischen Lebensthemen vom Therapeuten vorgekaut haben. In den Sitzungen stoppt der Therapeut rigoros dieses Gebaren und macht auf jedes Detail der Verstandestätigkeit und der wirklichen Zusammenhänge aufmerksam.

Der Versuch, denen die Realität vor Augen zu führen, gelingt nicht immer, manchmal in Grenzfällen zwar doch, aber sobald der Klient den Fuß vor die Tür setzt, zieht der Verstand den vermeintlich Erlösten wieder auf die ungesunde Seite. Nur wer hier wirklich den Transformationsweg beschreiten möchte, hat jetzt eine Chance, die ihm gebotenen hilfreichen Hände so anzunehmen, dass sie ihm zum Sprung über seine Hürden gereichen.

Bevor die Lebensthemen transformiert sind, kämpft das Ego seine größte Schlacht, es wehrt sich gegen den Tod. Es ist bekannt, dass aus einer Welle von Erleuchtungsenergie, die ein Meister entfacht, lediglich eine ganz kleine Prozentzahl an Suchenden die letzten Hürden zur Buddha-Natur erklimmen. Dieses Phänomen ist so alt wie die Evolutionsreise, von dem Punkt an, als das Bewusstsein in die Menschenebene kam.

Als ob der Mensch ertrinken wurde, versucht das Ego, über den Verstand das System und die Intuition voll zu beherrschen. Es gaukelt dem Suchenden gelegentlich sogar tatsächliche Todesnähe vor, um ihn davon abzuhalten, den Sprung zu wagen. Diesen Mechanismus gilt es gewahr zu sein. Hier ist der Geschulte gefragt, der seine Bewusstseinswerkzeuge wirklich in die Macht seiner Seele und der Transformation stellt!

Sobald eine Diskussion mit dem kompetenten Therapeuten vom Ego angezettelt wird, sollte der innen stationierte bewusste Beobachter des Suchenden sofort umschalten auf hingebungsvolles Hören und versuchen, jedes Detail an Realität und Hilfe in Form von neuen Bewusstseinswerkzeugen anzunehmen und sofort anzuwenden. Von jetzt an muss er vor den Angriffen der Abwehrmechanismen gewappnet sein, erkennen, wenn sie zuschlagen, und definitiv zeigen, wer der Herr im Haus ist. Das ist gelebte Selbstverantwortung! Sehr zweckmäßig zeigt sich dabei der Verbleib in einer Gruppe von Gleichgesinnten, die in einer Art bewusster Kreisverbindung auf freundschaftliche Weise sich gegenseitig auf Egorückfälle aufmerksam machen.

Auch sollte man mit alten Freunden und Bekannten äußerst vorsichtig umgehen, da diese nicht unweigerlich in die Erlösung folgen, sondern vielmehr versuchen, über den Verstand des Transformierten diesen wieder auf die Ebene des Ego herabzuziehen. Wer seinen eigenen Prozess durchfochten hat, wird mir an diesem Punkt mehr als nur zustimmen!

Die geläuterte Seele kann also nicht über letzte Hürden, wenn sie nicht in alle Winkel ihres Seins geschaut, gefühlt und geblickt hat, um Restposten von Egofetzen klar und eindeutig anzukreiden und auszumerzen. Denn die Gefahr, die viele Transformationsmitstreiter von mir außer Acht gelassen haben, ist die des versteckten spirituellen Ego. Im Grunde wollen sie nicht in die wichtigste Ecke ihres Erdendaseins den frischen Wind von Bewusstsein hineinblasen. Das erzeugt ein Energiefeld von Missgunst, Bösartigkeit, Depression, Selbstmordgefahr und ein Energieabzocken allererster Güte. Nicht zu vergessen die Schauspielkunst, denn das Ganze kaschiert man dann mit freundschaftlichem, liebevollem So-tun-als-Ob. Auch wenn ich mich mit diesen Warnungen wiederhole, die Gefahr des Reinfalls besteht zu jeder Zeit und gerade jetzt in einer sehr hohen Potenz.

Gerade die weitgereisten spirituellen Suchenden werden dann

zu allem Übel meist lediglich von Therapeuten und so genannten Meistern angezogen, die sie in ihren unerlösten Positionen belassen, mit schönen Worten ihre Selbstgefälligkeit untermalen und sie dabei über ihre wirklichen Probleme hinwegschauen lassen. Das bedeutet, dass eine solche Grundentscheidung für gewisse Lebensthemen dazu führen wird, auf der Lebensbühne in spezifischer Weise Zusammenbrüche heraufzubeschwören.

Der Weg zur Erleuchtung ist vergleichbar mit einer Schwangerschaft. Meditation baut ein Energiefeld auf, in dem der Keim der Buddha-Natur wächst. Sehr ähnlich der Schwangerschaft fühlt man etwas wachsen, einen gewissen inneren Raum, reich an herzlicher Glücksenergie. Er dehnt sich aus, fließt über. Das sind die Symptome, das alte Leben verschwindet langsam und etwas Neues tritt an seine Stelle. Ein Ort, an dem man vorher eine gewisse Leere spürte, füllt sich mit der Buddha-Energie. Aller Reichtum der Welt kann diesen wahren Reichtum nicht kaufen!

Ohne Masken erklimmt man den Rang der Einswerdung, Angst und Furcht wird kein weiterer Spielraum gegeben. Mit Hilfe der Meditation und des Vertrauens in den göttlichen Weg schmelzen die Abwehrmauern, das Bewusstsein kann sich ungestört ausdehnen. Eingepfercht kann Bewusstsein nicht überleben, es braucht die Weite des Universums. Das ist der Prozess der großen Transformation. Darum finden die Menschen den Weg in die Bewusstseinsschule.

Von nun an arbeitet man daran, dass keine Energietentakel mehr in abhängiger oder energieraubender Weise ins Umfeld führen. Das Habenmüssen und Benutzen von Fremdenergie werden tunlichst ausgeschaltet. Im Gegenteil, eine aufkeimende fein vibrierende Energie der Liebe strahlt vorsichtig aus dem innersten Kern. Eine bisher unbekannte Bereicherung in der Kommunikation wirkt nun nährend auf alle Beteiligten. Dieses Erleben überrascht, und mit der Bereitschaft für eine weitere Öffnung in dieses Phänomen erfährt und erforscht man diese unglaubliche Quelle des Seins auf optimale Weise.

Wichtig ist, nichts zu unterdrücken oder wegzudrängen. Es entsteht ein eigenes Energiefeld der Kreativität. Viele findende Seelen werden diesen Bereich begeistert aufblühen lassen. Sie erschaffen miteinander in spielerischer Leichtigkeit ihr Umfeld und laden weitere Kreise der Allgemeinheit in das Erfahren von positiven Entwicklungen ein. Wie weithin bekannt, bedarf das morphogenetische Feld einer relativ geringen Anzahl von mutigen Seelen, um das Kollektiv für Gesundung zu begeistern. Fassen wir also Mut und steigen wir aktiv ein in das Evolutionskarussell.

Alle Lebensthemenunstimmigkeiten werden über diesen Prozess günstig beeinflusst. Krankhaftes Verhalten aus Minderwertigkeit hat dann auch als Thematik zwischen Mann und Frau ausgedient. Die wichtigste zwischenmenschliche Keimzelle erfährt eine phänomenale Neuordnung. Damit schafft man die Grundlage einer neuen Weltsicht. Die Seelen auf der Evolutionsreise gehen je nach Phase stimmige Verbindungen ein. Sie gründen Gemeinschaften, in denen natürlich auch die Kinder optimal versorgt sind.

Außerdem gilt es, den Politikern Europas und der ganzen Welt die Vorteile einer transformierten Gesellschaft vorzuführen. Synergie, Chancengleichheit, bewusstes Miteinandersein, wir sind alle eins, statt Konkurrenz, unterdrückender Wettbewerb, möglichst großer Gewinn für Einzelne, Machtmissbrauch von Kirche und Staat und krimineller Bereicherung.

In der Meditation und nur in der Meditation treffen Frau und Mann in vollkommener Übereinstimmung aufeinander, hier sind sie gleich. Beide gebären ihr eigentliches Selbst, sie finden sich wieder als die, die sie wirklich sind, Seelenwesen auf ihrem Pfad zur Erleuchtung und in Einheit mit dem göttlichen Ganzen. Das fehlende Element auf der männlichen und weiblichen Ebene wird ergänzt zur Vollständigkeit in der Meditation. Man ist mit der Buddha-Natur schwanger!

Der weltweite stete Kampf zwischen den Geschlechtern, das Auf und Ab in der Liebe, wird beendet mit Hilfe der Lebensthematikauflösung und der Meditation. Der entstehende Raum der Meditation erhöht synergetisch bewusstes Teilen von Energie. Das dabei erwachsene Phänomen heißt Liebe, Liebe im wahrsten Sinne des Wortes.

Wer diesen Zustand und den dabei gemeinsam kreierten Raum pflegt und ihn als die wahre gesunde Räumlichkeit der Kommunikation ansieht, kann im steten Üben auf allen Ebenen des Miteinander das Köstlichste erfahren. Ob bei Zärtlichkeiten, wildem Sex, in der Freundschaft oder dem Arbeitsleben, diese neue Qualität von Liebe hat einen Hauch von Ewigkeit, sie entspricht dem Göttlichen. Genießen Sie das Zusammentreffen von Meditation und Liebe, es ist das größte Experiment im Leben, die einzige Chance, in einer Partnerschaft und auch sonst wirklich glücklich zu sein.

Liebe ohne Meditation bedeutet dagegen ein Leben voller Probleme und Angst. Es scheint immer irgendwie nicht völlig stimmig. Jede Beziehung kennt die Momente der Stille, die eher dem Kalten Krieg ähneln oder aber bereits die Vorbereitungen auf erneute Kampfhandlungen bedeuten.

In vielen Partnerschaften gilt der stillschweigende Kuhhandel des Rühr-mich-nicht-An oder So-tun-als-Ob, aber eine Verbindung in Liebe und Freiheit kennen die Menschen nicht einmal aus dem Fernsehen. Diese seltene Errungenschaft zwischen Mann und Frau erlebt lediglich ein winziger Anteil der Menschheit. Doch welch ein Zauber liegt in der Luft, wenn man einem solchen Paar begegnet. Dies ist gelebte Meditation, anders können wir den hohen Energielevel nicht halten. Denn sobald wir den Verstand einladen, stürzt das Energiefeld in sich zusammen.

Alte Wunden, vorgetäuschte Liebe, unaufgeräumte Lebensthemen spielen keine Rolle mehr. Dies ist das gelebte Gold, das uns die Mystiker nach der Verwandlung versprechen, und eines kann ich mit Gewissheit sagen: Der Weg lohnt sich. Nicht Liebe allein und auch nicht Meditation allein, die Blume erblüht aus beidem zusammen! Die potentiellen Götter düngen, gießen und pflegen den Samen ihrer Göttlichkeit.

Liebe und Meditation sind die Keimzellen der neuen Menschlichkeit. Wenn hier die Sklaverei verschwindet und stattdessen höchste Liebe und Meditation erwachsen, wie kann das dann außerhalb dieses Kreises aufhören zu existieren? Die Kreise vergrößern sich, bis sie den gesamten Ozean einnehmen! Wenn jeder dem Nächsten in Liebe und Meditation begegnet, verändert diese kleine Welle automatisch das ganze Miteinandersein auf unserem Planeten. Ein transformiertes Sein verwandelt das gesamte kollektive Energiefeld und damit auch das Gebaren auf der sichtbaren Ebene.

Spüren Sie doch einmal in dieses eben Beschriebene hinein, es fühlt sich an wie die Kraft der Stille, aber voller Leben. Hier erscheint die lebendige Wahrheit, die ganz nebenbei die unaussprechliche Realität der göttlichen Energie verbreitet. Sie kann nur wahrgenommen werden wie der unendliche Sternenhimmel oder die ehrfurchtsgebietene Kraft des Waldes und der Berge. Dieses Wahrnehmen ist eine völlig andere Ebene als die Auffassungsgabe des Verstandes. Etwa so, wie ein Ton, den ich hören, aber nicht sehen kann, und manches kann man eben nicht hören, sondern nur sehen.

Noch haben wir in den Bewusstseinsschulen das Problem, dass die engagierten Teilnehmer über den Verstand das Mysterium begreifen wollen. Damit bedarf es erst vieler Worte, um den Raum zu öffnen für eine Weitergabe von Realität auf der Energieebene. Der Hauptteil der Bewusstseinsarbeit läuft aber über die Stille. In der Meditation liegt der Schlüssel des Verstehens. Die Weite, die Ausdehnung von glückseliger Energie über die Körpergrenze in die Aura und darüber hinaus ist der Höhepunkt der weiten Reise. Erreichen wir diesen Gipfel, verpflichten wir uns automatisch, in unserem Selbst diesen Energielevel zu halten. Dadurch geschieht das Verstehen fast von allein. Der nächste Schritt lässt Ballast abwerfen, wo er nicht mehr gebraucht wird. Reste von angelerntem, aufgedrücktem Wissen benötigt man nicht weiter. Dadurch können wir frei und noch höher fliegen.

Natürlich weiß der, der seine alten Gesellen, die Persona und den inneren Boykotteur oder Tyrannen ablegt, erst einmal immer weniger, wer er selbst ist. Aber wusste er denn vorher wirklich, wer er war? Umso näher man an die Realität herankommt, desto deutlicher die Unterstützung durch das uns immer und überall umgebende Energiefeld der Wahrheit und des Bewusstseins, den Einklang mit dem Göttlichen. Gleichzeitig entsteht ein Zustand des sprachlosen Nichtwissens. Alles erscheint plötzlich im Zeichen des Unerklärlichen, man steht in einem Wunder wie ein kleines Kind. Genau hier und jetzt, ein unglaublicher Frieden und die Freiheit vom Verstand. Das Pflänzchen der Buddha-Natur erhebt sich.

Die Bewusstseinsschule dient dieser Wiedergeburt in das eigentliche Sein. Dieses Sein zu erfahren ist der Sinn des Lebens, der in die Freiheit führt, in die Unsterblichkeit. Endlich erfährt man sich auf Erden in der Einheit mit dem Ganzen.

Die in die Bewusstseinsschule über ihren Intellekt eilen und dennoch in dieser Etage des Verstandes sitzen bleiben, kommen niemals richtig an. Fasziniert von Worten in Büchern oder Einzelsitzungen lassen sie sich zwar hinreißen, aber solange die Liebe im Herzen nicht erwacht, wird man das eigentliche Ziel trotzdem verpassen.

Die Öffnung für das Sein des Erwachten ist nötig, um die Übertragung der Realität und das Zünden des Funkens der Buddha-Natur zu ermöglichen. Die Trägersubstanz hierfür ist die Energie der Liebe von Meister zu Schüler und von Schüler zu Meister. Wird die Reise über den Verstand begonnen, dauert das Verstehen meist viele Jahre.

Der dem gesprochenen Wort eines Erwachten Folgende findet in einigen Satzfetzen eigene Ideen wieder und auf Grund dieses Wiederkehrenden lauscht er weiterhin den Worten. Doch er folgt dann doch lieber den eigenen »Eingebungen« und damit sitzt er wieder im Boot des Verstandes. Der Kopfmensch liebt nur sich selbst, keine wirkliche Transformation wird angestrebt.

Irgendwann hat der Suchende mit Recht dann das Gefühl,

keinen Zentimeter vorangekommen zu sein. Man glaubt zwar zwischendurch, Momente von Liebe, Vertrauen und offener Bereitschaft für einen Gezeitenwechsel zu erheben, aber dies sind lediglich Augenblicke der Einbildung. Nicht ein Moment von Vertrauen war an Bord, denn hat man einmal Vertrauen erfahren, bleibt der gewonnene Zustand für immer. Genau wie in der Liebe, auch wenn Partnerschaften sich verändern oder sich auflösen, im Hintergrund bleibt die Liebe bei weiter entwickelten Menschen immer erhalten.

Reale Liebe, aus der Meditation geboren, muss man sich erarbeiten, verdienen, halten, sonst entgleitet sie einem. Die Energie muss dafür vom Kopf zum Herz und von dort zum Sein. Das Herz ist nicht das Ziel, sondern ein wichtiger Zwischenstopp zum Sein. Auch wenn es wehtut, dass ist der Weg. Jede Operation hat ihren Schmerz, frühestens danach passiert Heilung. Egal ob vor dem Prozess viel Zeit verflossen ist, Veränderung darf, besser jetzt als nie, immer geschehen.

Denn ist man voller falscher, lebensthemenbedingter Emotionen, kann die Wahrheit keinen Raum finden. Der Gürtel oder die einengende Rüstung muss gesprengt werden. Erst dann entsteht Raum für die freudvolle Stille der Realität, das authentische Sein. Diese Seelenqualität füllt nun den Raum. Eine Ahnung im Inneren wird bestätigt, wir können anfangen, der zu sein, der wir wirklich sind, etwas, auf das wir so viele Leben gewartet haben. Mit dem Licht ins Dunkel verschmelzen wir mit der göttlichen Kraft. Erst jetzt begreifen wir, was Vertrauen und Liebe tatsächlich bedeuten. Wir öffnen uns dem Leben direkt, steigen bewusst in den Fluss des Lebens und lassen uns von ihm zu weiteren Schätzen tragen.

Wir bahnen so den Pfad und gehen ins Licht, damit endet die Dunkelheit, das Abgespaltensein aus Gründen der Lebensthematik. Warum sollten wir auch freiwillig weiter die Dunkelheit wählen, wenn wir einmal die Freiheit, Liebe und Glückseligkeit des Seins im Licht gekostet haben.

Wer die Bewusstseinsschule allerdings mit dem Verstand

durchschwimmen will, hat keine Chance auf Transformation. Da gibt es keine Verbindung. Das Einzige, was passiert, ist die Selbstverliebtheit des Ego, verbunden mit neuem Wissen, und die Selbstverzücktheit eines spritzigen Verstandes. Man benutzt die Realität als Unterstützung des alten Systems, dies führt nirgendwohin außer in den Selbstbetrug. Von Liebe und Hingabe keine Spur. Ein aufgeblähtes spirituelles Ego ist das Einzige, was dabei herauskommt. Dieser Zustand richtet im Umfeld des Betroffenen jede Menge Schaden an. Wer dann noch meint, andere Menschen belehren zu müssen, geht vollends in der Dunkelheit unter. Auch wenn er in dem Sangha bleibt oder dort weiter an sich arbeiten darf, muss der Sprung in Vertrauen und Liebe getan werden, bevor ein Aufwärtstrend am Horizont erscheint. Also startet man am besten damit, die angebotene Hilfe so anzunehmen, dass einem die eigenen Schatten bewusst werden, damit ist der erste Schritt zu einem erfolgreichen Ziellauf getan.

Sonst passiert es, dass man aufgrund der Verliebtheit in das Ego alles, was man bekommen kann, einfach in dieses einverleibt. Anstatt durch die Schmelzung aufzugeben, findet das Ego zu alter Stärke und darüber hinaus. Leider haben in der Geschichte der Bewusstseinsschulen viel zu viele Suchende ihre Zeit mit einem krankhaften Festhalten am Ego vertrödelt. In den Kreisen der Anwärter und Finder der Buddha-Natur gilt die absolute Eigenverantwortung, zu erkennen, wann das Ego auf dem Sein hockt. Der Schüler darf bei eventuellem Versagen und darauf folgenden Wutanfällen nicht vergessen, dass er es war, der um Einlass gebeten hat. Er kann jederzeit die Runde verlassen, aber er trägt ebenfalls ganz allein die Verantwortung für sein Wachstum. Denn nur bis zum Sprung kann geholfen werden. Höchstens die Nase in die Bewusstseinsarbeit zu stecken bringt dabei gar nichts, jetzt geht die Arbeit erst richtig los!

Die wachsende Präsenz desjenigen, der in die Totalität der Verwandlung schreitet, fließt über vor Liebe, er strahlt eine

Kraft und Freude aus und ist gerne zum Teilen bereit. Der Egomane oder Erbsenzähler dagegen kann den Sangha nicht wirklich verstehen, er wundert sich über so viel Liebe. Gerne nimmt er, was ihm geboten wird, doch bei der Verteilung seiner eigenen Gaben beachtet er penibel genau und zählt mehrmals nach, wie viel er für wen oder was ausgibt!

Liebe ist etwas völlig anderes. Liebe hat nichts mit dem Verstand zu tun, sie gibt einfach. Der Verstand verbindet nie, liebt nicht, er trennt und spaltet ab. Wenn in der Bewusstseinsschule alle vom Verstand her zusammensitzen, zersplittert die Energie in lauter Einzelteile. Befindet sich die Gemeinschaft aber in der Stille der Meditation, bildet sich eine Einheit des Bewusstseins. Auch im Tanz und im Ausdruck der Freude sind die Menschen energetisch miteinander verbunden. Die mutigen Wanderer erleben dieses Wunder in der Herz-zu-Herz-Verbindung. Dieses Mysterium lässt den Menschen in sein wirkliches Sein eintauchen. Wer will da noch zurück in die Verstandesetage?

Es mag demjenigen, der die Chancen verpasst und der seiner selbst jetzt ansichtig wird, einen gehörigen Schock versetzen, vor allem der verlorenen Jahre wegen, doch egal, nun kann die Heilung beginnen und das Sein lenkt dabei in neue Bahnen.

Der Verstand ist nicht die Seele, er entspricht eher einer Mondlandschaft, trocken, unfruchtbar, staubig, karg, tot. Das Sein der Seele hingegen lebt, ist bunt, spontan, lebenslustig, voller Freude und Liebe. Wenn wir nicht anfangen, vom Herzen aus zu wandern, können wir das Sein nicht erreichen, es ist das Tor zur Buddha-Natur. Einmal hindurchgegangen, kann der Verstand nichts mehr zurückholen. Man kann ihn zwar noch als Instrument benutzen, aber ihm stehen keinerlei weitere Chefallüren anheim.

An der Schwelle zum Sein zaudert der Finder gelegentlich, denn er möchte lieber tun, worin er sich auskennt, lieber im Tun verharren, als ins Nichttun aufzubrechen. Dies ist verständlich, da er das fortwährende Sein nicht als Erfahrungswert einordnen kann. Doch diesem Stoppbefehl des Verstandes darf er sich nicht hingeben. Dem Sein gilt die Hingabe. Ewiges Tun hält die Anspannung, das System unter Hochdruck. Das Sein führt in die Entspannung, Gelassenheit und, so paradox es klingen mag, in die Ekstase.

Eine authentische Wahl trifft man mit der Erfahrung beider Seiten. Doch einmal vom Sein gekostet, fällt die Wahl sehr leicht. Handeln aus dem Tun hat seine Anziehungskraft verloren. Der aus dem Sein Aktive verblüfft mit Anmut, Grazie und mit der Schönheit seiner Bewegung. Sein Handeln zeugt von großer, fast heiliger Qualität. Er hat sein Potenzial auf höchster Stufe beflügelt, hier wird Handlung zum Gebet. Sein durchdringt das Tun, erfüllt und belebt. Das Leben verlässt die Grauzone des alltäglichen Hamsterrades, es explodiert in alle Farben.

Tun aus dem Tun entspricht dem Überlebenshamsterrad oder der Langeweile der »Schönen und Reichen«. Die Tage auf Erden, eine einzige Partyzone, aber innen ist alles öde, schal, fad, angstvoll. Handeln aus dem Sein, ein völlig anderer Geschmack, eine andere Dimension. Meditatives Agieren aus der Mitte zeichnet den Geist aus. So holt man die Perlen aus der Tiefe, die Perlen der Buddha-Natur.

Das Finden des Seins schenkt uns die Kraft, die Liebe, das Wissen und die Stimmigkeit, die wir brauchen, um eine gesunde Gesellschaft aufzubauen. Eine Gemeinschaft, die im Einklang mit sich selbst und dem Göttlichen steht.

Dort, wo die Menschheit hingeht, braucht es viele Wissende, die mit vollem Bewusstsein das Neue wagen, dann haben wir auf jeder Ebene die Chance, Ungesundes aus den Angeln zu heben. Jeder kann in seinem Umfeld beginnen, mit Gleichgesinnten ein Risiko eingehen und damit neue Projekte ins Leben rufen! Der erste Schritt ist dabei der wichtigste!

Zukunft beginnt mit Experimenten

Wie können wir für Innovation sorgen, wenn wir keine Experimente wagen? Alles, was der runde Tisch des ganzheitlichen Fortschritts empfiehlt, sollte weltweit, in Form von Experimenten bestimmter Größenordnung, getestet werden. Dies beinhaltet alle Ebenen des Seins. Umwälzungen in der Menschheitsgeschichte waren zwar alle äußerst brutal, aber trotzdem sehr oberflächlich. Es fehlte an Bewusstsein!

Das Aufnehmen der Perlen der Buddha-Natur bedeutet das Erkennen der tiefsten Zusammenhänge und die Bewusstwerdung im Sein. Damit beginnt ein Wirken, das erst mit dem Verlassen des Körpers erlischt. Im Großen wie im Kleinen zeichnet sich der Erwachte darin aus, gestalterisch in die Evolution einzugreifen. Diesen Baumeistern sollte man vertrauen.

Doch in der Geschichte waren sie immer in der Minderzahl. Keine weltliche Macht hatte das, Bewusstsein, die Geschicke in die Beratung der Perlen der Evolution zu legen. Staatsgewalt zerstörte lieber die meisterlichen Seelen und ihre Experimente, als die positive Tragweite gelungener Neuentwicklungen für die in die Sackgasse geratene Gesellschaft dankbar anzunehmen. Ebenso die Machthaber der Religionen, die alles Freie unterdrücken, um ihr Territorium zu behaupten. Doch mit egoistischer und lebensthemenbedingter Einstellung kommen wir auf keiner Ebene weiter.

Den Problemen der Weltgemeinschaft begegnen wir am bewusstesten mit einer aktivierten Buddha-Natur. Nur so hat die Menschheit die Chance zu überleben. Gott sei Dank haben wir derzeit eine enorme Anzahl von geläuterten Anwärtern, die den Sprung schaffen und sich für eine bessere Welt einsetzen werden. Bei der Reife erübrigt sich ein weiteres Aufstreben aus unerlösten Lebensthemen. Diese befreiten Seelen sind die reinen Werkzeuge Gottes. Einem hohlen Bambus gleich trällert der göttliche Wind auf ihnen sein Liedchen, als Sprachrohr der Existenz. Es sind die Überbringer der neuen Offenbarungen.

Die Welt täte gut daran, dies mit gespitzten Ohren zu erkennen und dankbar Unterstützung anzubieten.

Mit Liebe, Freude und einem glückseligen, meditativen Sein setzen sich die Vorreiter für Belange ein, die ihnen ihre Berufung eingibt. Der ganzheitliche Mensch, in seiner Meisterschaft der Buddha-Natur, bringt keinen Unrat über die Menschen, sondern verhilft dem Planeten Erde zu einer nie dagewesenen Blüte. Die Kraft der Transformation und Meditation bringt nicht das, wovor viele Menschen, Politiker und Kirchenfürsten große Angst haben, die gewaltsame Zerstörung von über Jahrhunderte hinweg aufgebauten Werten, sie besteht aus einer kreativen, liebevollen Energie. Die transformierten Menschen sind reine Segensbringer, was sie berühren, verwandelt sich in Gold, geht in die Transformation.

Dinge, die sich als wenig nützlich erwiesen haben für die Menschheit, werden in Zukunft einfach fallen gelassen. Die fähigsten Köpfe in allen Bereichen setzen sich dafür in den Kreis, wenden sich als Erstes eventuellen Restlebensthemen zu, transformieren diese ohne Abwehrgedanken und legen dann los. Eingeladen sind selbstverständlich auch Vertreter der spirituellen Ebene, die ihre Buddha-Natur schon erfüllt haben. Das ist sehr wichtig, da ohne diese Segensbringer nicht genug Qualität des Bewusstseins für optimales Gelingen vorhanden ist. Der direkte Zugang zu den Offenbarungen wird aber von allen Teilnehmern, für deren Umsetzung in die jeweiligen Teilbereiche, gebraucht. Ohne diesen göttlichen Einklang besteht die Gefahr erneuten Abrutschens in die Verstandesebene. Der wichtigste Teil der Arbeit für die Meister des Christusbewusstseins besteht also darin, die im Kreis Sitzenden in die Verbindung mit ihrer Buddha-Natur zu bringen. Damit sind diese dann ebenfalls an die göttliche Intelligenz unmittelbar angeschlossen.

Schließen wir uns also zusammen, bilden wir Kreise. Arbeiten wir an der eigenen Entwicklung, allein und mit Gleichgesinnten, nehmen wir diese unterstützenden Bücher zu Rate und probieren wir den Quantensprung.

Zur richtigen Zeit, nämlich genau wie in diesem Moment, werden uns Zeichen und Hinweise erreichen, wir begegnen Therapeuten, die mit diesen hier beschriebenen Methoden bewandert sind, oder wählen eine Weiterbildung, die zum Aufbruch in neue Dimensionen einlädt.

Der Dank der schwachen und unterdrückten Erdenbürger gilt denen, die bereits ihr Leben den Problemen der Menschheit verschrieben haben. Überall auf der Erde arbeiten Menschen verschiedener Bewusstseinskaliber an der Veränderung in eine menschenwürdigere Zukunft – Einzelne, Gruppen, Gemeinschaften, Vereine, Gesellschaften, Firmen und hin und wieder verirrt sich auch ein Politiker.

Natürlich tun Politiker so, als ob sie das Ganze im Auge hätten und das »Übel« der Welt bekämpfen würden. Doch Armut, Überbevölkerung, der Reichtum weniger, Krankheiten, Ausbeutung der Dritten Welt, Umwelt- und Klimaschwankungen etc. können mit den alten Hausmitteln und der jetzigen weltweiten Politik keinesfalls gelöst werden.

Die engagierten Weltverbesserer können ein Lied davon singen, wie hart sie im Einsatz stehen und wie wenig das eingesetzte Kapital, materielle Güter und der Arbeitseinsatz vor Ort bewirken. Der bekannte Tropfen auf den heißen Stein verpufft mehr oder weniger an der Ohnmacht der Einsatzwilligen, den Hebel dort erfolgreich umzulegen, wo die Ursachen für katastrophale Verhältnisse liegen. In den Schaltzentralen der Macht herrscht Bewusstlosigkeit, die anvertrauten oder missbrauchten Machthebel halten Hände in ihrer Gewalt, die in ihren Sichtweisen nur bis an die eigene Haustür reichen.

Das Bewusstsein der Menschheit muss erst auf eine höhere Stufe, dann fällt der Durchblick und der Wille zum gesunden Handeln leichter. Kein Politiker, der sich als bewusster Mensch versteht, wird dann noch anders als optimal auf das Geschehen reagieren, im Gegenteil, er agiert gemäß der Buddha-Natur. Auch in den Kirchen wächst das Bewusstsein der Gelehrten, sie stellen sich nicht weiter quer, sondern springen mit in den Fluss der Veränderung. Damit fließen alle Kräfte der Gesellschaft in eine Richtung, die Erschaffung des Paradieses auf Erden.

Was dann noch von der »Achse des Bösen« übrig bleibt, sind die uneinsichtigen Prozente, die auch in Amerika den Amerikanern untereinander Schwierigkeiten bereiten. Die Selbstgerechtigkeit gegenüber Andersdenkenden und die nicht wahrhaftig gemeinte Gleichheit der Bürger nimmt den Menschen auf beiden Seiten ihre Würde. Intoleranz wirkt ausgrenzend. Die Maxime der individuellen Freiheit verschwindet und damit beraubt man die Eingeschränkten ihrer persönlichen Verantwortung. Religiöse Verblendung und Machtgier der Machthaber darf von der Weltgemeinschaft nicht weiter zugelassen werden. Tatsächlich müssen Truppen der Weltregierung überall dort einschreiten, wo Transformationsunwillige ihr Unwesen treiben.

Brüderlichkeit im Sinne des Kreises lautet die Botschaft an die Individualisten, die dem Missverständnis des »Jeder gegen jeden, ich bin mir selbst der Nächste« anheim gefallen sind. Wir sind alle für das Überleben aller verantwortlich. Die Gier ist dabei kein guter Kamerad auf dem Pfad ins neue Zeitalter. Auch die Angst vor dem Untergang, die leicht auftritt, wenn wir anderen Menschen nahe kommen, darf nicht in diese Richtung zerren.

Im letzten Jahrzehnt hat die spirituelle Entwicklung viele Suchende leider in die Sackgasse des Selbstbetruges geführt. Das Ego machte vor tatsächlichem Wachstum, Transformationen der Lebensthemen, völlig dicht. Furcht und Selbstüberschätzung sind an diese Stelle getreten und keine effektiven Ratgeber. Über das Wachsen in die Buddha-Natur setzen wir demgegenüber Energien frei, die das Kollektivbewusstsein in die gesunde Richtung beeinflussen.

Ein weiterer wichtiger Fakt liegt bei den Wirtschaftsbossen, sie müssen ebenfalls mit ins Boot, da sonst alle Unternehmungen nach der alten, ungünstigen Werteskala ablaufen. Damit dies alles gelingt, kann nur Transparenz und Offenheit für eine Neuordnung den Durchbruch dahin bringen, wohin wir eigentlich alle wollen. Auf diese Weise verlassen die Menschen auch gerne den Bereich der Kriminalität, da alle Erdenbürger, wenn sie die Wahl haben, lieber kreativ und in Liebe miteinander verbunden sind.

Die Menschen entscheiden sich für diesen Weg, weil in ihnen ein besseres Gefühl erwacht, sobald sie auch nur daran denken. Mit diesem ausgesprochen guten Gespür für das, was einem wirklich gut tut, wählt man Erfahrungen, die die Evolution fördern. Nach allem, was die Seelenreisenden lebensthemengemäß erfahren haben, bringt die Transformation ihnen die Erkenntnis dessen, was man nun wählen möchte. Verweigerung kommt nicht mehr in Frage. Die erwachende Spiritualität drängt in die Eigenständigkeit des transformierten Seins, um mit viel Mut diesbezüglich neue Erfahrungen zu sammeln.

Je mehr man vom eigentlichen Sein entdeckt, umso eher sprudelt es aus einem auch schon heraus. Die erwachte Blume findet Worte der Mitteilung. Innere Freude, Weisheit, Wahrheit und Liebe sind die Strahlen, die ab jetzt in alle Begegnungen und Vorhaben fließen.

Die Wahl dieses Weges hängt direkt mit dem Grad der Bewusstheit zusammen. Dabei möchte ich sagen, dass niemand Schritte gehen muss, die ihm zuwider sind. Jede Seele darf für ihren Prozess so lange brauchen, wie sie möchte. Verantwortliches Handeln aber bedeutet höheres Bewusstsein und damit entscheidet man sich gegen Energieklau, Raub, Mord, Missbrauch oder Vergewaltigung. Wer anderen gerne Schmerzen und Schaden bereitet, steht noch mitten im Abwehrkampf der Lebensthemen.

Daher ist der oben benannte Kreis aufgefordert, den Schlüssel der Bewusstheit bis in die Kinderstuben zu tragen. Ein neues Gemeinwesen wird dahin führen, dass verstärkt Seelen reinkarnieren, die auf einer hohen Stufe der Evolution stehen. Dies bedeutet eine immense Hilfe bei der Errichtung und Erhaltung des Neuen.

Die Verantwortung und Aufgabe der Versammlung der Vertreter der Weltgemeinschaft, bis in die Dorfgemeinschaften hinein, liegt darin, bei in allen Menschen das Bewusstsein zu steigern. Wir kommen alle aus derselben Quelle und gehen alle in das Einssein voran. Nur zwischendurch spalten wir uns auf für individuelle Erfahrungen der Seelenreise. Das Wissen über den Sinn des Lebens und die Transformation der Lebensthemen steht bald weltweit zur Verfügung. Unverantwortliches Handeln findet dann einfach nicht mehr statt. Die Menschen erlauben sich selbst und untereinander, im Überfluss zu genießen, was wir im Einklang mit der Natur erlangen und geschenkt bekommen. Immer größere Teile der Menschheit steigen so in die Buddha-Natur auf.

Der Mensch ist ein dreiteiliges Wesen, Körper, Geist und Seele. Nur wenn wir als solches handeln, erlaubt uns diese Dreieinigkeit, endlich in das höchste Bewusstsein einzugehen. Für den Aufbau von Alternativen brauchen wir alle drei Ebenen. Wenn wir nur mit dem Körper, dem reinen Überleben, voranschreiten, verlässt uns schnell der Mut, wir wollen dann lieber zurück ins gemachte Bettchen der »Normalität«. Zaudern, Ungewissheit im Blick, um Führung bittend kehren wir zurück ins Glied, reihen uns ein ins ängstliche Kollektiv.

Damit steht der Geist, unser kreatives Werkzeug, nicht zur Verfügung. Der Geist bildet den Raum, in dem wir, bevor wir das Vorhaben realisieren, uns die Dinge ausmalen, die wir kreieren möchten. Die Idee geht sozusagen ins Wort, um in der Handlung anzukommen. Der Geist arbeitet im unsichtbaren Raum, der alles durchdringt. Nichts Feststoffliches hält ihn auf. Unabhängig von Zeitfenstern kreiert er ein Energiefeld, es verbindet sich mit den Energiefeldern von allem Existierenden auf dem Planeten, das mit der Vision zu tun hat, lässt neue Energiefelder entstehen und tritt dann, wenn es so weit ist, als Veränderung in Erscheinung, als Manifestation.

Damit sind wir bei der Seele angekommen. Der Mensch gelangt in die dritte Dimension, in die Aktivierung der Buddha-Natur. Das spirituelle Wachstum erreicht das Ziel auf der Evolutionsspirale. Damit sind alle Dimensionen des Seins zu Hause angekommen. Die ganze Bandbreite steht nun für die Vision der Berufung bereit. Die wichtigste Arbeit der Seele beginnt nach dem Erwachen, die Entwicklung und Umsetzung neuer Offenbarungen auf Erden.

Wenn dem Menschen die Fähigkeit des Geistes klar wäre, würde er mehr Gebrauch davon machen! Auch die tüchtigsten Suchenden meistern gewöhnlich höchstens zehn Prozent des Geistes für die Erschaffung ihrer Visionen. Doch als Finder braucht man die Kraft von über hundert Prozent, um in die letzte Dimension vorzudringen. Alle Dimensionen des Seins werden gebraucht, um zu dessen vollständigen Verwirklichung beizutragen. Damit ist das Bewusstsein zur Gänze entwickelt.

Im ersten Stadium geht es vor allem um die körperliche Ebene, Geld, Macht, Fortpflanzung, Ego, Reichtum, Sicherheit. Auf der zweiten Ebene erweitert sich das Profane in Richtung Liebe, Freundschaft, lebendige Kreativität, Suche nach Abenteuern und Entwicklung, Aufdeckung der Lebensthemen. In der dritten Ebene gelingt das Transformieren der Restlebensthemen, die Anerkennung der Existenz des Göttlichen und der Einklang mit dieser wunderbaren Quelle. Die goldene Ankunft in der göttlichen Dimension funktioniert augenblicklich als Sprachrohr der Eingebungen und Offenbarungen, den Tipps für ein besseres Gelingen des Miteinander in einer grandiose Zukunft.

Eingebungen haben schon immer Menschen aller Bewusstseinsstufen inspiriert, so finden die zueinander, denen Ähnliches am Herzen liegt. Die Gruppierungen, die an der Weltverbesserung arbeiten, können von allen Mitarbeitern Geschichten erzählen, wie sie auf ihre ganz persönliche Weise zu einem solchen Projekt gelangten. Manche per »Zufall«, andere aus Schicksalsschlägen, wieder andere folgten ihren Ideen oder Eingebungen während der Meditation. Allen ist nach diesen Erfahrungen eines gemeinsam, der absolute Wille zur Veränderung, für ein neues Modell einer Welt, eingebettet in einer radikal zum Gesunden verschobenen Weltsicht. Wie bei den persönlichen Lebensthemen hat auch die Weltgemeinschaft ihr kollektives Lebensthema und nur in der eindeutigen Transformation liegt die Lösung.

Handeln aus reinem Eigeninteresse findet im Kleinen wie im Großen ein Ende. Der Weltrat, geformt aus dem Bewusstsein der Weisen und Wissenden, übernimmt den Ausgleich der Bedürfnisse der Regionen. Bodenschätze, Wasser und andere Ressourcen werden als Gemeinschaftsgut verwaltet und alle Menschen kommen gleichsam in deren Genuss. Jegliche Problematik wird zwischen allen Vertretern der Regionen geklärt. Alle halten Wacht, auch kraft ihres Bewusstseins, dass Despotentum, egomanisches Gebaren keinerlei Rolle mehr spielt im Weltgeschehen. Eine gemeinsame Schutztruppe greift ein, falls die Situation dieses erfordert, auf Geheiß des Weltrates oder nach Aufforderung der örtlichen Vertreter, und stellt die Täter vor ein Tribunal.

Doch je mehr die Buddha-Natur auf Erden Platz nimmt, je weniger werden wir mit diesem Gebaren konfrontiert. Das Wissen um die Zusammenhänge der Seelenreise und die sich entwickelnde Liebe zwischen den Menschen macht das Unglaubliche tatsächlich möglich. Schluss mit dem Mangel an Liebe, hin in deren Überfluss, das erlöst die Menschheit von ihrem größten Problem, die Lieblosigkeit. Der Schlüssel dazu ist die Transformation der Lebensthemen jedes Einzelnen und des Kollektivs. Die Welle der Transformation fließt in die Liebe und diese in den Frieden. Diejenigen, die dies nicht verstehen wollen, werden mit liebevoller Toleranz und dem Nichterlauben von weiterem krankhaften Verhalten mit ins Boot geholt. Wir sind alle eine Familie und dementsprechend in Liebe miteinander verbunden.

Damit wir die alten Muster überwinden, brauchen wir unbedingt das Wissen über die Lebensthemen, sonst bleibt es ewig ein Rätsel, warum wir bestimmte Hürden einfach nicht knacken. Verletztheit, die in Lug und Trug führt, muss hinterfragt und aufgelöst werden. Am besten gelingt dies alles, wenn wir bereits in den Kinderstuben, Kindergärten und Schulen beginnen, diese Themen zu vermitteln und dabei bei den Kindern und Jugendlichen auf gewisse Thematiken so eingehen, dass lange Zeiten bis zur Transformation im Erwachsenenalter gar nicht erst aufkommen.

Dadurch ließe sich ebenfalls die Angst der Besitzenden auflösen, von ihrem enormen Reichtum und der damit einhergehenden Souveränität zu Gunsten des Gleichmaßes für alle abzugeben. Das Abnehmen des Arbeitseinsatzes für mehr persönlichen Reichtum fließt in das Verändern des Zeitgeschehens, das neue Werte installiert. Dies geht einher mit der automatischen Erweckung zwischenmenschlicher Liebe und des Mitgefühls. Als Weiteres macht die Seelenreise klar, dass jede Inkarnationszeit lediglich ungefähr achtzig Jahre beträgt und dass außer dazugewonnenem Bewusstsein nichts in die andere Dimension mitgenommen werden kann. Jede Seele reinkaniert im Sinne der Lebensthemen und hat sonst nicht unbedingt etwas mit den Begleitseelen zu tun. Der alte Familienverbund wird durch einen neu definierten Familienverbund von der Gemeinschaft ersetzt. Das bringt mehr Freiheit für alle Beteiligten, die Verantwortung und Liebe tragen die Mitglieder der Gemeinschaft.

Im Zuge der Erneuerung werden die Militärkosten drastisch gesenkt. Außer der schnellen Eingreiftruppe und den Polizeikräften vor Ort legen alle nationalen Militärs die Waffen nieder. Dadurch riesige Summen des Volksguthabens verfügbar werden, weltweit mehr als eineinhalb Millionen Dollar pro Minute. Dieses unglaubliche Vermögen kommt den Notwendigkeiten und Bedürfnissen der globalen Gesellschaft im Umbruch zugute. Nun kann der Aufbau einer bewussten Gesellschaft in großen Schritten vorwärts gehen. Aus dem inneren Frieden des Bewusstseins jedes Einzelnen erwächst der dauerhafte Friede und das Bewusstsein in der ganzen Welt.

Bis dies endgültig erreicht ist, braucht die Menschheit ein gewisses Maß an Staatsgefüge, Regelwerk und Regierbarkeit, aber nur so lange, bis das Bewusstsein, dementsprechend geschärft, aus der Intuition und dem Bewusstsein heraus seine richtigen Entscheidungen trifft. Hilfreich wirkt dabei der Entschluss der Toleranz, bestimmte Dinge zwar in Betracht zu ziehen, sich auch dafür einzusetzen, aber im Moment der Nichterfüllung dies in einer meisterlichen Gelassenheit zu akzeptieren und eben nicht in Bedürftigkeit oder Gewalt abzutauchen. Man bleibt gerade stehen, vermeidet die Verstandestätigkeit, geht direkt in die Herzebene, und dort bezieht man die Kraft für die anstehende Veränderung, um das angestrebte Ziel weiter anzusteuern.

Die Basis für den Erfolg sind Realität und Wahrheit, beides Werte, in denen jegliche Menschenführung und Richtlinien für ein gutes Miteinander eingebettet sind. Das Menschengeschlecht ergreift die hier aufgezeichnete Chance und schafft den Quantensprung!

Entsprechend dem Gesetz der Liebe hält keiner zurück und gibt alles, was er hat. Abkapselung aus alten Krankenbildern mündet in Verschmelzung. Die erfahrbare Synergie macht denen Mut, die bis heute wankelmütig abseits stehen. Die Vorreiter machen den Anfang, sie dienen als Inspiration, als Quelle des neuen Bewusstseins.

Die Bewusstseinsarbeiter von heute versuchen das schier Unmögliche, Alternativen aufzuzeigen und in die Praxis umzusetzen. Das Establishment wehrt sich nach Kräften, doch das wertvolle Neue lässt sich mit der göttlichen Rückendeckung kaum aufhalten.

Überall rührt sich das Bewusstsein und lenkt unausweichlich den Blick auf die bereits verbuchten Erfolge. In den verschiedenen Organisationen weltweit erlaubt der Bewusstseinsstand der einzelnen Mitarbeiter oftmals nicht die Weiterentwicklung der Ideen und den Durchbruch der Projekte. Für eine breitere Erfolgspalette fehlt häufig der hier letztendlich so wichtige Mut für die Transformation der persönlichen Restlebensthemen. Erst dann ist die Bahn frei für den auf allen Ebenen so wichtigen Pfad des leuchtenden Beispiels.

Sei dir selbst ein Licht und werde dann zum Licht für die Welt. Wähle Worte der Wahrhaftigkeit, handle in höchster Liebe, was dem nicht entspricht, wird abgelehnt. Dafür dürfen die positiven Ergebnisse kräftig gefeiert werden. Die Unterstützung der göttlichen Verbindung ist all denen seit langem versprochen, die das Wagnis dieser Schritte eingehen.

Die Heiligkeit eines jeden Menschen steckt unangefochten im Kern der Buddha-Natur. Die Beispiele für die Lebendigkeit der Wahrheit bringen diesen Kern zum Vorschein und damit erscheinen die wunderbaren Gaben des Erwachens in einzigartigen Blüten in jedem Suchenden, der so zum Finder wird. In einfachen Worten, bescheiden und doch offen und frei trägt der Offenbarer seinen Funken weiter als Geschenk für die, die so lange darauf warten, zu werden, wer sie wirklich sind. Wenn der Funke dann überspringt, welch eine Offenbarung.

Doch keinerlei Übermaß darf hier an Seelen verteilt werden, die keine Geschenke wollen oder den Blick hinter die Kulissen des Lebens verweigern. Die stets freie Seele wählt, was immer sie will, und zieht ihres Weges, manche brauchen noch den einen oder anderen Umweg. Wenn der Zeitpunkt dann gekommen ist, wird jede Seele erneut wählen und irgendwann ihre Hürde überspringen.

Ich spreche dies hier extra an, da das Bedürfnis normal ist, nach einem Quantensprung Interessierte und Vermeider auf die neue Stufe zu lotsen. Dabei kann man vor lauter Begeisterung leicht über das Ziel hinausschießen. Behutsam, bewusst und mit der Achtsamkeit eines Meisters sollte man nun agieren. Doch lassen Sie sich auf keinen Fall aufhalten, für eine bessere Welt in den Ring zu steigen.

Wir haben genügend anzugehen: strukturelle Probleme, geplünderte öffentliche Kassen, Umweltzerstörung, der Kollaps der Gesundheitssysteme, Armut der Dritten Welt, die Abhängigkeiten von Wirtschaftsriesen, Drogenkonflikte, Angst vor der Zukunft, Arbeitslosigkeit, Werteverlust, ein Klima der Gewalt und Zerstörung.

Dem Einsatz für den Bewusstseinswandel bläst aus verschiedenen Richtungen kräftiger Gegenwind ins Gesicht. Mit der Einsicht und der Überzeugung in die Wirkungskraft neuer Visionen und die Gegenwehr des Establishments können die, die sich seit Jahrzehnten darum kümmern, ganze Romane füllen.

Auch das Kollektiv Mensch hängt massiv an alten Handlungsweisen, wie ein schwerer Klotz, zäh und grau, hält es die Energie am Boden. Politik, Wirtschaft und Militär haben ebenso ihre eigenen Visionen, denen sie verpflichtet sind. Auch wenn dann Themen wie Umwelt, Ressourcen für die nächsten Generationen, ökologische Nahrung, nachwachsende Rohstoffe, alternative Energiegewinnung zum Atomstrom dringend ihre Aufmerksamkeit bräuchten, versucht man über lange Jahre hinweg, aus Eigeninteresse das Gesündeste zu vermeiden. Das macht sich auf Dauer in katastrophalen Zuständen bemerkbar.

Der Höhepunkt ist dann die Kriminalisierung derer, die ihr Leben für die Aufdeckung von Misstsänden riskieren. Systematisch werden Bürgerrechte entzogen und die verantwortungsbewusst Handelnden möglichst als radikal und verbrecherisch gebrandmarkt. Wieder spielen hier die unaufgeräumten Lebensthemen die größte Rolle. Egomanie, Selbstsucht, feudaler Lebensstil aus Angst sind einige der Gründe, warum dieses Verhalten so hartnäckig aufrechterhalten wird. Jahr für Jahr rutschen wir tiefer in den Schlamassel. Das Ganze auf Kosten von Umwelt und Ausbeutung der Dritten Welt, es fehlen Konzepte und der Wille zur Einsicht. Dies alles verhindert den Weg aus der Sackgasse.

Leben und Leben lassen könnte als hilfreiches Mantra dienen. Es bewirkt eine Offenheit der Grenzen zum Gegenüber und die Einsicht, dass man ja mehr als leben, wohnen, essen und trinken gar nicht kann. Auch mit fünf Autos fährt man immer nur eines. Die Weisheit rät »Lebe einfach und du lebst gesund«.

Natürlich arbeiten viele Menschen sehr hart für ihr täglich Brot, aber das darf nicht zum Hamsterradleben ausufern, denn dann hat man ein weiteres Lebensthemenproblem. Der Kampf ums nackte Überleben gehört zu den Transformationsthemen der Menschheit. Das Debakel der ewigen Konkurrenz hat eigentlich ebenfalls längst ausgedient. Dies ist mit die wichtigste Erkenntnis für das Auflösen des alten Leitsatzes »Jeder für sich und Gott gegen alle!«

Das größte Problem aber stellen die Hoffnungslosigkeit, die Ausweglosigkeit, die fehlenden Lebensperspektiven unserer Erdengemeinschaft dar. Daraus entsteht das Lebensgefühl, schnell noch eine dicke Scheibe vom großen Kuchen abschneiden zu wollen, bevor es zu spät ist. Doch vom Kuchen sind leider nur noch ein paar Krümel übrig. Wenn die Weltordnung nicht in immer gnadenlosere Explosionsherde verstrickt werden will, muss ein Bewusstseinswandel jetzt stattfinden, wir müssen raus aus dem Teufelskreis!

Ein kleiner Schritt, der dazu beiträgt, wäre die Offenlegung der Finanzsituation gerade der Großverdiener. Schnell wird der Geldfluss über Auslandskonten und ähnliche Tricks verschleiert. Manche Jobs sind einfach völlig überbezahlt und andere, die zum Wohle gereichen, komplett unterbezahlt. Firmenchefs werden wegen Misswirtschaft gefeuert und trotzdem mit Beträgen in Millionenhöhe abgespeist, dafür dann fünfzig Prozent der Belegschaft entlassen. Da fehlt es gewaltig an Gleichbehandlung und Fairness. Wenn die Menschheit wüsste, was unter der Decke hier alles gespielt wird, hätten wir eine weltweite Revolution.

Ehrlichkeit ist in Bezug auf Geld meist ein Fremdwort. Doch die Dinge müssen ans Licht, damit das Bewusstsein in der Gesellschaft wächst, bestimmten Geschäftspraktiken das Handwerk zu legen. Ebenfalls spielen in den politischen Systemen versteckte Gelder und Parteispenden gerade im Wahlkampf eine enorme Rolle. Die Demokratie gelangt dabei an ihre Grenzen. Der einseitige Fokus auf die Macht und Machterhaltung schließt ein Bewusstsein für eine evolutionäre Entwicklung praktisch aus. Politiker können nicht zum Kern der Problematik vordringen, da sie sonst ihrem eigenen Lebensthema erst einmal ins Gesicht blicken müssten. Dies stellt dann ihr komplettes Handeln in Frage. Aber erst die Transformation der Lebensthemen erlaubt die Erfüllung der letztendlichen Berufung.

Scheinkampf, Scheinliebe oder überall so tun, als ob, aber am Ende gewinnen, Konkurrenzdenken auf allen Ebenen, undurchschaubare Manipulationen sind bis heute die treibende Kraft in der Interaktion zwischen Menschen und Ländern weltweit. Ein gutes Geschäft macht der, welcher für mindere Ware das hundertfache Entgelt erwirtschaftet. In Bayern existiert für solch einen Gauner das Sprichwort »A Hund isser scho!« Mit gehörigem Respekt, verschmitztem Blick und einem Augenzwinkern ist man zwar ein bisschen neidisch, aber darin mischt sich auch eine gewisse Bewunderung.

Doch der Evolutionsweg braucht Klarheit, Durchschaubarkeit, ein Sichtbarmachen der Hintergedanken und Hinterzimmerverabredungen. Transparenz in jeglichem Geschäftsgebaren führt nach anfänglichem Entsetzen aller Beteiligten zu äußerst gerechten Vertragsabschlüssen. Die Weigerung sucht den Wahrheitsgehalt dieser Worte zu verbergen. Mit unglaublich geschickter Zungengewalt vernebeln die Machthaber ihre Tätigkeiten, um weiterhin im Verborgenen ihren Machenschaften nachzugehen. Deswegen kämpfen sie letztendlich gegen den evolutionären Fortschritt und reiten sich und uns fortwährend in die Sackgasse. Die Lobbyisten aller Couleur machen gemeinsame Sache für das Wohl einiger weniger Auserkorener.

Aus dem Schlamassel führt lediglich eine transformierte Gesellschaft, in der keinem daran gelegen ist, zu übervorteilen oder unfaire Partnerschaften einzugehen. Mit dem Wissen über die Realität der Seelenreise und deren Transformationsmöglichkeiten lehrt die Kommunikation und Handlungsfreiheit von der Herzebene und das Sein der Buddha-Natur, wie wir uns im neuen System verhalten. Damit kreiert die Gesellschaft Menschen, denen das Wohlergehen aller am Herzen liegt und deren Handlungen von der Liebe und dem Teilen getragen werden.

Der Umgang miteinander ähnelt dem der liebenden Partner auf höchstem Niveau. Unaufgelöste Lebensthemen und daraus keimende Versagensängste oder Verlustängste lassen Handlungsweisen entstehen, die eigentlich nicht dem entsprechen, wie man mit Menschen in Verbindung treten will. Wiederum liegt der Schlüssel darin, sich zu zeigen. Am wichtigsten ist das Wahrnehmen des eigenen angstvollen Zustandes und auch im Gegenüber die wahren Fundamente von den Handlungen aus Furcht zu unterscheiden. Für den Weg zur wahrhaftigen Kommunikation lassen wir einen Raum der Offenheit, Wahrheit, der Transparenz entstehen. Nun gilt es, die Dinge auszusprechen und, auch wenn es schwer fällt, dabei ehrliche Gestik, Gefühle oder ebenfalls die unsinnigen Gefühle aufzuzeigen, wenn man sie schon definitiv erkennt. Dann trennt man sich von der Verstandesorientierung und tritt, für alle Teilnehmer wahrnehmbar, in die gesunde Handlung. Dabei lässt man keine Scheinhandlungen oder Scheinverhalten aufkommen. Jetzt ist die Spreu vom Weizen getrennt. Mag heißen, lebensthemenbedingte unwahre Seinszustände fallen flach und die Entscheidung für das, was man wirklich ist, trifft fortan die transformierte Seele.

Wer einmal diesen Raum mit Partnern, Freunden oder Arbeitskollegen getestet hat, wird mir zustimmen in meiner Aussage, dass allen Beteiligten ein Stein vom Herzen fällt und man dankbar die Chance für eine wunderbare Kommunikation miteinander teilt. Ohne jegliche Schönfärberei, Maskerade oder andere Manipulationswerkzeuge erreicht man Ziele, die weit über das hinausgehen, was man zu träumen wagte. Missverständnisse oder Spekulationen erhalten keinerlei Nahrung. Täuschungen und andere, verschiedenen Krankheitsbildern entsprechende, Spielchen finden nicht mehr statt.

Es geht um die Wahrheit ohne täuschende Verpackung. In der Bewusstseinsschule lernen wir im Kreis, in liebevollem Respekt für einander, die Wahrheit zu sprechen, ohne etwas zu verbergen oder zu verbiegen. Man hält keine Wahrheit zurück und man überfordert den Kreis nicht mit einem Übermaß an Sprechzeit, wenn die Gelegenheit von Restlebensthemen vereinnahmt wird.

Aufgepasst, die alten Abwehreinheiten stürzen sich auf jede Gelegenheit, um über den Raub von Energie aus der Gruppe ihre Festung wieder in Stellung zu bringen. Aber wir erlauben nicht mehr jedem »Mindfuck«, jeder Verstandestätigkeit, die Meditation, die Handlungen aus dem authentischen Sein, den Kreis oder die Versammlung zu sprengen. Das Verweisen des Verstandes in seine Grenzen ist dringend angesagt. Wir dürfen ihm das Manifestieren von Gedankenbildern keinesfalls erlauben, sonst trickst er wieder hinter den Kulissen wie eh und je. Bitte nicht vergessen, der gordische Knoten der Verstandeseinmischung kann nur mit einem Schwerthieb der Authentizität durchschlagen werden, also sollte man nicht versuchen, den Verstand mit dem Verstand abzuschalten.

Da wir es nicht gelernt haben, die Verstandestätigkeit realitätsnah und zweckgebunden einzusetzen, ärgern wir uns mit diesen Konsequenzen wie Zaudern, Vermeidung aus Angst herum, die die inneren und äußeren Sehwerkzeuge vernebeln und die Lebensenergie immer wieder im alten Kokon eingefrieren. Erkennen Sie also sofort, wo der Verstand anfängt, verselbständigt Lösungen zu erarbeiten, genau hier gilt es, ihn abzuschalten und auf eine andere Ebene umzuschwenken.

Gegenüber dem Verstandesgeschehen kommuniziert authentisches Sein eindeutig und geradeaus. Während der meditativen Grundhaltung erlauben uns Eingebungen, die optimale Entscheidung zu treffen. Alle Informationen kommen auf den »inneren Tisch« und damit kann intuitiv die gesündeste und optimalste Entscheidung getroffen werden. Die innere Stimme setzt diese sofort in Handlung um, gibt den Startbefehl. Nur so schaffen wir die Grundlage für die persönliche Transformation und für den kollektiven Bewusstseinswandel.

Als Erstes müssen wir aber alle durch den Prozess des »bösen« oder »guten« Erwachens. Absolutes Hinschauen und Erkennen bringt die Loslösung und Entscheidung für das, was wirklich anliegt. Wir sollen dessen gewahr werden, wie wir mit uns, anderen und die wiederum mit uns umgehen. Allein, wechselseitig und mit Hilfe von außen arbeitet der Verantwortungsbewusste weiterhin an seiner Selbstverwirklichung.

Die Masse der Erdenbürger will allerdings lieber Augen, Ohren und Münder verschließen und ihre Verantwortung abgeben. Aber so verharren die Seelen eingekerkert in ihren Körpern und warten wie paralysiert darauf, dass sie einigermaßen ungeschoren durchs Grauen des Alltags gelangen. Millionen von Bürger haben sich eingemummelt in ihrem Sicherheitsdenken. Anders gesagt, Füße hoch und Fernseher an, ja keine Verantwortung und Hinterfragung bitte!

Wenn sich das nicht ändert und gleichzeitig herauskommt, wie Macht und Lebensthemenverweigerung im Kleinen, im Verstand sowie im Großen, in der Partnerschaft, im Freundeskreis, unter Kollegen oder auf der politischen Bühne tatsächlich mit dem inneren Sein oder »ihrem« Volk umgehen, wird man der Unumstößlichkeit von Quantensprüngen endlich gewahr. Dazu steht die Frage im Raum, warum schreiten immer weniger mündige Bürger zur Wahl? Weil sie keinen Sinn darin sehen, diese unaufgeräumten Persönlichkeiten zu wählen, die ihnen tagtäglich vorgesetzt werden, die nicht den Mumm haben, für neue Modelle des gesellschaftlichen Wohlergehens ihre Tatkraft einzusetzen.

In einer fortschrittlichen, transparenten Gesellschaft weiß man, dass die alten Machenschaften in die Sackgasse führten, und nur mit der Wahl für einen höheren Stand auf der Evolutionsspirale, einem höheren Bewusstseinsstandard konnte diese überwunden werden. Allein die Werte, die mit der Wahrheit und Realität direkt verbunden sind, müssen als Entscheidung jeden Tag rund um die Uhr in sich und mit dem Umfeld ausgelebt werden.

Wenn Sie diese Worte überzeugen, probieren Sie ihre Wirkungskraft doch einfach einmal aus, experimentieren Sie mit

Meditation, achten Sie auf die Folgen der Lebensthematik und deren Transformationsmöglichkeit! Ohne Kompromisse gehen Sie dann in Ihrem gewählten Zeitlimit den Pfad in Ihr persönliches Wachstum. Setzen Sie sich dafür ein Zeitfenster von drei Wochen und schreiben Sie währenddessen in einem Tagebuch alle Eindrücke nieder. Danach werden Sie erstaunt feststellen, dass Sie zwar in Ihrem Freundeskreis etwas aufgeräumt haben und auch im Berufsleben plötzlich einige Dinge anders laufen, aber ein Zurück in altes Fahrwasser kommt für Sie jetzt mit Gewissheit nicht mehr in Frage. Damit haben Sie sich in gewisser Weise bereits zum Vorbild entwickelt! Wir ebnen so unseren eigenen Weg und animieren das Umfeld, es uns gleich zu tun, wir sorgen in unserem Rahmen für mehr Lebensqualität.

In meiner und durch meine Arbeit haben sich mein Umkreis und das weitere Feld meiner Leser, Klienten, Seminarteilnehmer und deren Umfeld zu einem nicht geringen Energiefeld entwickelt, das täglich neue Wellen ausschickt und sogar im Ozean des Kollektivs seine Spuren hinterlässt. Wir sind dabei, in verschiedenen Städten und vor allem in München Kreise zu bilden, in denen Menschen ihre Transformation bewerkstelligen und Kraft schöpfen, das Erfahrene in ihr Leben zu integrieren und so auch ihren Umkreis mit dem Erlebten zu bereichern. In freundschaftlicher Verbundenheit unterstützen wir uns gegenseitig und mahnen, die Werte des »Neuen Menschen« von den Verstandesfängen zu unterscheiden, und schaffen so genau die Verwirklichung dessen, was wir wirklich leben wollen.

Die Entstehung von gesellschaftlichen Alternativen ist in der Geschichte weltweit dokumentiert. Viele dieser Projekte haben den Anstoß gegeben, mit gelebten Antworten die Realität dieser Ideen allseits sichtbar darzustellen. Die Schwierigkeiten, die innerhalb und von außen am Gerüst wackelten, haben die Sache entweder in noch gesündere Bahnen gelenkt, verwässert oder wie Seifenblasen platzen lassen. Aber vor allem sind dann diese Projekte an den unaufgeräumten Lebensthemen der Einzelnen und des Kollektivs gescheitert.

Doch gerade das Bewusstwerden der verschiedenen Posten von Lebensthemen verhilft den Menschen zu ihrer Entscheidung für die Transformation und damit zu einem von der Basis her gesunden Aufbau ihrer Visionen. Mit diesem Wissen bestückt, wählen immer weniger Erdenbürger ungesunde Lösungen.

Alle warten ja nur darauf, den Sinn des Lebens zu erkennen. Damit kehrt ein riesiges Potenzial an Kraft zurück, sie ist eingeeist in ein Erleben, das man nicht versteht. Die Geschehnisse der Jugend, ebenfalls der Zeit bis ins Heute, werden sortiert und der Aufgang in die höheren Ebenen der Evolutionsspirale über die Transformationshürde wird gefunden. Die freigesetzte Energie gleicht einem Wirbelsturm der Freude und Liebe und exakt damit lassen sich weitere Dinge grandios verändern. Die Menschen spüren allerorts, wenn jemand in Liebe die Evolution anstößt, und sie merken sofort den positiven Wind, der augenblicklich um ihre Nase weht.

Die erwachenden Seelen erlauben in diesen Höhen niemandem mehr ein Handeln mit zweierlei Maß. In allen Bereichen, ob privat, geschäftlich oder politisch, wird darauf geachtet, mit dem wahren Gesicht einander die gesunden Werte des neuen Menschen nahe zu bringen.

Gerade wir in Deutschland haben nach dem Holocaust die Verpflichtung, im eigenen Land wach zu bleiben und rund um den Erdball die Staaten darauf aufmerksam zu machen, wenn sie gegen die Menschenwürde verstoßen. Auch den Weltmächten muss auf die Finger geklopft werden, falls sie lediglich aus wirtschaftlichen Gründen Krieg führen oder Staatsterror als Terroristenbekämpfung einsetzen. Wo man gerne selbst aus der jeweiligen Interessenslage gegenseitig ein Auge zudrückt und zusätzlich auch noch im eigenen Land und an anderen Orten den Menschenrechten kaum Aufmerksamkeit beimisst.

Freund und Feind müssen mit denselben Kriterien bemessen und auf den Transformationspfad gebracht werden. Ein Gott, wie immer wir ihn nennen, ist in keinem Fall für Tod, Hunger,

Unterdrückung, Folter verantwortlich, die Menschen in seinem Namen begehen. Die Verknüpfung von Religion und Machtinteressen durchschauen die Menschen in Zukunft wesentlich leichter, es wird weltweit geächtet. Religiosität findet zurück in ihr eigentliches Stammhaus, die Reise ins Licht, zur Buddha-Natur.

Alternativen und Projekte, die wir für eine neue Gesellschaft aufbauen, können nur dann optimal entstehen und blühen, wenn wir die Bedeutung der Seelenreise mit einbeziehen und damit erst uns selbst hinterfragen und dann mit der Erlösung der eigenen Thematik am größten Umbruch der Weltgeschichte tatkräftig teilnehmen.

Bestehende Vereinigungen sollten am Wissen der Erlösung der Lebensthemen nicht vorbeigehen. Mit aller Kraft gilt es, diese Möglichkeit für ein voll und ganz den neuen Werten entsprechendes Verhalten hin zum Beschleuniger mit machtvoller Vorbildfunktion zu nutzen, um so für das weitere Gründen oder Aufbauen von echten Alternativen den Reifegrad des morphogenetischen Feldes zum Quantensprung hin aufzuladen. Mit der Entladung erhöht sich das Bewusstsein innerhalb der Masse und viele Suchende werden es mit dem Einsteigen in die Projekte danken. Gleichzeitig erhöht sich das Bewusstsein für die Verbundenheit mit den Seelen, die diese Arbeit rund um den Globus anschieben, sprunghaft. Es entspricht einem Lichtnetz, das fortwährend Energie in den Äther schickt und bei Bedarf den einzelnen Lichtarbeitern erlaubt, bei Energieabfall diese anzuzapfen, um erfrischt die Visionsarbeit fortzusetzen. Gerade in Stunden des Selbstzweifels oder der Verzagtheit schöpfen wir dadurch Kraft. Gespeist wird diese Energie gleichfalls von der Meditation und dem Einklang in die göttliche Instanz.

Das ist die Basis für einen außerordentlich erfolgreichen Paradigmenwechsel. Wir werden zum Weg und führen die Menschen in die Welt, wie wir sie alle erleben wollen. Jahrtausende des Mords und Totschlags finden ein Ende im gehobenen Bewusstsein der Weltgemeinschaft.

Individuelle Meinungsverschiedenheiten werden trotzdem nicht ausgeklammert, sie bereichern im Zusammenfinden den gemeinsamen Weg in eine goldene Zukunft. Der Kreis lebt davon, dass jede Wahrheit dort Eingang findet. Jeder neue Aspekt ist willkommen und für weitere Transformationen nötig. Nicht eingebracht, würde dem Ganzen etwas fehlen.

Was im kleinen Kreis von Vorteil ist, verfehlt als Umgang miteinander natürlich auch im Weltsicherheitsrat oder der Weltregierung nicht seine Wirkung. Auseinandersetzungen auf andere Art gewinnen zu können ist eine Farce. Nur ein Grund erlaubt das gewaltsame Stoppen von uneinsichtigen Despoten, nämlich dass sie sonst meinen, noch uneingeschränkter mit den Mitmenschen umgehen zu dürfen. Adolf Hitler musste das Handwerk gelegt werden, obwohl dies viele weitere Opfer forderte. Andernfalls stellt man sich unter das kranke System, wird zu deren Diener.

Alle Regionen der Erde sollten in der Schutz- und Friedensarmee integriert sein. Sobald ein Krisenherd es erfordert, die Truppe ein und unterbindet unerlösten Lebensthemen und deren Auswüchsen, dem Kollektiv Schaden zuzufügen. Auch werden kleinere oder ärmere Landflächen, früher die Länder mit nationalen Grenzen, nicht weiter zu erpressbaren Partnern, um den Macht- und Interessensdrang der Größeren zu untermauern. Handelsabkommen mit Staaten, die so zwar die Arbeitslosigkeit anderer abbauen, aber im eigenen Land unterdrücken und foltern, kommen nicht in Frage. Der Kontrolle der großen Staaten und der Besitzenden, der Firmenimperien und »Verwalter« der Ressourcen auf Erden, wird ein Ende gesetzt. Der vom Bewusstsein regierte Weltrat ist einzig und allein dafür zuständig. Gerechtes Verteilen der Ressourcen, der Arbeit, der Nahrung und des Wohlstandes sowie die Arbeitsbedingungen rund um dem Erdball entsprechen dadurch menschenwürdigen Verhältnissen und Werten. Überall bleibt außerdem genügend Zeit für die Aufarbeitung von Lebensthemen, Meditation, Freizeitgestaltung und die Umsetzung von Visionen. Dann wird

Arbeit zur Berufung, zum Freuden-, zum Liebesdienst, Kommunikation zum Fest. Das Leben auf Erden definiert sich völlig neu, es wächst der Realität entgegen.

Der Wandel ist das Schlüsselwort für das neue Zeitalter. Aus der Geschichte und den neuen Offenbarungen lernen und damit leichter den Wandel herbeiführen, das ist das Gebot der Stunde. Geschichte zeigt uns permanent Veränderung. Festhalten an Sicherheitsgurten kann den Fortschritt nicht aufhalten. Diese Einsicht erlaubt der Menschheit aktive Auseinandersetzung mit dem Thema, wohin die Reise geht.

Weg von der Opferhaltung, hin zur Verantwortlichkeit. Damit entsteht eine Bewusstseinserweiterung, die Konflikte auf allen Ebenen in die Erlösung bringt. Das Einssein mit allem wird als lebendiger Organismus wahrgenommen, und man fängt an, die Verbindung mit dem, was sichtbar und unsichtbar existiert, spürbar zu fühlen. Dies inspiriert zusätzlich zur Entwicklung neuer Modelle, in denen alle Lebensformen an ihrem stimmigen Platz zur Blüte des Planeten Erde beitragen.

Der Weg aus der Krise und Sackgasse kann vom Menschen geschaffen werden. Seit Anbeginn der Entwicklung von Bewusstsein ist er der Verantwortliche für die Geschicke der evolutionären Weltgeschichte. Also besteht jederzeit die Chance, mit völligen Kehrtwendungen oder Neuorientierungen das Boot vor dem Sinken zu retten. Die Blockade der Menschen steckt in den Köpfen und damit in der fehlenden Bereitschaft, auf der Evolutionsspirale endlich die wichtigsten Schritte zu tun. Lösungen sind längst in Reichweite, doch die Zuspitzung der Verhältnisse braucht anscheinend noch eine gewisse Überladung, damit der Damm in Richtung Gesundung brechen darf.

Die nach wie vor in der Gesellschaft als heilbringend angestrebte Lösung vom größtmöglichen Konkurrenzdruck, schneller, machtvoller Vorteilbeschaffung und gnadenlos persönlichem Profitstreben führt allerdings erstmal weiter direkt in den Untergang. Doch dadurch steigt auch die Spannung, wohin sich das Blatt wenden wird.

Die kritische Masse für eine positive Wendung ist jedenfalls in wenigen Augenblicken erreicht und wenn sich der eine oder andere ebenfalls einreiht, kippt das Ganze vielleicht schon bald in eine nie dagewesene Öffnung der Bewusstseinserweiterung. Wir nehmen schließlich am aufregendsten Paradigmenwechsel, den die Menschheit auf Erden je gesehen hat, teil. Rund um den Globus werden die nächsten Jahrzehnte den bedeutungsvollsten Wechsel der Geschichte bringen.

Zwischen den Bewusstseinsarbeitern vor Ort und den politischen Entscheidungsträgern, erwachsen aus den Denkschmieden, gilt es zu vermitteln, die Berührungsängste zu nehmen. Denn ihnen fallen über ihre Verstandestätigkeit keine Lösungen mehr ein, sie brauchen den Anstoß aus der spirituellen Ecke.

Nur im Zusammenspiel schaffen wir dann den Raum für das Neue, so dass dieser wichtige Teil der Weiterentwicklung nicht in einer relativ unbedeutenden Ecke versandet. Die Regierungen heißen neue Konzepte willkommen und über das Wagnis der unterstützenden Tat erweisen sich die vielversprechenden Modelle dann größtenteils als tragfähig. Experimente sind ein verantwortlicher Umgang mit der Transformation der Probleme der Gegenwart in eine lebenswerte Zukunft.

In den letzten dreißig Jahren erwiesen zahllose Projekte und alternative Gemeinschaften in der als Spinner verschrienen kleinen Nische der »Alternativen«, dass Bemühungen von Erfolg gekrönt sein können. Auch wenn nicht alles Gold war, was glänzte, und der menschliche Umgang sogar dort viele Träume vorschnell zerplatzen ließ, muss man einfach zugeben, dass diese Vorreiter Unglaubliches bewirkt haben – von der Infragestellung der Atomenergie, Ernährung, Erziehungssystem, Umweltpolitik, hin zu neuen Experimenten des gesellschaftlichen Zusammenlebens, sexueller Aufklärung mit Spaß an der Freude bis zur weltweiten Verbrüderung im Bewusstsein, dass wir alle eine Familie, alle eins sind. Neue Therapien, Meditationstechniken und Offenbarungen kamen hilfreich hinzu.

Die Weiterentwicklung bedarf nun der bewussten Aufklärung der Lebensthemen und der Umsetzung der Werte, die sich aus einem erlösten Zustand automatisch ergeben. Ein so veränderter Teamgeist lässt die Teilnehmer verantwortlicher im Kreis auf gleicher Ebene Platz nehmen. In vielen gemeinschaftlichen Projekten geht man nun nach dieser erfolgversprechenden Formel vor und richtet dabei der ständigen Bewusstseinsschulung höchste Priorität ein. Damit schaffen wir für uns und weithin sichtbar die Grundvoraussetzung für Wirkungskraft und Erfolg. Dies kommt dem Vorhaben zugute und bringt dem Betrachter eine Riesenportion Inspiration.

Da die bisherigen Stützen der Gesellschaft seit langem nicht mehr tragen, brauchen wir dringend Ersatz. Für die Singlehaushalte, die Kleinfamilie, die Aufzucht unserer Kinder, das Schulsystem, das Gesundheitssystem, das Wirtschaftssystem, den Umgang mit den Alten benötigen wir Alternativen, in denen sich die Menschen wirklich wohl fühlen. Eine komplette Neugestaltung tut Not.

Die Menschen haben das Bedürfnis nach Gemeinschaft, doch auch unheimlich viel Angst vor Unsicherheit, Fehlentscheidungen und vor einer weiteren Sackgasse. Dafür errichten wir Enklaven, an denen man sich satt sehen kann und auch einmal den Urlaub verbringt, danach merkt man, wie gut dieser andere, nährende Umgang miteinander tut.

Der Sangha, die Bewusstseinsschule, ist tatsächlich einer der Orte, an denen die neuen Stützen auf ihre Tragkraft erprobt werden. Selbstbestimmt und bewusst getragen vom Kreis der Beteiligten, versucht man, nach den höchsten Werten das Zusammenleben zu organisieren. Jeder trägt selbstverantwortlich zum Gelingen bei. Alle Altersstufen arbeiten und leben zusammen. Alles wird gemeinsam genutzt und man geht achtsam und respektvoll miteinander um. Probleme werden im Kreis beraten und gelöst. Das Ansehen aller ist nach innen und außen gleich. Ob man nun als Therapeut oder als Gärtner den Platz und das Sein verschönert, spielt für die Stelle im Kreis und die göttliche Instanz keine Rolle.

Ein Projekt benötigt Menschen, die das Ganze gerne ins Leben rufen, aufbauen, und eine Gemeinschaft, die es erhält. Projektarbeit, Freundschaft und Liebe, kombiniert mit Bewusstseinsarbeit, trägt in guten und auch in schlechteren Zeiten, es entspricht vor allem dem Grundbedürfnis der Menschen, ihre Blume der Seele in einer funktionierenden Gemeinschaft der neuen Werte zu entwickeln. Das weltweite Bewusstsein über die Realität der Seelenreise, das Ankommen auf der Evolutionsspirale in der Buddha-Natur, lässt die Menschheit mit großen Schritten zusammenströmen.

Da der Umschwung in der Gesellschaft im letzten Jahrhundert alte Familientraditionen hinwegfegte und nicht sofort nach effektiven neuen Möglichkeiten Ausschau gehalten wurde, birgt diese Verschleppung im Heute halt schwerwiegende Probleme. Es verlangt nach höchstem Wertemaß, alternative »Familienbande« zu knüpfen. Der Individualität wird dabei selbstverständlich genügend Raum beigemessen. In überschaubaren Gruppierungen fällt es leicht, hohen Werten zu entsprechen, da man ganz einfach jeden kennt und der aktiv gelebte Bewusstseinskreis täglich dazu beiträgt, den Energielevel zu halten. In einer »Großfamilie« macht das Leben einfach mehr Spaß, da die Auflösung der Lebensthemen und das Hineinwachsen in die Buddha-Natur positive Kräfte freisetzen, die ansonsten leicht in Egogebaren, Konkurrenzverhalten, Energieraub, Hortenmüssen etc. verschwendet werden. Außerdem hält altes Verhalten in den Hamsterrädern der Lebensthemen gefangen. In der Bewusstseinsschule trifft die Vision auf die Berufung und die Umsetzung in das höchste erreichbare Glück auf Erden.

Ich möchte es noch einmal sagen, der Schlüssel zum Gelingen ist dabei die Transformation der Lebensthemen. Dieser fehlende Schlüssel hat viele Bemühungen der letzten dreißig Jahre zum Scheitern verurteilt. Doch heute nützen wir die Chancen, die uns die neuen Informationen bieten!

Das Erschaffen von Modellen funktionierender Gemeinschaften reicht von Wohngemeinschaften bis Arbeitsgemeinschaften, im Idealfall als Gruppierungen, die ein Miteinander mit dorfähnlichem Charakter bilden. Eine völlig neue Kultur entsteht. Die Überforderung des Einzelindividuums in der alten Gesellschaftsordnung mündet in ein synergetisches Zusammenfließen der Kräfte, wobei nicht jeder alle Tätigkeiten des täglichen Ablaufs verrichten muss. Die Arbeit wird geteilt, man wechselt sich gerne ab, jeder bringt in seiner Eigenart die ganz persönliche Blüte des Seins mit ein.

Das Glück dabei heißt Veränderung in persönlichem Wachstum. Vertrauen in die Richtigkeit des Seins lässt den Glauben an den Mammon los und erzeugt andere Lebensqualitäten, denen jetzt der Vorrang gegeben wird. In einer glücklichen Gemeinschaft wirtschaftet man außerdem wesentlich billiger, das Verlangen nach Konsumgütern schwindet rapide. Genügend Ruhe und Freizeit runden diese wunderbare Lebensart ab. Auch die Erziehung und Kinderbetreuung trägt die Gemeinschaft, die vielen liebenden Bezugspersonen tun den Kindern gut und geben den Müttern und Vätern etwas mehr Freiraum. Eltern können ohne weiteres neue Lebensabschnittsgefährten wählen, da dies in einer transformierten Gesellschaft für die Beteiligten so gut wie kein Problem darstellt. Das Phänomen Liebe, vom Bewusstsein durchleuchtet, gestattet den Einblick in die Realität und diese besagt, Liebe ist immerwährend und Freiheit ein Grundrecht der Seele.

Da man genau im Fluss der Vision und Berufung steht, verschwinden die Grenzen der ehemaligen klar strukturierten Laufbahn, als Familienversorger, dem ein unangenehmer Job tagtäglich in der Mangel hält und der ewig dem Urlaub hinterherläuft. Die Arbeit ähnelt in Zukunft mehr der Freizeit, sie erfüllt, statt vielfach auszulaugen. Wer an seinem stimmigen Platz steht, strahlt diese Stimmigkeit auf jeder Ebene auch aus.

Die Neugierde der siebziger Jahre ist leider heutzutage der Verzagtheit gewichen, desillusioniert betrachten die Vorreiter von gestern ihre Wagnisse als oftmals gescheitert. »Der Mensch ist einfach unvollkommen und deshalb zum Scheitern verurteilt« gilt vielfach als Entschuldigung für aufgegebene Ziele.

Heute fühlt man sich, durch die Medienlandschaft angestachelt, eben wieder besser zu Hause in den Pantoffeln der Väter oder Urväter, Statussymbole, Zigarrenqualm und Handyfotos von Yacht, Haus, Swimmingpool machen die Runde, der Erste ist immer der Sieger! Doch die Abkapselung in Protzvillen, Reihenhäusern oder Singlewohnsilos entspricht lediglich der Ratlosigkeit, mit der man vor den Themen der Zeit davonläuft. Man wagt nicht mehr zu träumen oder die Träume sind lebensthemenvernebelt, man weiß gar nicht, wer man wirklich ist, man ist lediglich die Puppe an den Fäden der Eindrücke von außen.

Die Antwort kommt aus dem Herzen, hier pocht ein dringendes Bedürfnis nach Freiheit, Brüderlichkeit, Gerechtigkeit und Gleichheit, danach Verbindungen zu schaffen in Freundschaft und Liebe mit Hilfe des Schlüssels der Transformation. Damit gelingt der Ausstieg aus dem Anbeten der gesellschaftlichen Normen von Hierarchie und Konkurrenz. Als Folge davon machen Menschen sich auf den Weg, ihre Träume und Visionen im Kleinen wie im Großen zu manifestieren. Sie definieren nicht mehr den Aussteiger, sondern den Realitätseinsteiger. Es ist der Einstig in den oben genannten Kreis, Experimente, in denen mit gehobenem Bewusstsein, der Kraft des Einsseins, dem Vertrauen, den erlösten Lebensthemen und der Transformation in die Buddha-Natur das Unmögliche erreicht wird.

In unzähligen Alternativ- und Gemeinschaftsprojekten werden weltweit wichtige Erfahrungen gesammelt, und davon ein Großteil schon über dreißig Jahre. Sie arbeiten auf allen Gebieten an Alternativen zum Status quo. Der Schlüssel dazu, die Transformation der persönlichen und kollektiven Lebensthemen, kommt diesen wichtigen Experimenten nunmehr für deren Weiterentwicklung zugute.

Ein weiterer Schlüssel ist das Bewusstsein über die Entwicklung einer jeden Seele in die Buddha-Natur. Diese Entwicklung lässt uns das erste Mal von einer erleuchteten Gesellschaft der Zukunft nicht nur ahnen und sprechen, nein, wir erleben sogar das Ploppen der Seelen, die hier und da und überall in ihre Quelle, in ihre Blüte finden. Nichts spricht dann gegen eine wunderbare ineinander greifende Zusammenarbeit der meisterlichen Seelen.

Literaturhinweise

Osho: Das Buch der Heilung. München 1995
Osho: Das Buch der Frauen. München 1997
Osho: Das Buch der Männer. München 1999
Osho: Das Buch vom Ego. München 2000
Osho: Liebe, Freiheit, Alleinsein. München 2002
Osho: Intuition. Berlin 2002
Osho: Mut. Berlin 2004
Osho: Kreativität. Berlin 2004
Walsch, Neale Donald: Gespräche mit Gott. 3 Bände. München 2000
Walsch, Neale Donald: Neue Offenbarungen. München 2003
Walsch, Neale Donald: Gott heute. München 2004
Redfield, James: Die Prophezeiungen von Celestine. München 1998
Redfield, James: Die Zehnte Prophezeiung von Celestine. München 1999
Tepperwein, Kurt: Die geistigen Gesetze. München 2002
Dahlke, Ruediger: Krankheit als Sprache der Seele. München 1997
Castaneda, Carlos: Die Reise nach Ixtlan. Frankfurt/Main 1997
Herrigel, Eugen: Zen und die Kunst des Bogenschießens. Bern 1993

Über den Autor

Satyam S. Kathrein ist Therapeut, Berater, Lehrer, Seminarleiter und Gründer des Neo Holistic Institut München. Er hält Vorträge und Seminare in ganz Deutschland und verfügt über eine jahrzehntelange Erfahrung in den Bereichen Therapie, Energiearbeit und Meditation. Aus seiner Forschungsarbeit entwickelte er die revolutionäre und innovative Therapiemethode *Lebensthementherapie*. Seine persönliche Entwicklung inspirierte ihn zu diesem Buch und den Quantensprung-Seminare hin bis zur Buddha-Natur.

Sein Institut bietet ein umfassendes Programm über Quanten-Sprung-Seminare und Einzelsitzungen zur Lebensthementherapie an.

NEO HOLISTIC INSTITUT
Zentrum für Gesundheit und Bewusstsein
Germaniastr. 10
80802 München
Tel. 089–33 89 33
Fax 089–68 00 25 44
Alle Seminartermine und Sonderveranstaltungen im Internet:
Neo-Holistic-Institut.de
E-Mail: SatyamKathrein@hotmail.com

Von Satyam S. Kathrein sind erschienen:
REIKI – Mehr Energie, Gesundheit und Wohlbefinden durch die heilende Kraft der Hände. München 1997
Das REIKI Praxisbuch – Die 7 tibetischen Reiki-Übungen. München 2001
Die Erlösung der Lebensthemen – Erkennen Sie Ihr wahres Sein. München 2002
Erlösung der Lebensthemen – Der Schlüssel zu Liebe, Gesundheit, Berufung und Glück! Berlin 2004

Die Quantensprung-Seminare

Im Neo Holistic Institut entwickelt, bietet die Akademie für Lebensthemen-Therapie die Quantensprung-Seminare in Einheiten von fünf Tagen an. Während des gesamten Jahres verteilt finden regelmäßig alle drei dieser Transformationsgelegenheiten statt.
Jedes der einzelnen Quantensprung-Seminare widmet sich dabei anderen Aspekten des Evolutionsweges.

1. Teil: Gymnation® – Das Seminar
Eine Reise ins Licht der Chakrathemen.

2. Teil: Erlösung der Lebensthemen –
Der Schlüssel zu Liebe, Gesundheit, Berufung und Glück!

3. Teil: Die Buddha-Natur –
Quelle des Seins, wir erschaffen was wir sind!

Falls Sie Ihr praktisches Wissen erweitern wollen, Satyam S. Kathrein und sein Team stehen Ihnen auch für therapeutische Einzelsitzungen zur Verfügung und empfehlen die Teilnahme an verschiedenen Wachstumskursen.

Für weitere Informationen wenden Sie sich bitte an die Info-hotline: 089–338 933 oder
Sie besuchen uns im Internet
unter www.Neo-Holistic-Institute.de,
dort sind alle Kurstermine und
weitere Einzelheiten angegeben.